COLLECTION DES UNIVERSITÉS DE FRANCE

Publiée sous le patronage de l'ASSOCIATION GUILLAUME BUDÉ

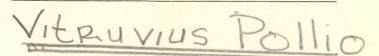

Vitruvius Pollio

VITRUVE
DE L'ARCHITECTURE
LIVRE IX

P.21
PB
FC ①
210-S
white
see sample

TEXTE ÉTABLI, TRADUIT ET COMMENTÉ

PAR

Jean SOUBIRAN

Professeur à la Faculté des Lettres de Toulouse

PARIS

SOCIÉTÉ D'ÉDITION «*LES BELLES LETTRES*»

95, BOULEVARD RASPAIL

—

1969

Conformément aux statuts de l'Association Guillaume Budé, ce volume a été soumis à l'approbation de la commission technique, qui a chargé M. J. Beaujeu d'en faire la révision, en collaboration avec M. J. Soubiran.

MATRI CARISSIMAE

INTRODUCTION

Pour être complet, un traité d'architecture doit contenir, dit Vitruve (I, 3, 1), trois parties : *aedificatio, gnomonice, machinatio*. Après la construction proprement dite, objet des sept premiers livres (le livre VIII, consacré à l'hydraulique, se rattache tant bien que mal à cette première section), voici donc, au livre IX, un exposé de gnomonique.

Il paraît étrange, à nos yeux de modernes habitués aux strictes spécialisations scientifiques, que la technique des cadrans solaires et des horloges soit du ressort de l'architecte. Et même pour les Anciens, en était-il toujours ainsi ? On ne saurait, en dehors de l'exemple vitruvien, l'affirmer avec certitude, et cela pour deux raisons. D'abord, contrairement à ce qui se passe pour la mécanique, nous ne possédons aucun traité autonome consacré à cette science[1]. Ensuite, nous n'avons pas conservé, en dehors de celui de Vitruve, le moindre traité d'architecture où nous puissions nous assurer que la gnomonique ait eu sa place. Il est vrai qu'il nous est

---

1. W. Kubitschek (*Grundriss d. ant. Zeitrechnung*, Münich, 1928, p. 190, n. 2) « suppose » qu'il en a existé. C'est plus que probable, s'il est vrai que Héron d'Alexandrie avait écrit un traité (en 4 livres ?) περὶ ὑδρίων ὡροσκοπείων (Tittel, *s. u.* Heron, P. W. VIII, 1052 sq.). Cf. aussi Vitr. IX, 8, 1 *item ex his generibus uiatoria, pensilia uti fierent plures scripta reliquerunt. Ex quorum libris siqui uelit subiectiones inuenire poterit*, et notre comm. sur Theodosius. On sait également, par Pline (VII, 213), qu'un certain Fabius Vestalis aurait traité de cadrans solaires. Enfin l'abréviateur de Vitruve, Cetius Faventinus, a tiré son paragraphe (XXIX) sur la gnomonique d'une source qui, pour une fois, n'est pas le *De Architectura*. Connaissait-il donc un autre manuel de cette science ?

loisible de faire l'épreuve inverse : l'*Histoire Naturelle*
de Pline l'Ancien contient des éléments de gnomonique ;
mais ils apparaissent au livre II (182-188) dont l'astronomie constitue le sujet principal ! Et cela nous paraît
plus logique[1], dans la mesure où la construction des
horloges requiert des connaissances précises sur le cours
des astres, du soleil en particulier.

Ne nous hâtons pas, cependant, de condamner
l'impérialisme de Vitruve, annexant à sa chère architecture des sciences qui n'ont que faire avec elle.
D'abord, la gnomonique suppose non seulement un
savoir théorique, mais aussi un savoir-faire pratique :
dessin des épures du cadran, assemblage et montage des
horloges à eau, etc., toutes activités qui sont ou peuvent
être du ressort de l'architecte[2]. D'autre part, « on peut
considérer la gnomonique... comme une adjonction à
l'*aedificatio*, car elle sert aux fondateurs de villes et de
colonies, ainsi qu'à ceux qui élèvent des bâtiments
publics et privés »[3]. Enfin, le rattachement de la gnomonique (et de la mécanique) à l'architecture a trouvé
en Galien un autre partisan : V, p. 68 Kühn ἐν γὰρ
ὀνόματι τῷ τῆς ἀρχιτεκτονίας ὑπογράφω καταγραφὰς
ὡρολογίων καὶ κλεψυδρῶν, ὑδροσκοπίων τε καὶ μηχανη-
μάτων ἁπάντων, ἐν οἷς ἐστὶ καὶ τὰ πνευματικὰ προσαγο-
ρευόμενα. Il est vrai que Galien, postérieur de deux
siècles à Vitruve, a pu tout simplement reproduire
l'opinion de son devancier, ou puiser à la même source
que lui ; les deux témoignages, dans cette hypothèse,
se réduiraient à un seul. Il est permis aussi, à remarquer

1. C'est aussi l'opinion de Geminus, *ap. Procl. elem.* I, 41,
24-26.

2. *Rationes et apparatus*, dit Vitruve lui-même (IX, 8, 15),
distinguant ainsi théorie et pratique. Or précisément Vitruve fait
de ces deux notions les deux composantes fondamentales de son
art : *ea* (sc. *architectura*) *nascitur ex fabrica et ratiocinatione* (I, 1, 1).
Et l'on soulignera d'autre part que Pline l'Ancien néglige tout à
fait la description des instruments et montages correspondant
aux principes qu'il expose.

3. V. Mortet, *Rech. crit. sur Vitr. et son œuvre*, Rev. Arch.,
3ᵉ série, XLI (1902), p. 74 sq.

la manière très personnelle (ὑπογράφω) dont Galien présente son affirmation, de supposer qu'il s'agit là d'une façon de voir que tout le monde ne partageait pas, et qui s'oppose ainsi, implicitement, à une conception plus restreinte de l'architecture.

Quoi qu'il en soit de ce problème, concluons que le livre IX s'insère dans un cadre que Vitruve a prévu dès les premières lignes de son traité, qui a au moins le mérite de la clarté même s'il nous apparaît discutable par certains côtés, et auquel l'auteur demeure fidèle tout au long de ses dix livres.

I. Composition du livre IX

Le plan du livre IX témoigne à première vue du même souci de fermeté qui se laisse reconnaître dans la composition de l'œuvre entière. Un long proœmium précède deux parties d'importance à peu près semblable : malgré d'assez sensibles inégalités de longueur entre ces trois sections, l'impression d'ensemble demeure très nette. A leur tour chacune d'elles se subdivise ainsi :

1) Proœmium.

a) *Exposé d'un thème général :* Les penseurs méritent de plus grands honneurs que les athlètes (pr. 1-3), car ils sont plus utiles à l'humanité.

b) *Exemples de découvertes utiles :*
   Platon et la duplication du carré (pr. 4-5),
   Pythagore et le théorème du carré de l'hypoténuse (pr. 6-7) ; application à la construction des escaliers (pr. 8),
   Archimède et la couronne d'Hiéron : volume et densité des corps (pr. 9-12),
   Archytas et *Eratosthène :* la duplication du cube (pr. 13-14) ;

c) *Conclusion du proœmium :*
   Gloire et influence des grands penseurs (pr. 15-17),
   Annonce du sujet du livre (pr. 18).

b) *Horloges à eau :*

— introduction : Ctésibius ; ses découvertes pneu-
matiques et hydrauliques (VIII, 2-4),
— l'horloge de Ctésibius et ses accessoires,
. débit variable (VIII, 5-6),
. débit régulier (VIII, 7),
— l'horloge anaphorique (VIII, 8-10),
— un procédé pour régler le débit de l'eau (VIII,
11-15).

4) Conclusion très brève (VIII, 15).

C'est là un plan qui, considéré en lui-même, laisse
une impression tout à fait satisfaisante, et que bien des
auteurs modernes ne renieraient pas. Il est aussi éloigné
des « fausses fenêtres » chères à Varron[1], que de la
confusion déplorée par les récents éditeurs de Pline
l'Ancien[2]. L'ordonnance du procemium, avec son thème
annoncé dès le début, puis développé par plusieurs
épisodes et repris en conclusion, présente une belle
symétrie. L'exposé sur l'astronomie n'est guère moins
satisfaisant : à une vision d'ensemble de l'univers,
nécessaire pour l'intelligence de ce qui va suivre, succède
— la transition est habilement ménagée par les quelques
lignes consacrées au Zodiaque — une étude des astres
errants, considérés d'abord du point de vue de la
mécanique céleste descriptive, puis du point de vue de
ce qu'un savant moderne appellerait l'astrophysique.
Tout au plus pourrait-on reprocher à Vitruve d'avoir
scindé en deux ses développements sur le Soleil et la
Lune. Mais qui ne voit que ces deux astres ne sont
étudiés au chap. I qu'en qualité de « planètes » parmi
d'autres, alors qu'aux chap. II et III leur mouvement et
leurs apparences sont décrits avec plus de détails, dans

1. On pense en particulier aux $9 \times 9 = 81$ parties du livre II
du *De Re rustica* (cf. H. Dahlmann, *P. Terentius Varro*, P. W.
Supplt Bd. VI, 1191).
2. E. de Saint-Denis, éd. du livre IX, Belles-Lettres, Paris,
1955, p. 7-11 ; J. André, éd. du livre XIV, Belles-Lettres, Paris,
1958, p. 7-9.

la mesure où ils peuvent exercer une influence sur la vie de tous les jours et spécialement la mesure du temps (le Soleil pour le jour et l'année, la Lune pour le mois) ?

Puis la sphère des fixes est décrite méthodiquement en ses deux hémisphères, à l'exception des constellations zodiacales, dont on nous a déjà entretenus à propos du Soleil : petite gaucherie, ici, très excusable cependant et autorisée par des prédécesseurs illustres[1].

Très satisfaisante aussi la troisième partie, consacrée à la gnomonique proprement dite, à ceci près que les quatre derniers paragraphes se rattachent assez mal à ceux qui précèdent, au point qu'on a pu accuser Vitruve — non sans vraisemblance — de n'avoir rien compris au sujet qu'il traitait. Nous nous proposons de revenir sur cette question pour un examen plus attentif[2].

Non seulement donc Vitruve paraît s'être soucié de donner à son livre IX[3] une architecture équilibrée et harmonieuse, mais il s'est efforcé en outre, suivant une habitude chère à la plupart des écrivains scientifiques de l'antiquité[4], mais que nous jugeons, nous, un peu raide et puérile, de marquer nettement, à chaque fois, le passage d'une partie à une autre.

A la fin du livre VIII déjà, nous sommes prévenus : VIII, 6, 15 *Quae potui de aquae uirtute et uarietate... in hoc uolumine posui : de gnomonicis uero rebus et horologiorum rationibus insequenti perscribam.* Et c'est fort opportun, car les pages éloquentes qui ouvrent le livre IX n'eussent pas autrement laissé deviner le sujet du livre. Mais, une fois achevés ces développements sur la beauté et l'utilité de la science, Vitruve nous rappelle son propos : IX, pr. 18 *in hoc de gnomonicis rationibus quemadmodum de radiis solis in mundo sunt per umbras gnomonis inuentae, quibusque rationibus dilatentur aut*

---

1. Cf. *infra*, p. L.
2. Cf. *infra*, p. LXVI.
3. Et une étude semblable des autres livres confirmerait cette impression.
4. Très nette chez Varron, évidemment, mais aussi chez Pomponius Mela, Celse surtout, Columelle, Frontin, etc.

contrahantur explicabo. Et l'on retrouve souvent ailleurs cette insistance à marquer les articulations du plan, qu'il s'agisse d'annoncer les exemples de grandes découvertes dans le procemium (pr. 3), les phases de la Lune (I, 16 ; II, 1), le cours du Soleil (II, 4), la description des constellations boréales (III, 3) et australes (IV, 6), ou de ponctuer la fin de ces développements (V, 4 ; VI, 1).

On remarquera pourtant — paradoxe apparent — que ce sont les articulations fondamentales qui sont le moins bien signalées. Rien ne nous prévient explicitement, au début du chap. I, que nous allons lire des développements astronomiques qui occuperont un bon tiers du livre, pas plus que, à la fin du chap. VI, Vitruve ne nous avise qu'il va enfin en venir à la gnomonique. Tout au contraire, il s'ingénie, à cet endroit, à ménager une transition qui dissimule la charnière[1] !

Cette remarque nous amène à poser une question plus générale, ou plutôt deux questions : qu'a voulu faire Vitruve en écrivant son livre IX ? Qu'a-t-il fait en réalité ?

Son intention, plusieurs fois avouée (VIII, 6, 15 ; IX, pr. 18), est claire : la gnomonique, c'est-à-dire l'art de construire des cadrans solaires — et, par extension de sens, tout instrument destiné à la mesure du temps — fera l'objet du livre IX. Or les développements relatifs à cette technique en occupent le dernier tiers seulement. Quel rôle jouent alors les pages qui précèdent ?

Passons rapidement sur le procemium : il est de toute évidence complètement hors du sujet. A lire les huit premiers livres, on se familiarise vite avec cette manie qu'a Vitruve de déverser dans de longues préfaces des considérations sans grand rapport avec la question qu'il se propose de traiter. Nous y reviendrons. Mais l'astronomie, objet des chap. I-VI, était-elle bien nécessaire à l'intelligence des développements relatifs à la gnomonique ? Non, à l'exception de principes fondamentaux

---

1. *Quas ob res haec eorum curis studiisque sunt concedenda.*
VII, 1 *Nobis autem ab his separandae sunt rationes...*

qui auraient pu être énoncés en quelques lignes. Vitruve a cédé, ici encore, à un désir d'étaler ses connaissances qui lui a fait rapidement perdre de vue son sujet.

On distingue très bien où commence cette déviation : ayant rappelé à la fin du proœmium son intention de traiter de la gnomonique, il débute (I, 1) par des remarques tout à fait justes sur l'importance de la latitude du lieu dans la construction des épures de cadrans, puis donne une définition de l'analemme — si obscure d'ailleurs, malgré sa rigueur apparente, qu'on s'est longtemps demandé s'il s'agissait d'un instrument ou d'une figure[1] — où il est amené à prononcer le terme de *mundus* : I, 1 *est inuentus effectus in mundo.* S'avisant qu'une définition est sans doute nécessaire, il croit devoir ajouter : I, 2 *Mundus autem est omnium naturae rerum conceptio summa...* et la machine est lancée ! Cet *autem* anodin fera ensuite défiler devant nous Zodiaque, planètes, lune, soleil, sphère des fixes, et jusqu'aux étoiles invisibles en Italie (V, 4) ! Bref, c'est un véritable manuel d'astronomie que, sous le prétexte le plus futile, Vitruve a composé ainsi. Qu'il ne l'ait pas conçu comme une introduction à la gnomonique, mais comme un morceau autonome, c'est ce qui apparaît à l'évidence si l'on observe que jamais l'auteur, dans ces pages, ne montre les conséquences pratiques de ce qu'il expose, et qu'il se lance au contraire dans des considérations tout à fait étrangères à la mesure du temps : qu'importe en effet à la construction des cadrans solaires que la planète Saturne accomplisse sa révolution en 29 ans et 160 jours, que ses stations et rétrogradations s'expliquent ou non par l'attraction des rayons solaires ? Qu'importent les théories divergentes sur les phases de la Lune, qu'importe la disposition des constellations ?

Il faut le dire tout net : Vitruve est sorti de son sujet. Sans justifier ses digressions au fil des pages — on a vu que c'était impossible — il les a complaisamment développées pour elles-mêmes. Il n'y a donc pas, en

---

1. **Cf.** comment. *ad loc.*

fait, après le prœmium, deux parties, mais une seule,
que retarde un exposé accessoire plus long qu'elle[1].
Nous retrouvons là — aussi bien que dans les anecdotes
mathématiques et physiques du préambule — un goût
de l'excursus scientifique qui se fait jour d'un bout à
l'autre de l'ouvrage, au point qu'on a pu écrire, en se
fondant uniquement sur de tels passages, un livre entier
sur la science romaine à l'époque d'Auguste[2]. Rappelons,
outre les digressions du livre VIII déjà citées, celles des
livres II (1, 1-3) sur la préhistoire de l'humanité et (2)
sur les quatre éléments ; V (4) sur la musique ; VI (1)
sur l'ethnographie, (2) sur les illusions dues à la réfraction ; VII (8) sur les propriétés du mercure, etc.

En conclusion, le plan du livre IX n'est harmonieux
et équilibré que si l'on considère ces pages comme un
tout isolé, dans lequel l'auteur se fût proposé d'exposer
les notions fondamentales d'astronomie et de gnomonique, assorties du rappel préalable de quelques problèmes de géométrie particulièrement célèbres et utiles.
Mais dans la mesure où l'ouvrage que nous étudions est
une section d'un traité d'architecture, section qui se
veut consacrée à la gnomonique en tant que rameau de
l'art de bâtir, on trouvera que Vitruve a été bien bref
sur les problèmes qui concernaient directement son sujet,
et bien loquace dans des développements que son propos
ne requérait pas.

II. Le prœmium du livre IX

C'est un usage bien établi, et fort naturel, que l'auteur
d'un traité quelconque expose, dans les premières pages
de son œuvre, des réflexions d'ordre général, sur le sujet
qu'il se propose, ou encore donne le nom et fasse l'éloge

1. Il est tout à fait significatif que IX, 7, 1, où est considérée
la variabilité des ombres de gnomons suivant la latitude, et
annoncée l'épure de l'analemme, reprenne très exactement les
thèmes de IX, 1, 1 — que le lecteur aura bien sûr perdus de vue,
après une si longue digression : c'est du Balzac avant la lettre !
2. A. Terquem, *La science romaine à l'époque d'Auguste: étude
historique d'après Vitruve*, Paris, 1885, 174 p.

du dédicataire de l'ouvrage ; bref, cherche par une sorte de *captatio beneuolentiae*, à se concilier l'attention et la sympathie de ses lecteurs[1]. Et Vitruve lui-même ne manque pas à cette tradition, en dédiant solennellement à Auguste son *De Architectura*, et en lui exposant (I, pr.) les raisons qui l'ont poussé à écrire cet ouvrage.

Mais notre architecte — et ceci est déjà plus surprenant — ne s'en est pas tenu à un prologue coiffant en quelque sorte l'œuvre entière. Il a cru bon aussi d'en donner un à chacun des neuf livres suivants[2]. Plus ou moins étendus, plus ou moins variés, tous ces *prooemia*, comme l'a bien vu Engel[3], contiennent deux éléments communs, au moins : ils renouvellent la dédicace à Auguste[4], et situent le livre — dont ils annoncent le sujet — dans l'ensemble de l'œuvre. Engel en découvre un troisième : selon lui, tous les prologues du *De Architectura* fournissent les indications nécessaires pour comprendre le dessein de l'auteur et l'utilité de l'ouvrage. Ceci est peu net au livre IX, à moins que par l'éloge enthousiaste qu'il fait des grands écrivains grecs et romains, Vitruve n'invite implicitement son lecteur à prendre conscience des mérites de son propre traité...

Pourtant ces trois éléments, si fondamentaux qu'ils soient, ne s'étendraient point au-delà de quelques

1. Cf. G. Engel, *De antiquorum epicorum, didacticorum, historicorum prooemiis,* Diss. in. Marbourg, 1910, p. 7. On verra également M. Ruch, *Le prooemium philosophique chez Cicéron,* Publ. Fac. Lettres Strasbourg, 1958. Dans la littérature scientifique, la lettre dédicatoire de Pline l'Ancien à Titus peut passer pour un modèle du genre.
2. Un tel procédé se justifie dans le cas d'un ouvrage composé et édité en plusieurs fois, comme le *De Re rustica* de Columelle, ou bien lorsque le traité est partagé entre plusieurs dédicataires et que chaque livre a sa propre unité de lieu, de temps et d'action (ainsi dans le *De Re rustica* de Varron). Mais dans un ouvrage suivi, solidement composé suivant un plan annoncé dès le début, la multiplication de prologues étendus ne s'impose pas (cf. Celse et Pline l'Ancien). Lucrèce cependant, qui introduit par un préambule chacun des livres de son poème, a pu montrer la voie à Vitruve.
3. *O. c.*, p. 27.
4. IX, pr. 18 *Itaque, Caesar, his auctoribus fretus, sensibus eorum adhibitis et consiliis ea uolumina conscripsi...*

lignes, si Vitruve ne se plaisait, presque chaque fois, à
y adjoindre des développements beaucoup plus étendus,
mais aussi beaucoup moins nécessaires. Les prologues
sont pour lui autant de prétextes à débattre des idées
philosophiques et morales qui lui sont chères[1], à exposer
les doctrines scientifiques dont il est féru et qu'il ne
pourrait autrement que par ce biais insérer dans son
traité[2], ou encore à conter des anecdotes édifiantes[3].
En cela il est bien de son temps, puisque Varron venait
de lui donner l'exemple[4] ; et plus tard Sénèque *(Nat.
Quaest.)* ne fera pas autre chose.

Ces prooemia se rattachent tant bien que mal — d'une
manière souvent artificielle[5] — au sujet traité dans la
suite du livre. Celui du livre IX, lui, pourrait être
entièrement supprimé sans que l'intelligence de ce qui
suit en souffrît le moins du monde. Ajoutons qu'il est
un des plus longs[6], et peut-être le plus significatif,
puisque les trois tendances signalées ci-dessus, morali-
sante, scientifique et anecdotique, y sont nettement
représentées.

Le lieu commun   Suivant une démarche qui se
opposant   manifeste dans d'autres prologues[7],
athlètes et penseurs. Vitruve part d'une observation
historique : pour les vainqueurs des grands jeux hellé-

---

1. III, pr. 2 sur l'injustice de la gloire ; V, pr. 1-2 sur les
difficultés qu'il y a à écrire un traité d'architecture ; VI, pr. 2-6
sur la véritable richesse ; VII, pr. 1-2 sur l'utilité des ouvrages
antérieurs, 10 contre les plagiaires ; X, pr. 2-4 contre la malhon-
nêteté de certains architectes.

2. V, pr. 3 sur les propriétés du cube ; VIII, pr. sur les principes
de toutes choses et les quatre éléments.

3. II, pr. 1-4 Alexandre et l'architecte Dinocrate ; III, pr. 1
Socrate et l'oracle de Delphes ; VI, pr. 1 Aristippe à Rhodes ;
VII, pr. 4-7 Aristophane et les plagiaires, 8-9 Zoïle ; X, pr. 1
l'usage des devis à Éphèse.

4. Cf. G. Boissier, *Étude sur la vie et les œuvres de M. Terentius
Varron*, Paris, 1861, p. 345 sq. Aux dires d'Aulu-Gelle (III, 10),
Varron commençait ses *Hebdomades*, recueil de portraits de grands
hommes, par la liste des vertus du nombre sept !

5. Ainsi au livre II.

6. Seul celui du livre VII le surpasse en étendue.

7. III, pr. ; VI, pr. ; X, pr. notamment.

niques sont prévus des honneurs et des récompenses considérables. Or, poursuit-il, ces athlètes sont infiniment moins utiles à l'humanité que les grands penseurs et les écrivains éminents : c'est donc à ceux-ci qu'il faudrait réserver honneurs et récompenses. Tel est le thème que Vitruve propose à notre méditation.

Ce thème est un lieu commun de la pensée grecque. Il apparaît pour la première fois au VIe siècle, chez Xénophane[1], dont on connaît le demi-scepticisme volontiers railleur. Dans ce long fragment de onze distiques l'opposition est déjà explicite entre un vainqueur olympique comblé de privilèges, et le philosophe lui-même, dont la sagesse, pourtant plus utile que la vigueur des hommes ou des chevaux[2], reste dédaignée.

Esprit mordant et ironique, donc fils spirituel de Xénophane sur ce point, Euripide, dont Vitruve prise fort la propension à la philosophie[3], a repris le même thème dans son drame satyrique *Autolycos*[4]. La tirade qui nous en a été conservée commence par une vigoureuse diatribe contre les athlètes[5], dont la période d'activité est assez brève et l'utilité nulle. Au contraire, poursuit le poète, ce sont les sages et les hommes de bien, à qui

1. *Ap.* Athénée, X, 413 f = frgt 2 Diels (*Fragm. d. Vorsokr.*[2], I, Berlin, 1906, p. 45 sq.). Traduction française dans P. Tannery, *Pour l'histoire de la science hellène*[2], Paris, 1930, p. 148 sq. Vitruve mentionne deux fois le nom de Xénophane (VII, pr. 2 et IX, 6, 3) parmi d'autres « physiciens » grecs : Thalès, Démocrite, Anaxagore. Cela ne signifie pas qu'il ait lu ses œuvres.

2. V. 11 sq. ῥώμης γὰρ ἀμείνων Ἀνδρῶν ἠδ' ἵππων ἡμετέρη σοφίη.

3. A part une simple mention d'Eschyle (VII, pr. 11), Euripide est des trois grands tragiques grecs le seul dont Vitruve prononce le nom. Il fait allusion en VIII, pr. 1 *(Euripides, auditor Anaxagorae, quem philosophum Athenienses scaenicum appellauerunt...)* au célèbre passage du *Chrysippos* (frgt 839 Nauck) sur l'air et la terre principes de toutes choses, et la recombinaison incessante des éléments au fur et à mesure de leur dispersion (cf. Pacuv., 86-93 R[2] ; Lucr., II, 991 sqq). Il invoque même, en IX, 1, 13, le témoignage « scientifique » du poète à propos des rayons du Soleil (v. comment. *ad loc.*).

4. *Ap.* Athénée, X, 413 c = frgt 284 Nauck[2].

5. V. 1-2 κακῶν γὰρ ὄντων μυρίων καθ' Ἑλλάδα οὐδὲν κάκιόν ἐστιν ἀθλητῶν γένους.

leur patrie est redevable de tant de bienfaits, qu'il conviendrait de couronner. Jusque dans le détail, les rapprochements entre Euripide et Vitruve sont tellement textuels[1] que l'hypothèse d'un emprunt direct n'est pas à rejeter.

N'insistons pas trop longtemps sur le célèbre passage de l'*Apologie de Socrate*[2] où Platon nous montre le philosophe réclamant d'être nourri au Prytanée, et opposant sa bienfaisante sagesse aux vains lauriers des Olympioniques. Et venons-en tout de suite au rapprochement le plus significatif, parce que le même thème sert d'exorde, comme chez Vitruve : nous pensons au *Panégyrique d'Athènes* d'Isocrate[3]. Ici encore les rapprochements textuels sont si saisissants, la similitude du mouvement et des expressions si parfaite qu'on ne peut hésiter à voir en Vitruve un lecteur d'Isocrate, dont le nom n'apparaît cependant jamais (pas plus, il est vrai, que celui des autres orateurs attiques) dans le *De Architectura*. Quoi qu'il en soit, la source est certaine, et peu nous importe désormais qu'Aristote ait repris le même thème[4], que Galien se montre aussi un adversaire

---

1. Cf. comment. *ad loc.*
2. 36 d. Τί οὖν πρέπει ἀνδρὶ πένητι εὐεργέτῃ... ; οὐκ ἔσθ' ὅ τι μᾶλλον, ὦ ἄνδρες 'Αθηναῖοι, πρέπει οὕτως, ὡς τὸν τοιοῦτον ἄνδρα ἐν πρυτανείῳ σιτεῖσθαι, πολύ γε μᾶλλον ἢ εἴ τις ὑμῶν ἵππῳ ἢ ξυνωρίδι ἢ ζεύγει νενίκησεν 'Ολυμπίασιν. Ὁ μὲν γὰρ ὑμᾶς ποιεῖ εὐδαίμονας δοκεῖν εἶναι, ἐγὼ δ' εἶναι.
3. Début : Πολλάκις ἐθαύμασα τῶν τὰς πανηγύρεις συναγαγόντων καὶ τοὺς γυμνικοὺς ἀγῶνας καταστησάντων, ὅτι τὰς μὲν τῶν σωμάτων εὐτυχίας οὕτω μεγάλων δωρεῶν ἠξίωσαν, τοῖς δ' ὑπὲρ τῶν κοινῶν ἰδίᾳ πονήσασι καὶ τὰς αὐτῶν ψυχὰς οὕτω παρασκευάσασιν ὥστε καὶ τοὺς ἄλλους ὠφελεῖν δύνασθαι, τούτοις δ' οὐδεμίαν τιμὴν ἀπένειμαν, ὧν εἰκὸς ἦν αὐτοὺς μᾶλλον ποιήσασθαι πρόνοιαν · τῶν μὲν γὰρ ἀθλητῶν δὶς τοσαύτην ῥώμην λαβόντων οὐδὲν ἂν πλέον γένοιτο τοῖς ἄλλοις, ἑνὸς δ' ἀνδρὸς εὖ φρονήσαντος ἅπαντες ἂν ἀπολαύσειαν οἱ βουλόμενοι κοινωνεῖν τῆς ἐκείνου διανοίας.
4. *Problèmes*, 30ᵉ section. Selon lui, on honore les athlètes plus que les savants parce qu'on accorde une plus vive admiration aux exploits de la puissance humaine qu'à la découverte, si subtile soit-elle, de lois naturelles préexistantes, et parce qu'il est plus aisé d'arbitrer une compétition sportive que de juger dans le domaine de l'esprit, où il faut être supérieur aux concurrents.

des athlètes[1], et que Pline l'Ancien décoche à l'occasion un trait contre eux[2]. L'idée était vivace, et Vitruve s'est tout naturellement laissé entraîner à la développer, après nombre de prédécesseurs.

Outre l'inutilité des athlètes, Vitruve souligne leur rapide décrépitude, et c'est là un thème secondaire pour lequel il cite l'exemple de Milon de Crotone (pr. 2). On se souvient que déjà Euripide avait exprimé cette idée[3]. Mais la déchéance de Milon (sans parler de sa triste fin, dont il est surprenant que Vitruve ne dise rien) a inspiré, à peu près à la même époque, Cicéron[4] et Ovide[5]. Rien de bien original donc, dans cette notice vitruvienne.

Les exemples de découvertes. Il est plus curieux, mais tout à fait dans la manière de l'auteur, que l'évocation des grands penseurs de la Grèce et de tout le profit que l'humanité retire de leurs idées ait amené Vitruve à donner quelques exemples de ces brillantes découvertes. Ici encore, un *autem* désinvolte sert de transition : pr. 3 *Eorum autem cogitata utiliter hominibus ad uitam explicandam e pluribus singula paucorum uti exempla ponam, quae recognoscentes necessario his tribui honores oportere*

---

1. *Protr.*, 18, 13 sqq. Cf. A. Oltramare, *Les origines de la diatribe romaine*, Genève, 1925, p. 196.

2. XXXV, 168 ...*in ceromatis, quibus exercendo iuuentus nostra corporis uires perdit animorum.*

3. Frgt 284 N², v. 10 sqq.

λαμπροὶ δ' ἐν ἥβῃ καὶ πόλεως ἀγάλματα
φοιτῶσ' · ὅταν δὲ προσπέσῃ γῆρας πικρόν,
τριβῶνες ἐκβαλόντες οἴχονται κρόκας.

4. *C. M.*, 27 : *Quae enim uox potest esse contemptior quam Milonis Crotoniatae? Qui, cum iam senex esset, athletasque se in curriculo exercentes uideret, adspexisse lacertos suos dicitur, illacrimansque dixisse: « At hi quidem iam mortui sunt. » Non uero tam isti quam tu ipse, nugator! neque enim ex te umquam es nobilitatus, sed ex lateribus et lacertis tuis.*

5. *Met.*, XV, 228 sqq.

*Subruit haec (sc. senecta) aeui demoliturque prioris
Robora; fletque Milon senior, cum spectat inanes
Illos, qui fuerant solidorum mole tororum
Herculeis similes, fluidos pendere lacertos.*

homines confitebuntur. Ces *pauci*, ces « happy few » seront
Platon, Pythagore, Archimède, Eratosthène et Archytas, grands noms en vérité, « génies de l'Olympe littéraire
gréco-romain ». Sont-ils là seulement, comme le veut
E. Oder[1] en une fort spirituelle diatribe, pour « jeter
de la poudre aux yeux » ? Peut-être pas, car s'il est vrai
que Vitruve « saisit toutes les occasions de briller avec
sa culture générale », le goût qu'il porte aux sciences
est de toute évidence fort vif et sincère : souvenons-nous
des accents qu'il trouve[2] pour remercier publiquement
ses parents — geste touchant chez un vieil homme —
de lui avoir fait donner une instruction complète. Ici,
c'est spécialement à la géométrie (une seule exception
en faveur de la physique) que va être rendu l'hommage
de l'auteur.

N'en soyons point surpris. Nous avons déjà été prévenus, au livre I, que parmi un grand nombre d'autres
connaissances[3], l'architecte devait posséder de solides
notions de géométrie[4], d'arithmétique[5] et de physique[6].

1. *Quellensucher im Altertum,* Philologus, Suppl. Bd. VII
(1899), p. 338 sq.
2. VI, pr. 4.
3. I, 1, 1 *Architecti est scientia pluribus disciplinis et uariis
eruditionibus ornata:* les lettres, le dessin, l'optique, l'histoire, la
philosophie, la musique, la médecine, le droit, sans parler des
disciplines qui nous occupent ou sur lesquelles nous reviendrons.
Des connaissances aussi étendues sont exigées de l'orateur par
Cicéron et Quintilien (sur ce rapprochement, cf. C. Watzinger,
Vitruvstudien, Rh. M. LXIV, 1909, p. 209 : influence des Stoïciens
selon Radermacher, de Varron selon Oder).
4. I, 1, 4 *Geometria autem plura praesidia praestat architecturae,
et primum ea euthygrammi et circini tradit usum, e quo maxime
facilius aedificiorum in areis expediuntur descriptiones norma-
rumque et librationum et linearum directiones.*
5. Ibid. *per arithmeticen uero sumptus aedificiorum consumman-
tur, mensurarum rationes explicantur, difficilesque symmetriarum
quaestiones geometricis rationibus et methodis inueniuntur.*
6. I, 1, 7 *Praeterea de rerum natura, quae graece* φυσιολογία
*dicitur, philosophia explicat, quam necesse est studiosius nouisse,
quod habet multas et uarias naturales quaestiones, ut etiam in
aquarum ductionibus... quarum offensionibus mederi nemo poterit
nisi qui ex philosophia principia rerum naturae nouerit.* Le futur
architecte doit donc lire Archimède et Ctésibius, que nous retrouvons tous deux au livre IX.

Mais ces exigences n'ont point pour but, comme nous serions tentés de le supposer à la lumière de nos idées modernes, de donner à l'architecte une sorte de culture générale scientifique. Certes Vitruve nous dit (IX pr. 1) que les écrivains *libris ad discendum et animos exacuendos praeparant praecepta.* Certes il admire l'ingéniosité des auteurs de telle ou telle grande découverte : la géniale simplicité du triangle rectangle à côtés 3/4/5 opposée au tâtonnement empirique des fabricants d'équerres[1], ou les brillantes intuitions d'Archimède[2]. Certes il paraît ici ou là célébrer avec lyrisme les beautés de la science pure[3]. Mais ne nous laissons pas prendre à ces nobles affirmations. Ce que Vitruve honore par-dessus tout, dans les travaux des savants de génie, c'est le nombre et l'intérêt de leurs applications pratiques. Il suffit déjà de lire, au début du livre I, les raisons presque puériles qui justifient à ses yeux l'étude de telle ou telle discipline[4] : c'est toujours l'utilité la plus bassement matérielle qui est soulignée. Et même dans notre préface du livre IX, qui se veut un hymne à la science, et qui relate des découvertes aussi importantes, pour l'histoire de la pensée scientifique, que la duplication du carré, les propriétés fondamentales du triangle rectangle ou le principe d'Archimède, Vitruve a voulu voir surtout ce côté utilitaire. D'un point de vue général, d'abord, la culture s'applique au gouvernement des états[5] ; puis

---

1. IX, pr. 6 *Item Pythagoras normam sine artificis fabricationibus inuentam ostendit, et quod magno labore fabri normam facientes uix ad uerum perducere possunt, id rationibus et methodis emendatum ex eius praeceptis explicatur. Ibid. 7 id Pythagoras cum inuenisset, non dubitans a Musis se in ea inuentione monitum...*

2. IX, pr. 9 *Archimedis uero, cum multa miranda inuenta et uaria fuerint, ex omnibus etiam infinita sollertia id quod exponam uidetur esse expressum.*

3. IX, pr. 14 *cum haec sint tam magnis doctrinarum iucunditatibus animaduersa et cogamur naturaliter inuentionibus singularum rerum considerantes effectus moueri...*

4. I, 1, 4-10. Les lettres sont destinées à développer la mémoire, l'histoire à justifier par quelque récit étiologique tel ou tel ornement architectural, la musique à évaluer la tension des écheveaux d'une catapulte, etc.

5. IX, pr. 2 *E quibus qui a teneris aetatibus doctrinarum*

arrivent les exemples d'inventions remarquables : *eorum autem cogitata* utiliter *ad uitam explicandam* (IX, pr. 3), et d'abord Platon, *e multis ratiocinationibus utilissimis unam*... (IX, pr. 4). Quant à Pythagore, son équerre à côtés 3/4/5 *quemadmodum in multis rebus et mensuris est* utilis, *etiam in aedificiis scalarum aedificationibus*... *est* expedita (IX, pr. 7), et nous voilà aiguillés vers une digression — le seul paragraphe du livre IX qui fasse allusion à l'architecture — sur la construction des escaliers (IX, pr. 8)[1]. Dans la découverte d'Archimède, Vitruve insiste sur le côté anecdotique, et par conséquent pratique : sa conclusion, *ratiocinatus deprehendit argenti in auro mixtionem et manifestum furtum redemptoris*, rabaisse presque le physicien syracusain au niveau d'un Sherlock Holmes ! Les solutions qu'Archytas et Eratosthène ont données au problème de la duplication du cube ne semblent pas non plus, aux yeux du narrateur, avoir d'autre intérêt que celui d'avoir libéré Délos de la malédiction divine, comme la découverte de Pythagore avait pour but premier la construction d'équerres correctes[2]. Et Vitruve conclut : *Ergo eorum uirorum cogitata non solum ad mores corrigendos, sed etiam ad* omnium utilitatem *sunt praeparata* (IX, pr. 15).

Faut-il le blâmer de n'avoir vu, malgré son enthousiasme avoué pour la science, que le petit côté des

---

abundantia satiantur, ut optimos habent sapientiae sensus, instituunt ciuitatibus humanitatis mores, aequa iura, leges, quibus absentibus nulla potest esse ciuitas incolumis.

1. Une autre application du triangle pythagoricien est signalée au livre X : il s'agit de l'inclinaison à donner à la vis d'Archimède : X, 6, 4 *erectio autem eius ad inclinationem sic erit conlocanda uti quemadmodum Pythagoricum trigonum orthogonium describitur, sic id habeat responsum, id est uti diuidatur longitudo in partes V, earum trium extollatur caput cocleae, ita erit ab perpendiculo ad imas nares spatium earum partium IIII.* C'est à ce montage que correspond le dessin placé par les mss. f p à la hauteur du texte de IX, pr. 8.

2. IX, pr. 13 *Hi enim multa et grata a mathematicis rebus hominibus inuenerunt; itaque cum in ceteris inuentionibus fuerint grati, in eius rei concertationibus maxime sunt suspecti. Alius enim alia ratione explicarunt quod Delo imperauerat responsis Apollo...*

grandes découvertes ? Non, sans doute. Des esprits plus remarquables que lui sont tombés dans le même travers. En Grèce même, où la spéculation abstraite n'a jamais été en défaveur, n'a-t-on pas observé à juste titre que les ingénieurs alexandrins, Ctésibius, Philon et Héron, avaient le plus souvent appliqué leur ingéniosité à réaliser des montages d'amusants, mais frivoles automates, au lieu de tirer les conséquences théoriques de leurs procédés[1] ? Mais on sait surtout que l'esprit romain répugne à l'abstraction, et spécialement aux mathématiques. Cicéron note avec regret[2] qu'en face des Grecs, qui se sont illustrés dans la spéculation pure, ses compatriotes ont limité leur curiosité aux problèmes susceptibles d'applications pratiques : agriculture[3], médecine, etc... Il convient donc plutôt de rendre hommage à Vitruve qui, malgré le dédain ordinaire de ses compatriotes pour d'aussi austères spéculations, n'a pas craint d'en exposer quelques-unes dans son traité. Et peut-être même n'insiste-t-il si fort sur leur utilité que par une concession aux goûts de son temps.

Quoi qu'il en soit, ces digressions sur la géométrie et la physique demeurent fort élémentaires. Ici encore, est-ce par souci d'être compris par un vaste public, ou parce que Vitruve lui-même n'en savait pas beaucoup

1. Cf. Orinsky, s. u. Ktesibios, P. W. XI, 2075 ; H. Diels, Antike Technik[3], Berlin, 1924, p. 32 ; Brunet-Miéli, Hist. des Sciences, Antiquité, p. 484 — et Vitruve lui-même, IX, 8, 4 sq.

2. Tusc. I, 2, 5 in summo apud illos honore geometria fuit, itaque nihil mathematicis illustrius ; at nos metiendi ratiocinandique utilitate huius artis terminauimus modum. Cf. Pline, XXV, 2 nostri omnium utilitatum rapacissimi. On lira sur ce point P. Boyancé, Les Romains et la science, Inf. Litt., III, 1951, p. 60 sqq. ; J. Beaujeu, id., in La Science antique et médiévale, Paris, P.U.F., 1957, p. 309 sq.

3. La géométrie, où les Grecs se sont tant illustrés, n'apparaît guère que sous la forme des rudiments nécessaires à la technique de l'arpentage (Columelle, R. r. V, 1-3 ; Balbus, ad Celsum expositio et ratio omnium formarum = die Schriften der röm. Feldmesser, éd. Blume-Lachmann-Rudorff I, Berlin, 1848, p. 91-108). On remarquera à ce propos que Vitruve, décrivant le procédé platonicien de duplication du carré, écrit (IX, pr. 4) : locus aut ager paribus lateribus si erit quadratus...

plus long? Nous pencherions volontiers — on verra
pourquoi un peu plus loin — pour la deuxième hypothèse. En tout cas, il n'y a rien à reprendre à la démonstration de la duplication du carré. L'impossibilité d'une
solution arithmétique y est nettement montrée, avec
une allusion aux nombres irrationnels, ici $\sqrt{2}$[1], et la
démonstration géométrique par l'égalité des triangles
que déterminent les diagonales ne laisse rien dans
l'ombre.

Nous ferons le même éloge de la manière dont Vitruve
décrit les expériences d'Archimède destinées à mettre
en évidence l'alliage d'argent dans la couronne d'Hiéron.
Les opérations sont minutieusement indiquées et
l'ensemble présente toute la rigueur désirable. On n'en
est que plus surpris de voir certains philologues affirmer
que Vitruve n'a rien compris au principe d'Archimède :
ne seraient-ce pas plutôt eux qui n'ont rien compris au
texte de Vitruve? En fait, il ne subsiste sur cette découverte célèbre du physicien syracusain qu'une incertitude,
d'ordre historique en quelque sorte : Archimède a-t-il
procédé, comme le veut Vitruve, à la pesée des masses
d'eau écoulées[2], ou a-t-il déterminé le poids spécifique
des trois objets par une double pesée[3]? Quoi qu'il en
soit, on saura gré à Vitruve, s'il a choisi entre deux
méthodes également logiques, d'avoir préféré la plus
aisée à comprendre pour un lecteur moyen.

Mais lorsqu'on aborde le très célèbre problème de la
duplication du cube, il n'est possible de rester élémentaire... qu'en ne le traitant pas, et c'est bien ce qu'a fait

---

1. IX, pr. 4 *quod opus fuerit genere numeri quod multiplicationibus non inuenitur...* Cf. Brunet-Miéli, *o. c.* p. 619, n. 3. Sur
l'irrationnalité de $\sqrt{2}$, cf. P. H. Michel, *De Pythagore à Euclide*,
Paris, 1950, p. 420-441 en particulier, et tout le chap. II, 2
(p. 412-519).

2. C'est l'avis de M. Cantor, *Vorlesungen über Geschichte der
Mathematik*, I[2], Leipzig, 1907, p. 325, qui donne ainsi sa caution
au récit de Vitruve.

3. Version du *Carmen de Ponderibus* (Baehrens, *P.L.M.*, V,
v. 124-208), jugée plus satisfaisante par Montucla, *Hist. des
Mathématiques*, I, p. 229, Hultsch, *s. u.* Archimedes, P. W. II,
531, Brunet-Miéli, *o. c.*, p. 622, n. 7. Sur tout ceci, cf. comment.
ad loc.

Vitruve, qui s'est borné à suggérer les principes d'une solution, géométrique dans le cas d'Archytas, mécanique dans celui d'Eratosthène. Les raisonnements qui y conduisent sont assez complexes[1] pour n'avoir point leur place dans un traité d'architecture, et rien ne prouve — on supposerait même volontiers le contraire — que Vitruve ait été capable de les suivre[2].

Qu'on ait le droit, en effet, de mettre en doute ses compétences scientifiques semble plus que suggéré par la manière dont il présente les propriétés du triangle à côtés 3/4/5. Sans doute, il n'y a rien d'inexact dans ce qu'on lit sous sa plume. Mais il manque les quelques mots qui nous auraient prouvé qu'il a vraiment compris, et replacé le problème dans son contexte. Car Vitruve se borne à deux énoncés : d'une part, le triangle à côtés 3/4/5 est rectangle (ceci n'est assorti d'aucune démonstration) ; d'autre part, si l'on construit un carré sur chacun des côtés de ce triangle privilégié, on s'apercevra que celui qui est construit sur l'hypoténuse possède une aire égale à la somme des aires de ceux qui sont construits sur chacun des côtés de l'angle droit. Que ces découvertes soient ou non imputables à Pythagore lui-même nous importe peu pour l'instant[3]. Mais ce que Vitruve n'a pas vu, c'est, d'une part, que cette propriété des carrés des côtés caractérisait tous les triangles rectangles, et pas seulement l'un d'entre eux en particulier[4] ; d'autre part

1. « Archytas utilise une courbe à double courbure, intersection des surfaces latérales du cylindre, du cône et du tore », dit R. Baccou (*Hist. de la Science grecque de Thalès à Socrate*, Paris, 1951, p. 256) qui admire le « procédé, dont l'ingéniosité n'a d'égale que la rare élégance » (*o. c.*, p. 254).

2. On se demandera donc si la leçon *cylindrorum descriptionibus*, que l'on corrige en *hemicylindrorum d.* en se fondant sur la démonstration géométrique conservée par Eutocius — et la correction est facile, paléographiquement (Ruffel-Soubiran, A.F.L.T. Pallas IX, p. 34 sq.) — ne serait pas à mettre au compte d'une ignorance ou d'une imprécision de l'auteur lui-même.

3. Voir la discussion au comment. *ad loc.*

4. On peut, il est vrai, défendre Vitruve en soutenant qu'il connaissait bien le théorème général, mais qu'il n'en attribuait pas le mérite à Pythagore lui-même. Toutefois, même dans cette hypothèse, son silence est surprenant.

et surtout, que le problème de la duplication du carré, dont il vient de nous entretenir, n'était qu'un cas particulier (cas du triangle rectangle isocèle) du théorème de Pythagore. Ce deuxième grief est grave. Il nous éclaire à la fois sur les compétences assez minces de Vitruve en mathématiques et sur les sources où il trouvait la matière de ses digressions.

Tout se passe en effet comme si l'auteur avait compilé dans un manuel élémentaire des démonstrations simples et suggestives, sans montrer, ni peut-être voir, le lien qui les unissait.

Car on ne s'imaginera pas une seconde que Vitruve soit allé puiser aux sources premières. C'est l'évidence même pour Pythagore, qui n'a laissé aucun écrit. C'est une quasi-certitude pour Archytas, Eratosthène et Archimède[1]. C'est peut-être moins sûr pour les pages du *Ménon* auxquelles se réfère le passage relatif à la duplication du carré. Mais n'est-ce pas déjà une énormité que d'attribuer à Platon en personne[2] la paternité d'une découverte que l'on connaissait bien avant lui ? Si donc Vitruve a lu ce philosophe, il l'a mal compris, et cela témoigne d'une belle ignorance de l'histoire des sciences la plus élémentaire[3]. En fait, il y a les plus grandes chances que toute la matière scientifique de cette préface soit issue du manuel d'un compilateur[4].

---

1. Malgré ce qui est dit en I, 1, 7 : *Item qui Ctesibii aut Archimedis et ceterorum qui eiusdem generis praecepta conscripserunt leget, sentire non poterit, nisi his rebus a philosophis erit institutus.*
2. Il n'y a aucun doute là-dessus, à relire le texte : IX, pr. 3 *Eorum autem cogitata utiliter hominibus... e pluribus singula paucorum uti exempla ponam, quae recognoscentes necessario his tribui honores oportere homines confitebuntur. Et primum Platonis, e mullis ratiocinationibus utilissimis unam quemadmodum ab eo explicata sit ponam.* Et la suite confirme : Pythagore, Archimède, Archytas et Eratosthène sont bien les auteurs — vrais ou légendaires — des découvertes que Vitruve leur prête.
3. De même E. Oder (*Quellensucher... Philol., Supplt VII, p. 340, n. 150*) blâme vertement Vitruve d'avoir cru — avec Pline l'Ancien — à l'authenticité des χειρόχμητα attribués à Démocrite (cf. comment. IX, pr. 14).
4. On le supposera d'autant plus volontiers que chez Plutarque également (*Non posse suauiter.., 1094 BC*) se succèdent immédia-

S'il fallait à tout prix citer un nom, c'est celui de Varron que l'on choisirait — en ne se dissimulant pas ce qu'une telle précision a d'arbitraire — ; et l'on se rappellerait que le IVᵉ livre des *Disciplinarum libri* traitait, de façon sans doute élémentaire, de géométrie et de sciences physiques[1]. Cette encyclopédie venait de paraître au moment où Vitruve écrivit son traité[2], et peut-être avait-elle provoqué, dans le public cultivé, un engouement dont le prœmium de notre livre IX serait le reflet.

En tout cas, quelles que soient les réserves que l'on puisse faire sur l'opportunité de pareilles digressions dans un traité d'architecture[3], et sur les faiblesses de pensée qu'elles trahissent, on reconnaîtra leur intérêt pour l'histoire des sciences. Sauf dans le cas de Platon, dont nous pouvons encore lire le texte, elles sont un des plus anciens témoignages, voire le plus ancien, de certaines grandes découvertes : pour le théorème de Pythagore, nous avons certes Euclide ; mais Plutarque, Diogène Laërce, Athénée, Proclus et Porphyre sont postérieurs à Vitruve. Pour Archimède, Plutarque et Proclus encore, avec le *Carmen de Ponderibus*[4]. Pour le problème de la duplication du cube, Plutarque et un

tement, comme chez Vitruve, l'anecdote de Pythagore immolant des victimes aux Muses, et celle d'Archimède découvrant au bain le moyen de résoudre le problème de la couronne. Comme il est peu probable que Plutarque ait compilé Vitruve, on admettra pour les deux auteurs une source commune qu'ils ont suivie chacun de fort près.

1. Cf. Ritschl, *Opuscula philologica*, III, Leipzig, 1877, p. 359 sqq. ; H. Dahlmann, P. W., Suppl. VI, 1255 sqq.

2. Les *Disciplinarum libri* sont de 34/33 av. J.-C. (Plin., XXIX, 65) : Ritschl, *o. c.*, p. 400 sq. ; H. Dahlmann (*o. c.*, 1255 sq.) est moins affirmatif, mais maintient qu'il s'agit d'une œuvre de vieillesse.

3. Elles sont le type du développement « à tiroirs » qui se prolonge autant que le désire l'auteur.

4. Il est piquant de constater — on l'ignore généralement ! — que cette anecdote universellement célèbre d'Archimède sortant de son bain en criant εὕρηκα, nous est connue d'abord par le récit de Vitruve, quoique le traité d'Archimède *Sur les corps flottants* nous soit parvenu.

commentateur d'Archimède, Eutocius d'Ascalon[1]. De ce
point de vue donc, et d'où qu'elles viennent, les digressions scientifiques qui ouvrent le livre IX sont particulièrement dignes d'attention.

Les écrivains romains. Ce prœmium du livre IX est
composé comme un mouvement de
symphonie ou de sonate : exposition d'un thème, développement, puis reprise du thème initial. Après les
démonstrations géométriques (développement) destinées
à prouver la supériorité des penseurs sur les athlètes
(thème initial), voici que Vitruve revient à sa première
antithèse : IX, pr. 15, *Ergo eorum uirorum cogitata non
solum ad mores corrigendos, sed etiam ad omnium utilitatem perpetuo sunt praeparata. Athletarum autem
nobilitates breui spatio cum suis corporibus senescunt,*
deux phrases qui rappellent, presque textuellement, IX,
pr. 2, *Quid enim Milo Crotoniates... nisi quod dum
uixerunt ipsi inter suos ciues habuerunt nobilitatem?
Pythagorae uero praecepta... cotidiana perpetuis industriis
culta... omnibus gentibus recentes et floridos edunt fructus.*
Le cercle, ainsi, paraît se refermer sur lui-même. Pas
encore, cependant : de l'idée d'immortalité Vitruve va
partir pour brocher un dernier développement (IX,
pr. 16). Il nous a jusqu'ici entretenus d'auteurs grecs
déjà disparus depuis deux siècles au moins et nous a
fait apprécier la qualité de leur apport. Il va maintenant
nous parler, plus brièvement, d'auteurs romains qui sont
presque ses contemporains et dont il se plaira à imaginer
l'influence sur la postérité. On discerne dans cette
architecture des oppositions sans doute concertées entre
la littérature grecque et la littérature latine d'une part,
entre le passé et l'avenir de l'autre. Jusque dans le
détail, on le voit, ce prœmium est remarquablement
construit avec son thème deux fois exposé, et deux fois
développé dans des directions différentes.

Cette promesse d'immortalité, développée en un style

1. Voir les références au comment. *ad loc.*

qui se veut poétique et sublime[1], et qui ne réussit qu'à
être obscur[2], à qui s'adresse-t-elle ? Vitruve distingue,
ici, deux groupes : Ennius et Accius d'abord, ces grands
poètes disparus dont la gloire est d'ores et déjà établie ;
puis Lucrèce, Cicéron et Varron, en qui la postérité verra
les écrivains les plus éminents de leur génération. Or
cette génération est aussi celle de Vitruve[3]. Le choix
même des auteurs est significatif : on ne peut se borner,
en poésie, à citer Ennius, Accius et Lucrèce que si l'on
ignore Virgile[4], dont la notoriété, de son vivant même,
a été immense au point de rejeter dans l'ombre tous les
poètes antérieurs[5]. Il faudrait — ce qui est hautement
invraisemblable — que le *De Architectura* fût l'œuvre
d'un faussaire tardif désireux de donner le change sur
la date du traité pour que ces indications ne fussent pas
jugées déterminantes : Vitruve a bel et bien vécu à la
fin de la République et au début du principat d'Auguste.

Mais ce passage n'a pas pour seul intérêt de nous
confirmer la date[6] du *De Architectura*. Il peut aussi nous
éclairer sur les goûts littéraires de Vitruve et de son

1. Fr. Krohn, C.-R. de l'édition Granger, B. Ph. W., LII,
1932, 1531.

2. Cf. les contresens d'O. Westerwick, *Zu Vitruv*, Ph. W., LV,
1935, 366 sq.

3. Malgré Ussing, et Sontheimer (*Vitruv und seine Zeit*, diss.
Tübingen, 1908, p. 68 n. 5), l'expression *post nostram memoriam
nascentes* donne bien à penser que Vitruve est contemporain de
Cicéron, Lucrèce et Varron, même en interprétant *nostram* comme
un synonyme de *meam*, ce qui est en fait plus vraisemblable.
Tout ceci a été bien vu par V. Mortet (*Rech. crit. sur Vitr.*, R. Arch.,
1902, p. 49 sq. ; *Rem. sur la langue de Vitr.*, R. Ph., XXXII,
p. 204), H. Degering (*Wann schrieb Vitruv...*, B. Ph. W., XXVII,
1469 sq.) et G. Dietrich (*Quaest. Vitruvian. specimen*, diss. Leipzig,
1906, p. 16). Degering suppose même — cela n'a rien d'impossible
mais n'est pas démontré — que Vitruve a pu connaître personnel-
lement Lucrèce, Cicéron et Varron.

4. C'est ainsi que Columelle (I, pr. 30) met Accius et Virgile
au premier rang des poètes.

5. Cf. J. Perret, *Virgile, l'homme et l'œuvre*, Paris, 1952,
p. 146 sqq.

6. Approximative, s'entend. Des tentatives pour la préciser
à partir de l'allusion au *De Lingua Latina* de Varron sont restées
vaines (L. Sontheimer, *Vitruv und seine Zeit*, p. 68 sq.).

époque. Le jugement sur Accius est conforme à celui que formule ordinairement la critique romaine[1]. Mais on soulignera que, de l'œuvre immense de Cicéron, Vitruve ne retient que les traités de rhétorique et peut-être les discours[2], au mépris des traités philosophiques ; et que, parmi les innombrables traités de Varron, le seul *De Lingua Latina* lui semble digne d'une mention. Ceci est d'autant plus surprenant si l'on admet, avec Degering[3], que Vitruve a cité les trois auteurs auxquels il estime devoir le plus : il se propose, sans le dire et malgré bien des maladresses, Cicéron comme modèle de forme et de style ; il emprunte à Lucrèce les grandes conceptions philosophiques et naturalistes qu'il met en œuvre dans ses propres excursus physiques et métaphysiques[4] ; enfin, le sujet du *De Architectura* se trouve déjà traité dans les *Disciplinarum libri* varroniens. Il faudrait donc supposer que, dans le choix des

1. Cf. comment. *ad loc.*
2. *Disputare de arte... rhetorica cum Cicerone* semble autoriser cette interprétation : Cicéron est dans le domaine de l'éloquence aussi compétent en théorie qu'expérimenté en pratique.
3. *Wann schrieb Vitruv...* B. Ph. W., XXVII, 1470.
4. Cf. W. A. Merrill, *Notes on the influence of Lucretius on Vitruvius*, T.A.Ph.A., XXXV, 1904, p. xvi-xxi. Quoique Lucrèce ne soit nommé qu'une fois (IX, pr. 17) dans le *De Architectura*, son influence est certaine dans les proœmia (notamment en II, 1, description des civilisations primitives, qui rappelle Lucr. V, 925-1107). On la décèle même dans certains détails d'expression. Pour le livre IX, Merrill relève IX, 2, 1 sq., théorie des phases de la Lune selon Bérose, à rapprocher de Lucr., V, 720 sq. (cf. comment. *ad loc.*) ; la première phrase de IX, 5, 4, qu'il qualifie de prose lucrétienne ; l'expression IX, 6, 1 *mundi uersatione* (= Lucr., V, 1436 *mundi uersatile templum*) ; l'adjectif *uersatilis* en IX, 8, 5 et 7 (= V, 1436) ; la conjonction archaïque *donique* (IX, 1, 11 = II, 1116, etc.). Nous préciserons que dans un seul paragraphe de Vitruve (IX, 1, 11) se trouvent les deux archaïsmes *donique* et *species* au sens de « regard », qui sont également attestés, en deux vers successifs (V, 707 sq.) chez Lucrèce, dans un passage (discussion sur les phases de la Lune) que Vitruve n'a pas pu ne pas lire : la rencontre est significative. Ajoutons enfin — après Merrill cette fois — que l'expression *aquae uis*, que nous restituons en IX, pr. 12, et qui se trouve ailleurs chez Vitruve (cf. comm. *ad loc.*), est également lucrétienne (I, 285).

œuvres citées, Vitruve s'est laissé guider autant par son intérêt personnel que par le jugement du grand public.

On peut passer très vite sur les dernières phrases du proœmium. Elles rappellent le sujet du livre, et nous avons vu plus haut que ce dernier contient en fait beaucoup plus que ces *gnomonicae rationes*. N'y revenons pas, et cherchons plutôt à porter un jugement d'ensemble sur ce long prologue.

Les latinistes, d'ordinaire, ne le prisent guère, et le confondent avec tous les autres préambules dans la même réprobation. C. Brakman reproche à Vitruve ses introductions bavardes, et les juge souvent malencontreuses[1]. E. Oder est plus dur encore : introductions tapageuses destinées à jeter de la poudre aux yeux, œuvre d'un prolétaire semi-cultivé dans la tête duquel les éléments culturels les plus hétérogènes s'entrechoquent dans le désordre, et qui se drape dans le manteau d'une érudition élimée, tout en laissant à chaque fois réapparaître son ignorance[2]. Diatribe amusante, mais excessive. Nous avons nous-même souligné les faiblesses de Vitruve : il perd trop longtemps de vue son sujet, et ses excursus scientifiques ne sont pas toujours très sûrs. Malgré cela, la rigueur de la composition et le nombre des éléments intéressants pour l'histoire des idées comme pour celle des sciences vaudraient à ces quelques pages de figurer en bonne place dans une anthologie — si elle existait — de la littérature technique latine.

III. L'ASTRONOMIE

Introduction : goût des Romains pour l'astronomie. On a marqué plus haut l'importance des développements relatifs à l'astronomie — ils occupent plus d'un tiers du livre — et la manière peu nette dont ils sont amenés, au point que nous n'avons pas hésité à reconnaître en eux une de ces digressions que Vitruve affectionne.

1. *Vitruviana*, Mn., N.S. LX (1933), p. 157.
2. *Quellensucher...* Philol., Suppl. VII, p. 388 sq.

Il faut convenir cependant que l'auteur s'est d'avance efforcé de justifier ces pages. Dès le livre I en effet, il range l'astronomie parmi les sciences que doit posséder l'architecte[1], car elle lui donne les notions d'orientation nécessaires et le prépare à la pratique de la gnomonique[2]. Soit ; mais d'une part, comme nous l'avons montré (cf. p. XVI), bien des points abordés par Vitruve dans les six premiers chapitres du livre IX ne sont d'aucune utilité pour la construction des horloges. D'autre part, de toutes les sciences dont l'architecte doit posséder au moins une teinture — et nous savons combien elles sont nombreuses[3] — il n'en est aucune que Vitruve ait développée aussi complaisamment[4]. Il faut donc chercher ailleurs que dans ses justifications théoriques le motif du traitement privilégié réservé à l'astronomie.

Ce motif est facile à découvrir : c'est l'engouement des Romains pour les choses du ciel, attesté, à l'époque de Vitruve et dans les quelques décennies qui le précèdent ou qui le suivent, par de nombreux témoignages.

Le plus évident est la floraison de traités ou poèmes didactiques qu'a inspirés cette science. Lucrèce[5], dans le *De Rerum Natura*, lui consacre une grande partie du livre V (235-770). Quelques années auparavant déjà, le jeune Cicéron, *admodum adulescentulus*[6], s'était essayé

---

1. I, 1, 3 *astrologiam caelique rationes cognitas habeat.*
2. I, 1, 10 *ex astrologia autem cognoscitur oriens, occidens, meridies, septentrio, etiam caeli ratio, aequinoctium, solstitium, astrorum cursus. Quorum notitiam siqui non habuerit, horologiorum rationem omnino scire non poterit.*
3. Cf. p. XXIII, note 3.
4. Même la musique, objet d'une longue digression à propos de l'acoustique des théâtres, est loin d'occuper au livre V autant de place que l'astronomie au livre IX.
5. Avant Lucrèce, autant que la perte de nombreuses œuvres nous permette d'affirmer quelque chose, l'astronomie n'apparaît guère que comme ornement poétique, chez Ennius et les Tragiques, ou comme point de repère chronologique et météorologique dans les traités d'agriculture. Seul Sulpicius Gallus (consul en 166, mort vers 149) semble s'être intéressé de près, et en savant véritable, à cette branche de la science (cf. Cic., *C.M.*, 49 ; Plin., II, 53).
6. *N.D.*, II, 104.

à la poésie en traduisant en hexamètres latins les *Phaenomena* d'Aratos, tâche que Germanicus, neveu de Tibère, n'allait pas tarder à reprendre pour son propre compte. Dans les dernières années de la République, l'astronomie fait fureur. César, si l'on en croit Macrobe (I, 16, 39) était l'auteur d'un traité assez approfondi, *non indoctos libros*, sur le mouvement des astres ; et sa réforme du calendrier est sans doute — piquant paradoxe — celui de ses actes qui a eu sur le monde le plus durable retentissement[1]. On cite d'autres noms se rapportant à cette période : L. Tarutius Firmanus, Q. Tubero[2] dont nous ne savons presque rien. Mais nous n'avons pas besoin d'eux, car Varron est là qui, lui aussi, s'est occupé d'astronomie — il fallait s'y attendre : le sixième de ses *Disciplinarum libri* est consacré à l'*astrologia*, et l'on en a conservé de maigres *testimonia*[3]. Enfin, il faut faire une place à part, une place éminente, au personnage en qui Aulu-Gelle reconnaissait l'égal de Varron[4] : P. Nigidius Figulus (98-45 av. J.-C.), sénateur et homme politique important, mais aussi sorte de mage néo-pythagoricien, était féru d'occultisme et d'astrologie[5] : outre un enseignement oral, qu'il dispensait dans sa demeure à des sectateurs avides de révélations ésotériques[6], il a composé de nombreux traités, dont une *Sphaera graecanica* et une *Sphaera barbarica*, où il

---

1. Cf. J. Carcopino, *César*[4], p. 1030-1033.

2. H. Bardon, *La litt. latine inconnue*, I, Paris, 1952, p. 316 sq.

3. Plin., II, 8 ; Anon. II ap. *Commentar. in Aratum reliquiae*, ed. Maass, p. 294 ; Isid., *De Nat. Rer.*, XXXVIII.

4. Gell., XIX, 14, 3 : *aetas... Caesaris columina habuit M. Varronem et P. Nigidium*. Ailleurs, il qualifie Nigidius de *homo iuxta M. Varronem doctissimus*, de *ciuitatis Romanae doctissimus*.

5. Cic., *Tim.*, I, 1 *acer inuestigator et diligens earum rerum quae a natura inuolutae uidentur*. Cf. Lucain, *Ph.* I, 639 sqq. et comm. P. Wuilleumier-H. Le Bonniec (coll. Erasme, Paris 1962) ad loc.

6. J. Carcopino, *La basilique pythagoricienne de la Porte Majeure*, Paris, 1927, p. 196-202. Sur ce Nigidius, voir en outre, plutôt que la thèse de L. Legrand, *P. Nigidius Figulus, philosophe néo-pythagoricien orphique*, Clermont, s. d. (1930), l'article de W. Kroll, P. W. XVII (1937), 200-212, et A. Della Casa, *Nigidio Figulo*, Rome, 1962, 138 p.

décrivait les constellations grecques et orientales[1]. Son influence, sur ses contemporains en général et sur Vitruve en particulier (cf. *infra*, p. LV) ne doit pas être sous-estimée.

Même engouement à l'époque d'Auguste et sous les Césars : Ovide écrit des *Phaenomena* dont nous n'avons plus que quelques vers, et donne à l'astronomie une place importante dans ses *Fastes*. On ose à peine citer les *Poetica astronomica* d'Hyginus, car on n'est pas sûr qu'il faille en identifier l'auteur avec l'affranchi d'Auguste[2]. Mais Manilius est sans doute contemporain de Tibère[3], et si nous voulions pousser plus loin, nous rencontrerions le livre VII des *Questions Naturelles* de Sénèque, consacré aux comètes, et le livre II de l'*Histoire Naturelle* de Pline l'Ancien, qui représente une véritable synthèse des connaissances astronomiques à Rome.

Encore nous sommes-nous bornés, dans ce rapide panorama, aux ouvrages techniques spécialement consacrés à l'étude des astres. Mais la place que ceux-ci occupent dans la littérature latine de l'époque est bien plus considérable. Tous les prétextes sont bons pour parler des étoiles, des planètes et de l'ordre du monde. Laissons de côté les allusions qui n'ont d'autre but que l'ornement poétique, et qui sont innombrables. Mais — sans parler des horoscopes, fort en vogue — il n'est pas de traité d'agriculture qui ne se réfère à l'astronomie pour fixer le calendrier des travaux[4] ; il n'est pas de traité de philosophie, surtout s'il est d'inspiration stoïcienne, qui ne nous invite éloquemment à admirer l'ordre de l'univers. Et l'on pense aussitôt à Cicéron : sans parler de sa traduction du *Timée*, le « songe de Scipion » contient l'exposé d'idées pythagoriciennes et

---

1. Servius, *ad G.* I, 19, 43, 218. Était-ce dans ces traités ou dans d'autres qu'il exposait ses théories sur les planètes, auxquelles il donnait le nom particulier d'*errones* (Gell. III, 10, 2) ?

2. M. Schanz, *o. c.*, II, 1³, p. 517 sqq ; A. Le Bœuffle, *Recherches sur Hygin, R.E.L.*, XLIII, 1965, p. 275-294.

3. M. Schanz, *o. c.*, II, 2³, p. 34 sq.

4. Ainsi Virgile dans les *Géorgiques* (cf. P. d'Hérouville, *L'astronomie de Virgile*, Paris, 1940), Columelle au livre XI du *De Re rustica*, Pline au livre XVIII de l'*Histoire Naturelle*.

platoniciennes sur l'ordre des planètes et l'harmonie des sphères[1]. Quant au livre II du *De Natura Deorum*, où Balbus présente les thèses stoïciennes sur l'univers et les dieux, il accueille de longs développements sur les planètes (II, 49-56) et la sphère des fixes (II, 104-115) où Cicéron cite abondamment ses *Aratea*. Comme chez Vitruve, la démonstration n'eût pas exigé tant de pages, si l'auteur ne s'était complu à exposer une matière particulièrement goûtée de ses contemporains et de lui-même. Il n'est pas jusque dans l'*Etna* — quelle qu'en soit la date, elle ne s'éloigne pas de l'époque qui nous intéresse — où une digression inattendue ne prétende nous vanter la noblesse des études physiques et astronomiques[2] !

Ainsi replacée dans un plus large contexte, et justifiée par le goût de l'époque, l'étendue de la digression astronomique au livre IX du *De Architectura* cesse de surprendre.

L'exposé de Vitruve. Ce qu'elle contient, dans une large mesure, ne surprend pas non plus. Il existe assez de textes grecs et latins, élémentaires ou complexes, qui traitent de ces questions, pour qu'on puisse avoir une idée précise des problèmes, voire des

---

1. Chap. IV-V, éd. P. Boyancé, *Études sur le Songe de Scipion*, Paris, 1936, p. 24 sqq.

2. V. 223-249. L'auteur inconnu du poème brosse un tableau d'ensemble de l'astronomie, et l'ordre qu'il suit est à peu près le même que celui de Vitruve :

v. 227-229 = IX, 1, 2 sq.	structure d'ensemble de l'univers ;
230-233 = 5-10	cours des astres errants ;
234-235 = 3 sq.	le Zodiaque ;
236 = IX, 2	les phases de la Lune ;
237-239 = 3	les saisons ;
240-249 = 4 et 5	la sphère des fixes.

Malgré quelques discordances de détail (l'auteur de l'*Etna* cite pêle-mêle, v. 240 sqq., constellations, planètes et comètes), l'accord d'ensemble est curieux... surtout si l'on rappelle que, pour des raisons toutes différentes, Fr. Krohn (B. Ph. W, LII, 1531) proposait naguère, en s'appuyant sur *de Arch.* V, pr. 3, d'attribuer l'*Etna* aux loisirs studieux de notre architecte ! Mais la prudence nous recommande de supposer plutôt une source commune à Vitruve et à l'*Etna*.

lieux communs qui sont presque toujours évoqués. Or
nous retrouverons chez Vitruve un bon nombre d'entre
eux : c'est d'abord la définition du *mundus*, pour laquelle
fourmillent les rapprochements, plus ou moins textuels[1].
Ce sont également les principes et les mécanismes qui
commandent la rotation de cet univers : mouvement
perpétuel autour d'un axe, par l'intermédiaire des deux
« gonds » que constituent les pôles. C'est aussi l'affirmation, à peu près indiscutée durant toute l'antiquité,
de la position privilégiée de la Terre au centre du monde
(IX, 1, 2). A cette architecture générale succède un
développement attendu sur le Zodiaque, son obliquité,
sa division en douze signes dont six sont toujours visibles
au-dessus de l'horizon, six toujours dissimulés, levers
et couchers étant commandés par la même rotation (IX,
1, 3 sq.). Du Zodiaque aux « planètes » la transition est
immédiate : Vitruve, adoptant l'ordre chaldéen, le plus
communément admis de son temps[2], passe rapidement
en revue les mouvements et durées de révolution de ces
astres, et insiste sur l'apparente irrégularité des déplacements, contrastant au bout du compte avec la parfaite
rigueur qui les ramène à leur point de départ en un laps
de temps invariable. Cicéron déjà s'en était émerveillé,
de même qu'il avait noté comme une curiosité — nous
la retrouvons bien entendu chez Vitruve (IX, 1, 6-9) —
les deux noms de Vénus, comme étoile du soir et étoile
du matin : on peut bien, ici, parler de lieu commun de
l'astronomie antique.

Vitruve n'est pas plus original dans ses comparaisons :
le rapprochement qu'il développe (IX, 1, 15) entre le
cours des planètes et une roue de potier sur laquelle on
ferait tourner sept fourmis se retrouve plusieurs fois
dans la littérature scientifique antique, notamment chez
Cléomède, et il est bien assuré, même si Vitruve est le
premier en date, que le mérite ne lui en revient pas

---

1. Sur ce point et tout ce qui va suivre, voir les citations au
comment. *ad loc.*
2. Par ordre d'éloignement croissant : Lune, Mercure, Vénus,
Soleil, Mars, Jupiter, Saturne. Cf. comment. *ad loc.*

(cf. *infra*, p. XLVIII). Ses considérations sur la température des planètes (IX, 1, 16) ne sont pas moins banales.

Rien de mieux connu également que la théorie des phases de la Lune, dont Vitruve attribue — à tort, on le verra — la découverte à Aristarque de Samos (IX, 2, 3 sq.) ; l'on fera la même remarque à propos du long et verbeux paragraphe qui traite des déplacements du Soleil à travers le Zodiaque, expliquant ainsi l'inégalité des jours et des nuits. Jusque dans le détail — et l'on pense ici à cette curieuse théorie, très répandue dans l'Antiquité, suivant laquelle équinoxes et solstices ont lieu, non pas lorsque le Soleil pénètre dans le signe correspondant, mais lorsqu'il arrive au huitième degré[1] de celui-ci — Vitruve s'accorde avec la « vulgate » astronomique. Quant à sa description de la sphère céleste, des constellations boréales et australes, elle rappelle de fort près — il est vrai qu'il est ici difficile d'innover ! — celle d'Aratos et de tous ses épigones. Il n'y manque même pas (IX, 5, 4) le petit couplet émerveillé sur les astres perpétuellement invisibles en Italie, notamment la fameuse étoile Canopus, ornement de la lointaine et mystérieuse Égypte : d'Eudoxe à Martianus Capella, on suit ce thème à la trace.

La banalité est donc le trait le plus frappant, dans ces pages de Vitruve. Mais ne lui en faisons pas grief : le sujet, nous venons de le dire, se prêtait peu à l'originalité, et nous ne pouvions attendre d'un architecte, donc d'un amateur, des innovations de quelque importance. Par la même raison s'explique le caractère élémentaire de ces développements. Il s'agit d'un exposé de vulgarisation destiné à enseigner ou à rappeler aux Romains moyens les notions fondamentales d'astronomie, sous le prétexte de les préparer à une étude de la gnomonique. Est donc banni tout ce qui peut paraître rébarbatif[2], notamment les calculs complexes et l'exposé de mécanismes délicats. Ceci est particulièrement net si l'on

1. IX, 3, 1. Cf. comment. *ad loc.*
2. Cf. IX, 7, 7 *Quas ob res non pigritia deterritus praetermisi, sed ne multa scribendo offendam.*

compare Vitruve et Pline l'Ancien. Ce dernier, traitant
du mouvement de la Lune et des planètes (II, 58-78),
entre dans des détails compliqués sur les élongations,
les conjonctions, les levers héliaques, les apsides :
développements obscurs, qui ont suscité parmi les
commentateurs beaucoup d'embarras et de contradictions[1]. Soyons reconnaissants à Vitruve de ne pas nous
avoir égarés dans ce dédale — et pour cause, sans doute.
Il est vrai que son sujet ne l'exigeait pas, bien au
contraire. Quoi qu'il en soit, ce caractère élémentaire
de l'astronomie vitruvienne a pour conséquence une
certaine clarté : les théories de Vitruve peuvent être
exactes ou fausses (à nos yeux de modernes), originales
ou rebattues, l'exposé en est généralement facile à
suivre dans ses grandes lignes, sinon intelligible dans
tous ses détails.

Nous ne ferons pas non plus grief à Vitruve des quelques lacunes que l'on pourrait relever dans ces pages,
qui ne sont elles-mêmes, rappelons-le, qu'une digression
déjà trop longue ; et si nous dressons la liste de quelques-
unes de ces omissions, c'est bien plutôt par référence à
la littérature astronomique antique qu'au cas particulier
du *De Architectura*. Le fait est, en tout cas, que Vitruve
ne dit pas un mot, par exemple, de l'harmonie des
sphères, qu'il connaissait cependant (I, 1, 16) et que
Cicéron mentionne plusieurs fois[2]. Il ne dit rien non
plus de l'équateur et des tropiques qui jouaient, suivant
Aratos[3], un rôle important dans la structure de l'univers.
On ne sait pas davantage comment Vitruve se représente
l'axe du monde : matériel ou immatériel ? fixe ou mobile ?
toutes conceptions qui ont eu leurs défenseurs dans
l'antiquité. S'il affirme la position privilégiée de la Terre
au centre du monde, il ne s'explique pas nettement sur
la forme qu'il lui attribue : disque ou sphère ? Il nous
dit bien que le Soleil parcourt en un an l'étendue du

1. J. Beaujeu, Pline l'Ancien, *N.H.* II, éd. Belles-Lettres,
p. 146 sq.

2. *N.D.*, II, 19, 119 ; *Rep.*, VI, 18 sq. Cf. A. St. Pease, comment.
ad N.D., III, 27 (t. II, p. 1019 sq.) qui donne toutes les références.

3. *Phaen.*, 480-524.

Zodiaque, mais il omet de chiffrer — lui si minutieux en ce qui concerne les planètes (cf. *infra*, p. XLVI) — la durée de cette année tropique, que Cicéron évalue, avec une bonne approximation, à 365 jours 1/4[1]. On s'étonne peu qu'il n'ait pas cru devoir discuter l'ordre des planètes, pas plus que leurs dimensions et leurs distances, objets de théories divergentes, mais davantage qu'à propos de la température élevée de Mars il ne fasse aucune allusion à sa couleur rutilante, bien connue cependant des astronomes anciens. Rien non plus sur les éclipses, de Lune et de Soleil, alors que déjà Sulpicius Gallus savait les prédire[2] et que Pline l'Ancien leur consacre un copieux développement (II, 47-53). On regrettera également que Vitruve ne se soit pas expliqué avec plus de précision sur le rapport qui lie la durée de la révolution lunaire à celle des mois du calendrier romain[3].

Dans la description de la sphère céleste, qui réunit un maximum de constellations en un minimum de place, on remarquera de même l'absence de toute indication sur la Voie Lactée[4], et l'on s'étonnera de ne trouver ni le nom des Hyades, qu'Homère déjà connaissait[5], ni celui de Sirius, mentionné par Hésiode[6] et universellement célèbre[7].

1. *N.D.*, II, 49. C'est sur la base de cette valeur qu'a été réalisée la réforme du calendrier par César.
2. Cic., *C.M.*, 49 ; Plin., II, 53.
3. IX, 1, 5 ; 2, 4. Cf. comment. *ad loc.*
4. Considérée, il est vrai, par Aratos (*Phaen.*, 469-479) comme un des cercles fondamentaux de l'univers, au même titre que les tropiques ou l'équateur. Mais ceci nous importe peu : seule la lacune est notable, où qu'il faille la situer.
5. *Il.*, XVIII, 486.
6. *O.*, 505, 607 ; *Sc.*, 153, 397.
7. Eur., *I.A.*, 7 ; *Hec.*, 1104 ; A. Rh., II, 517, III, 957 ; Arat., *Phaen.*, 331, 339 ; Virg., *G.*, IV, 425 ; Tib., I, 7, 21, etc. Cf. Gundel, *Sirius*, P. W., IIte Reihe III, 314-351.
D'autres omissions moins spectaculaires, dans la description des constellations boréales : les *Aselli* (Plin., XVIII, 353 = Ὄνοι Thcr., XXII, 22, Arat., *Ph.*, 898, 905) et la Crèche (Φάτνη, Thcr., *l. c.;* Arat., *Ph.*, 892, 898, 996 ; cf. Cic., *Progn. fr.*, 2 ; *Praesepia*, Plin., *l. c.*), astérismes de la constellation du Cancer ; la constellation du Triangle, au-dessus du Bélier (cf. comment. IX, 4, 6) ;

Mais tout ceci, au fond, n'est pas bien grave. Vitruve ne pouvait tout dire, à supposer que sa science fût parfaitement complète, et tel n'était pas son propos.

En revanche, nous avons le droit d'exiger qu'il nous présente un tableau cohérent de l'univers. Ce n'est malheureusement pas toujours le cas. La contradiction la plus évidente concerne les planètes Mercure et Vénus : en IX, 1, 6, suivant une théorie peu orthodoxe dans l'antiquité, et dont nous reparlerons (cf. *infra*, p. XLV), il fait tourner ces deux astres autour du Soleil ; mais en IX, 1, 15, voulant donner une image concrète du système planétaire, il le compare à sept fourmis parcourant sur un disque sept rainures concentriques. Les deux textes sont tout à fait inconciliables et se réfèrent à deux systèmes distincts. Selon toute vraisemblance, Vitruve les a pris à deux sources différentes sans remarquer qu'ils étaient incompatibles. Une telle désinvolture est inquiétante ; elle fait naître les doutes les plus sérieux sur la compétence scientifique de l'auteur. Plus bénins, mais significatifs quand même, sont les flottements qu'on a relevés dans la description de la sphère céleste : une grande incertitude concernant l'astrothésie du Cheval en IX, 4, 3[1] ; et une contradiction caractérisée dans celle du Cygne[2].

Moins graves en un certain sens que les contradictions — parce que celles-ci trahissent la faiblesse d'un esprit incapable de dominer ses connaissances — les erreurs ne manquent pas non plus. Précisons, tout de suite, que par ce terme d'erreurs nous ne désignons pas tout ce que condamne la science moderne (il ne resterait pas grand chose, dans ce cas, de Vitruve ni de ses prédécesseurs). Nous songeons simplement à des affirmations dont l'inexactitude était déjà reconnue au Ier siècle av. J.-C.

---

la Chevelure de Bérénice, entre le Bouvier, la Vierge et le Lion (Catul., LXVI, 65 sqq. ; erreur de Plin., II, 178, qui en fait une constellation australe, invisible en Italie).

1. Cf. G. Thiele, *Antike Himmelsbilder*, Berlin, 1898, p. 54, et notre comment. *ad loc*. Mais le texte très corrompu ne permet pas d'accuser Vitruve avec certitude.

2. Cf. comment. à IX, 4, 3.

Par exemple, Vitruve se trompe en attribuant à Aristarque de Samos la théorie véritable des phases de la Lune : Anaxagore déjà et Platon[1] la connaissent. C'est également une faiblesse que de placer sur le même plan, sans se prononcer entre elles comme si leur était accordé un même degré de vraisemblance[2], l'explication « d'Aristarque » (la nôtre), et celle de Bérose, qui représente un état de la science beaucoup plus primitif.

Dans la disposition des constellations, telles que Vitruve les décrit, les erreurs ne sont pas absentes, et elles sont presque impardonnables dans un domaine où il suffit de lever les yeux pour éliminer certaines inexactitudes. Il est vrai que Vitruve et les écrivains scientifiques de Rome en général (cf. Pline l'Ancien) préfèrent tirer leur savoir des écrits de leurs prédécesseurs que de l'observation directe des phénomènes... Quoi qu'il en soit, il est tout à fait faux que, comme l'affirme Vitruve, les sabots de Pégase touchent les genoux du Verseau (IX, 4, 3) ; fausse également la position de Persée par rapport aux Pléiades (IX, 4, 2)[3] ; fausse celle de la Couronne par rapport aux genoux du Bouvier et d'Hercule.

Il y a plus grave encore : à ces erreurs techniques, qui n'affectent que des détails, s'ajoutent des conceptions tout à fait primitives et erronées que Vitruve n'expose pas nettement, il est vrai, mais que certaines allusions nous obligent à lui prêter. Il s'agit d'abord de la structure générale de l'univers (IX, 1, 3) : Vitruve fait sienne la théorie suivant laquelle le pôle nord serait plus élevé que le pôle sud : image simpliste, qui remonte à une époque où la sphéricité de la Terre n'était pas encore admise (cf. comment. *ad loc.*). E. Oder[4] ne pardonne pas à l'auteur une conception aussi rétrograde !

Autre croyance populaire dont Vitruve se fait l'écho

---

1. *Crat.*, 409 a.
2. Bouché-Leclercq, *L'astrologie grecque*, Paris, 1899, p. 43, n. 2.
3. L'astrothésie du Dauphin (IX, 4, 5), jugée inexacte par Thiele (*Ant. Himmelsb.*, p. 55), fait difficulté à cause de la tradition manuscrite fort incertaine. Cf. comment. *ad loc.*
4. *Quellensucher...* Philol., Supplt. VII, p. 323 et n. 121.

(IX, 1, 12) : celle de l'arc-en-ciel élevant jusqu'aux nuages l'eau de la terre. Fiction bonne encore pour les poètes[1] ! mais depuis Aristote les véritables savants connaissaient la nature optique du phénomène et son explication réelle.

Tout n'est cependant pas banal ou grossièrement inexact dans les digressions astronomiques de Vitruve. Y sont exposées également, ou évoquées, un certain nombre de théories originales, qui parfois relèvent de la plus haute fantaisie, mais qui, étant par ailleurs mal connues, font de ces quelques pages un document fort précieux pour l'histoire de l'astronomie antique.

Nous en avons déjà évoqué une (cf. *supra*, p. XLIII) : il s'agit du système planétaire d'Héraclide de Pont — que Vitruve du reste ne nomme pas — suivant lequel Mercure et Vénus, au lieu de tourner autour de la Terre comme le Soleil et les autres planètes, gravitent autour de l'astre du jour : hypothèse intéressante en ce qu'elle est un premier pas vers l'héliocentrisme intégral d'Aristarque et de Copernic, mais hypothèse que sans Vitruve nous connaîtrions seulement par des auteurs bien plus tardifs, Adraste cité par Théon de Smyrne, Chalcidius et Martianus Capella (cf. comment. IX, 1, 6).

Deux autres hypothèses curieuses, auxquelles Vitruve accorde une grande place, ne sont pas banales non plus dans la littérature scientifique des Anciens : la théorie radio-solaire des planètes (IX, 1, 11 sq.) et celle des phases de la Lune suivant Bérose (IX, 2, 1 sq.). L'une et l'autre ont en commun l'importance qu'elles accordent à la lumière du Soleil, dont l'action commande le mouvement des planètes supérieures et de la Lune[2]. En cela, et malgré leur aspect tout à fait fantaisiste,

---

1. Ainsi Virg., *G.*, I, 380. Cf. comment. *ad loc.*
2. Il semble que Vitruve ait aperçu ce point commun, en écrivant que la face brillante de la Lune était attirée par le Soleil en vertu d'une affinité de la lumière pour la lumière (IX, 2, 1. Cf. comment. *ad loc.*), ce que les autres textes qui exposent la théorie de Bérose ne précisent pas. Une certaine unité de doctrine apparaîtrait ainsi chez Vitruve. Mais — à supposer que ce ne soit pas l'effet d'une illusion — faut-il en faire un mérite à l'auteur lui-même, ou à l'une de ses sources ?

elles laissent pressentir le rôle éminent du Soleil sur les corps célestes qui l'accompagnent, tel que le précisera la loi moderne de l'attraction universelle. La théorie radio-solaire sera reprise — et compliquée — par Pline (II, 69 sqq.), puis par Martianus Capella ; celle qui rend compte des phases de la Lune en supposant que notre satellite est une sphère mi-brillante, mi-obscure, est mieux attestée (cf. comment. *ad loc.*), mais le texte de Vitruve demeure fondamental par sa date comme par son étendue.

Nous devons également à Vitruve des précisions tout à fait originales — et fort justes — sur la durée de révolution des planètes. Passons sur la révolution tropique de Vénus, que notre auteur est seul à évaluer à 485 jours[1], valeur sensiblement trop forte. Mais pour Mars, Jupiter et Saturne, les chiffres donnés par Vitruve sont étonnamment proches de la vérité[2] : respectivement 683 jours (en fait 687 jours), 11 ans 323 (mss ; ou 313 edd.) jours (en fait 11 ans 315 jours), et 29 ans 160 jours (en fait 29 ans 167 jours), alors que la plupart des auteurs se contentent des valeurs approximatives de 2, 12 et 30 ans. La précision et l'exactitude de Vitruve resteront sans exemple jusqu'à Ptolémée (cf. comment. *ad loc.*).

On relève aussi dans la description de la sphère céleste — mais ceci est de bien moindre portée — des détails qu'on ne trouve que rarement, ou pas du tout, dans les textes de cette espèce : par exemple la mention (si elle est authentique) du sceptre de Céphée (IX, 4, 3), celle de la tête de la Gorgone (IX, 4, 2) brandie par Persée, la coloration d'Arcturus (IX, 4, 1), le nom d'ἀρπεδόναι donné au lien qui unit les Poissons et la Baleine (IX, 5, 3)...

1. IX, 1, 9. Cf. comment. *ad loc.*
2. A ceci près que Vitruve chiffre les révolutions apparentes (retour au même point du ciel), alors que les astronomes modernes évaluent la durée réelle des révolutions planétaires autour du Soleil (cf. J. Beaujeu, comment. Plin., II, 32 sqq., p. 135, n. 3) : mais pour les planètes éloignées, Jupiter et Saturne, l'écart entre les deux valeurs est négligeable.

Il est donc difficile de porter un jugement d'ensemble sur ces pages qui font alterner développements superflus et lacunes étonnantes, théories banales et idées peu courantes, précisions remarquables et bévues scandaleuses. Bien entendu, l'auteur n'est qu'en partie responsable des faits qu'il avance. N'étant pas orfèvre en la matière, il s'est contenté de puiser dans divers manuels une documentation variée qui mêlait le bon et le mauvais, et qu'il n'a selon toute vraisemblance soumise à aucun examen critique, accumulant sans discernement les données les plus diverses, et parfois les plus contradictoires.

Sources. Il nous importerait beaucoup, par conséquent, de savoir d'où Vitruve tire sa science, et c'est ce problème, toujours épineux, des sources qu'il convient d'aborder maintenant.

Leur pluralité est certaine : les contradictions déjà évoquées nous l'assurent. Mais n'attendons pas de Vitruve, malgré la probité scrupuleuse dont il se flatte[1], qu'il nous les nomme. Il n'y fait qu'une allusion, bien trop vague à notre gré, en IX, 1, 16 : *De zona XII signorum et septem astrorum contrario opere ac cursu... uti a praeceptoribus accepi exposui. Nunc de crescenti lumine lunae deminutioneque uti traditum est nobis a maioribus dicam.* Faut-il penser que les *praeceptores*, spécialistes du Zodiaque et des planètes, sont des astrologues, des « Chaldaci » de formation orientale, tandis que les *maiores* ont enseigné à Vitruve la science grecque des phases de la lune et des constellations célestes ? L'hypothèse, qui nous est suggérée par M. J. Beaujeu, est fort séduisante. Quoi qu'il en soit, la distinction des *praeceptores* et des *maiores* trahit à coup sûr un changement de sources[2].

Bien sûr — nous l'avons déjà laissé entendre — il n'existe à notre connaissance, dans la littérature astronomique grecque ou latine, aucun texte antérieur à Vitruve qui présente avec ce dernier suffisamment

---

1. VII, pr. 3, 10 ; IX, 7, 7.
2. G. Thiele, *Ant. Himmelsb.*, p. 56.

d'analogies pour qu'on puisse le considérer comme sa source unique et directe. Cependant les rapprochements de détail abondent, avec des textes comme le περὶ κόσμου du Pseudo-Aristote, le *De mundo* d'Apulée, l'*Isagoge* d'Achilles en ce qui concerne l'ordonnance générale de l'univers (cf. comment. IX, 1, 1 sq.), comme le *De Natura Deorum* de Cicéron lorsqu'il s'agit de décrire la marche des planètes, etc. De toutes ces concordances, on déduit l'existence d'une source commune perdue, qui aurait été largement utilisée par tous ces auteurs, et c'est le nom de Posidonius qu'on a avancé avec le plus d'assurance. C'est à lui — ou à l'un des nombreux manuels qui ont propagé sa doctrine — que Vitruve doit, croit-on[1], à peu près tout ce qu'il dit sur la structure générale de l'univers, sur les planètes supérieures[2], sur la théorie radio-solaire des planètes[3] et sur leur température[4] ; c'est à lui encore qu'il emprunte la suggestive comparaison du système planétaire avec sept fourmis courant sur un disque[5]. Bref, « Vitruve est le type de l'utilisateur sans culture de Posidonius. »[6] Tout cela est vraisemblable — sans plus. Il convient d'être très prudent dans des affirmations de ce genre, et il est toujours un peu aventureux de mettre telle ou telle théorie au compte d'auteurs dont nous ne possédons plus rien. D'ailleurs Posidonius — si nos conjectures ne nous égarent pas — ne saurait être la seule source de Vitruve : il est incroyable que le philosophe d'Apamée ait confondu, comme le fait notre architecte, deux systèmes planétaires inconciliables[7], et

1. M. Thiel, *Quellenkritisches zu Vitruvius*, N. Jhbb. f. Phil. u. Pädag., LXVII (CLV), 1897, p. 367 sq. ; W. Capelle, *Die Schrift von der Welt*, N. Jhbb. f. d. klass. Alt., XV, 1905, p. 538 n. 1.
2. M. Thiel, *l. c.*
3. E. Oder, *o. c.*, p. 367, n. 187.
4. J. Beaujeu, comment. Plin. II, 34 sq., p. 137, n. 2 — non sans quelques réserves.
5. E. Oder, *o. c.*, p. 315, n. 112 et p. 367, n. 187 ; M. Thiel, *o. c.*, p. 368 ; W. Capelle, *l. c.*. Cf. Reinhardt, *Posidonios*, p. 182 et 204.
6. E. Oder, *o. c.*, p. 369.
7. Cf. *supra*, p. XLIII.

la mention des théories d'Héraclide doit avoir une autre
origine, que nous ne pouvons évidemment préciser.
De même l'allusion à la hauteur particulière du pôle
nord : E. Oder propose de l'attribuer[1] à Nigidius Figulus,
lui-même tributaire de quelque Grec. Mais ce n'est
toujours qu'une hypothèse ; et on a vu que des apports
d'origine orientale n'étaient pas à exclure.

Pour l'exposé sur les phases de la Lune (IX, 2), il
faut, semble-t-il, chercher dans une autre direction.
Deux textes sont tout à fait parallèles à celui du *De
Architectura*, l'un de Saint Augustin, l'autre d'Isidore
de Séville, qui tous deux opposent les théories de Bérose
et d'Aristarque, et présentent avec Vitruve et entre eux
bien des concordances textuelles (cf. comment. *ad loc.*).
Comme il est peu vraisemblable qu'Augustin et Isidore
aient puisé dans Vitruve la matière de leur exposé, on
déduira que les trois écrivains ont une source commune,
et cette source pourrait être Varron[2]. Mais on prendra
garde aussi aux rapprochements très nets entre Vitruve
et Lucrèce sur ce point (cf. comment.).

La description de la sphère céleste que nous donne
Vitruve est la première que nous possédions en prose
latine, et l'on peut même dire la première que nous

1. *O. c.*, p. 323, n. 121.
2. H. Diels, *Doxographi graeci*, Berlin, 1879, p. 200, qui rappelle
tout ce que Saint Augustin doit à Varron — lequel connaît
Bérose. On sait en tout cas que Varron a écrit sur l'astronomie
(cf. *supra*, p. xxxvi), et l'on peut sans trop d'invraisemblance lui
prêter un exposé sur les phases de la Lune. Nous croirions même
assez volontiers que Vitruve lui a emprunté plus que cela, et que
bien des éléments concernant la structure de l'univers et la
marche des planètes remontent à quelque œuvre de l'érudit de
Réate. Cf. E. Oder, *o. c.*, p. 366, n. 186. Tel n'est pas, cependant,
l'avis de G. Thiele (*o. c.*, p. 56), qui suppose que Vitruve a
emprunté ses données sur la Lune à un modèle grec fondé sur
Aratos, complété par Eudoxe et des globes célestes et corrigé
d'après Hipparque — modèle dont il se serait également servi
pour la description de la sphère céleste. Mais ceci est peu vraisemblable, malgré l'indication du changement de source en IX, 1, 16 :
car si cette mention nous invite à séparer ce qui la précède de ce
qui la suit, elle ne nous assure pas de l'unité de sources dans cette
seconde partie, que nous diviserions, nous, en deux sections :
Lune d'un côté, sphère céleste de l'autre.

possédions en latin, puisque les *Phaenomena* de Cicéron, nettement antérieurs, ne sont qu'une traduction scrupuleuse d'Aratos. A ce titre, son intérêt est évident, mais la recherche des sources en est rendue singulièrement malaisée.

Certes, les rapprochements ne manquent pas. Il n'est guère de notice, si brève soit-elle, dont on ne retrouve l'équivalent presque textuel dans l'une ou l'autre des nombreuses descriptions du ciel que l'Antiquité nous a léguées : les fragments d'Eudoxe, Aratos, Hipparque, Manilius, Hyginus, sans parler des scholiastes d'Aratos ou de Germanicus, voire d'œuvres anonymes recueillies par E. Maass[1], nous serviront au fil du commentaire à étayer les affirmations de Vitruve[2]. Mais celui-ci a-t-il eu une source privilégiée, et laquelle ?

Remarquons d'abord qu'il ne suit pas le plan adopté par Eudoxe et Aratos[3], qui décrivent la sphère céleste du nord au sud, situant chacune des constellations par rapport à ses voisines immédiates. Vitruve, lui, consacre un développement séparé aux constellations zodiacales, route du Soleil et des planètes (IX, 3), puis il décrit en deux parties les constellations boréales d'une part (IX, 4), australes d'autre part (IX, 5). Tel est le plan suivi par les astronomes, Hipparque et Ptolémée, tel est aussi celui de Manilius et d'Hyginus. A qui doit-on, en dernière analyse, cette innovation ? c'est ce qu'il est impossible de dire.

Cette divergence entre Eudoxe et Aratos d'un côté, et leurs successeurs de l'autre, ne signifie nullement que ceux-ci ont renoncé à puiser dans l'œuvre de leurs

---

1. *Commentariorum in Aratum reliquiae,* Berlin, 1898.

2. Dans quelques détails, certains érudits ont voulu retrouver également l'influence de Posidonius : Vitruve lui aurait notamment emprunté l'idée qu'équinoxes et solstices se situent au huitième degré du signe correspondant (IX, 3, 1), et surtout la notice relative à Canopus (IX, 5, 4 ; cf. comment. *ad loc.*).

3. On sait qu'Aratos n'a guère fait que versifier la description de la sphère céleste procurée par Eudoxe, authentique astronome (Knaack, *Aratos,* P.W. II, 393). Les deux ouvrages devaient donc avoir la même disposition (G. Thiele, *o. c.,* p. 45).

devanciers. G. Thiele[1] souligne combien Manilius
demeure proche d'Aratos, et la même remarque vaut
également pour Vitruve.

Mais ici une première difficulté surgit : à qui Vitruve
a-t-il emprunté la matière de son exposé : à Eudoxe ou
à Aratos ? Les deux auteurs étaient assurément fort
semblables, et si nous possédons le second intégralement,
le premier ne nous est connu que par de maigres
fragments.

G. Kaibel[2] s'est fait l'avocat de la thèse extrême
suivant laquelle il faudrait considérer Vitruve comme
le traducteur d'Eudoxe ; mais les rapprochements qu'il
invoque sont insuffisants à fonder cette hypothèse : on
a relevé des contradictions entre Eudoxe et Vitruve[3],
et l'on a songé plutôt à rapprocher les données du *De
Architectura* de celles que fournissent les scholiastes
d'Aratos, eux-mêmes inspirés par Eudoxe[4].

D'Aratos lui-même, ou d'une paraphrase de son
poème[5], Vitruve conserve beaucoup d'éléments :
G. Thiele *(l. c.)* mentionne par exemple l'Épi de la
Vierge (IX, 4, 1), le Dauphin (IX, 4, 5), le Dragon (IX,
4, 6), pour lesquels on retrouve dans le prosateur romain
des réminiscences très précises du poète grec.

Mais Aratos, ses scholiastes et Eudoxe ne suffisent
pas à rendre compte de tous les renseignements fournis
par Vitruve. Il existe un poème anonyme, en trimètres
iambiques, vulgairement nommé « Sphère d'Empédocle »[6], avec lequel Vitruve s'accorde trop souvent pour

---

1. *O. c.*, p. 46.
2. *Aratea*, Hermes, XXIX, 1894, p. 93 sqq.
3. G. Thiele, *o. c.*, p. 54.
4. M. Thiel, *Eudoxeum*, Griech. Studien f. Lipsius, 1894,
p. 179 sqq.
5. G. Thiele, *l. c.*
6. Ed. E. Maass, *Comment. in Arat. rell.*, p. 154-168 ; F. Wieck,
Sphaeram Empedoclis quae dicitur recens. et dissert. adiecit, diss.
in. Greifswald (Leipzig), 1897, xxxviii+38 p. Ce poème de 169
vers n'est naturellement pas d'Empédocle : postérieur à Aratos,
sa date est incertaine (peut-être époque de César, selon Gercke
cité par Wieck, *o. c.*, p. 19, n. 40), ses sources discutées (Aratos
corrigé d'après la tradition astronomique d'Hipparque : cf.

que ce soit un effet du hasard. Cela ne signifie naturellement pas qu'il ait connu ce poème et s'en soit servi :
les concordances peuvent très bien s'expliquer aussi par
une source commune en prose[1].

Enfin G. Thiele *(l. c.)* attribue à Vitruve une autre
source, relativement tardive, à laquelle il aurait
emprunté un certain nombre de données fautives
(cf. *supra*, p. XLIV) : il s'agirait d'une description faite
d'après un globe céleste peu soigné, par l'auteur obscur
d'un quelconque περὶ πόλου ou περὶ σφαίρας.

Tout cela est sans doute nécessaire pour rendre compte
de la variété des notices rassemblées par Vitruve. Mais
on répugnera à croire[2] que pour une simple digression
sans grand rapport avec le sujet, il se soit donné la
peine de compiler plusieurs ouvrages grecs et de tenter
une synthèse du reste peu réussie. Aussi, au risque
d'embrouiller une question déjà passablement complexe,
admettrions-nous volontiers qu'il a emprunté presque
textuellement ces pages à un compilateur antérieur.
On rappellera à ce propos — sans insister — que
Nigidius Figulus avait écrit une *Sphaera graecanica...*

<table>
<tr><td>*Conceptions
philosophiques.*</td><td>Dans l'antiquité, cosmologie et
philosophie sont inséparables :
chaque école a son système du</td></tr>
</table>

monde particulier. Aussi n'est-il pas sans intérêt, à
première vue, de se demander si Vitruve ne laisse pas
deviner, à tel ou tel détail, de quel côté penchent ses
sympathies : stoïcisme, épicurisme, académisme? Malheureusement, le caractère disparate des faits qu'il
expose et, peut-être, des œuvres auxquelles il les
emprunte nous font craindre de ne pouvoir lui prêter
une doctrine cohérente.

De fait, Vitruve ne répugne pas à la coexistence, dans
son livre IX, d'idées peu conciliables. On s'attend

G. Thiele, *o. c.*, p. 56). Peut-être est-il à son tour une des
sources de Manilius, Ovide et Hyginus.

1. G. Thiele, *l. c.;* F. Wieck, *o. c.*, p. 6, 14 sqq. et 19, n. 40.
2. Comme semble le faire G. Thiele ; cf. Hultsch, *Eudoxos*,
P.W. VI, 942.

naturellement à y déceler une certaine couleur stoïcienne,
s'il est vrai que Posidonius et son enseignement l'ont
influencé (et n'oublions pas qu'on voit aussi dans les
Phaenomena d'Aratos un poème stoïcien)[1]. On l'y
reconnaîtra peut-être dans la place éminente que
Vitruve attribue au Soleil (centre des orbites de Mercure
et de Vénus) et au pouvoir de sa lumière (théorie radio-
solaire)[2] ; dans ce qu'il affirme également au sujet de la
température des planètes supérieures, où se reflète le
principe stoïcien de la κρᾶσις[3]. Mais on ne saurait
avancer sans ridicule que Vitruve est stoïcien : le
panthéisme de Sénèque et de Pline, par exemple, lui
est inconnu[4], et son respect des *di immortales* de la
religion officielle semble tout à fait sincère[5]. D'ailleurs,
il n'y a pas uniquement des idées stoïciennes dans ces
pages scientifiques. A côté de la croyance, chère aux
philosophes du Portique, que l'univers entier est régi
par l'intelligence divine[6], Vitruve admet une conception
active de la Nature organisatrice[7] qui est plutôt d'inspiration péripatéticienne[8]. On a souligné d'autre part

1. Cf. J. Martin, *Arati Phaenomena*, Florence, 1956, p. 3-5.
2. P. Boyancé, *Songe de Scipion*, p. 78-104, qui attribue la
thèse de l'hegemonikon solaire à Cléanthe plutôt qu'à Posidonius.
3. Gundel, *Planeten*, P.W. XX, 2111.
4. Cf. pourtant, *infra*, n. 8.
5. Cf. II, 8, 3 *et primum de deorum immortalium aedibus sacris...,
uti ordo postulat, insequenti perscribam ;* IX, pr. 3, et 16 *...non
possunt non in suis pectoribus dedicatum habere,* sicuti deorum,
sic Ennii poetae simulacrum.
6. IX, 1, 1 *Ea autem sunt diuina mente comparata... ;* IX, 5, 4
*quae figurata conformataque sunt siderum in mundo simulacra,
natura diuinaque mente designata...* Cf. Cic., *N. D.,* II, passim.
7. IX, 1, 3 *His natura dispositis ;* IX, 1, 2 *naturalis potestas ita
architectata est ;* IX, 4, 6 *quae ab natura... sunt distributa ;* cf.
IX, 5, 4 où *natura* et *diuina mens* sont rapprochés.
8. Cf. comment. *ad loc.* On peut essayer de résoudre l'antinomie
en admettant que Vitruve identifie l'intelligence divine et la
Nature, en une sorte de panthéisme semblable à celui de Sénèque
(N. Q., II, 45 *eumdem quem nos Iouem intellegunt, rectorem
custodemque uniuersi, animum ac spiritum mundi, operis huius
dominum et artificem, cui nomen omne conuenit. Vis illum fatum
uocare, non errabis... Vis illum prouidentiam dicere, recte dices*

que l'hypothèse d'une Lune mi-brillante, mi-obscure[1] était pythagoricienne (autant que chaldéenne). Pythagoricienne également est la théorie curieuse, que Vitruve mentionne plusieurs fois, qui fait du nord la droite du monde, et du sud la gauche[2].

Il est peut-être vain, dans ces conditions, de vouloir coûte que coûte découvrir dans notre traité une unité de pensée que même des auteurs de plus d'envergure (on pense à Lucain et à Pline l'Ancien, fortement — mais non complètement — influencés par le stoïcisme) ne connaissent pas. Les idées de Vitruve sont celles de ses sources, immédiates ou médiates : un éclectisme qui n'a même pas conscience d'être tel.

Pourtant, avant de conclure sur cette constatation décevante, il faut mettre en relief une tendance qui ne semble pas être l'effet d'une illusion : nous voulons parler du goût de Vitruve pour tout ce qui est oriental. On soulignera à ce propos que certaines des idées que nous avons classées plus haut sous l'étiquette d'une doctrine grecque se retrouvent ailleurs que dans le domaine hellénique. Ainsi la droite du monde reconnue dans l'hémisphère nord est égyptienne[3]. Ainsi l'idée de l'hégémonie solaire est babylonienne autant que stoïcienne[4]. De même la croyance à l'astrologie, que Vitruve

---

...Vis illum naturam uocare, non peccabis... Vis illum uocare mundum, non falleris) et de Pline l'Ancien (II, 1 *mundum, et hoc quodcumque nomine alio caelum appellare libuit... numen esse credi par est... 2 idemque rerum naturae opus et ipsa natura*). Mais il est sans doute inutile de s'évertuer à une restitution cohérente des idées philosophiques de Vitruve...

1. P. Tannery, *Pour l'histoire de la science hellène*[2], p. 287, l'attribue à Alcméon et Parménide.

2. Cf. comment. IX, 3, 3. Également IX, 4, 6, plus explicite : *Quae sunt ad dextram orientis, inter zonam signorum et septentrionum sidera in caelo disposita dixi. Nunc explicabo quae ad sinistram orientis meridianisque partibus ab natura sunt distributa.*

3. Cf. J. Cuillandre, *La droite et la gauche dans les poèmes homériques*, Paris, 1944, p. 410 sq.

4. On sait que les Stoïciens se rencontrent sur bien des points avec les philosophies orientales (cf. entre autres G. Rodier, *Études de philosophie grecque*, Paris, 1926, p. 220).

fait sienne[1]. Il est en outre significatif que soient cités
bien souvent les *Chaldaei*, et sans que s'ajoute à ce
nom la nuance péjorative qui est si courante dans la
littérature latine. De même le nom de Bérose, fort
rarement attesté par ailleurs[2], revient trois fois dans le
seul livre IX ; ce qui autorise Bouché-Leclercq[3] à voir
en Vitruve « un grand admirateur des Chaldéens...
fasciné » par leurs écrits. Et il n'est peut-être pas interdit
de supposer, sur ce point encore, une influence de
l'énigmatique Nigidius Figulus, qui avait justement
tenté un syncrétisme des religions orientales et des
doctrines helléniques (stoïcisme et pythagorisme)[4], et
dont le goût de la divination et de la magie était notoire.
Malgré le caractère hermétique de ses écrits[5], il a pu
avoir en Vitruve, si curieux *de omni re scibili*, un lecteur
attentif, sinon toujours pénétrant.

Résumons : de l'original et du rebattu, du bon et
du mauvais constituent la matière de ces pages sur
l'astronomie, inspirées par des sources diverses, souvent
hypothétiques, et totalement dénuées d'unité doctrinale.
Ce n'est pas assez, cependant, pour les condamner.
Elles sont à la fois un des premiers témoignages littéraires sur la vogue de l'astronomie à Rome — à ce titre
document précieux pour l'historien des idées —, et un
recueil de théories rarement négligeable, parfois fondamental pour l'historien des sciences

---

1. Cf. comment. IX, 6, 2. On remarquera l'opposition entre la
crédulité de Vitruve et le scepticisme de Cicéron.
2. Cf. comment. IX, 2, 1.
3. *Astrologie grecque*, p. 37, n. 2 et p. 81, n. 3.
4. Cf. W. Kroll, P. W. XVII, 200-212, qui insiste beaucoup
sur l'influence babylonienne subie par Nigidius, qu'un séjour en
Asie comme légat, en 52, avait encore familiarisé avec la science
orientale.
5. Gell. XIX, 14, 3 *Nigidianae... commentationes non proinde
in uulgus exeunt, et obscuritas subtilitasque earum tamquam parum
utilis derelicta est.*

IV. La Gnomonique

Introduction :   L'une des applications les plus
Problèmes posés par immédiates, quoi qu'on en ait dit[1],
la mesure du temps. et les plus anciennes, de l'observation des astres consiste dans la mesure du temps : le
cours du Soleil et de la Lune a de toute antiquité
déterminé — non sans variantes très nombreuses — la
durée de l'année et des mois. C'est, de même, le déplacement apparent du Soleil dans le ciel, du lever au
coucher, qui a servi de base à la division du jour. Ici,
pourtant, il s'agit peut-être moins de science que
d'empirisme. Car dans le premier cas, nous aurions un
jour de durée invariable, de midi à midi par exemple,
ou d'un lever au lever suivant — toutes les divisions
sont concevables[2] — dont les subdivisions auraient été
égales[3]. Dans le second cas au contraire, le jour se définit
par le laps de temps que le Soleil passe au-dessus de
l'horizon. C'est naturellement le point de vue le plus
intéressant pour des primitifs, ou simplement lorsqu'il
s'agit de régler un emploi du temps quotidien. Dès lors
s'imposait la nécessité de distinguer, au moins approximativement, les divers moments de la journée : et quelle
manière plus immédiate de le faire que l'observation

---

1. « Au point de vue pratique, l'horloge solaire était tout à fait
inutile : la clepsydre fournissait, avec autant d'approximation
qu'elle, les évaluations de la durée, et possédait l'immense avantage de les fournir de nuit et par temps couvert... Aussi l'existence
de l'horloge solaire chez les premiers civilisés n'est-elle nullement
nécessaire : son existence n'avait qu'un nombre infime de chances
de se produire. En fait, l'étude des civilisations indépendantes
des Grecs ou antérieures à eux n'a décelé aucune trace d'horloge
solaire ailleurs que chez les Chaldéens. » (J. Sageret, *Le système
du monde des Chaldéens à Newton*, Paris, 1913, p. 115 sq.).

2. A Rome, le jour civil s'étendait de minuit à minuit, comme
à notre époque (H. Blümner, *Römische Privat-Altertümer*[3], II, 4,
p. 374).

3. Ce système, à vrai dire, était connu des astronomes, pour
lesquels il était infiniment plus commode, parce que scientifi-
quement juste, mais il n'a jamais été répandu dans le public
(H. Blümner, *l. c.*).

de la position du Soleil dans le ciel (hauteur ou direction), ce que permettait commodément le repérage de la longueur ou de l'orientation de l'ombre d'un piquet vertical[1]?

Toutefois, il était inévitable qu'on en arrivât à une division régulière du jour naturel. Cette division fut l'œuvre des Chaldéens, qui fixèrent à douze le nombre des heures diurnes (autant pour la nuit, par une symétrie évidente), et construisirent les premiers instruments propres à déterminer ces heures avec une certaine exactitude[2]. La gnomonique était née.

Mais la manière dont elle avait vu le jour, et que nous venons d'esquisser très rapidement, lui laissait une tare grave : on en était arrivé, en effet, à diviser en douze parties égales entre elles un laps de temps variable d'un jour à l'autre. Double conséquence fâcheuse : du jour au lendemain la durée des heures se modifie, et les heures nocturnes, pour un même jour civil ou astronomique, ne sont égales aux heures diurnes qu'au moment des équinoxes. Si l'on prend pour base la durée des heures équinoxiales (les nôtres), on trouve par exemple qu'à Rome la durée des heures oscillait entre 1 h. 15 en juin-juillet et 44 minutes en décembre-janvier[3]. Et naturellement, quand les heures diurnes valaient 44 mn des heures équinoxiales, les heures nocturnes valaient 1 h. 15 mn.

Une telle division du jour — qui s'est perpétuée

---

1. Ou, plus simplement même, la longueur de l'ombre du corps humain — comme cela se pratiquait encore à Athènes à l'époque classique (Aristophane, *Eccl.*, 652 ; frgt 675 Kock) : cf. G. Bilfinger, *Die Zeitmesser der antiken Völker*, Zeitschr. zur Iubelfeier des Eberhardt Ludwigs Gymnasium, Stuttgart, 1886, p. 10-23 ; W. Kubitschek, *Grundriss d. ant. Zeitrechnung*, Münich, 1928, p. 180 sq.

2. Hérodote, II, 109 : πόλον μὲν γὰρ καὶ γνώμονα καὶ τὰ δυώδεκα μέρεα τῆς ἡμέρης παρὰ Βαβυλωνίων ἔμαθον οἱ Ἕλληνες. L'exactitude de cette notice est admise par tous les historiens des sciences (cf. W. Kubitschek, *o. c.*, p. 181).

3. Cf. les tableaux dressés par W. Kubitschek (*o. c.*, p. 182 sq.) pour Alexandrie, Athènes et Rome. L'écart entre les durées extrêmes se creuse à mesure que la latitude croît.

durant toute l'antiquité, et en Europe jusqu'au
XVIe siècle[1] — allait poser de sérieux problèmes aux
savants et ingénieurs préoccupés de gnomonique. Sans
doute le polos hémisphérique, le premier instrument
connu, qui n'était au fond qu'une image renversée de
la sphère céleste[2], s'en accommodait au mieux. Mais les
Grecs ne se sont pas contentés longtemps de ce moyen
primitif : avec les progrès de leur géométrie, ils proje-
tèrent l'ombre du gnomon sur des surfaces variées,
coniques ou planes (celles-ci verticales ou horizontales)
diversement orientées[3], et la nécessité de prévoir le
trajet de la pointe de l'ombre du gnomon aux époques
caractéristiques de l'année (solstices et équinoxes) les
conduisait à la construction de courbes complexes
(hyperboles).

Mais les difficultés devaient s'aggraver lorsqu'on eut
l'idée de faire servir l'écoulement régulier de l'eau d'un
récipient à la mesure du temps. Certes, les clepsydres
étaient connues depuis longtemps à Athènes, où elles
servaient à limiter le temps de parole dans les tribunaux[4], donc à mesurer un laps de temps indépendant
des divisions du jour[5]. Mais quand on songea[6] à transformer cette clepsydre en horloge véritable, on se
heurta à une contradiction de principe : comment
mesurer des durées variables d'un jour à l'autre (et d'un
jour à la nuit correspondante) avec un écoulement
régulier par définition? Il y avait deux solutions :
maintenir un débit constant et surcharger l'instrument
de graduations compliquées ; ou bien lui donner la
simple graduation en douze heures et faire varier le
débit de l'eau. Les deux solutions ont été utilisées, nous
le verrons. Mais on peut, pour conclure cet exposé

1. J. Sageret, *o. c.*, p. 115.
2. Cf. comment. IX, 8, 1.
3. Cf. comment. IX, 8, 1.
4. Cf. W. Kubitschek, *o. c.*, p. 203 sqq. Pour leur usage à Rome
dans les mêmes conditions, H. Blümner, *o. c.*, p. 377 sq.
5. En fait (W. Kubitschek, *l. c.*), on prenait pour base la durée
du jour le plus court.
6. L'idée est attribuée à Platon par Athénée (IV, 174 c).
Cf. comment. IX, 8, 2.

préliminaire, regretter que la régularité fondamentale
des clepsydres n'ait pas servi de base à la mesure du
temps chez les Anciens, et qu'on ait dû lui faire violence
pour la soumettre à une chronométrie aussi peu scientifique que possible, dont la base — le jour naturel —
était trop immédiate pour être bien choisie.

Naturellement, les Romains ont emprunté aux Grecs
leur gnomonique, avec tous ses inconvénients[1] : division
du jour en douze heures de durée variable (iiie s. av.
J.-C.), cadrans solaires et horloges à eau, réunis sous
l'appellation commune d'*horologia*[2]. Ces instruments
firent leur apparition à Rome dans le courant du
iiie siècle av. J.-C.[3] pour le premier cadran, un siècle
plus tard pour la première horloge hydraulique[4].
D'abord malhabiles à les utiliser[5], les Romains ne
tardèrent pas à en développer l'usage, et bien vite
cadrans et horloges cessèrent d'être une rareté[6], soit

---

1. A l'origine, ils se contentaient d'approximations grossières :
position des constellations dans le ciel, la nuit (Plaute, *Am.*,
273 sqq.) ; division du jour en deux parties, du lever à midi et
de midi au coucher (Censor., XXIII, 8). Cf. H. Blümner, *o. c.*,
p. 373.

2. *horologium* = cadran solaire, Cic., *Fam.*, XVI, 18,3 ; Plin.,
                    II, 187 ; C. I. L. II, 1685,
                    4316, etc.; Vitr., IX, 7, 2 et 7.
      = horloge à eau, C.I.L, XII, 1893 ; Vitr., IX, 8
                    passim.

3. Date contestée : 263 ou 293. Cf. H. Blümner, *o. c.*, p. 376 et
n. 171.

4. En 159 av. J.-C. Cf. Plin., VII, 215 ; Censor., XXIII, 7.

5. Cf. comment. IX, 1, 11.

6. Cf. H. Blümner, *o. c.*, p. 376, qui cite des références à
Cicéron et au C.I.L. notamment. Faisons le sort qu'il mérite à ce
fragment d'un comique, Aquilius, cité par Aulu-Gelle, III, 3, 5 :

    Vt illum di perdant, primus qui horas repperit,
    Quique adeo primus statuit hic solarium !
    Qui mihi comminuit misero articulatim diem.
    Nam <unum> me puero uenter erat solarium,
    Multo omnium istorum optumum et uerissimum :
    Vbiuis monebat esse, nisi cum nil erat.
    Nunc, etiam cum est, non estur, nisi soli lubet.
    Itaque adeo [iam] oppletumst oppidum solariis,
    Maior pars populi <iam> aridi reptant fame.

qui témoigne, même en faisant la part de l'exagération propre au

dans les lieux publics[1], soit dans les demeures des riches particuliers : l'archéologie confirme, par le nombre des exemplaires mis au jour, le témoignage des textes littéraires[2].

Malgré le trait décoché par Sénèque au caractère rudimentaire de ces instruments[3], la gnomonique était donc à Rome, au temps de Vitruve, une technique florissante, sinon parvenue à son plus haut degré de perfection, et la vogue des *horologia* peut justifier la place éminente impartie à la gnomonique, un livre entier — au moins en principe — sur les dix que compte le traité.

Défauts de l'exposé vitruvien. Il nous est donc permis — compte tenu de l'absence totale, par ailleurs, de traités de gnomonique dans la littérature antique conservée (cf. *supra*, p. IX) — d'attendre beaucoup de ces pages. En fait, notre curiosité ne s'avoue pas toujours satisfaite.

La cause en est d'abord l'état souvent déplorable de la tradition manuscrite. Quoique le texte de Vitruve, au livre IX, ait subi en maints endroits des altérations graves[4], il n'est nulle part aussi défiguré que dans la

---

genre comique, du nombre des cadrans et de l'importance qu'on leur accordait à Rome pour régler la vie quotidienne.

1. Cf. Vitr. IX, 8, 1 *plinthium siue lacunar, quod etiam in circo Flaminio est positum*, et comment. *ad loc.*

2. Pour une présentation d'ensemble de la chronométrie romaine, outre H. Blümner, *o. c.*, p. 372-379, on n'aura garde de négliger, malgré sa date, Marquardt-Mau, *Vie privée des Romains*, II, p. 455-467.

3. Sénèque, *Apocol.*, II, 2 *Horam non possum certam tibi dicere : facilius inter philosophos quam inter horologia conueniet. Tamen inter sextam et septimam erat* (mais cf. note de l'éd. R. Waltz, Belles-Lettres, qui semble voir surtout dans ces lignes une allusion aux manœuvres d'Agrippine à la mort de Claude). Quoi qu'il en soit, on remarquera que les Anciens n'ont pas connu comme nous de subdivisions régulières des heures en minutes et secondes. Ils se sont contentés d'approximations comme celle de Sénèque, ou de fractions (Marc-Aurèle *ap.* Fronton, II, 4, p. 29 Naber *hora quarta et dimidia*).

4. Notamment en IX, 4, dans la description des constellations boréales.

construction de l'analemme, en IX, 7. Il s'agit d'un
véritable exposé de géométrie, consistant à décrire une
figure dont on trace à mesure les lignes et les points
fondamentaux. Or les manuscrits ont complètement
brouillé ou modifié les lettres, fort nombreuses, utilisées
par Vitruve pour sa construction. Certains présentent,
en outre, de mystérieux cercles pointillés dont le rôle
n'apparaît pas clairement[1]. La tâche des éditeurs
consiste donc à reconstituer de fond en comble cet
exposé, en partant du postulat que celui de Vitruve,
à l'origine, était correct. Mais ne peut-on en douter?
De la même façon, on se demandera si un membre de
phrase tout à fait inopportun, inséré en IX, 8, 12 dans
la description d'un mécanisme de régulation[2], témoigne
d'une bévue de l'auteur lui-même ou du zèle intempestif
d'un glossateur. Par contre, les regrettables altérations
qui dissimulent le nom de tel ou tel type de cadran
solaire (IX, 8, 1) sont de toute évidence imputables aux
copistes : elles n'en sont pas moins fâcheuses.

Cependant, à supposer même que le texte ne présentât
aucune difficulté de lecture, nous ferions encore des
réserves sur l'exposé de Vitruve, et le principal reproche
que nous formulerions porterait sur son excessive
brièveté. Nous savons pourquoi il en est ainsi : Vitruve
a gaspillé une bonne partie de son livre IX en excursus
astronomiques, et la gnomonique s'est trouvée ainsi
sacrifiée — à moins que l'auteur, faute de connaissances
étendues dans cette branche, n'ait précisément développé

---

1. P. Ruffel-J. Soubiran, *Recherches sur la tradition ms. de
Vitruve*, A.F.L.T., Pallas IX, p. 115 sq. F. Hultsch (*Die Bruch-
zeichen bei Vitruvius*, Jhb. f. klass. Phil., CXIII (XXII), 1876,
p. 252) y voit des signes de ponctuation introduits par les copistes,
mais n'exclut pas l'hypothèse que ces cercles apparaissent parfois,
à la suite d'une altération, là où à l'origine se trouvait une fraction
(ceci semble plus vraisemblable au livre X qu'en IX, 7).
2. *quia in tympanum aqua influit per id et seruat administrationem*. Cf. comment. *ad loc.* Sur l'incertitude concernant la
responsabilité des fautes, auteur ou trad. ms., cf. P. Ruffel-
J. Soubiran, *o. c.*, p. 52 sqq.

la préface et les digressions pour donner à son livre des dimensions normales.[1] Quoi qu'il en soit, le grief subsiste.

Il est même aggravé par le fait que ces quelques pages parcimonieuses ne s'interdisent pas, elles non plus, les digressions : la plus évidente est l'historiette du miroir suspendu de Ctésibius et des origines de la pneumatique, que Vitruve introduit avec sa désinvolture habituelle[2] et son goût bien connu pour toutes les sciences. L'anecdote, dont l'intérêt n'est pas contestable, n'est pas à sa place ici.

On fera également à Vitruve le reproche de n'avoir pas toujours su distinguer, dans les pages spécialement consacrées à la gnomonique, le nécessaire du superflu. C'est ainsi qu'on le voit avec quelque impatience s'attarder à des détails dont il eût pu faire l'économie : dans la description de l'horloge de Ctésibius, il n'aurait garde de passer sous silence les dispositifs accessoires (IX, 8, 5), voire tel détail de présentation[3], alors qu'il se montre bien malhabile (cf. *infra*, p. LXV) à dégager les principes généraux qui commandent le fonctionnement de l'instrument. De même, décrivant en IX, 8, 11 sqq. un montage destiné à régler le débit de l'eau, et consistant à faire varier la hauteur du trou d'écoulement (donc la pression et le débit), il ne nous fera grâce (IX, 8, 13 sqq.) d'aucune des positions successives de ce trou, qui se déplace sur un tambour circulaire en regard des douze signes du Zodiaque ; même la disposition de ceux-ci est codifiée : à droite la Balance, à gauche le

---

1. A quelque chose près, chacun des dix livres est d'étendue semblable (une trentaine de pages dans l'édition Rose[2]).

2. IX, 8, 2 *Item sunt ex aqua conquisitae... horologiorum rationes, primumque a Ctesibio Alexandrino, qui et uim spiritus naturalis pneumaticasque res inuenit. Sed uti fuerint ea exquisita, dignum <est> studiosis agnoscere.* L'anecdote terminée, Vitruve revient à son propos par une transition qui n'est pas dépourvue d'habileté : 4 *his principiis usus hydraulicas machinas primus instituit. Item aquarum expressiones automatopoeetasque machinas, multaque deliciarum genera, in his etiam horologiorum ex aqua comparationes explicuit...*

3. IX, 8, 6 *horae... quas sigillum egrediens ab imo uirgula significat; 7 ad sigillum uirgulamque, qua uirgula egrediens sigillum ostendit horas.*

Bélier ! Et pourquoi pas l'inverse, à condition de faire tourner le tambour dans l'autre sens ? Tout cela témoigne, chez Vitruve, de l'émerveillement un peu puéril d'un homme qui voit fonctionner sous ses yeux des mécanismes complexes, et qui s'attarde à en contempler l'extérieur, sans distinguer précisément les principes fondamentaux et les simples détails de montage[1].

En contrepartie — si mal informés que nous soyons de la gnomonique antique — on constate des lacunes de divers ordres. Le grief le plus bénin qu'on fera à Vitruve est de n'avoir pas épuisé le sujet. On connaît en effet l'existence d'*horologia* dont il ne dit pas un mot. Parmi les cadrans solaires d'abord, les types qu'il énumère en IX, 8, 1 — assez nombreux, il faut le reconnaître — ne sont pas les seuls qu'ait imaginés l'Antiquité[2], et lui-même le concède[3]. On s'étonnera en particulier du silence qu'il garde sur les cadrans partiels que portait chacune des faces de la Tour des Vents à Athènes, monument qu'il décrit ailleurs (I, 6, 4) en détail. De même, l'exposé sur les horloges à eau n'est pas exhaustif : il n'y est pas du tout question des clepsydres, qui sont pourtant le prototype de ces instruments, et que les tribunaux romains utilisaient[4]. Rien non plus ne rappelle l'existence d'*horologia* semblables à celles dont parle Galien — plus simples pourtant que celle de Ctésibius[5], ni d'horloges anaphoriques d'un modèle différent de celui qui est décrit en IX, 8, 8 sqq.[6].

Mais si l'on peut toujours pardonner à un exposé d'être incomplet dans le détail, il est beaucoup plus

1. Cf. W. Kubitschek, *o. c.*, p. 206 : « Aber Vitruv hat dieses Kapitel nur ganz obenhin angefasst ! »
2. W. Kubitschek, *o. c.*, p. 190.
3. IX, 8, 1 *aliaque genera et qui supra scripti sunt et alii plures inuenta reliquerunt.*
4. Sur les clepsydres, cf. E. Ardaillon, *Horologium*, Dar.-Sagl., III, 1, 260b-261b ; G. Bilfinger, *Die Zeitmesser d. ant. Völker*, p. 7-10 ; H. Diels, *Antike Technik*[3], p. 192-204 ; W. Kubitschek, *o. c.*, p. 203-206 ; H. Blümner, *o. c.*, p. 377 sq.
5. Cf. comment., IX, 8, 7.
6. Cf. W. Kubitschek, *o. c.*, p. 206 et 213 ; et comment. IX, 8, 10.

difficile d'admettre des omissions qui compromettent l'intelligence de l'ensemble ; et sur ce point Vitruve n'est pas à l'abri de tout reproche. Par exemple, au moment de commencer l'épure de l'analemme, il pose le rapport fondamental entre la longueur du gnomon vertical et celle de son ombre, *aequinoctiali tempore.* Mais cette précision est insuffisante : il fallait encore ajouter « à midi », au moment où le Soleil passe au méridien, et où l'ombre atteint sa longueur minimale. Vitruve s'en est dispensé[1] : considérait-il que cela allait de soi ? En tout cas, ce repérage exigeait la construction préalable de la méridienne, et Vitruve aurait peut-être pu rappeler ici les indications qu'il avait données à ce sujet en I, 6, 6 sq.

En outre — grief beaucoup plus grave — cette épure de l'analemme reste inachevée. Seule l'élévation, relativement simple, est traitée. Mais lorsqu'il s'agit de projeter ces lignes fondamentales sur des surfaces réceptrices variées — tâche infiniment plus ardue — et de diviser en douze les courbes ainsi obtenues, Vitruve se dérobe en invoquant la diversité des solutions et sa crainte d'ennuyer le lecteur[2] ! Il appartiendra aux savants modernes de reconstituer la suite de l'épure, et G. Bilfinger y est brillamment parvenu[3] sans introduire d'autres données que celles dont Vitruve était parti.

Dans la description des horloges à eau, si riche en détails superflus, on eût aimé également trouver certaines précisions fondamentales : par exemple, le récipient récepteur doit être cylindrique, ou du moins de section toujours égale, pour que la montée de l'eau — et du flotteur — demeure régulière[4]. En outre, dans le récipient supérieur la pression de l'eau doit aussi être

---

1. Pline l'Ancien, en II, 182 *(meridiano tempore aequinoctii die)* et VI, 212 *(aequinoctii die medio)* est plus scrupuleux.

2. IX, 7, 7 *subiciunturque in eo multae uarietates et genera horologiorum... Quas ob res non pigritia deterritus praetermisi, sed ne multa scribendo offendam.*

3. Cf. comment. IX, 7, 7.

4. Cf. A. Rehm, *Horologium*, P. W. VIII, 2429 ; G. Bilfinger, *o. c.*, p. 38 ; A. Choisy, I, p. 269.

constante, ce qui suppose un dispositif d'alimentation spécial[1]. De même, il convenait de préciser, dans le cas de l'horloge anaphorique, que la rotation de son disque doit s'effectuer en 24 heures[2] au moyen d'un dispositif à débit invariable[3].

Aux lacunes s'ajoutent les imprécisions. En IX, 8, 1, Vitruve donne une liste de cadrans solaires accompagnée des noms de leurs inventeurs. Mais il n'esquisse pas la moindre description de ces instruments, que les archéologues modernes s'évertuent — pas toujours avec succès — à identifier avec des exemplaires conservés, en se fondant uniquement sur leur nom (quand la tradition manuscrite ne l'a pas trop maltraité !) : quelques mots de commentaire, ou un renvoi à des figures comme en IX, pr. 5 et 8 (où elles étaient bien moins nécessaires) eussent été les bienvenus, en évitant les controverses que soulèvent encore, par exemple, la forme de l'*arachne*, du *pelecinum* ou de la *pharetra* (cf. comment. *ad loc.*).

On eût aimé aussi quelques précisions supplémentaires sur le dispositif de réglage du débit de l'eau, en IX, 8, 6 et 11 sq., dont la reconstitution oppose les spécialistes. Ici encore, Vitruve est trop bref pour être parfaitement intelligible.

Mais cette fâcheuse imprécision ne se manifeste jamais aussi nettement que dans les notices consacrées aux dispositifs qui permettent, dans les horloges à eau, de traduire la variation incessante, au long de l'année, de la durée des heures. Nous avons dit (cf. *supra*, p. LVIII) que deux procédés étaient utilisés à cet effet : écoulement uniforme et graduations variables, écoulement variable et graduations uniformes[4]. Or si Vitruve les connaît tous deux et en discute même les mérites respectifs (IX, 8, 6 sq.), il ne paraît pas avoir remarqué qu'un seul est possible dans le cas où l'horloge est agrémentée d'automates : les chutes de billes ou de cailloux, les

---

1. Cf. comment. IX, 8, 5.
2. IX, 8, 9. Cf. A. Rehm, *o. c.*, 2431 ; H. Diels, *o. c.*, p. 217.
3. Sur ce problème, cf. aussi *infra*, p. LXVI.
4. Sur la nécessité de ces deux principes, cf. G. Bilfinger, *o. c.*, p. 38 ; H. Blümner, *o. c.*, p. 378 sq. ; A. Choisy, I, p. 269 sqq.

sonneries de trompettes et autres mécanismes destinés
à signaler les heures n'ont de raison d'être que si les
variations journalières de celles-ci sont compensées par
une variation du débit[1]. Certes, Vitruve, après avoir
décrit ces automates, passe précisément au dispositif
de réglage du débit (IX, 8, 6) ; mais il enchaîne ensuite
(IX, 8, 7) : *Sin autem cuneorum adiectionibus et detractionibus correptiones dierum aut crescentiae* [*ex cuneis*]
*non probabuntur fieri, quod cunei saepissime uitia faciunt,
sic erit explicandum...* et il décrit le système de graduations complexes associé à un écoulement invariable
comme l'équivalent du premier, alors qu'il ne permet
plus le moindre montage de ces accessoires auxquels
Vitruve tient tant !

La même confusion paraît bien se retrouver dans les
toutes dernières pages du livre IX, où Vitruve traite
de l'horloge anaphorique. Cet instrument, nous l'avons
dit plus haut (cf. p. LXV) — mais l'auteur a omis de le
préciser — se caractérise par la rotation, en 24 heures,
d'un disque placé derrière un réseau métallique qui
représente les heures, et dont les fils, différemment
espacés, traduisent la durée variable de celles-ci. Quelle
n'est donc pas notre surprise de voir Vitruve, après
avoir décrit la structure et le fonctionnement de l'appareil, ajouter en IX, 8, 11 *De administratione autem aquae
quemadmodum se temperet ad rationem, sic erit faciendum...* et il s'ensuit un long exposé sur un dispositif à
tambour propre à faire varier la pression, et par conséquent le débit de l'eau. Or ce paragraphe ne peut en
aucune façon s'appliquer à l'horloge anaphorique.
Comment l'interpréter ? La plupart des commentateurs
ont tout bonnement conclu que Vitruve ne comprenait
rien à ce qu'il exposait, et qu'il n'avait pas aperçu
l'incompatibilité entre l'horloge anaphorique et ce
système de réglage[2]. C'est possible, encore qu'il semble
bien étrange d'imputer à l'auteur de pareilles bévues à

1. Ceci a été bien vu par J. Meerwaldt, *De Trimalchionis,
Ctesibii, Platonis automatis*, Mn., XLIX, 1921, p. 420.
2. G. Bilfinger, *o. c.*, p. 43 ; A. Rehm, *o. c.*, 2429 et 2431 ;
cf. W. Kubitschek, *o. c.*, p. 206.

propos d'instruments dont il avait pu lui-même examiner des spécimens[1]. Dès lors, on peut songer à rendre compte d'une telle inconséquence en la réduisant à une maladresse de présentation plutôt qu'à une méconnaissance de la réalité des faits. Les paragraphes 11-15 de IX, 8 seraient à concevoir comme un appendice à l'étude des *horologia hiberna* en général, et non comme la suite de la description des *horologia anaphorica :* c'est la solution à laquelle nous nous sommes arrêté dans notre analyse du livre IX (cf. *supra*, p. XIII). On ne se dissimule pas qu'elle témoigne peut-être, à l'égard de Vitruve, d'un parti-pris de bienveillance dont il n'est pas toujours digne. Aussi concevons-nous une troisième solution, qui aurait le mérite de rendre à l'exposé vitruvien une parfaite cohérence. Elle consiste à déplacer, à l'intérieur du chapitre IX, 8, les paragraphes 11-15 pour les insérer entre les paragraphes 7 et 8. Et l'on reconstituerait ainsi la suite des idées :

IX, 8, 4-5 Principe général des horloges à eau, accessoires possibles ;

6-7 Moyens de rendre compte des inégalités horaires :

— 6 : réglage du débit par coins (rudimentaire) ;

— 7 : débit constant et graduations variables.

Mais il existe un moyen précis *(quemadmodum se temperet ad rationem)* de régler le débit :

— 11-15 : régulation par tambour.

A la fin de 15, ayant écrit *restituitur celeritate salientis ad brumales horarum breuitates*, Vitruve serait entraîné par association d'idées à la description des horloges

---

1. Le soin qu'il met à décrire les détails extérieurs (cf. p. LXII) le laisserait supposer. On sait aussi que des horloges anaphoriques semblables à celle qu'il décrit ont réellement été en service (cf. *infra*, p. LXIX).

anaphoriques : *Fiunt etiam alio genere horologia hiberna, quae anaphorica dicuntur*, qui clôturerait ainsi le livre IX. La dernière phrase de cette description, avec sa belle symétrie *quemadmodum... sic...* et le symbole qu'elle contient, formerait une digne péroraison.

Il resterait à justifier cette interversion, si recommandable à d'autres égards, sur le plan de la paléographie. Il ne peut s'agir d'un accident mécanique, qui n'eût pas respecté — sauf hasard incroyable — l'unité des paragraphes. Mais l'omission par un copiste d'un paragraphe entier (on sait que les alinéas sont assez fréquents dans certains mss.) — omission facilitée par la similitude relative de 7 fin *(breuitates et crescentias faceret horarum)* et de 15 fin *(ad brumales horarum breuitates)* — n'est pas impossible. Le paragraphe sauté aurait été rajouté tant bien que mal, soit tout de suite, soit après addition dans la marge inférieure du feuillet, à celui qu'il devait précéder. Néanmoins, comme notre transposition demeure arbitraire, nous ne le dissimulons pas, nous nous contenterons de la signaler ici comme une hypothèse commode, tout en conservant dans notre édition l'ordre traditionnel des paragraphes.

Existe-t-il par ailleurs, dans cet exposé sur la gnomonique, des erreurs caractérisées? Il y a peut-être — car la tradition manuscrite est à cet endroit bien incertaine — une confusion dans la description de l'analemme en IX, 7, 5 : si l'on en croit Vitruve, le demi-cercle supérieur correspond aux heures d'hiver, le demi-cercle inférieur aux heures d'été : or les reconstructions de Bilfinger montrent que c'est l'inverse[1]. Enfin, d'un point de vue non plus technique mais historique, l'énumération des découvertes de cadrans en IX, 8, 1 n'a pas la moindre base chronologique. Vitruve n'a pas vu — ou a jugé inutile de montrer — comment chaque invention était un perfectionnement de la précédente, et l'on a en outre toutes les raisons de penser qu'il attribue à certains

1. Cf. comment. *ad loc.*

savants des types de cadrans dont ils ne sont pas, en fait, responsables[1].

Intérêt de l'exposé vitruvien. Avec toutes leurs imperfections, ces deux chapitres de gnomonique demeurent pleins d'intérêt. Ils contiennent d'abord des données numériques relativement exactes (IX, 7, 1 rapport longueur du gnomon/ longueur de l'ombre pour différentes villes ; 7, 4 obliquité de l'écliptique), et une construction géométrique à laquelle il n'y a aucun reproche grave à faire — sinon une certaine lenteur — dans la mesure où la tradition manuscrite nous permet de la juger. Ils contiennent aussi la mention de différents types de cadrans solaires dont, autrement, nous ne connaîtrions pas les noms, et la description, toujours instructive sinon impeccable, de mécanismes de régulation que l'archéologie, vu leur fragilité, ne pourra jamais nous restituer.

La confrontation du texte de Vitruve et des découvertes apportées par les fouilles demeure toujours riche d'enseignements : on a mis au jour quantité de cadrans solaires antiques, et c'est grâce à Vitruve, en grande partie, que nous pouvons les classer par types et leur donner un nom. Mais cette confrontation est parfois suggestive et spectaculaire. La reconstitution de l'horloge anaphorique par Bilfinger, d'après les indications sommaires et obscures de Vitruve, a trouvé, vingt ans après, une remarquable confirmation par la découverte, près de Salzbourg, d'un fragment de disque orné de figures astronomiques dont on n'aurait su — et dont on n'a su d'abord — que faire, si on n'y avait reconnu le vestige d'une des pièces maîtresses de l'horloge anaphorique[2]. Rarement l'archéologie et la philologie ont plus efficacement collaboré : cette rencontre est tout à l'honneur de Vitruve, et atteste la bonne qualité d'ensemble de son information.

1. Cf. comment. *ad loc.*
2. Cf. comment. IX, 8, 10.

Sources. Cette information, d'où la tenait-il ? Nous n'excluons pas, on l'a vu[1], l'influence de modèles que Vitruve aurait pu avoir sous les yeux. Pourtant, les sources livresques doivent ici encore avoir joué le rôle essentiel. Seulement, nous ne les connaissons pas par les textes, et à peine par ouï-dire[2]. Il est tout à fait hasardeux, dès lors, d'avancer des noms — et pour les cadrans solaires, en dehors de Fabius Vestalis, nous ne saurions même le faire. Pour les horloges à eau, on peut se demander si Vitruve a lu Ctésibius, qu'il cite si volontiers[3]. Et le problème, longtemps débattu, de Héron source possible du *De Architectura*, est maintenant résolu par la négative : Héron est du Ier siècle ap. J.-C., contemporain de Néron[4].

Résignons-nous donc ici à un aveu de totale ignorance. Autant le prologue et les développements astronomiques du livre IX sont étayés par une quantité de textes parallèles et s'insèrent dans une chaîne dont nous possédons ou connaissons la plupart des maillons, autant ces pages de gnomonique sont isolées dans la littérature ancienne : elles émergent comme des monolithes au milieu d'un désert. Par là même s'affirme leur valeur éminente, unique. Nous aurions, à l'extrême rigueur, pu supporter la perte des six premiers chapitres du livre IX sans que notre connaissance de la science ancienne en eût souffert beaucoup. Mais si Vitruve n'avait point eu l'idée — qui nous a paru surprenante ! — d'insérer dans son traité quelques pages de gnomonique, ces pages précisément nous auraient cruellement manqué.

On n'en regrettera que davantage de les devoir à un simple technicien, sérieux sans doute et plein d'un généreux enthousiasme pour son métier et la science en

---

1. Cf. *supra*, p. LXVII, n. 1.
2. Cf. *supra*, p. IX, n. 1.
3. Cf. *supra*, p. XXIX, n. 1.
4. *Histoire générale des sciences*, I : *La science antique et médiévale*, Paris, 1957, P.U.F., p. 339.

général, mais malhabile parfois à dominer ses lectures et à dégager clairement les problèmes. On eût aimé un génie scientifique, un nouvel Archimède, on ne trouve qu'un artisan. Mais il ne faut pas trop en vouloir à Vitruve de cette insuffisance : les Romains n'ont jamais eu « la tête scientifique », et leur plus grand nom dans ce domaine, Pline l'Ancien, avec son goût des *mirabilia*, ses confusions et ses bévues, n'est pas tellement supérieur, pour la qualité intellectuelle, à notre modeste architecte...

* *
*

Je tiens ici à remercier tous ceux qui m'ont aidé dans ma tâche d'éditeur. Ma reconnaissance émue va d'abord à mon maître, collègue et ami toulousain Pierre Ruffel, récemment disparu. Spécialiste érudit de l'œuvre vitruvienne, c'est lui qui me suggéra l'idée de ce livre, qui m'aida constamment de ses conseils et de sa science, acquise en de longues années de recherches. Ensemble, nous avons rédigé deux longs articles sur la tradition manuscrite du *De Architectura* et sur la biographie de Vitruve : bien des résultats exposés dans ce livre sont donc le fruit de nos communes recherches et de notre collaboration continue, de 1954 à 1967. Il serait ingrat et injuste que le nom de Pierre Ruffel ne figurât pas, comme celui de son disciple, sur une des premières pages de ce volume.

Je garde aussi un excellent souvenir de la compétence et de la bienveillance avec lesquelles M. Pierre Wuilleumier, Professeur à la Sorbonne, a dirigé ce travail : qu'il en soit respectueusement remercié ici.

M. Jean Beaujeu, Professeur à la Faculté des Lettres de Paris (Nanterre), a apporté à la révision de cet ouvrage toute son attention et toute sa science. Je lui dois la correction de maintes erreurs, et d'heureuses modifications dans la traduction, l'apparat critique et le commentaire.

Enfin, l'auteur d'une récente édition allemande du *De Architectura*, le Dr Curt Fensterbusch, a eu le beau geste de m'envoyer spontanément ses propres collations des manuscrits *H S E G V W*, grâce auxquelles j'ai pu, une dernière fois, contrôler mon apparat critique. Je lui ai dit, et je lui renouvelle ici ma gratitude.

J. S.

CONSPECTUS SIGLORUM

1) *Libri manuscripti:*

H	Harleianus 2767	saec. IX.
P	Parisinus 10. 277 Pithoeanus	saec. X.
E	Gudianus 132 Epitomatus	saec. X.
L	Vossianus 88	saec. X.
S	Scletstatensis 1153 b, nunc 17	saec. X exeuntis.
v	Vaticanus Regin. 1504	saec. X exeuntis.
f	Franekeranus, B.A. Fris. 51	saec. X-XI.
b	Bruxellensis 5253	saec. IX uel XI ineuntis.
G	Gudianus 69	saec. XI.
l	Vossianus 107	saec. XI.
e	Escorialensis III f 19	saec. XI.
c	Cottonianus Cleop. D 1	saec. XI.
h	Harleianus 3859	saec. XI uel XII.
p	Parisinus 7227	saec. XI uel XII.
W	Vaticanus Regin. 2079	saec. XII.
V	Vaticanus Regin. 1328	saec. XV ineuntis.
ω	Consensus codicum omnium uel plerorumque.	

2) *Editiones et uaria:*

edd. editiones omnes recentes.
Gioc. ed. Fra Giocondo, Florence, 1522.
Kr. ed. Fr. Krohn, Leipzig, Teubner, 1912.
Mar. ed. Marini, Rome, 1836.
pr. editio princeps, Rome, 1486.
Ro[1]. ed. V. Rose-H. Müller-Strübing, Leipzig, Teubner, 1867.
Ro[2]. ed. V. Rose, Leipzig, Teubner, 1899.
Ro. consensus utriusque editionis.
R.-S. P. Ruffel & J. Soubiran, *Recherches sur la tradition manuscrite de Vitruve*, A.F.L.T., Pallas IX, 1960, pp. 3-154.

LIVRE IX

LIVRE IX

Préambule :

Gloire des athlètes et gloire des penseurs. **1.** Les athlètes célèbres[1], pour prix d'une victoire aux jeux Olympiques, Pythiques[2], Isthmiques, Néméens, se sont vu décerner de tels honneurs par les anciens Grecs que, sans parler des acclamations qu'ils reçoivent[4] debout dans le stade, avec la palme et la couronne[3], un quadrige, à leur retour victorieux dans leur cité, les conduit en triomphe à l'intérieur des murs de leur patrie[5], et que l'état leur accorde, pour le reste de leur vie, la jouissance de rentes d'un montant déterminé[6]. A constater cet usage, je me demande[7] pourquoi alors on n'a pas accordé les mêmes honneurs, et de plus grands encore, aux écrivains qui offrent à toutes les nations, pour le reste des temps, d'immenses avantages. Oui, voilà ce qu'on aurait mieux fait d'établir[8], car les athlètes, avec leurs exercices, ne fortifient que leur propre corps, tandis que les écrivains, outre leur intelligence, fortifient aussi celle de tous les hommes[9], lorsque, dans leurs ouvrages, ils ménagent des leçons pour instruire les autres et pour aiguiser les esprits. **2.** Car enfin, en quoi l'invincibilité de Milon de Crotone[10] ou de tous ceux qui ont triomphé comme lui est-elle utile à l'humanité[11], si l'on excepte la noto-

LIBER IX

Pr. 1. Nobilibus athletis qui Olympia, Pythia, Isthmia,
Nemea uicissent, Graecorum maiores ita magnos
honores constituerunt uti, non modo in conuentu
stantes cum palma et corona ferant laudes, sed etiam,
cum reuertantur in suas ciuitates cum uictoria, trium-
phantes quadrigis in moenia et in patrias inuehantur,
e reque publica perpetua uita constitutis uectigalibus
fruantur. Cum ergo id animaduertam, admiror quid ita
non scriptoribus eidem honores etiamque maiores sint
tributi, qui infinitas utilitates aeuo perpetuo omnibus
gentibus praestant. Id enim magis erat institui dignum,
quod athletae sua corpora exercitationibus efficiunt
fortiora, scriptores non solum suos sensus, sed etiam
omnium, <*cum*> libris ad discendum et animos
exacuendos praeparant praecepta. **2.** Quid enim Milo
Crotoniates quod fuit inuictus prodest hominibus, aut
ceteri qui eo genere fuerunt uictores, nisi quod, dum

VITRVVII LIB(ER) OCTAVVS (*uel* VIII) EXPL(ICIT)
GHLePvfp LIBER VIII EXPŁ *S* EXPLIC̄ LIB' VIII *W*
VICTRVVII LIBER OCTAVVS EXPLICIT *b* EXPLICIT LIB̄
OCTAVVS VITRVVII *l* VICTVRII DE ARCHITECTVRA
LIBER OCTAVVS EXPLIC̄ *c*² *(marg.)*: om. *EVh*
  INCIP(IT) LIB(ER) NONVS *GHSLePvfpbl* INCIP̄. VIIII.
*W*² (*in fine lineae post* isthmia) incipit liber nonus de gnomonicis
et horologiorum rationibus *V* INCIPIT NON' FELICITER *c*²
(marg.) LIBER IX *h*² *(marg. spatio tituli uacuo):* om. *E*
  1 Pythia (Phi-) *E G* (Pi-) *S*³: *om.* ω ‖ ferant *S*³*f*²*pc*²: fuerant
ω ‖ inuehantur e reque *HLefplb*²: inuehantur aereque *SPv*
inuentur aereque *W* inueanturereque *b* inuehantur reque *EGL*²
inuehebantur e reque *V* inuehant ūereque *c* inuehant. uereque *h*
(⅟ utraque *supr. lin. h*²) ‖ eidem ω : idem *E G*¹*VS* ‖ quod ω : quia *E*
(*hic et saepius* ‖ cum Ro.: *om.* ω ‖ libris *Sfpb*² *et cett.:* -bros *S*²*bf*²*p*².

riété qu'ils connurent, pendant leur vie seulement, auprès de leurs concitoyens ? Mais les leçons de Pythagore[12], de Démocrite, de Platon, d'Aristote et des autres philosophes, journellement mises en pratique par d'incessantes activités, produisent pour toutes les nations, et non pas seulement pour leurs concitoyens[13], des fruits nouveaux et éclatants. Grâce à eux, ceux qui dès leur jeune âge s'imprègnent de si riches enseignements, possédant les meilleures conceptions de la sagesse, établissent pour les États un mode de vie digne d'hommes civilisés, un Droit équitable, des lois[14] sans lesquelles nul état ne peut conserver son intégrité. **3.** Devant de tels bienfaits, que la sagesse des écrivains a ménagés aux hommes, tant à l'individu qu'à la communauté, je crois qu'il ne suffirait pas de leur décerner des palmes et des couronnes, mais qu'il faudrait aussi leur accorder des triomphes[15] et les juger dignes de recevoir une place au séjour des dieux[16].

Quelques exemples de découvertes utiles. Quant à leurs idées, utiles à la pratique de la vie humaine, je vais, dans le nombre, en exposer ici, à titre d'exemple, une conçue par tel ou tel d'entre eux : leur rappel amènera nécessairement à reconnaître les honneurs qui leur sont dus.

Platon et la duplication du carré. **4.** Et, commençant par Platon, parmi bien des démonstrations fort utiles[17], je vais en exposer une sous la forme qu'il lui a donnée. Si l'on a un emplacement ou un champ carré[18] et qu'on veuille le doubler, comme cela exige une sorte de nombre que les multiplications ne permettent pas de trouver, des tracés linéaires corrects amènent à la solution. En voici la démonstration : un carré de dix pieds de largeur et de longueur représente cent pieds de surface. Si donc il importe de le doubler [et de lui donner une surface de deux cents pieds, toujours avec côtés égaux], on devra chercher quelle longueur il faudra donner au côté de ce carré pour obtenir de cette opération les deux cents pieds correspondant

uixerunt ipsi, inter suos ciues habuerunt nobilitatem?
Pythagorae uero praecepta, Democriti, Platonis, Aris-
totelis ceterorumque sapientium, cotidiana perpetuis
industriis culta, non solum suis ciuibus, sed etiam omnibus gentibus recentes et floridos edunt fructus. E quibus
qui a teneris aetatibus doctrinarum abundantia satiantur, <*ut*> optimos habent sapientiae sensus, instituunt
ciuitatibus humanitatis mores, aequa iura, leges, quibus
absentibus nulla potest esse ciuitas incolumis. **3.** Cum
ergo tanta munera ab scriptorum prudentia priuatim
publiceque fuerint hominibus praeparata, non solum
arbitror palmas et coronas his tribui oportere, sed etiam
decerni triumphos et inter deorum sedes eos dedicandos
iudicari.

Eorum autem cogitata utiliter hominibus ad uitam
explicandam e pluribus singula paucorum, uti exempla,
ponam, quae recognoscentes necessario his tribui
honores oportere homines confitebuntur. **4.** Et primum
Platonis, e multis ratiocinationibus utilissimis, unam
quemadmodum ab eo explicata sit ponam. Locus aut
ager paribus lateribus si erit quadratus eumque opor-
tuerit duplicare, quod opus fuerit genere numeri quod
multiplicationibus non inuenitur, eo descriptionibus
linearum emendatis reperitur. Est autem eius rei haec
demonstratio. Quadratus locus qui erit longus et latus
pedes denos efficit areae pedes C. Si ergo opus fuerit
eum duplicar*e*, [*et* pedum CC item e paribus lateribus
facere,] quaerendum erit quam magnum latus eius
quadrati fiat, ut ex eo CC pedes duplicationibus areae
respondeant. Id autem numero nemo potest inuenire.

---

2 suos ω : uos *HWLe* nos *V* ‖ sapientium ω : -tum *S (hic et
saepius* ‖ ut optimos habent *nos :* opti- habent ω opti- habentes *Ro.*

3 decerni *EGHWSLePvfpl :* decereni *V* discerne *bc* discernere
c²h decere *V²*.

4 duplicare (-ppl- *ch*) ω : -cari *EG* ‖ quod (opus) ω : quo *SV* ‖
quod (multi-) ω : quo *EG* ‖ duplicare et *Gioc. (qui etiam* aream
addit) : -cari ω ‖ et pedum - - - facere *seclusimus (u. R-S. p. 30)* ‖
duplicationibus ω : uel d. *W* duplicatibus *blch¹.*

à une surface double. Or une solution numérique est impossible. Car si l'on prend 14, on aura après multiplication 196 pieds carrés ; si l'on prend 15, 225 pieds carrés. **5.** Dans ces conditions, puisque l'arithmétique ne donne pas de solution exacte, dans le carré en question, de dix pieds de long et de large, il faut mener d'un angle à l'autre une diagonale qui délimite deux triangles égaux ayant chacun une surface de cinquante pieds, et, sur la longueur de cette diagonale, il faut construire un carré à côtés égaux. Ainsi, semblables aux deux triangles de cinquante pieds que l'on a délimités dans le petit carré à l'aide de la diagonale, on aura, inclus dans le grand, quatre triangles égaux et de même surface en pieds. C'est cette méthode [(méthode graphique)] qui a permis à Platon de procurer sa démonstration, comme l'indique la figure tracée au bas de la page[19].

Pythagore   **6.** De même Pythagore fit connaî-
et le théorème   tre une équerre[20] dont la découverte
du carré   ne devait rien aux techniques
de l'hypoténuse.   artisanales, et là où les construc-
teurs d'équerres, à force de travail, ont grand mal à obtenir une forme exacte, les méthodes de calcul tirées de son enseignement permettent de se tirer d'embarras. Voici le fait : si l'on prend trois règles[21] dont l'une ait trois pieds de long, la seconde quatre et la troisième cinq, et si on les dispose de manière que leurs extrémités soient en contact, elles figureront un triangle qui représentera une équerre correcte. D'autre part, si l'on construit un carré sur la longueur de chacune de ces règles, celui dont le côté sera de trois pieds aura neuf pieds de surface ; celui dont le côté sera de quatre aura seize pieds ; celui dont le côté sera de cinq en aura vingt-cinq. **7.** Ainsi le nombre total de pieds représentant la surface des deux carrés de trois et quatre pieds

Namque si XIIII constituentur, erunt multiplicati pedes CXCVI ; si XV, pedes CCXXV. **5.** Ergo quoniam id non explicatur numero, in eo quadrato longo et lato pedes X quod fuerit, linea ab angulo ad angulum diagonios perducatur, uti diuidantur duo trigona aequa magnitudine, singula areae pedum quinquagenum, ad eiusque lineae diagonalis longitudinem locus quadratus paribus lateribus describatur. Ita, quam magna duo trigona in minore quadrato quinquagenum pedum linea diagonio fuerint designata, eadem magnitudine et eodem pedum numero quattuor in maiore erunt effecta. Hac ratione duplicatio [grammicis rationibus] ab Platone, uti schema subscriptum est *in ima pagina*, explicata est.

6. Item Pythagoras normam sine artificis fabricationibus inuentam ostendit, et quod magno labore fabri normam facientes uix ad uerum perducere possunt, id rationibus et methodis emendatum ex eius praeceptis explicatur. Namque si sumantur regulae tres, e quibus una sit pedes III, altera pedes IIII, tertia pedes V, eaeque regulae inter se compositae tangant alia aliam suis cacuminibus extremis, schema habentes trigoni, deformabunt normam emendatam. Ad eas autem regularum singularum longitudines si singula quadrata paribus lateribus describantur, quod erit trium latus areae habebit pedes VIIII ; quod IIII, XVI ; quod V erit, XXV. **7.** Ita, quantum areae pedum numerum duo quadrata ex tribus pedibus longitudinis laterum et

---

5 quoniam ω : quo *E* ‖ quadrato ω : -ta *EV* ‖ quod ω : qu(a)e *Ef*ᵃ*p* ‖ diagonios *Gioc.:* -gonis (-conis *e*) ω ‖ fuerint designata *pr.:* f. designat(a)e ω designante f. *W* ‖ quattuor in *EGVS:* quattuori *HW* quattuor *LePvfpblch (unde* maiora *f*ᵃ*p)* ‖ gra(m)micis ω : grammaticis *S*¹*V* gramminis *W* gemicis *P*¹ ‖ grammicis rationibus *seclusimus (u. R-S. p. 32)* ‖ in ima pagina explicata est *Ro.:* explicata est in ima pagina ω ‖

6 et quod *Ro.:* et quam ω aqua *V* ‖ sumantur ω : summantur *Wch* sumatur *l*¹ ‖ tertia ω : terua *He*¹ terqua *L* ‖ e(a)eque *HWSLe:* heeque *V* haeque *EGvh*² aequae *Pfp* aeque *bch* eque *l* ‖ trigoni ω : *trigoni HS* ‖ describantur ω : dis- *HLePv* ‖ quod *V:* cum ω.

7 longitudinis *EGVSPvfpl :* -dines *HWLe* -dinibus *bch.*

de côté est exactement égal à celui que donne à lui seul le carré construit sur la base de cinq pieds. A cette découverte, Pythagore[22], persuadé qu'il devait aux Muses l'inspiration de sa trouvaille, en témoignage de sa vive reconnaissance leur immola, dit-on, des victimes[23]. Cette méthode, souvent utile pour bien des mesures[24], est commode également pour la construction des escaliers dans les bâtiments[25] : elle permet de donner aux marches des positions convenables. **8.** En effet, si l'on divise en trois parties la hauteur de l'étage, du plafond au niveau du sol, la pente des limons, dans l'escalier, en aura exactement cinq de long ; par conséquent, en prenant des divisions égales aux trois qui séparent le plafond et le niveau du sol, on devra ménager un retrait de quatre divisions à partir de la verticale, et placer à cet endroit les semelles inférieures des limons. De cette façon, les marches mêmes de l'escalier se trouveront elles aussi convenablement disposées. De ceci aussi figure un schéma ci-dessous.

Archimède et la couronne d'Hiéron : volume et densité des corps. **9.** Quant à Archimède, il a certes fait bien d'admirables découvertes dans maints domaines[26], mais c'est encore celle que je vais exposer qui, parmi toutes les autres, témoigne, semble-t-il, d'une ingéniosité extrême[27]. Hiéron[28] de Syracuse, parvenu au pouvoir royal, avait décidé de placer dans un temple, en raison de ses succès, une couronne d'or promise par un vœu aux dieux immortels : il mit le prix de l'exécution en adjudication et il pesa à l'adjudicataire, au peson[29], l'or nécessaire. Celui-ci soumit en temps voulu son travail, exécuté à la main avec finesse, à l'approba-

quattuor efficiunt, aeque tantum numerum reddidit
unum ex quinque descriptum. Id Pythagoras cum
inuenisset, non dubitans a Musis se in ea inuentione
monitum, maximas gratias agens hostias dicitur his
immolauisse. Ea autem ratio, quemadmodum in multis
rebus et mensuris est utilis, etiam in aedificiis scalarum
aedificationibus, uti temperatas habeant graduum
librationes, est expedita. **8.** Si enim altitudo conti-
gnationis ab summa coaxatione ad imum libramentum
diuisa fuerit in partes tres, erit earum quinque in
scalis scaporum iusta longitudine inclinatio : <*quare,*>
quam magnae fuerint inter contignationem et imum
libramentum altitudinis partes tres, quattuor a perpendiculo recedant, et ibi collocentur inferiores calces
scaporum. Ita si[c] erunt, temperatae et graduum
ipsorum scalarum erunt collocationes. Item eius rei erit
subscripta forma.

9. Archimedis uero, cum multa miranda inuenta et
uaria fuerint, ex omnibus etiam infinita sollertia id
quod exponam uidetur esse expressum. [Nimium est]
Hiero enim Syracusis auctus regia potestate, rebus bene
gestis cum auream coronam uotiuam diis immortalibus
in quodam fano constituisset ponendam, manupretio
locauit faciendam, et aurum ad sacomam appendit
redemptori. Is ad tempus opus manu factum subtiliter

7 a musis se h^2 : amusisse $E\,GSL^2P^2vf^2pl^2$ amusise $HLePfblch$
amisisse VW ‖ dicitur his ω : h. d. W d. diis V ‖ immolauisse ω :
-lasse S ‖ librationes WS : -nem V -nis $E\,GHL^2eP^2b^2c^2h$ liberationis
$LPvfpbl$ -nes f^2c.
8 coaxatione $WVS\,G^2ef^2ph^2$: coaxi- $EGHLPvfblch$ ‖ imum ω :
unum V immum ch ‖ iusta ω : iuxta $E\,GWV$ ‖ longitudine ω : -nem
$E\,GL$ ‖ inclinatio---inter contignationem ω : *om.* E ‖ quare *add.*
$Kr.$ ‖ inferiores *Galiani* : interiores ω ‖ si *Ro.* : sic ω ‖ ipsorum *nos* :
ipsarum ω et ipsarum f^2p ‖ scalarum ω : scala E.
9 id quod ω : idque E ‖ Hiero enim *Degering* : nimium est
(H)iero enim $E\,GHWVSLPvblch$ nimium esse H. e. *fp* non minimum est H. e. S^3 *(marg.)* minimum est H. e. *e (u. R-S. p. 27 sq.)*
‖ manupretio (p(rae)tio *uel* p(rae)cio) ω : manum pretio E magno
praetio f^2p immani praecio c^2h^2 ‖ ad s. ω : et s. E ‖ redemptori.
Is $S^2L^2l^2h^2$: redemptoriis $EGHWSePvfblc$ -toris Lh -torIs f^2p
-torium V.

tion du roi et, à l'aide du peson, il fit la preuve, sembla-t-il, du poids de la couronne.   **10.** Quand Hiéron apprit par dénonciation[30] qu'une certaine quantité d'or avait été ôtée et remplacée par l'équivalent en argent incorporé à l'objet votif, furieux d'avoir été berné, mais ne trouvant aucun moyen de mettre la fraude en évidence, il pria Archimède d'y consacrer pour lui ses réflexions. Et le hasard fit que, avec ce souci en tête, celui-ci alla au bain[31], et là, descendant dans la baignoire, il remarqua qu'il s'en écoulait une quantité d'eau égale au volume de son corps, quand il s'y installait. Cela lui révéla le moyen de résoudre son problème : sans tarder, il bondit plein de joie hors de la baignoire et, prenant tout nu le chemin de sa maison, il manifestait à voix haute, à tout venant, qu'il avait trouvé ce qu'il cherchait. Car dans sa course il ne cessait de crier, en grec : « J'ai trouvé, j'ai trouvé ! ».   **11.** Alors, mis ainsi sur le chemin de sa découverte, il fabriqua, dit-on, deux lingots de poids égal[32] — qui était aussi celui de la couronne — l'un d'or, l'autre d'argent. Cela fait, il remplit d'eau jusqu'au bord un grand vase, dans lequel il plongea le lingot d'argent. Il s'écoula une quantité d'eau égale au volume immergé dans le vase. Ainsi, une fois le lingot retiré, il y versa à nouveau la quantité d'eau manquante, en mesurant avec un setier, de manière que, comme tout à l'heure, le niveau affleurât le bord. Il trouva ainsi le poids d'argent déterminé correspondant à une quantité d'eau déterminée.   **12.** Cette expérience faite, il plongea alors de la même manière le lingot d'or dans le vase plein, et, après l'avoir retiré, il fit alors sa mesure

regi approbauit, et ad sacomam pondus coronae uisus est praestitisse. **10.** Posteaquam indicium est factum dempto auro tantundem argenti in id coronarium opus admixtum esse, indignatus Hiero se contemptum esse, neque inueniens qua ratione id furtum *d*eprehenderet, rogauit Archimeden uti in se sumeret sibi de eo cogitationem. Tunc is, cum haberet eius rei curam, casu uenit in balineum, ibique cum in solium descenderet, animaduertit quantum corporis sui in eo insideret, tantum aquae extra solium effluere. I*d*que cum eius rei rationem explicationis ostendisset, non est moratus, sed exsiluit gaudio motus de solio, et nudus uadens domum <*uni-*> uer*si*s significabat clara uoce inuenisse quod quaereret : nam currens identidem graece clamabat εὕρηκα, εὕρηκα. **11.** Tum uero ex eo inuentionis ingressu duas fecisse dicitur massas, aequo pondere quo etiam fuerat corona, unam ex auro et alteram ex argento. Cum ita fecisset, uas amplum ad summa labra impleuit aquae, in quo demisit argenteam massam. Cuius quanta magnitudo in uasum depressa est, tantum aquae effluxit. Ita, exempta massa, quanto minus factum fuerat refudit sextario mensus [est], ut eodem modo quo prius fuerat ad labra aequaretur. Ita ex eo inuenit quantum [ad] certum pondus argenti ad certam aquae mensuram responderet. **12.** Cum id expertus esset, tum auream massam similiter pleno uaso demisit, et ea exempta eadem ratione mensura addita, inuenit ex aquae non tant*a ui*

---

9 pr(a)estitisse ω : -stetisse *HPbl.*

10 coronarium ω : -narum *S¹e* ‖ id furtum ω : id futurum *E* in futurum *G¹* ‖ deprehendcret *pr.* : repr(a)ehen- ω ‖ is ω : his *HWLe* ‖ balineum *HS¹Le* : balneum ω ‖ corporis *VSf²b²c²* : in corpori *l* in corporis ω ‖ idque *Ro.* : itaquc ω ‖ eius rei ω : ei eius *E* eius ei *G¹* ‖ ex(s)iluit *GHVLPvfpl* : exiliuit *EWSebch* ‖ uniuersis *Kr.* : uerius ω uersus *Gioc.*

11 labra *EGSf²pb²ch* : libra *HVWLePvfbl* ‖ demisit *G²* : di- ω ‖ uasum *EGHVWLe* : uas *S* uase *Pvfpblch* ‖ effluxit ω : efluxit *E²* afflu- *V* ‖ mensus *Gioc.* : mensus est ω ‖ quantum certum *Choisy* : qu. ad. c. ω quantum *Schneider.*

12 uaso *EGHVWLe* : uase *SPvfpblch* ‖ demisit *HWVSe* : di- *EGLPvfpblch* ‖ tanta ui *nos* : tantum ω.

suivant une méthode semblable : partant de la quantité
d'eau nécessaire, non pas égale mais plus faible[33], il
trouva dans quelle proportion, à poids égal, le lingot
d'or était moins volumineux que celui d'argent. Or
ensuite, après avoir rempli le vase et plongé cette fois
la couronne dans la même eau, il trouva qu'il s'était
écoulé plus d'eau pour la couronne que pour le lingot
d'or de poids égal, et ainsi, partant du fait qu'il manquait
plus d'eau dans le cas de la couronne que dans celui
du lingot, il mit en évidence par son raisonnement
l'alliage d'argent dans l'or et la fraude patente de
l'adjudicataire.

*Archytas
et Eratosthène :
la duplication
du cube.*

13. Dirigeons maintenant notre
pensée vers les idées d'Archytas
de Tarente[34] et d'Eratosthène de
Cyrène[35]. C'est qu'ils ont fait, grâce
aux mathématiques, bien des découvertes précieuses
pour l'humanité. Ainsi, tout en méritant pour d'autres
inventions notre reconnaissance, c'est dans les controverses sur le problème suivant qu'ils se sont surtout
distingués. Chaque savant en effet élucida par une
méthode différente l'ordre qu'un oracle d'Apollon avait
édicté à Délos[36] : on devait donner à ses autels un
nombre de pieds cubes[37] double de celui qu'ils avaient,
et ainsi les habitants de l'île seraient alors délivrés de
la malédiction divine. **14.** C'est ainsi qu'Archytas, par
des tracés de demi-cylindres[38], et Eratosthène, par la
méthode mécanique du mésolabe[39], résolurent le
même problème[40]. Certes, on note ces découvertes avec
l'immense agrément que procurent les sciences, et nous
ne pouvons qu'être frappés de chacune de ces inventions
lorsque nous envisageons leurs effets, mais quand mon
attention se porte sur ce vaste domaine, j'admire aussi
les ouvrages de Démocrite sur la nature[41], et son mémoire

sed minore quanto minus magno corpore eodem pondere auri massa esset quam argenti. Postea uero repleto uaso, in eadem aqua ipsa corona demissa, inuenit plus aquae defluxisse in coronam quam in auream eodem pondere massam, et ita, ex eo quod defuerit plus aquae in corona quam in massa, ratiocinatus deprehendit argenti in auro mixtionem et manifestum furtum redemptoris.

13. Transferatur mens ad Archytae Tarentini et Eratosthenis Cyrenaei cogitata. Hi enim multa et grata a mathematicis rebus hominibus inuenerunt : itaque, cum in ceteris inuentionibus fuerint grati, in eius rei concertationibus maxime sunt suspecti. Alius enim alia ratione explicarunt quod Delo imperauerat responsis Apollo, uti arae eius quantum haberent pedum quadratorum id duplicaretur, et ita fore uti qui essent in ea insula tunc religione liberarentur.   **14.** Itaque Archytas hemicylindrorum descriptionibus, Eratosthenes organica mesolabi ratione idem explicauerunt. Cum haec sint tam magnis doctrinarum iucunditatibus animaduersa, et cogamur naturaliter inuentionibus singularum rerum considerantes effectus moueri, multas res attendens admiror etiam Democriti de rerum natura uolumina et

---

12 sed minore $E^2S^3c^2$: seminore ω se in more W seminus f^2p *locum totum alii aliter sanauerunt (u. comm.)* ‖ uaso $EGHWLe$: uase $SVPvfpblch$ ‖ aquaω : aquae G^1l^1 $(b^1?)$ ‖ demissa $G^2HWVSLe$: di- $EGPvfpblch$ ‖ aquae ω : aqua G ‖ eodem ω : eadem E^1G^1 ‖ auream... massam ω : -ream... -sa G^1 -rea... -sa S^2 ‖ defuerit $Ro.$: fuerit ω ‖ deprehendit *pr.* : re- ω ‖ mixtionem $EGVSLev$ f^2pb^2h : mittionem $HPfbl$ missionem W mixttionem $c.$

13 Tarentini ω : Tarenti S ‖ Eratost(h)enis ω : erastosthenis W aratos themis E arato thenis G^1 ‖ fuerint ω : -runt EG^1 -rit L ‖ concertationibus *pr.* : concita- ω cogita- $Ro.$ ‖ explicarunt f^2p : -carentur ω -carent S^2 -cauerunt h^2 ‖ Delo ω : dolo VW ‖ imperauerat S^2h^2 : impetrauerat ω ‖ ar(a)e ω : are(a)e EGW ac bch^1 ‖ duplicaretur f^2p : dup(p)licarentur (public-l^1) ω -carent S^2 ‖ fore uti $Ro^1.$: forenti ω forent h forent hi EGP^2v (hii G^2) fore ut hi(i) h^2l^2.

14 hemicylindrorum *Philander* : cylindrorum *(uar. script.)* ω *sed cf. introd. p.* XXVIII *n. 2* ‖ mesolabi ω : me solari L^2 mesolibi bch ‖ Democriti ω : mocriti bl^1ch^1 ‖ uolumina ω : -minia S,

intitulé χειρόκμητα[42], dans lequel il avait même recours
à un anneau pour faire une marque dans la cire molle
quand il avait lui-même effectué l'expérience[43].

15. Ainsi donc, les idées de ces
grands hommes sont continuelle-
ment au service de l'amélioration

Conclusion du préambule.

des mœurs et surtout de l'intérêt général, tandis que la
notoriété des athlètes vieillit en peu de temps avec leur
corps. Aussi, ni à l'époque de leur apogée ni après leur
mort, ne peuvent-ils jamais être utiles à la vie des
hommes comme le sont les idées des sages. **16.** Mais
quoique ni les traditions ni les institutions ne réservent
d'honneurs aux écrivains éminents, la seule puissance
de leur esprit qui tourne ses regards vers les hauteurs
célestes[44], élevée progressivement jusqu'aux cieux de
génération en génération, fait qu'avec leur immortalité[45]
ce ne sont pas seulement leurs pensées, ce sont aussi
leurs traits qui sont forcément familiers à la postérité.
Ainsi, ceux dont l'intelligence est aiguillonnée[46] par
l'attrait des belles-lettres ne peuvent pas ne pas avoir,
dans le sanctuaire de leur cœur, une statue du poète
Ennius[47] comme une statue des dieux. Quant à Accius[48],
ceux qui trouvent à lire ses vers un plaisir passionné
croient garder présents à l'esprit[50], non seulement la
vigueur de sa langue[49], mais même ses traits. **17.** De
même, bien des gens qui viendront au monde après
nous croiront s'entretenir de la nature avec Lucrèce[51],
de l'art oratoire avec Cicéron, comme s'ils étaient devant
eux ; un grand nombre de nos descendants tiendront
avec Varron des conversations sur la langue latine[52] ;

eius commentarium quod *in*scribitur χειροκμήτων, in
quo etiam utebatur anulo <*quo*> signaret *c*era molli
siqua es*set* expertus.

15. Ergo eorum uirorum cogitata non solum ad mores
corrigendos, sed etiam ad omnium utilitatem perpetuo
sunt praeparata. Athletarum autem nobilitates breui
spatio cum suis corporibus senescunt. Itaque neque cum
maxime sunt florentes neque posteritati hi, quemadmodum sapientium cogitata, hominum uitae prodesse
possunt. **16.** Cum uero neque moribus neque institutis
scriptorum praestantibus tribuantur honores, ipsae
[autem] per se mentes, aeris altiora prospicientes,
memoriarum gradibus ad caelum elat*ae*, *c*um immorta-
litat*e* non modo sententias, sed etiam figuras eorum
posteris cogunt esse notas. Itaque qui litterarum
iucunditatibus instinctas habent mentes non possunt
non in suis pectoribus dedica*tum* habere, sicuti deorum,
sic Ennii poetae simulacrum. Accii autem carminibus
qui studiose delectantur, non modo uerborum uirtutes,
sed etiam figuram eius uidentur secum habere praesentem [esse]. **17.** Item plures post nostram memoriam
nascentes cum Lucretio uidebuntur uelut coram de
rerum natura disputare, de arte uero *r*hetorica cum
Cicerone, multi posterorum cum Varrone conferent
sermonem de lingua latina, non minus etiam plures

---

14 inscribitur *pr.* : scribitur ω ‖ χειροκμήτων *Schneider* : χειροτομητον ω (-μετον *S*) χειρτομητον *bch* ‖ quo signaret cera molli
siqua esset expertus *nos* : signaretur amolcie *EGHVLe* (**s.**
amoltie *W* s. amollicie *S* s. amolicie *S²* s. amoliti(a)e *Pvblch*) est
expertus (exp. est *W*) ω *locum paene desperatum alii aliter
sanauerunt (u. comm.).*

15 itaque neque cum maxime sunt *E G : om.* ω *(u. R-S. p. 64 sq.)*
‖ neque posteritati (-tate*b²ch*) ω : neque institutis *G¹ (ex pr. 16 init.*).

16 ipsae *EHL* : ipse ω ‖ autem ω *post* ipsae *deleui* ‖ elatae *f²p* :
-ti ω ‖ cum immortalitate *nos (u. comm.)* : (a)euum im(m)ortalitati
HWVSLePvfblch aeuo im(in-)mortali *EGf²p* ‖ dedicatum *pr.* :
-tas ω ‖ Ennii *EGS²L²ePvfpblc* : enni *HVSL* enim *h* ‖ Accii ω :
acci *E¹* acii *e* ‖ praesentem *V* : praesentem esse ω (praesentem. Esse
f²p) u. comm.

17 conferent ω *S³* : -ferrent *S²LP²*.

bien plus nombreux encore les érudits qui, agitant
maintes questions avec les philosophes grecs, croiront
avoir avec eux des entretiens secrets ; en définitive, les
pensées de ces sages écrivains, malgré l'absence physique
de ceux-ci, s'épanouissent par l'effet de leur antiquité
et, lorsqu'elles interviennent dans les délibérations et
les discussions, elles ont plus de poids que toutes celles
des assistants. **18.** Voilà pourquoi, César, confiant en
ces maîtres dont j'ai sollicité l'intelligence et les avis,
j'ai écrit cet ouvrage ; si dans les sept premiers livres
j'ai parlé des constructions et dans le huitième des eaux,
dans celui-ci, consacré à la gnomonique[53], j'exposerai sa
découverte à partir des rayons du soleil dans l'univers
grâce aux ombres du gnomon, et les processus suivant
lesquels ces ombres grandissent ou diminuent.

Chapitre I :
L'Univers.
Principe fondamental
de la gnomonique.

1. Ces phénomènes ont été réglés
par l'intelligence divine[1] et suscitent
une vive admiration, quand on y
réfléchit, car l'ombre du gnomon,
lors de l'équinoxe, a telle longueur à Athènes[2], telle
autre à Alexandrie, telle autre encore à Rome ; elle n'est
pas non plus la même à Plaisance[3] et partout ailleurs
sur la terre. Aussi les différences sont-elles très grandes
dans les épures d'horloges quand on passe d'un lieu à
un autre. Car la longueur des ombres, lors de l'équinoxe,
détermine la configuration des analemmes à partir
desquels, compte tenu du lieu et de l'ombre des gnomons, on réalise le tracé des lignes horaires. L'analemme[4]
est un système, cherché dans la course du soleil et découvert par l'observation de l'ombre qui s'allonge jusqu'au
solstice d'hiver, grâce auquel des procédés d'architecture
et des tracés au compas ont permis de trouver le mécanisme réel de l'univers[5].

Ordonnance
d'ensemble
de l'univers.

2. Or l'univers est le contenant
suprême de tout ce qui compose la
nature ; c'est aussi le ciel, qui doit
son aspect aux constellations et
aux déplacements des astres[6]. Il est animé d'un perpétuel

philologi, cum Graecorum sapientibus multa delibe-
rantes, secretos cum his uidebuntur habere sermones ; et
ad summam, sapientium scriptorum sententiae, corporibus absentibus uetustate florentes, cum insunt inter
consilia et disputationes, maiores habent quam praesen-
tium sunt auctoritates omnes. **18.** Itaque, Caesar, his
auctoribus fretus, sensibus eorum adhibitis et consiliis,
ea uolumina conscripsi ; et prioribus septem de aedificiis,
octauo de aquis, in hoc de gnomonicis rationibus,
quemadmodum de radiis solis in mundo sunt per umbras
gnomonis inuentae, quibusque rationibus dilatentur aut
contrahantur explicabo.

I, 1. Ea autem sunt diuina mente comparata
habentque admirationem magnam considerantibus, quod
umbra gnomonis aequinoctialis alia magnitudine est
Athenis, alia Alexandriae, alia Romae, non eadem
Placentiae ceterisque orbis terrarum locis. Itaque longe
aliter distant descriptiones horologiorum locorum muta-
tionibus. Vmbrarum enim aequinoctialium magnitudinibus designantur analemmatorum formae, e quibus
perficiuntur ad rationem locorum et umbrae gnomonum
horarum descriptiones. Ἀνάλημμα est ratio conquisita
solis cursu et umbrae crescentis ad brumam obseruatione
inuenta, e qua per rationes architectonicas circinique
descriptiones est inuentus effectus in mundo.

2. Mundus autem est omnium naturae rerum
conceptio summa, caelumque sideribus et stellarum

---

18 gnomonis *E GHW SLeP²vfp* : -minis *VPblch (cf. infra I. 1 ubi tamen* -monis *V)* ‖ inuentae quibusque *(omisso saepe interuallo)* ω : inuenta e quibusque *WVS* inuenta quibusque *G²*.
I. 1 alia ω : aliae *W (et Ro.² typogr. menda)* ‖ Placenti(a)e ω : placentinae *S* placentia *bch* planitiae *W* ‖ descriptiones *EGVS²f²ph²* : -nis *HWSLePvfblch* ‖ designantur *EGVLevf²pl²c²h* : desidesignantur *HPfblc* si designantur *G²WS* ‖ e quibus perficiuntur ω : aequibus perficiunt *E* ‖ locorum *f²p* : longorum ω longarum *E* loncorum *h²* horologiorum *S³ (marg.)* ‖ gnomonum *EGf²p* : -nium ω gnomoni non *V* ‖ ΑΝΑΛΗΜΜΑ *(uar. litt. formis)* ω : ΑΝᾳ-ΗΜΜα *W* αΗααΗαΛΛα *V* ΛΝΑΗΜΜΛ *E* ‖ ad brumam *Ro.* : abrum(a)e *(uel a* br- *uel ab* r-)ω abruin(a)e *GW* ‖ e quaω : aequa *ELf¹blc*.
I. 2 autem est ω : e. a. *Vh* ‖ et stellarum cursibus *add. EG ; num recte (u. R-S. p. 78 & comm.)?*

mouvement de révolution[7] autour de la terre et de la
mer grâce aux pivots situés à l'extrémité de son axe[8].
Tel est en effet, en ces points, le dispositif réalisé par la
puissance de la nature[9], qui a placé ces pivots comme
centres[10] : l'un d'eux, au point de l'univers le plus élevé
par rapport à la terre et à la mer, dépasse même les
étoiles de la Grande Ourse ; l'autre, tout à fait opposé,
se trouve sous la terre dans les régions méridionales[11] ;
et là, autour de ces pivots, [de ces centres][13], la nature
a ajusté comme dans un tour[14] des anneaux[12], appelés
en grec « pôles »[15], grâce auxquels le ciel est animé d'un
perpétuel mouvement. Ainsi la terre, avec la mer, est
naturellement située au point central de l'ensemble[16].

Le Zodiaque. **3.** A ces dispositions naturelles[17],
d'où il s'ensuit que, dans la région
du nord, le centre de rotation s'élève au-dessus de la
terre[18], tandis que dans la région du sud il se trouve
dans les espaces inférieurs sous la terre qui le dissimule[19],
s'ajoute encore une large zone [circulaire], transversalement située à équidistance des pôles, et inclinée vers
le sud ; douze signes la constituent[20], dont l'aspect, avec
la répartition des étoiles en douze parties égales[21],
présente une configuration enluminée par la nature.
Voilà comment ces signes, qui joignent leur éclat aux
autres astres et à l'univers entier, et qui gravitent autour
de la terre et de la mer[22], épousent dans leurs cours la
sphéricité du ciel. **4.** Mais pour tous, visibilité et
invisibilité sont soumises à des lois immuables qui
dépendent du temps. Six de ces signes[23] suivent au-
dessus de la terre la révolution céleste ; les autres,
cheminant sous la terre, sont cachés par son ombre[24].
[Mais parmi eux, il y en a toujours six qui dessinent
leur arc au-dessus de la terre.][25] Car à mesure que le
dernier signe, contraint par son déclin et entraîné sous
terre par le mouvement de rotation, vient à être dissi-

cursibus conformatu*m*. Id uoluitur continenter circum
terram atque mare per axis cardines extremos. Namque
in his locis naturalis potestas ita architectata est, collo-
cauitque cardines tamquam centra, unum a terra *et*
ma*r*i in summo mundo ac post ipsas stellas Septentrionum, alterum trans contra sub terra in meridianis
partibus, ibique circum eos cardines orbiculos [circum
centra] uti in torno perfecit, qui graece *poloe* nominantur, per quos peruolitat sempiterno caelum. Ita media
terra cum mari centri loco naturaliter est collocata.

3. His natura dispositis ita uti septentrionali parte
a terra excelsius habeat altitudinem centrum, in meridiana autem parte in inferioribus locis subiectum a
terra obscuretur, tunc etiam per medium transuersa et
inclinata in meridiem [circuli de] lata zona XII signis
est conformata, quae [eorum] species, stellis dispositis
XII partibus peraequatis, exprimit depictam ab natura
figurationem. Itaque lucentia cum mundo reliquisque
sideribus [ornatum], circum terram mareque peruolantia,
cursus perficiunt ad caeli rotunditatem. **4.** Omnia
autem uisitata et inuisitata temporum necessitate sunt
constituta. Ex quis sex signa numero supra terram cum
caelo peruagantur, cetera sub terram subeuntia ab eius
umbra obscurantur. [Sex autem ex his semper supra
terram nituntur.] Quanta pars enim nouissimi signi
depressione coacta, uersatione subiens sub terram occul-

I. 2 conformatum G^2Vf^2p : conformatus ω ‖ circum ω : circa *S
(idem saepius)* ‖ architectata *EGf²p* : archi(archy- *ch*) tecta ω ‖
cardines ω : ordines *E* ‖ et mari *Ro.* : in(im-)mani ω *(unde*
immani spatio *Kr.)* ima *f²p cf. I, 2 et 3* ‖ circum centra
secludendum uidetur (u. comm.) ‖ poloe *nos (auctore Gioc.* πόλοι*):*
poli *S³* pasde ω (⅟) absides *h²* *(marg.)* ‖ nominantur ω : -natur *E¹p¹*.
I. 3 altitudinem ω : -ne *E G¹* ‖ circuli *secl. Kr.* ‖ lata *Schneider* :
delata ω ‖ quae *nos* : quae eorum ω quorum *Ro.* eorum *Kr. u. R-S.
p. 30 sq.* ‖ ornatum (ω -tu *p* tornatu *f²) ut glossam ad* depictam...
figurationem *pertinentem secludendum censet J. Beaujeu.*
I. 4 ex quis ω : ex quibus *V* et quis *W* ‖ sub terram ω : sub terra
W (idem I, 4 infra) ‖ subeuntia ω : subeunt *E* ‖ ab eius *EGVSf²
(lac. p) h²* : ab eis *G²HWLePvfblch* ‖ sex---nituntur *seclusimus* ;
u. comm. ‖ subiens *EGV* : subi(i)ciens(-tiens) ω.

mulé, le signe opposé, après avoir gravité suivant la loi du mouvement circulaire, sans qu'on puisse l'observer, quitte les régions obscures qui s'étendent de l'autre côté de la terre et émerge progressivement à la lumière[26]. Car c'est à une seule et même puissance inéluctable que sont dus, des deux côtés à la fois, le lever et le coucher.

5. Or tandis que ces signes, au nombre de douze, occupent chacun un douzième du ciel et accomplissent leur révolution ininterrompue de l'est à l'ouest[27], un mouvement de sens contraire entraîne parmi eux[28], comme s'ils en remontaient les degrés[30], la Lune, Mercure, Vénus, le Soleil même, et aussi Mars, Jupiter et Saturne[29], qui se déplacent dans le ciel de l'ouest à l'est, chacun sur une orbite de dimension différente.

Les Planètes.

Lune.

La Lune met 27 jours et une heure environ[31] pour faire le tour complet du ciel, et son retour au signe d'où elle était partie marque l'achèvement du mois lunaire.

Soleil.

6. Le Soleil, lui, franchit l'étendue d'un signe, c'est-à-dire le douzième du ciel, dans sa marche au cours d'un mois[32]. Parcourant ainsi en douze mois douze signes successifs, lorsqu'il revient à celui d'où il était parti, il met un terme à la durée de l'année en cours. Par suite, le cercle que la Lune parcourt treize fois en douze mois, le Soleil, dans ces douze mois, n'en décrit la longueur qu'une fois[33].

Mercure et Vénus.

Quant à Mercure et Vénus, autour des rayons du Soleil qui leur sert de centre et qu'elles couronnent dans leurs déplacements[34], elles sont soumises à des rétrogradations et des ralentissements, mais des stations aussi, dans ce mouvement circulaire, les font s'attarder dans le domaine

tatur, tantundem eius contrari*i*, e conuersationis necessitate — suppressa notatione — circumact*um*, *locis*
trans patentibus et obscuris egreditur ad lucem. Namque
uis una et necessitas utrimque simul orientem et occidentem perficit.

5. Ea autem signa cum sint numero XII partesque
duodecumas singula possideant mundi uersenturque ab
oriente ad occidentem continenter, tunc per ea signa
contrario cursu luna, stella Mercurii, Veneris, ipse sol,
itemque Martis et Iouis et Saturni, ut per graduum
ascensionem percurrentes, alius alia circumitionis magnitudine ab occidente ad orientem in mundo peruagantur.

Luna die octauo et uicesimo et amplius circiter hora
caeli circumitionem percurrens, ex quo signo coeperit
ire, ad id signum reuertendo perficit lunarem mensem.

6. Sol autem signi spatium, quod est duodecuma pars
mundi, mense uertente uadens transit. Ita XII mensibus
XII signorum interualla peruagando, cum redit ad id
signum unde coeperit, perficit spatium uertentis anni.
Ex eo, quem circulum luna terdecies in XII mensibus
percurrit, eum sol eisdem mensibus semel permetitur.

Mercurii autem et Veneris stellae, circa solis radios
uti [per] centrum, cum itineribus coronantes regressus
retrorsus et retardationes faciunt, $<$*tum*$>$ etiam
stationibus per eam circinationem morantur in spatiis

I. 4 eius ω : enim *E* ‖ contrarii, e *nos* : contrari(a)e ω ‖
circumactum *nos* : -acta ω ‖ locis trans *nos* : tr. l. ω ‖ uis una
et ω : uis una *E* uis et *G*.
    I. 5 partesque ω : partes *E* ‖ mundi ω : -dum *E* ‖ ad *E GHWSLeh*[2]:
in *V* et *Pvfpblch* et occidente *f*[2] ‖ continenter *G*[2]*HWVSLef*[2]*p* :
-tes *E G* -tur *Pvfblch* ‖ Mercurii ω : -ri *HL* ‖ ascensionem ω : -ne
HWL[1]*e* ‖ occidente *E GVSLf*[2]*p* : -ti *HWePvfblch* ‖ hora *G*[2]
HLePvfpblch : -ram *E GWVS* ‖ circumitionem *ePvfpblch* : circui-
E GHWSL circum mouetur *V* ‖ coeperit *E G*[2]*HLePvfp* : cae- *bch*
ce- *GVSl* caepit *W*.
    I. 6 coeperit *G*[2]*HLePvfpbch*[2] : ce- *VSlh* caepit *W* coepit *E* ‖
terdecies ω : tre- *S* ‖ eum sol eisdem *E GS* : cum sole isdem ω ‖
Mercurii ω : -ri *HVL* ‖ uti centrum *nos* : uti per c. ω ‖ retardationes
E Gf[2]*p* : -ne ω -nem *S* ‖ tum etiam *nos* : etiam ω ut etiam *ch* ‖ per
eam *nos* : propter eam ω *(u. comm.)*.

de certains signes. **7.** Le phénomène est surtout reconnaissable grâce à Vénus[35], car lorsque cette planète suit le Soleil, elle apparaît dans le ciel après le coucher de celui-ci, et, brillant d'un vif éclat, elle reçoit le nom d'« étoile du soir ». A d'autres époques au contraire elle précède le Soleil et, se levant avant le jour, elle est appelée « étoile du matin »[36]. Par suite, ces deux planètes restent parfois plus longtemps dans un même signe, alors que d'autres fois elles entrent plus rapidement dans le signe suivant[37]. C'est pourquoi, tout en passant un nombre inégal de jours dans chaque signe, elles compensent le retard précédemment acquis en accélérant leur marche pour [achever ainsi leur course dans le laps de temps voulu. En conséquence, le retard qu'elles prennent dans certains signes ne les empêche pas, lorsqu'elles peuvent se soustraire à ce ralentissement inévitable, de][38] couvrir rapidement leur orbite normale[39]. **8.** La route parcourue dans le ciel par Mercure est telle que l'astre, dans sa course à travers l'étendue des signes, parvient le 360e jour[40] à celui d'où il est parti, à son précédent passage, pour accomplir sa révolution ; son trajet, ramené à une valeur moyenne, comporte 30 jours environ passés dans chaque signe. **9.** Quant à Vénus, une fois affranchie du frein que lui imposent les rayons solaires[41], elle met trente jours à parcourir l'étendue d'un signe. Dans la mesure où elle passe moins de quarante jours dans chaque signe, elle rétablit ce chiffre global, lorsqu'elle fait une station, en s'attardant dans un même signe. C'est donc après avoir décrit, en 484 jours, la longueur totale de son orbite céleste[42] qu'elle entre à nouveau dans le signe d'où elle était partie précédemment.

signorum. **7.** Id autem ita esse maxime cognoscitur ex
Veneris stella, quod ea, cum solem sequatur, post
occasum eius apparens in caelo clarissimeque lucens
Vesperugo uocitatur, aliis autem temporibus eum
antecurrens et oriens ante lucem Lucifer appellatur.
Ex eoque nonnumquam plures dies in $<uno>$ signo
commorantur, alias celerius ingrediuntur in alterum
signum. Itaque, quod non aeque peragunt numerum
dierum in singulis signis, quantum sunt moratae prius
transiliendo celerioribus itineribus perficiunt [iustum
cursum. Ita efficitur uti, quod demorentur in nonnullis
signis, nihilominus, cum eripiant se ab necessitate
morae, celeriter consequantur] iustam circumitionem.
8. Iter autem in mundo Mercurii stella ita peruolitat uti
trecentesimo et sexagensimo die per signorum spatia
currens perueniat ad id signum ex quo priore circumla-
tione coepit facere cursum, et ita peraequatur eius iter
ut circiter tricenos dies in singulis signis habeat numeri
rationem. **9.** Veneris autem, cum est liberata ab
impeditione radiorum solis, XXX diebus percurrit signi
spatium. Quo minus quadragenos dies in singulis signis
patitur, cum stationem fecerit restituit eam summam
numeri, in uno signo morata. Ergo totam circinationem
in caelo quadringentesimo et octogensimo et quinto die
permensa, iterum init signum, ex quo signo prius iter
facere coepit.

I. 7 uno *Gioc. (cf. I, 9): om.* ω ‖ iustum cursum ita efficitur
EG: om. ω. *Haec uerba et quae uncis inclusa sunt omittenda uidentur: cf. R-S. p. 73 sq., et comm.* ‖ circumitionem *p* : circui- ω.
I. 8 Iter ω : item *EW* ‖ Mercurii ω : -ri *HV* ‖ trecentesimo ω :
-tissimo *G* trescentesimo *V* ‖ perueniat ω : -niad *H(L¹?)* ‖ circum-
latione *Ro.* : circula- ω ‖ coepit ω : cae- *W* ce- *G¹V (idem I, 9)* ‖
tricenos d. ω : trecenos d. *WS* terrenos dies tricenos *V* triciter
d. *l¹.* ⋯⋯
I. 9 quo ω : quoniam *E* ‖ restituit ω : -tuet *E²* ‖ totam *EGSVf²p²* :
tam *HWLePvfblch* totas *p* ‖ circinationem *VPv* : circitionem
GHLefl circuitionem *EL²f²p* circionem *WSbch* ‖ permensa
EGWSf²pP²vh² : -mansa *HVLePfblch* ‖ init signum *f²* : in id s.
ω in eo signo *p* in id signum redit *h²* in id $<init>$ signum *Fensterbusch.*

Mars.   **10.** Mars, lui, doit parcourir l'étendue des constellations en 682 jours environ[43] pour parvenir au point de départ de la révolution qu'il achève, et, dans les signes où il passe plus rapidement, il complète le compte des jours quand il a fait une station[44].

Jupiter.   Quant à Jupiter, dont la marche ascendante contre la révolution du ciel se fait à pas plus tranquilles[45], il met environ 360 jours pour parcourir chaque signe ; il fait halte au bout de onze ans et 313 jours[46] et revient alors dans le signe où il était douze années auparavant.

Saturne.   Saturne, lui, franchit l'étendue d'un signe en 29 mois et quelques jours, et, au bout de 29 ans et 160 jours environ[47], il retrouve l'emplacement qu'il occupait trente années auparavant ; on en déduit que son moindre éloignement des limites de l'univers rend la circonférence qu'il parcourt[48] d'autant plus longue et sa vitesse apparente d'autant plus faible.

Stations
et rétrogradations
des planètes
supérieures : théorie
radio-solaire.   **11.** Les planètes qui parcourent leur orbite au-dessus de la route du Soleil[49], surtout lorsqu'elles sont dans le trigone où il est entré[50], cessent d'avancer, rétrogradent et s'attardent jusqu'à ce que le Soleil, [toujours lui,] soit passé de ce trigone dans un autre signe. Certains[51] pensent rendre compte du phénomène en affirmant que le Soleil, lorsqu'il se trouve suffisamment éloigné, cesse d'éclairer les routes parcourues par les astres à travers cet espace[52], et inflige à ceux-ci des retards dus à l'obscurité. Mais nous ne sommes pas de cet avis[53]. Car l'éclat du Soleil est parfaitement visible et manifeste, sans le moindre obscurcissement, à travers l'univers entier[54], au point que nous-mêmes le percevons alors que ces astres font leurs rétrogradations et leurs ralentissements[55]. **12.** Si donc notre vue est capable de saisir ce phénomène à de

10. Martis uero circiter sexcentesimo octogensimo tertio siderum spatia peruagando, peruenit eo ex quo initium faciendo cursum fecerat ante, et in quibus signis celerius percurrit, cum stationem fecit explet dierum numeri rationem.

Iouis autem, placidioribus gradibus scandens contra mundi uersationem, circiter CCCLX diebus [in] singula signa permetitur, et consistit post annos XI et dies CCCXIII, et redit in id signum in quo ante XII annos fuerat.

Saturni uero, mensibus undetriginta et amplius paucis diebus peruadens per signi spatium, anno nono et uicensimo et circiter diebus CLX in quo ante tricensimo fuerat anno in id restituitur ; ex eoque, quo minus ab extremo distat mundo, tanto maiorem circinationem [rotae] percurrendo tardior uidetur esse.

11. Ei autem qui supra solis iter circinationes peragunt, maxime cum in trigono fuerint quod is inierit, tum non progrediuntur, sed regressus facientes morantur, donique [cum idem] sol de eo trigono in aliud signum transitionem fecerit. Id autem nonnullis sic fieri placet quod aiunt solem, cum longius absit abstantia quadam, non lucidis itineribus errantia per ea*m* sidera obscuritatis morationibus impedir*e*. Nobis uero id non uidetur. Solis enim splendor perspicibilis et patens sine ullis obscurationibus est per omnem mundum, ut etiam nobis appare*a*t, cum faci*a*nt eae stellae regressus et morationes. **12.** Ergo si tantis interuallis nostra species

---

I. 10 CCCLX ω : CCCXL *E G* ‖ singula *G²V* : in s. ω ‖ annos *E G* : annum ω ‖ CCCXIII *Mar.* : CCCXXIII ω CCCXXIIII *V* ‖ annos ω : annis *E G* ‖ fuerat ω : -rit *E* ‖ per ω : *del. G²* om. *W V S* ‖ rotae ω *deleuimus, u. comm.*

I. 11 is *ES²l* : his ω hi *G* hiis *G²* in his *W* ‖ progrediuntur ω : -entur *H¹* ‖ donique *Lachmann* : denique ω deinque *G²* ‖ cum idem ω *ut glossam qua* donique *intellegeretur secl. Kr.* ‖ abstantia ω : -tiam *W* obstantia quaedam *f²p* ‖ per eam *Schneider* : per ea ω ‖ impedire *Schneider* : -diri ω ‖ perspicibilis ω : -cabilis *E G* ‖ appareat *P¹h²* : -reant ω ‖ faciant *Ro.* : -cient ω ‖ eae *HSLe* : he(a)e *VW* hae *EGPvfpblch.*

telles distances, comment penser que ces astres divins et éclatants puissent être entravés par des passages d'obscurité ? C'est donc plutôt le raisonnement suivant que nous jugerons solide : de même que la chaleur appelle et attire à elle toutes choses — c'est ainsi qu'on voit même les récoltes sortir de terre et s'élever sous l'effet de la chaleur, sans parler des vapeurs d'eau que les arcs-en-ciel[56] font monter des sources aux nuages —, de la même façon l'intense énergie du Soleil, dont les rayons s'allongent suivant une figure triangulaire[57], attire à elle les astres qui le suivent[58] ; quant à ceux qui le précèdent, le Soleil exerce sur eux une sorte de freinage qui les arrête, et ainsi, au lieu de les laisser poursuivre leur course dans le signe d'un autre trigone, il les contraint à revenir vers lui[59].

13. Peut-être se demandera-t-on pourquoi le Soleil retient ainsi dans sa chaleur les planètes situées dans le cinquième signe en partant de lui[60], plutôt que dans le second ou le troisième, plus proches cependant. Je vais donc en donner l'explication probable. Les rayons du Soleil s'étendent dans l'univers suivant des lignes droites qui dessinent la figure d'un triangle équilatéral[61]. Or cette disposition nous amène, très exactement, au cinquième signe en partant de lui. Donc si les rayons, répandus dans l'univers entier, s'égaraient en trajectoires courbes au lieu de s'allonger en ligne droite pour figurer un triangle, c'est le voisinage qui serait embrasé. Or, de ceci, même le poète grec Euripide semble s'être avisé ; il affirme que plus loin du Soleil la chaleur est plus intense, plus près au contraire le Soleil maintient une température moyenne. Aussi écrit-il, dans sa pièce « Phaéthon »[62] : « (la chaleur du Soleil) brûle les objets lointains, mais maintient tempérés les objets voisins ». **14.** Si donc les faits, le raisonnement et le témoignage d'un poète ancien mettent le phénomène

potest id animaduertere, quid ita diuinitatibus splen-
doribusque astrorum iudicamus obscuritatis obici posse ?
Ergo potius ea ratio nobis constabit quod feruor,
quemadmodum omnes res euocat et ad se ducit — ut
etiam fructus e terra surgentes in altitudinem per
calorem uidemus, non minus aquae uapores a fontibus
ad nubes per arcus excitari —, eadem ratione solis
impetus uehemens, radiis trigoni forma porrectis, insequentes stellas ad se perducit, et ante currentes ueluti
refrenando retinendoque non patitur progredi *in
alterius trigoni signum [esse]*, sed ad se regredi.

13. Fortasse desiderabitur quid ita sol quinto a se
signo, potius quam secundo aut tertio quae sunt propiora, facit in his feruoribus retentiones. Ergo quemadmodum id fieri uideatur exponam. Eius radii in mundo,
uti trigoni paribus lateribus quae forma est, lineationibus
extenduntur. Id autem nec plus nec minus est ad
quintum ab eo signum. Igitur si radii per omnem
mundum fusi circinationibus uagarentur, neque exten-
tionibus porrecti ad trigoni formam linearentur, propiora
flagrarent. Id autem etiam Euripides, Graecorum poeta,
animaduertisse uidetur : ait enim quae longius a sole
essent, haec uehementius ardere, propiora uero eum
temperata habere. Itaque scribit in fabula Phaethonte

I. 12 diuinitatibus *E G¹S²* *(marg.)* : diuinationibus ω ‖ ratio
nobis ω : rationibus *E¹G¹ch* ‖ radiis *LeP²v* : adiis *EGHVPfpblch*
addiis *W* adis *S* ‖ et ante *Gioc.* : tant(a)e ω ante *VSf²p* ‖ currentes
ω : cucur- *V* percur- *W* ‖ ad se ω : se *VS* a se *S²* *(marg.)* ‖ regredi
ω : -diendi *W* ‖ in alterius trigoni signum *huc transp. Reber: post
regredi* ω *(u. comm.)* ‖ signum *Kr.* : s. esse ω.

I. 13 propiora *VSLech* : -priora *E GHWPvfpbl* ‖ lateribus qu(a)e
WVvh²: -busque ω -bus *E G¹f²p* ‖ forma est *nos* : form(a)e ω for-
maeque *f²p* ‖ lineationibus *edd.* : linia- ω ‖ quintum *Gioc.* :
-tam ω ‖ signum *Reber* : signo ω ‖ linearentur *edd.* : linia-
GHWVSLefph lima- *EPvblc* ‖ propiora *H²VSLeph* : propriora
EGHPvfblc propria *W* ‖ autem ω : *om.* *E* ‖ ardere ω : *om.* *G¹* ‖
propiora *E²VSLe* : propriora *EGHp* propria *WPfblch* propia *v*
propior *f²* ‖ Phaethonte *edd.* : ph(a)etont(a)e *EGHWSLePvfp*
phoaetonte *b* phoetonte *lch* fetonte *V*.

en évidence, on ne doit pas, je pense, avoir sur lui une autre opinion que celle dont nous avons fait ci-dessus l'exposé.

Vitesse apparente et éloignement. Jupiter, qui décrit une orbite située entre Mars et Saturne, parcourt une distance plus grande que Mars, plus petite que Saturne. De même pour les autres planètes : plus elles sont éloignées des limites du ciel, suivant des orbites très voisines de la Terre, plus elles semblent se déplacer rapidement[63], car l'une quelconque d'entre elles, couvrant une orbite plus petite, se trouve plus souvent en conjonction avec une planète supérieure, puis la dépasse. **15.** C'est comme si sur une roue dont se servent les potiers on avait placé sept fourmis[64] et qu'on eût disposé sur la roue autant de rainures concentriques de dimensions croissantes, de la plus petite[65] jusqu'à la périphérie, dans lesquelles on obligerait les fourmis à décrire leur cercle, tandis que la roue tournerait en sens inverse[66] : on constatera fatalement que la rotation contraire de la roue ne les empêche nullement d'accomplir leur course contre elle, et que celle qui sera la plus proche du centre avance plus rapidement, alors que celle qui parcourt le cercle extérieur de la roue, même si elle marche aussi vite, met beaucoup plus de temps à achever sa course, à cause de la longueur de sa circonférence. De même, les astres qui luttent contre le mouvement de l'univers[67] viennent, par leur déplacement, à bout de leur révolution, mais la rotation du ciel les soumet aux mouvements rétrogrades qu'impose la durée de la révolution quotidienne[68].

Température. **16.** Que certains astres soient d'une température moyenne, d'autres chauds et d'autres encore froids semble s'expliquer par

sic : καίει τὰ πόρρω, τἀγγύθεν δ' εὔκρατ' ἔχει. **14.** Si
ergo res et ratio et testimonium poetae ueteris id ostendit, non puto aliter oportere iudicari nisi quemadmodum
de ea re supra scriptum habemus.

Iouis autem, inter Martis et Saturni circinationem
currens, maiorem quam Mars, minorem quam Saturnus
peruolat cursum. Item reliquae stellae, quo maiore
absunt spatio ab extremo caelo proxumamque habent
terrae circinationem, celerius <*peruagari*> uidentur,
quod quaecumque earum, minorem circinationem peragens, saepius subiens praeterit superiorem. **15.** Quemadmodum si in rota qua figuli utuntur impositae
fuerint septem formicae, canalesque totidem in rota
facti sint circum centrum, <*a m*>inimo accrescentes
ad extremum, in quibus hae cogantur circinationem
facere, uerseturque rota in alteram partem, necesse erit
eas contra rotae uersationem nihilominus aduersus
itinera perficere, et quae proximum centrum habuerit
celerius peruagari, quaeque extremum orbem rotae
peragat, etiamsi aeque celeriter ambulet, propter magnitudinem circinationis multo tardius perficere cursum.
Similiter astra nitentia contra mundi cursum suis
itineribus perficiunt circumitum, sed caeli uersatione
redundationibus referuntur cotidiana temporis circum-
latione.

16. Esse autem alias stellas temperatas, alias feruentes
etiamque frigidas, haec esse causa uidetur quod omnis

I. 13 τὰ πόρρω *Valckenaer* : τατ Γορρω *(uar. litt. formis)* ω
τατο τορρω *W* τατ τορη *V* ‖ τἀγγύθεν δ' εὔκρατ' *Valckenaer* :
ΤΑΝΓΥΓΝΑιει (-ΝΑειει *Le* -ΓΥΓΝΑι *p*) ω ΤΑΗΑιει *V*
εγχρατα (ειγχρατα *W*, εγχρα *v*) ω; *Eur. frgt 772.2 N².*
   I. 14 circinationem *EGWVSPv* : circitionem *H Lefp* circionem
blch ‖ maiorem ω : maior est *VW* ‖ minorem ω : minor est *W(V?)*
‖ proxumamque *HL* : proxi- ω ‖ circinationem *EGWVSPv* :
circitionem *HLefp* circionem *blch* circuitionem *L²* ‖ celerius---
circinationem ω : om. *W¹* (scelerius *W²*) ‖ peruagari *add. Ro.* ‖
earum *pr.* : eorum ω.
   I. 15 sint ω : sunt *WVblch* ‖ a minimo *nos* : in imo ω *(u. comm.)*
‖ nihilominus *EGh²* : ni(c)hil minus ω ‖ orbem rotae ω : r. o. *WVS*
‖ circumitum *Eh* : circui- ω.

le fait que tout foyer comporte une flamme qui s'élève vers le haut[69]. Le Soleil, embrasant de ses rayons l'éther situé au-dessus de lui, l'échauffe donc[70], et c'est la région où se déplace la planète Mars ; aussi l'ardeur du Soleil la rend-elle brûlante[71]. Saturne, au contraire, la plus proche des limites de l'univers, aux confins des régions glacées du ciel[73], est d'un froid intense[72]. Par suite Jupiter, se déplaçant entre les orbites des deux précédentes, semble avoir une puissance parfaitement tempérée, intermédiaire entre le froid de l'une et la chaleur de l'autre[74].

Sur la zone des douze signes, sur l'action et le mouvement contraires des sept astres, j'ai exposé, suivant l'enseignement que j'ai reçu de mes maîtres[75], les processus et les nombres qui régissent leur passage d'un signe à l'autre, ainsi que leur mouvement circulaire. Maintenant, je vais parler des phases croissante et décroissante de la Lune[76], en me conformant à la tradition des anciens.

Chapitre II :
Les phases
de la Lune.
Théorie de Bérose.

1. Bérose[1], qui partit de la cité ou, si l'on veut, de la nation chaldéenne pour divulguer jusqu'en Asie mineure l'enseignement de ce peuple, a professé que la Lune était une boule brillante pour une moitié, mais dont le reste était de couleur bleu foncé[2]. Or, quand le déplacement qu'elle accomplit l'amène à passer sous le disque solaire, elle se trouve alors saisie par les rayons et l'énergie calorifique de cet astre[3], et elle tourne sa partie brillante, par suite du caractère propre de cette lumière, vers la lumière du Soleil. Or quand elle est ainsi attirée, et que sa partie supérieure regarde le disque solaire[4], sa partie inférieure, dépourvue d'éclat, n'offre qu'obscurité à nos regards, par suite de sa ressemblance avec l'air ambiant[5]. Lorsque la Lune est située dans l'axe des rayons solaires, la totalité de sa lumière est retenue à sa face supérieure ; on l'appelle alors « première » (nouvelle)[6]. **2.** Lorsque son déplacement l'entraîne vers les régions orientales du ciel, elle se libère des effets de l'énergie solaire et

ignis in superiora loca habet scandentem flammam. Ergo sol aethera qui est supra se radiis exurens efficit candentem, in quibus locis habet cursum Martis stella ; itaque feruens ab ardore solis efficitur. Saturni autem, quod est proxima extremo mundo *et* tangit congelatas caeli regiones, uehementer est frigida. Ex eo Iouis, cum inter utriusque circu*m*itiones habe*a*t cursum, a refrigeratione caloreque e*a*rum medio conuenientes temperatissimosque habere uidetur effectus.

De zona XII signorum et septem astrorum contrario opere ac cursu, quibus rationibus et numeris transeunt e signis in signa et circu*m*itum eorum, uti a praeceptoribus accepi, exposui. Nunc de crescenti lumine lunae deminutioneque, uti traditum est nobis a maioribus, dicam.

II, 1. Berosus, qui ab Chaldaeorum ciuitate siue natione progressus in Asia etiam disciplinam Chaldaicam patefecit, ita est professus : pilam esse ex dimidia parte candentem, reliqua habere caeruleo colore. Cum autem cursum itineris sui peragens subiret sub orbem solis, tunc eam radiis et impetu caloris corripi, conuertique candentem propter eius proprietatem luminis ad lumen. Cum autem ea uocata ad solis orb*em* superiora spectent, tunc inferiorem partem eius, quod candens non sit, propter aeris similitudinem obscuram uideri. Cum ad perpendiculum esset ad eius radios, totum lumen ad superiorem speciem retineri, et tunc eam uocari primam. **2.** Cum praeteriens uadat ad orientis caeli partes, relaxari ab impetu solis, extremamque eius partem candentiae oppido quam [quam] tenui linea ad terram

---

I. 16 efficit *EGVSef²pbch* : effecit *HWLPvfl* ‖ et tangit *f²p* : tangit ω ‖ est frigida ω : *om. E* ‖ circumitiones *v* : circui- ω ‖ habeat *Gioc.* : habet ω ‖ earum *Mar.* : eorum ω ‖ circumitum *edd.* : circuitum ω.

II. 1 Asia ω : Asiam *EGVS* ‖ Chaldaicam *WSP²v* : Caldaicam *V* Chaldaeicam *HLePfpbc* Chaldeicam *lh* Caldeicam *EG* ‖ orbem *Schneider* : orbis ω ‖ eius quod ω : eiusque *E* ‖ uideri ω : -re *E* ‖ retineri ω : -re *E*.

II. 2 quam *edd.* : quamquam ω quamque *W*.

l'extrême bord de sa partie brillante envoie son éclat vers la Terre sous forme d'une ligne extrêmement mince[7], et par suite on l'appelle « seconde ». Tandis qu'elle se dégage chaque jour sous l'effet de sa révolution, on compte d'un jour à l'autre « troisième, quatrième... »[8]. Le septième jour[9], alors que le Soleil est à l'occident, tandis qu'elle occupe le milieu du ciel entre l'orient et l'occident, la Lune séparée du Soleil par la moitié du ciel présente aussi, tournée vers la Terre, la moitié de sa partie brillante. Mais lorsqu'entre le Soleil et la Lune s'étend le ciel entier et qu'au lever de celle-ci le Soleil, à l'opposé, est à l'occident, la Lune, dégagée des rayons solaires à proportion de son éloignement, figure le quatorzième jour un cercle parfait et transmet l'éclat de la totalité de son disque ; les jours suivants, selon une décroissance quotidienne qui aboutit au terme du mois lunaire[10], sa révolution l'amène à être attirée de nouveau par le Soleil et à passer sous son disque et ses rayons ; ainsi elle complète le total des jours du mois[11].

3. Mais la manière dont Aris-
Théorie d'Aristarque. tarque de Samos, mathématicien d'une puissante intelligence[12], nous a transmis, par son enseignement sur cette question, la théorie des phases[13], va maintenant faire l'objet de mon exposé. Il est évident pour lui que la Lune ne possède point de lumière qui lui appartienne en propre[14] : elle est une sorte de miroir[15] et c'est de l'énergie solaire qu'elle tient son éclat. En effet, parmi les sept astres, la Lune est celui qui, parcourant l'orbite la plus proche de la Terre, couvre le moins de distance dans ses déplacements[16]. Ainsi un seul jour par mois, avant de dépasser le disque et les rayons solaires, elle se trouve dissimulée et invisible[17] : lorsqu'elle est en conjonction avec le Soleil, on l'appelle « nouvelle ». Le jour suivant, où on la compte : « deuxième », elle dépasse le Soleil et laisse apparaître

mittere splendorem, et ita ex eo eam secundam uocari.
Cotidiana autem uersationis remissione tertiam, quartam
in dies numerari. Septimo die, *cum* sol sit ad occidentem,
luna autem inter orientem et occidentem medias caeli
teneat regiones, quod dimidia parte caeli spatio distaret
a sole, item dimidiam candentiae conuersam habere ad
terram. Inter solem uero et lunam cum distet totum
mundi spatium et lunae orienti sol trans *con*tra sit ad
occidentem, eam, quo longius absit a radiis remissam,
XIIII die plena rota totius orbis mittere splendorem ;
reliquosque dies, decrescentia cotidiana ad perfectionem
lunaris mensis, uersationibus et cursu*s* a sole reuoca-
tionibus subire sub rotam radiosque eius, et i*t*a menstruas dierum efficere rationes.

3. Vti autem Aristarchus Samius, mathematicus
uigore magno, rationes uarietatis disciplinis de eadem
<*re*> reliquit, exponam. Non enim latet lunam <*non*>
suum propriumque habere lumen, sed esse uti speculum,
et ab solis impetu recipere splendorem. Namque luna
de septem astris circulum proximum terrae in cursibus
minimum peruagatur. Ita quot mensibus sub rotam
solis radiosque eius, uno die antequam praeterit, latens
obscuratur : cum est cum sole, noua uocatur. Postero
autem die, quo numeratur secunda, praeteriens ab sole
uisitationem facit tenuem extremae rotundationis. Cum
triduum recessit ab sole, crescit et plus illuminatur.

II. 2 quartam in dies ω : i. d. qu. *E* ‖ cum *Vf²ph³* : *om.* ω ‖ luna
autem inter orientem et occidentem *E G* : *om.* ω ‖ orienti *E* : -tis ω
-te *f²p* ‖ trans contra sit *Ro.* : trans cum transit ω cum transit
GWVL²f²p transit *E* ‖ quo ω : qui *W* quod *blch* ‖ absit *EGV* :
arsit ω ‖ cursus *f²p* : -su ω ‖ a sole ω : a solae *HP* ale *bch* ‖ et
ita *Oehmichen :* etiam ω ‖ efficere ω : effecere *H¹*.
    II. 3 Aristarchus *Gl²* : arhistartus *H* arhistarcus *Le* aristharcus
Pvfpch aristhartus *b* aristarcus *EWVSl* ‖ uarietatis *EGVSf²ph²* :
-tates *G²HWLePvfblch* ‖ re *add. Ro.* ‖ reliquit *G²VSLevf²ph* :
reliquid *GHWPfblc* re aliquid *E* ‖ non suum propriumque habere
lumen *Ro.* : s. p. n. h. l. *f²p* suum propriumque habere lumen
EGHWLePvf s. proprium h. l. *S* suumque proprium l. h. *V* suum
l. proprium h. *bch* suum l. suum proprium h. *l* ‖ quot mensibus
EGV : quod m. ω ‖ pr(a)eterit ω : prodierit *E* ‖ quo *EGVS* : quod
ω cum *f²p* ‖ ab sole ω : a s. *Eh¹* ‖ ab sole ω : a s. *VW*.

comme une ligne mince le bord de sa sphère. Après s'être
éloignée du Soleil pendant trois jours, elle croît et est
davantage éclairée. Mais lorsqu'en s'écartant chaque
jour elle arrive au septième, séparée du Soleil couchant
par la moitié environ des espaces célestes, la moitié de
son disque est brillant, et c'est la partie tournée vers
le Soleil qui est éclairée. **4.** Le quatorzième jour,
diamétralement opposée au Soleil dont la sépare l'étendue du ciel entier, elle parvient à sa plénitude et se lève
quand le Soleil est à l'occident, car, séparée de lui par
l'étendue entière du ciel, elle se trouve placée juste en
face et elle reçoit de l'énergie solaire l'éclat de tout son
disque. Le dix-septième jour, lorsque le Soleil se lève,
elle décline à l'occident. Le vingt-et-unième jour, après
le lever du Soleil, la Lune occupe à peu près la région
méridienne du ciel et sa partie tournée vers le Soleil
conserve son éclat : le reste est obscur[18]. De même, en
accomplissant sa course quotidienne, elle passe le
vingt-huitième jour environ sous les rayons du Soleil,
et elle complète ainsi le total mensuel.

Chapitre III :
Marche du Soleil
à travers
le Zodiaque ;
durée variable
des jours
et des heures.

1. Je vais maintenant dire comment
chaque mois le Soleil, en parcourant
les signes, augmente ou diminue la
durée des jours et des heures[1].
Quand, entré dans le signe du
Bélier[2], il parvient au huitième
degré[3], il détermine l'équinoxe de printemps[4]. Quand il
se déplace vers la queue du Taureau[5] et la constellation
des Pléiades[6], au-dessus de laquelle s'élève la moitié
antérieure du Taureau[7], il aborde dans sa course, en
gagnant vers le nord, un trajet dont la longueur excède
la moitié du ciel[8]. Quand il sort du Taureau pour
pénétrer dans les Gémeaux, au lever des Pléiades[9], il
s'élève davantage au-dessus de la Terre et augmente la
durée des jours. Puis, quittant les Gémeaux, il entre
dans le Cancer[10] — la constellation zodiacale la moins
étendue du ciel[11] — et son arrivée au huitième degré
de ce signe détermine le solstice d'été ; continuant
d'avancer, il arrive à la tête et à la poitrine du Lion[13],

Cotidie uero discedens cum peruenit ad diem septimum, distans a sole occidente circiter medias caeli regiones, dimidia luce*t*, et eius quae ad solem pars spectat ea est illuminata. **4.** Quarto autem decumo die, cum in diametro spatio totius mundi absit ab sole, perficitur plena et oritur cum sol sit ad occidentem, ideo quod totum spatium mundi distans consistit contra, et impetu solis totius orbis in se recipit splendorem. Septumo decumo die, cum sol oriatur, ea pressa est ad occidentem. Vicensimo et altero die cum sol est exortus, luna tenet circiter caeli medias regiones, et [id] quod spectat ad solem id habet lucidum : reliqu*a sunt* obscura. Item cotidie cursum faciendo, circiter octauo et uicensimo die subit sub radios solis, et ita menstruas perficit rationes.

III, 1. Nunc ut in singulis mensibus sol signa peruadens auget et minuit dierum et horarum spatia dicam. Namque, cum Arietis signum iniit et partem octauam peruagatur, perficit aequinoctium uernum. Cum progreditur ad caudam Tauri sidusque Vergiliarum, e quibus eminet dimidia pars prior Tauri, in maius spatium mundi quam dimidium procurrit, procedens ad septentrionalem partem. E Tauro cum ingreditur in Geminos, exorientibus Vergiliis, magis crescit supra terram et auget spatia dierum. Deinde <*e*> Geminis cum iniit ad Cancrum, qui breuissimum tenet caeli spatium, cum peruenit in partem octauam perficit solstitiale tempus, et peragens peruen*it* ad caput et pectus Leonis,

---

II. 3 lucet et *V* : luce et ω luce est et *f²p*.
II. 4 quarto... decu (-ci-)mo ω : quarta... decima *E G* ‖ absit ω : abest *E* ‖ ab sole ω : a s. *E G blch* ‖ ideo quod ω : ideoque *E* ‖ contra et *E¹G* : contrahet ω contra et que *V* contrahetque *S* contra ex *f²p* ‖ impetu *HLePvfpblch* : -tus *EGVWS* ‖ totius ω : totiusque *VS* ‖ recipit *EWVf²p* : recepit ω ‖ id ω *seclusimus* : ita *Oehmichen* ‖ reliqua sunt *nos* : reliquus *EGHLePvfblc²h* -quis *G²WSf²pc* -qui *V* -qua *Choisy* ‖ cotidie ω : octi -*E* ‖ subit ω : subiit *E G* subdit *V* ‖
III. 1 auget *EGVP²vf²p* : -git *HWSLePfblch* ‖ iniit ω : init *E G* ‖ auget *EGVPvfpblch* : -git *HWSLe* ‖ deinde e *Gioc.* : deinde ω dein de *E* ‖ iniit ω : init *E* ‖ peruenit *f²ph²* : -niens ω -niensque *V*.

car ces régions sont rattachées au Cancer[12]. **2.** Quittant la poitrine du Lion[14] et les limites du Cancer, le Soleil parcourt le reste du Lion en diminuant la longueur du jour et celle de sa trajectoire, et il revient à un trajet semblable à celui qu'il décrivait dans les Gémeaux[15]. Alors, passant du Lion dans la Vierge[16] et progressant vers le pli de son vêtement, il réduit sa course circulaire, en ramenant son déplacement à la valeur qu'il a dans le Taureau. Au sortir de la Vierge, il continue sa course à travers le pli qui comprend les premiers degrés de la Balance[17] et, au huitième degré de celle-ci, il détermine l'équinoxe d'automne[18]. Son déplacement devient égal à la trajectoire qu'il décrivait lorsqu'il était dans le signe du Bélier. **3.** Une fois entré dans le Scorpion, au coucher des Pléiades[19], le Soleil gagne vers le sud et réduit la longueur des jours. Lorsque, poursuivant sa course, il sort du Scorpion et pénètre dans le Sagittaire, jusqu'aux cuisses de celui-ci, son trajet diurne se fait plus réduit. Mais lorsque, à partir des cuisses du Sagittaire — région rattachée au Capricorne[20] — il arrive au huitième degré, le trajet qu'il parcourt dans le ciel atteint sa valeur minimale. Par suite, la brièveté des jours est à l'origine du nom de *bruma* (solstice d'hiver) et des jours *brumales* (solsticiaux)[21]. Mais, en passant du Capricorne dans le Verseau, le Soleil augmente la durée du jour, qui a même valeur que lorsqu'il se trouvait dans le Sagittaire. Sorti du Verseau et entré dans les Poissons, au moment où souffle le favonius[22], il donne à sa course la même étendue que lorsqu'il se trouvait dans le Scorpion. C'est ainsi que le Soleil, par son déplacement circulaire le long de ces signes, augmente ou diminue, à époques déterminées, la longueur des jours et des heures[23].

quod eae partes Cancro sunt attributae. **2.** E pectore autem Leonis et finibus Cancri sol[is] exitu[s] percurrens reliquas partes Leonis, imminuit diei magnitudinem et circinationis, reditque in Geminorum aequalem cursum. Tunc uero a Leone transiens in Virginem, progrediensque ad sinum uestis eius, contrahit circinationem et aequat ad eam quam Taurus habet cursus rationem. E Virgine autem progrediens per sinum, qui sinus Librae partes habet primas, in Librae parte VIII perficit aequinoctium autumnale. Qui cursus aequat eam circinationem quae fuerat in Arietis signo. **3.** Scorpionem autem cum sol ingressus fuerit, occidentibus Vergiliis, minuit progrediens <*ad*> meridianas partes longitudines dierum. E Scorpione cum percurrendo init in Sagittarium ad femina eius, contractiorem diurnum peruolat cursum. Cum autem incipit a feminibus Sagittarii, quae pars est attributa Capricorno, ad partem octauam, breuissimum caeli percurrit spatium. Ex eo, a breuitate diurna bruma ac dies brumales appellantur. E Capricorno autem transiens in Aquarium, adauget ex aequa[t] Sagittarii longitudine diei spatium. Ab Aquario cum ingressus est in Pisces, fauonio flante, Scorpionis comparat aequalem cursum. Ita sol, ea signa circum peruagando, certis temporibus auget aut minuit dierum et horarum spatia.

IV, 1. Nunc de ceteris sideribus quae sunt dextra ac

III. 1 quod ω : quia *ES* ‖ eae *HSLe* : hee *V* hae *EGPv fplch* he *b* eat *W*. *Pro* quod eae *nescio an rectius* quae *legendum sit, ut infra III, 3* ‖ cancro ω : cancero *EGH*.

III. 2 sol exitu *Ro.* : solis exitus ω ‖ circinationis *WVSPv* : circitionis *E²GHLefl* circitiones *f²* circuitionis *L²* circuitiones *p* circionis *Ebch* ‖ reditque ω : -iitque *W* ‖ sinum *Ef²p* : signum ω ‖ contrahit ω : contra id *EG* contra it *E²G²* ‖ circinationem *WVSPv* : circitionem *E²GHLef* circui- *L²* circionem *Epblch* ‖ cursus *EG* : -sum ω ‖ autumnale *VSf²pc²h* : auctum nale *W* autem tale *EGHLePvfblc* ‖ circinationem *WVSPv* : circitionem *E²GHLefpblch* circionem *E*.

III. 3 ad *add. Ro.* ‖ init ω : -iit *WVSh* ‖ contractiorem ω : -tionem *Wl¹h* ‖ Sagittarii quae *EGWVS²f²h* : -tariique *HSLePvfbl* -tarii que *pc* ‖ ex aequa *Ro.* : ex(a)equat ω et equat *V* et exaequat *f²p*.

1. Je vais maintenant parler des
Chapitre IV : autres constellations qui, à droite
Les constellations et à gauche du Zodiaque[1], présen-
boréales. tent la disposition et la configuration de leurs étoiles dans les parties méridionale et
septentrionale de l'univers[2].

La Grande Ourse[3], que les Grecs appellent Arctos
(Ourse) ou Hélicè[4], possède un Gardien[5] situé derrière
elle. Non loin [de lui] se trouve la figure formée par la
Vierge[6], sur l'épaule droite de laquelle s'appuie une
étoile très brillante que nous appelons, nous, « la
Vendangeuse », et les Grecs Προτρυγητής (Vendangeuse)[7]. Mais l'Épi de la Vierge a davantage d'éclat[8].
Nettement colorée[9], se trouve en face une autre étoile
encore, entre les genoux du Gardien de l'Ourse : l'astre
qui s'appelle Arcturus[10] a trouvé ici sa consécration[11].
2. Sur la ligne qui joint la tête de l'Ourse et les pieds des
Gémeaux[12], obliquement, se trouve le Cocher[13], à la
pointe d'une corne du Taureau ; c'est ainsi qu'à la pointe
de la corne gauche, une seule et même étoile occupe
aussi l'emplacement du pied <droit> du Cocher[14]. Les
mains du Cocher s'appellent les Chevreaux[15], la Chèvre
constituant son épaule gauche[16]. Au-dessus du Taureau
et du Bélier Persée[17] semble passer en courant, par le
côté droit de sa base, au-dessus des Pléiades[18], et par
le côté gauche au-dessus de la tête du Cocher[19] ; de sa
main droite il s'appuie sur l'image de Cassiopée[20] ; de la
gauche, au-dessus du Bélier[21], il brandit [vers le haut]
la tête de la Gorgone[22], la plaçant ainsi sous les pieds
d'Andromède[23]. **3.** Il y a aussi Andromède, au-dessus
des Poissons[24], ainsi que la partie du Cheval qui se
trouve au-dessus de son épine dorsale[25] : la très brillante
étoile qui marque le ventre du Cheval marque aussi la

sinistra zonam signorum, meridiana septentrionalique
parte mundi, stellis disposita figurataque dicam.

Namque Septentrio, quem Graeci nominant Arctum
siue Helicen, habet post se collocatum Custodem.
[Ab eo] non longe conformata est Virgo, cuius supra
umerum dextrum lucidissima stella nititur, quam nostri
Prou*indemiatorem*, Graeci Προτρυγητήν uocant. Candens
autem magis Sp*ica* eius est. Colorata item alia contra est
stella media genuorum Custodis Arcti : qui Arcturus
dicitur est ibi de*d*icatus. **2.** E regione capitis Septentrionis transuersus ad pedes Geminorum, Auriga stat
in summo cornu Tauri ; it*a*que in summo cornu laeuo
et Aurigae pedis <*dextri*> una tenet part*em* stella[m].
Et appellantur Aurigae manus Haedi, Capra laeuo
umero. Tauri quidem et Arietis insuper, Perseus dexte-
rior*e* u*t* s*u*percurrens bas*i* Vergilias, sinisterior*e* caput
A*u*rig*a*e, et manu dextra innitens Cassiepiae simulacro,
laeua supra Ari*et*em tenen*s* Gorgoneum [ad summum]
caput subiciensque Andromedae pedibus. **3.** Item
Pisces supra Andromeda *est*, et [eius uentris et] Equi
quae sunt supra spinam [Equi], cuius uentris lucidissima

IV. 1 zonam ω : -mam *Pv* -na *VS* ‖ Helicen ω : -cem *El* ‖ ab eo
seclusimus : add. E G (u. R-S. p. 77) ‖ conformata ω : -ma *W*
-manda *bch* ‖ Prouindemiatorem *Scaliger* : prouidentiam maiores
ω ‖ Προτρυγητήν *Scaliger* : propygethon ω -pygeton *W*[1] -pigeton
E -pygedion *VS* ‖ Spica *Philander* : species ω ‖ eius est ω : eius sit
W est eius *b*[1]*ch* est *l*[1] ‖ colorata ω : collocata *V* ‖ genuorum ω :
-norum *E* ‖ dedicatus *Pvfpblch* : deli- *EGHWSVLe*.

IV. 2 itaque *V* : itemque ω item *W* ‖ Aurigae *f*[2]*p* : -ga ω ‖ pedis
SV : -des ω ‖ dextri *add. Ro.*[2] ‖ partem *L* : -te ω ‖ stella *Ro.*[2] :
stellam ω ‖ appellantur ω : -latur *SVf*[2]*p* ‖ dexteriore ut *nos* :
dexterioribus ω exte- *V* ‖ supercurrens *Thiele* : subter- ω ‖ basi
Ro.[2] : -sem ω bassim *S*[1] ‖ sinisteriore *nos* : -rioris *EGW* a sinisterioris *HSVLePvfbch* ad sinisterioris *l* a sinisterioribus *f*[2]*p* ‖ Aurigae
nos : Arietis ω *(u. comm.)* ‖ innitens ω : inmittens *EG* mittens *V* ‖
Cassiepi(a)e *SVl*[2] : Cassiopi(a)e ω Cassiopae *e* ‖ Arietem *Ro.*[2] :
Aurigam ω ‖ tenens *Ro.*[2] : tenent *EG*[1] -net ω ‖ ad summum *seclusimus* : a. s. *EGHWVSLePvfl* adsum *bch* ad summa *h*[2] adsumens
f[2]*p.*

IV. 3 supra ω : s. auriga *G*[1] ‖ Andromeda est *nos* : Andromedam
ω -dan *l* ‖ et Equi *Ro.* : et eius uentris et equi ω (aequi *bch*) ‖ quae
ESVfplch : que *GHLePvb*[2] qui *G*[2]*Wb* ‖ Equi *secl. Thiele.*

tête d'Andromède[26]. La main droite d'Andromède est placée au-dessus de l'image de Cassiopée[27], sa main gauche au-dessus du Poisson Boréal[28]. Il y a aussi, au-dessus du Verseau, la tête du Cheval[29]. Ses sabots atteignent les genoux du Verseau[30]. Au milieu, une constellation a reçu le nom de Cassiopée[31]. Au-dessus du Capricorne, vers le haut, l'Aigle et le Dauphin[32]. A leur côté se trouve la Flèche[33]. Là commence l'Oiseau[34], dont l'aile droite atteint la main de Céphée [ainsi que son sceptre][35] ; l'aile gauche, en haut, prend appui sur Cassiopée[36]. Sous la queue de l'Oiseau se trouvent placés les pieds du Cheval. **4.** Puis, au-dessus du Sagittaire, du Scorpion et de la Balance[37], le Serpent est en contact avec la Couronne par l'extrémité antérieure de sa tête[38]. Mais Ophiuchus tient ce serpent à mi-corps[39], et son pied gauche appuie juste au milieu sur la tête du Scorpion[40]. Non loin de la région occupée par la tête d'Ophiuchus se trouve la tête de celui qu'on appelle l'Agenouillé[41]. Mais de la tête des deux personnages c'est la nuque qu'on reconnaît le plus aisément, car des étoiles assez brillantes en marquent la forme[42]. **5.** Un pied de l'Agenouillé s'appuie sur la tempe du Serpent[43] dont les replis enveloppent la plus petite des Ourses[44], autrement nommées *Septentriones* (Sept bœufs de labour). Vis-à-vis du bec de l'Oiseau se trouve la Lyre[45]. Discrètement, dans leur voisinage, le Dauphin ploie son

stella finit uentrem Equi et caput Andromedae. Manus
Andromedae dextra supra Cassiepiae simulacrum est
constituta, laeua <*supra*> aquilonalem Piscem. Item
Aquarii supra Equi cap*ut est.* † Equi ungulae attingunt
Aquarii genua. Cassiepi*a* media est dedicata. † Capricorni supra, in altitudinem, Aquila et Delphinus.
Secundum eos est Sagitta. Ab ea autem Volucris, cuius
pinna dextra Cephei manum attingit [et sceptrum],
laeua supra Cassiepiae innititur. Sub Auis cauda pedes
Equi sunt sub*i*ecti. **4.** Inde Sagittarii, Scorpionis,
Librae insuper, Serpens summo rostro Coronam tangit.
A*t* e*am* medi*am* Ophiuchos in manibus tenet Serpentem,
laeuo pede calcans mediam frontem Scorpionis. <*A*>
parte[m] Ophiuchi capitis non longe positum est caput
eius qui dicitur N*i*sus in genibus. *Eorum* autem
faciliores sunt capitum uertices ad cognoscendum, quod
non obscuris stellis sunt conformati. **5.** Pes Ingeniculati ad *eius* fulcitur capitis tempus Serpentis, cuius
Arctorum, qui Septentriones dicuntur, <*minor flexibus*> implicatu*r.* *Contra Volucris rostrum [est]
proposita Lyra*. Parue per e*as* flectitur Delphinus.

IV. 3 Cassiepi(a)e *SVl*² : Cassiopiae *EG* Cassiop(a)e *HWLe*²
Pvfpblch Casiopae *e* ‖ supra *add. Gioc.* ‖ supra Equi---attingunt
Aquarii : *om. G*¹ ‖ caput est *Thiele* : capitis ω caput *f*²*p* ‖ Equi
ungulae---est dedicata *locus incertus, u. comm.* ‖ Cassiepia *Ro.* :
Cassiepiae *Sl*² Cassiopiae *EG* Cassiop(a)eω ‖ Volucris *SVWP*²*f*²*h* :
uolueris *EGIILePvfpblc* ‖ pinna *EGHLe* : penna *E*²*G*²
SVPvfpblch ‖ Cephei ω : zephei *EG* caephei *e* cephaea *S* ‖
sceptrum ω : cep- *VL*¹*l*¹ ‖ et sceptrum *nobis secludenda uidentur
(u. comm.)* ‖ Cassiepiae *l*² : Cassiopi(a)e ω Cassiop(a)e *Wl* ‖
subiecti *Philander* : subtecti ω.

IV. 4 at eam mediam *Ro.*¹ : ad eum medium ω at eum medium
*f*²*p* ‖ Ophiuchos ω : ophiychos *G* ophiucos *We* ophiucus *SV* ‖ a
parte *Ro.*¹ : partem ω ad dextram partem *f*²*p* ‖ Ophiuchi ω :
ophiuci *S* ophici *V* opheuci *W* ‖ Nisus *Philander* : nessus ω Nixus
Thiele ‖ eorum autem *Philander* : a. e. ω.

IV. 5 eius *Mar.* : id ω ‖ cuius Arctorum *Granger* : c. arcturum
ω qui eos arcturos *f*²*p* ‖ minor flexibus *addidimus auctore Kr.* ‖
implicatur *Kr.* : -catus ω -catis *Wf*²*p* ‖ Contra---Lyra *ante* Parue
transp. Thiele: post Delphinus *hab.* ω ‖ Volucris *SVP*²*vf*²*ph*² :
uolueris *EGHWLePfbl* uoluens *ch* ‖ est *seclusimus: add. EG* ‖ Lyra
ω : lira *SWc*¹ lire *V* ‖ eas *nos* : eos ω.

dos[46]. Entre les épaules du Gardien et celles de l'Agenouillé[47] se trouvent Ariane et sa couronne[48]. Dans le
cercle polaire, maintenant[49], sont disposées les deux
Ourses[50], dont les omoplates sont en contact, mais dont
la poitrine est tournée du côté opposé[51] ; la Petite porte
en grec le nom de Cynosura (Queue de chien), la Grande
celui de Hélicè[52] ; la disposition de leurs têtes les fait
regarder dans des directions différentes. Leurs queues,
respectivement opposées à leurs têtes, vont aussi en
sens contraire dans leur configuration. Car pour chacune
des Ourses elles s'élèvent vers le haut et trônent au
sommet de la voûte céleste. **6.** Un Reptile[53] s'étend
aussi, dit-on, le long des queues[55], et c'est à lui qu'appartient l'étoile nommée « pôle »[54] qui brille au voisinage
de la tête de la Grande Ourse. Car comme celle-ci est
très proche du Dragon, c'est autour de sa tête qu'il
s'enroule[56] ; mais en même temps il jette un de ses
anneaux autour de la tête de la Petite Ourse[57] et il
s'étend tout près de ses pattes[58]. Mais là le Dragon, avec
ses contorsions et ses replis[59], s'élève et se retourne[60]
de la tête de la Petite Ourse vers la Grande[61], dont il
approche sa gueule et sa tempe droite[62]. En outre, au-
dessus de la queue de la Petite Ourse il y a les pieds de
Céphée[63], et là, près du sommet de la voûte céleste[64],
des étoiles forment un triangle équilatéral[65] [au-dessus
de la constellation du Bélier][66]. Mais la Petite Ourse et
la représentation figurée de Cassiopée comportent un
grand nombre d'étoiles éparpillées çà et là[67].

J'ai parlé des constellations qui, dans le ciel, sont
placées à droite du levant, entre le zodiaque et le nord.
Je vais maintenant consacrer un développement à celles

Inter umeros Custodis et Geniculati coronata[m] est
Ariadna. In septentrionali uero circulo duae positae
sunt Arctoe, scapularum dorsis inter se compositae et
pectoribus auersae, e quibus minor Cynosura, maior
Helice a Graecis appellatur ; earumque capita inter se
dispicientia sunt constituta. Caudae, capitibus earum
aduersae, contra dispositae figurantur. Vtrarumque
enim superando eminent in summo. **6.** Per caudas
earum esse dicitur item Serpens exporrecta, e qua stella
quae dicitur polus elucet circum caput maioris Septentrionis. Namque, quae est proxume Draconem, circum
caput eius inuoluitur, una uero circum Cynosurae caput
iniecta est flexu, porrectaque proxime eius pedes.
Ha[e]c autem intorta replicataque se attollens reflectitur
a capite minoris ad maiorem circa rostrum et capitis
tempus dextrum. Item supra caudam minoris pedes
sunt Cephei, ibique ad summum cacumen facientes
stellae sunt trigonum paribus lateribus [insuper Arietis
signum]. Septentrionis autem minoris et Cassiepiae
simulacri complures sunt stellae confusae.

Quae sunt ad dextram orientis inter zonam signorum
et Septentrionum sidera in caelo disposita dixi [esse].

IV. 5 Geniculati *S* : ingeniculati *V* genuclati *E GHPvfpch* -dati
bl -elati *W* -glati *Le* ‖ coronata *nos* : -natam ω -na *f²p* ‖ Ariadna
nos : orinata *HSVLePfblch* ornata *EGWP²v* ordinata *f²p*‖ dorsis
EGH²WSVf²pch : dolorsis *HLePvfbl*‖ Helice ω : helicae *Epl* helyce
V elice *W* ‖ dispicientia ω : des- *S¹Wch* dispientia *l¹* ‖ utrarumque
Heringa : utro- ω ‖ superando ω : figurando *W* sperando *l¹*.
IV. 6 earum *Heringa* : eorum ω ‖ exporrecta *f²p* : est porrecta
ω ‖ e qua *SVW* : aequa *EGHLePv blch* aeque *f* eaque *f²p* ‖ polus
f²ph² : post plus ω ‖ proxume *Kr.* : proxim(a)e *Pvfp* proxuma
HLe proxima *EGSVWP²blch* ‖ Cynosurae ω : cynosuae *c¹* cynos-
surae *EG²* cinosurae *W* ‖ flexu *P²vc²h* : fluxu ω flexa *l¹* flexum
f²p ‖ hac *Ro.²* : haec ω hic *Heringa* hinc *Thiele* ‖ intorta ω : torta
E ‖ se attollens reflectitur a *EG* : om. ω ‖ tempus *EGHWSLel* :
tim-*G²S²VPvfpbch* ‖ insuper Arietis signum *seclusit Thiele
(u. comm.)* ‖ Cassiepiae *l²* : Cassiopi(a)e *EGVp* Cassiop(a)e
HWSLePvfbch Casiopae *l* ‖ stellae ω : stillae *H* ‖ dextram ω :
-teram *WPv* ‖ Septentrionum ω : -onem *EG¹* ‖ dixi *V* : dixi esse ω
dixissae *l*.

que la nature a disposées à gauche du levant, dans les
régions méridionales[68].

Chapitre V :
Les constellations
australes.

1. D'abord, au-dessous du Capricorne, se trouve le Poisson Austral[1],
qui regarde la queue de la Baleine[2].
De là au Sagittaire s'étend un
espace vide[3]. Sous le dard du Scorpion, le Brûle-parfums[4].
La partie antérieure du Centaure[5] est très proche de la
Balance et du Scorpion. Le Centaure tient dans les
mains une figure que les spécialistes d'astronomie ont
appelée le Fauve[6]. Le long de la Vierge, du Lion et du
Cancer l'Hydre[7], sous forme d'une longue série d'étoiles[8],
s'étend en replis tortueux[9], et dresse sa tête dans la
direction exacte du Cancer[10] ; à la hauteur du Lion,
le milieu de son corps supporte la Coupe[11], et sa queue,
sur laquelle est posé le Corbeau[13], va se glisser près d'une
main de la Vierge[12]. Quant aux astres qui sont sur le
dos de l'Hydre, ils possèdent un éclat exactement identique[14]. **2.** Sous le ventre de l'Hydre, vers la queue,
l'on retrouve le Centaure[15]. Au voisinage immédiat de
la Coupe et du Lion il y a le Navire[16] appelé Argo[17],
dont la proue n'est pas visible[18], mais dont le mât et
les parties voisines du gouvernail, plus hautes, se laissent
apercevoir[19], tandis que la poupe même du bateau est
en contact avec le Chien par l'extrémité de sa queue[20].
Le Petit Chien suit les Gémeaux[21], face-à-face avec la
tête de l'Hydre. De même, le Grand Chien suit le Petit[22].
Quant à Orion, au-dessous des Gémeaux, il se présente
obliquement[23], repoussé par le sabot du Taureau[24] ; sa
main gauche brandit la massue[25], l'autre s'élève vers les
Gémeaux[26]. **3.** Près de sa base, le Chien[27] serre de près
le Lièvre qu'il poursuit[28]. Au-dessous du Bélier et des

Nunc explicabo quae ad sinistram orientis meridianisque partibus ab natura sunt distributa.

V, 1. Primum sub Capricorno subiectus Piscis austrinus, caudam prospiciens Ce*l*i. Ab eo ad Sagittarium locus est inanis. Turibulum sub Scorpionis aculeo. Centauri priores partes proximae sunt Librae et Scorpion*i*. Tenet in manibus simulacrum id quod Bestiam astrorum periti nominauerunt. Ad Virginem et Leonem et Cancrum, Anguis porrigens agmen stellarum intortus succingit, *e* regione Cancri erigens rostrum, ad Leonem medioque corpore sustinens Craterem, ad manumque Virginis caudam subiciens, in qua inest Coruus. Quae sunt autem supra scapulas peraeque sunt lucentia. **2.** Ad Anguis in*f*erius uentris, sub caudam, subiectus est Centaurus. Iuxta Cratera et Leonem, Nauis est quae nominatur Argo, cuius prora obscuratur, sed malus et quae sunt circa gubernacula eminentia uidentur; ipsaque Nauicula*e* puppis per summam caudam Cani iungitur. Geminos autem minuscu*l*us Canis sequitur contra Anguis caput. Maior item sequitur minorem. Orion uero transuersus est subiectus, pressus ungula [cen]Tauri, manu la*e*ua tenens clauam, alteram ad Geminos tollens. **3.** Apu*d* eius uero basim, Canis paruo interuallo insequens Leporem. Arieti et Piscibus Cetus

---

IV. 6 ab natura *Pvfpblch* : ob natura *HLe* a natura *E* ob naturam *GSVL*² ob natam *W?*

V. 1 Ceti *Philander* : cephei ω (cae- *Wl* coe- *e*) ‖ proximae ω : -me *SWel* que proxime *V* ‖ Scorpioni *f²p* : -nem ω ‖ tenet *f²p* : -nent ω ‖ e regione *f²p* : regione *EGHWSVLePvl* regionem *bch* a regione *f?* ‖ rostrum *G²SVWf²pblch* : nostrum *EGHLePv* rostri *f (in ras.)* ‖ Coruus ω : -uos *HLe* ‖ lucentia *VWP²vf²ph²* : lugentia *EGHSPfLeblch.*

V. 2 Ad ω : *om. EG* ‖ inferius *Mar.* : inte- ω ‖ Centaurus ω : -tarus *SV* ‖ iuxta *EGWSVL²P²vf²p* : iusta *HLePfblch* ‖ Cratera ω : -teram *SL* -teria *W* cretera *blc*¹ ‖ circa gubernacula ω : *om. P*¹ iuxta tabernacula *W* ‖ Nauiculae *Mar.* : -cula et ω *Forsan* Nauis clauo et puppi *sit legendum* ‖ minusculus *E²f²p* : -los ω ‖ transuersus ω : uersus *E* ‖ Tauri *f²p* : centauri ω ‖ clauam ω : -uem *Wb¹v* -uae *P*¹.

V. 3 Apud *f²p* : caput ω ‖ eius uero ω : u. e. *Se* eius *W* ‖ Cetus *V* : coe- ω cae- *Wl.*

Poissons se trouve la Baleine[29] ; partant de son épine dorsale[30] en ordre régulier, une traînée d'étoiles faibles[31], nommées en grec Harpedonai (Cordons), se rattache aux deux Poissons ; assez éloigné d'eux dans l'intervalle qui les sépare l'un de l'autre, le nœud serré de ces liens sinueux[32] atteint la Baleine à la partie supérieure de son épine dorsale[33]. Sous forme d'étoiles s'écoule le Fleuve[34] qui prend sa source au pied gauche d'Orion[35]. Mais l'Eau que le Verseau répand, suivant la légende[36], coule entre la tête du Poisson Austral et la queue de la Baleine[37].

4. J'ai décrit la configuration et l'agencement des constellations dans l'univers, comme les ont ordonnées la nature et l'intelligence divine, suivant l'opinion du physicien Démocrite[38], mais je me suis borné à celles dont nous pouvons constater et observer de nos propres yeux les levers et les couchers. Car de même que les Ourses, qui gravitent autour du pivot de l'axe du monde, ne se couchent ni ne disparaissent sous l'horizon terrestre[39], de même autour du pivot méridional, que l'obliquité de l'univers rejette sous la Terre[40], il y a des astres qui tournent et qui nous demeurent cachés, faute de s'élever jamais, à l'orient, au-dessus de l'horizon terrestre. Aussi leurs configurations, dissimulées par l'obstacle de la Terre, sont-elles inconnues. L'exemple de l'étoile Canopus[41] est significatif à cet égard : l'existence de cet astre, inconnu de nos contrées, nous est révélée par des marchands qui ont atteint les régions les plus lointaines de l'Égypte et les confins les plus proches de la limite extrême de la Terre[42].

Chapitre VI :
Astrologie
et Météorologie.

1. Sur la gravitation de l'univers autour de la Terre, sur la disposition des douze signes du Zodiaque et des constellations boréales et australes, j'ai fait cet exposé didactique pour donner une vue d'ensemble. Car c'est cette révolution de l'univers, le mouvement contraire du Soleil à travers les signes[1]

est subiectus, a cuius crista ordinate utrisque Piscibus
disposita est tenuis fusio stellarum, quae Graece uocitantur harpedonae ; magnoque interuallo introrsus
pressus nodus serpentium attingit summam Ceti cristam
[esse fuit]. Per speciem stellarum Flumen profluit,
initium fontis capiens a laeuo pede Orionis. Quae uero
ab Aquario fundi memoratur Aqua, profluit inter Piscis
austrini caput et caudam Ceti.

4. Quae figurata conformataque sunt siderum in
mundo simulacra, natura diuinaque mente designata, ut
Democrito physico placuit, exposui, sed tantum ea
quorum ortus et occasus possumus animaduertere et
oculis contueri. Namque, uti Septentriones circum axis
cardinem uersantes non occidunt neque sub terram
subeunt, sic circa meridianum cardinem, qui est propter
inclinationem mundi subiectus terrae, sidera uersabunda
latentiaque non habent egressus orientis supra terram.
Itaque eorum figurationes propter obstantiam terrae
non sunt notae. Huius autem rei index est stella Canopi,
quae his regionibus est ignota, renuntiant autem nego-
tiatores qui ad extremas Aegypti regiones proximasque
ultimis finibus terrae terminationes fuerunt.

VI, 1. De mundi circa terram peruolitantia, duode-
cimque signorum et septentrionali meridianaque parte
siderum dispositione, ut sit perspectus, docui. Namque
ex ea mundi uersatione et contrario solis per signa cursu

V 3. fusio ω : -sia *E (in ras.)* ‖ Gr(a)ece *E GSVWv* (-cae *p*) :
-ci *HLePfblch* ‖ harpedonae *Granger auctore Turnèbe*
(ἀρπεδόναι) : herm(a)edon(a)e ω herumedonae *c¹* ‖ introrsus ω :
introsus *SV* insequens trorsus *l¹* ‖ nodus *E G:om.* ω ‖ summam
ω : -ma *VW* ‖ Ceti *Vb¹* : coe- ω cae- *G¹W* ‖ cristam. Per *Ro.²* :
cr. esse fuit p. ω cristam. Eridani per *Gioc.; alii alia* ‖ Piscis ω :
-ces *S¹* -cim *W¹* ‖ Ceti *VW* : coe- ω.

V. 4 Septentriones *E G Vf²pbch* : -nis *HWSLePvfl* ‖ uersantes
Gioc. : -tur ω *(om. W¹l¹)* uti quae septentriones... uersantur *f²p* ‖
sic *E GVf²pc²h* : si *HSLePvfbc* sed *W²l²* ‖ qui ω : quae *E* ‖ terrae
ω : terra *E G¹*.

VI. 1 et septentrionali ω : ex s. *E G Forsan* et ex s. *legendum* ‖
sit perspectus ω : s. prospectus *V* super pectus *W* ‖ et contrario
ω : e c. *E*.

et l'ombre des gnomons à l'équinoxe[2] qui permettent de trouver le tracé des analemmes. **2.** Par ailleurs, la recherche astronomique des influences[3] qu'exercent les douze signes, les cinq planètes, le Soleil et la Lune sur le déroulement de la vie humaine, nous devons l'abandonner aux spéculations des Chaldéens, car ils possèdent en propre[4] une théorie de l'horoscope[5] qui leur permet, par des calculs astronomiques, de tirer au clair[6] le passé et l'avenir[7]. Leurs découvertes dans ce domaine, où ils se sont montrés fort ingénieux et subtils, nous ont été transmises par des hommes qui descendaient du peuple chaldéen même ; Bérose, le premier, s'installa dans l'île et dans la cité de Cos[8], où il dispensa son enseignement[9], puis son élève Antipater[10] et après lui Achinapolus[11], qui laissa même des théories de l'horoscope fondées non sur le moment de la naissance, mais sur celui de la conception[12]. **3.** Dans le domaine de la physique[13], Thalès de Milet[14], Anaxagore de Clazomène[15], Pythagore de Samos[16], Xénophane de Colophon[17], Démocrite d'Abdère[18] nous ont transmis les théories qu'ils ont imaginées sur les facteurs qui régissent la nature universelle, de quelque façon qu'elle en manifeste les effets. A la suite de ces découvertes, Eudoxe[20], Euctemon[21], Callippe[22], Meton[23], Philippe[24], Hipparque[25], Aratos[26] et

gnomonumque aequinoctialibus umbris, analem*m*ato-
rum inueniuntur descriptiones. **2.** Ceter*u*m ex astrologia quos effectus habeant signa XII, stellae V, sol,
luna ad humanae uitae rationem, Chald*a*eorum ratiocinationibus est concedendum, quod propria est eorum
gen*eth*lialogiae ratio, uti possint ante facta et futura ex
ratiocinationibus astrorum explicare. Eorum autem
inuentiones reliquerunt, in quae sollertia acuminibusque
fuerunt magnis, qui ab ipsa natione Chald*a*eorum
profluxerunt ; primusque Berosus in insula et ciuitate
Coo consedit, ibique aperuit disciplinam, post e*i* studens
Antipater, iterumque Achinapolus, qui etiam non e
nascentia, sed ex conceptione gen*eth*lialogiae rationes
explicatas reliquit. **3.** De naturalibus autem rebus
Thales Milesius, Anaxagoras *C*lazomen*i*us, Pythagoras
Samius, *X*enophanes Colophonius, Democritus Abderites
rationes, quibus e rebus natura rerum gubernare[n]tur,
quemadmodumcumque effectus habeat, excogitat*a*s
reliquerunt. Quorum inuenta secuti, siderum *ortus* et
occasus tempestatumque significatus Eudoxus, Euc*te*-
mon, Calli*p*pus, Me*t*o, Philippus, Hippar*ch*us, Aratus

VI. 1 gnomonumque *P²vf²(p?)* : -minumque ω ‖ analemmatorum *f²p* : analemnatorum *G²HSL²ePvh* analem natorum *GLfblc*
annalem natorum *E* analennatorum *W* analempnatorum *V*.
  VI. 2 ceterum *Ro.²* : -ra ω ‖ astrologia ω : astralogia *E G* astro-
ligia *S* ‖ habeant *E²GHWSVLe* : -beat *E* -bent *Pvfpblch* ‖ humanae
SV : -nam ω ‖ uitae ω : u. est *S* ‖ Chaldaeorum *edd.* : Chaldeorum
ω Caldeorum *E G Ve* (*cf. infra ubi lamen* Chal- *e*) ‖ genethlialogiae
Gioc. (γενεθλιολογία *in marg. h²*) : gentililogi(a)e ω (*duo uerba*
gentili logi(a)e *Pvlch*) genti astrologiae *f²p* ‖ in quae *G²HWLP*
vfblch : inque *EGSVf²* in qua *p* in quo *e* ‖ magnis ω : magis *S*
om. V ‖ Coo ω : choo *SVf²p* ‖ post ei *Ro.* : post ca *uel* postea ω ‖
Achinapolus ω : archi- *VW* ‖ nascentia *EGf²ph* : -tiam ω ‖ genethlialogiae *Gioc.* : gentililogi(a)e (*uno uerbo uel duobus*) ω ‖
reliquit ω : -quid *HP¹f¹l*.
  VI. 3 Clazomenius *Gioc.* (*h²marg.*) : glagomeusω ‖ Pythagoras
ω : Pyta- *Wv* Pita- *V* ‖ Xenophanes *edd.* : zeno- ω ‖ natura ω :
-r(a)e *SVWf²p* ‖ gubernaretur *Kr.* : -rentur ω ‖ excogitatas *pr.* :
-tatus ω ‖ ortus *f²p: om.* ω ‖ significatus ω : -tos *E G* ‖ Euctemon
Rode : euchemon ω euzemon *E G* ‖ Callippus *Rode* : callistus ω
calistus *VWl¹* ‖ Meto *Rode* : melo *V* mello ω ‖ Hipparchus *edd.* :
hypparcus *GHSVLePfpbch* hyparcus *l* hipparcus *Ev* hiparous *W* ‖

d'autres[27], utilisant leur science des parapegmes[28] — dérivée de l'astronomie —, ont découvert la prédiction des levers et des couchers des astres, ainsi que les indices météorologiques[19] ; cette science, ils l'ont transmise, clairement établie, à la postérité. Leurs connaissances scientifiques doivent faire l'admiration de l'humanité, car leur souci de précision fut tel qu'on les croirait même doués d'une intelligence divine[29], pour annoncer à l'avance des indices météorologiques qui ne devaient se réaliser que plus tard. Aussi faut-il abandonner ce domaine à leurs scrupuleuses études.

Chapitre VII :
L'épure
de l'analemme.

1. Quant à nous, nous devons pourtant en isoler certains principes, et expliquer clairement la brièveté, ainsi que l'allongement des jours d'un mois à l'autre[1]. Voici le fait : au moment de l'équinoxe, le Soleil, situé dans le Bélier ou la Balance[2], engendre une ombre égale aux 8/9 de la longueur du gnomon à la latitude de Rome[3]. De même, à Athènes, l'ombre est égale aux 3/4 du gnomon[4], à Rhodes aux 5/7[5], à Tarente aux 9/11[6], à Alexandrie aux 3/5[7], et partout ailleurs on trouve pour l'ombre du gnomon à l'équinoxe des valeurs différentes[8], la nature étant à l'origine de ces divergences. **2.** Aussi, quels que soient les lieux où l'on ait à dresser des épures d'horloges[9], il faut prendre l'ombre équinoxiale pour ce lieu ; et si, comme à Rome, l'ombre est égale aux 8/9 du gnomon, on tracera sur un plan une droite[10], et au milieu de

ceterique ex astrologia parapegmatorum disciplin*i*s
inuenerunt, et eas posteris explicatas reliquerunt.
Quorum scientiae sunt hominibus suspiciendae, quod
tanta cura fuerunt ut etiam uideantur diuina mente
tempestatium significat*us* post futuros ante pronuntiare.
Quas ob res haec eorum curis studiisque sunt concedenda.

VII, 1. Nobis autem ab his separandae sunt rationes,
et explicandae menstruae dierum breuitates *it*emque
d*i*latationes. Namque sol, aequinoctiali tempore Ariete
Libraque uersando, quas e gnomone partes habe*mus*
nouem, eas umbrae facit VIII, in declinatione caeli quae
est Romae. I*t*emque Athenis, qua*m* magnae sunt gnomonis partes quattuor, umbrae sunt tres, ad VII
Rhodo [X]V, ad $<XI>$ Tarenti *IX*, $<ad>$ quinque
$<Alexandriae>$ [ad] tres, ceterisque omnibus locis
aliae alio modo umbrae gnomonum aequinoctiales a
natura rerum inueniuntur disparatae. **2.** Itaque, in
quibuscumque locis horologia erunt describenda, eo loci
sumenda est aequinoctialis umbra ; et si erunt, quemadmodum Romae, gnomonis partes nouem, umbrae octo,
*li*nea describ*a*tur in planitia, et e media πρὸς ὀρθάς

VI. 3 astrologia ω : astra-*Wbc* ‖ disciplinis *Gioc.* : -nas ω ‖
suspiciendae ω : suscipi- *VW* ‖ tempestatium ω : -tum *EGSb*[1] ‖
significatus *f*[2]*p* : -tos ω.
  VII. 1 et *EGh*[2] : om. ω ‖ itemque *f*[2]*p* : idemque ω ‖ dilatationes
Mar. : depalationes ω depulationes *V* dcpalatationes *EG* explanationes *W* ‖ habemus *nos* : habent ω habet *Gioc.* ‖ itemque
Wf[2]*p* : idemque ω ideoque *V* ‖ quam *Gioc.* : quae ω ‖ ad VII
(*immo* . V. II.) *EG* : ad quinque. II (duo *l*) ω ad quinque. V *h* et
quinque II *V* at quentus II *W* ‖ Rhodo ω : ro- *S*[1]*Wl* ‖ V *Gioc.-Mar.* :
XV ω (quindecim *W*) ‖ XI *add. Gioc.-Mar.* ‖ Tarenti *SVWf*[2]*p* :
-ranti ω ‖ IX *Gioc.-Mar.* : XI ω (undecim *EW*) ‖ ad quinque *Gioc.-
Mar.* : quinque ω (V *EG*) ‖ Alexandriae *add. Gioc.-Mar.* ‖ tres
Gioc.-Mar. : ad tres ω (III *EG*) ‖ ceterisque (*uel* cae-, coe-)
S[2]*VWL*[2]*f*[2]*plch* : coterrisque *HSLePfb* terrisque *EGP*[2]*v* ‖ locis
EGSVWL[2] : lonis *HLePfblc* ionis *h* colonis *P*[2]*v* zonis *f*[2]*p*.
  VII. 2 eo loci ω : loci *W* eo loco *V* ‖ gnomonis ω : -minis *Wblch*
‖ octo, linea *Kr.* : octogen(a)e ω octogenere *l*[1] octonae *f*[2]*p* ‖ descri-
batur *Ro.* : -bantur ω ‖ planitia ω : -tiae *EGp* -tie *Vf*[2] ‖ e ω : om. *E*
‖ πρὸς ὀρθάς *edd.* : pros orthas ω (-tas *V*[1]).

celle-ci on dressera perpendiculairement, [à l'équerre,][11] celle qu'on appelle le gnomon[12] ; puis, à partir de la droite tracée sur le plan, on mesurera au compas, sur la longueur du gnomon, neuf intervalles, et, à l'endroit où se trouvera la marque de la neuvième division, on fixera le centre de la figure, marqué par la lettre A. Puis, en écartant le compas de ce centre jusqu'à la droite du plan, où l'on aura la lettre E, on tracera une circonférence appelée méridienne[13]. **3.** Ensuite on prendra huit des neuf divisions qui séparent le plan de la pointe du gnomon, et on les portera sur la droite située sur le plan ; on marquera là la lettre C. Ce sera l'ombre du gnomon à l'équinoxe. De la lettre C ainsi marquée on mènera par le centre A une droite : elle représente le trajet du rayon solaire à l'équinoxe. Alors, en écartant le compas du centre jusqu'à la droite du plan, on déterminera de chaque côté une longueur égale[14], où l'on mettra à gauche la lettre E, à droite la lettre I[15], sur les parties de la circonférence les plus éloignées du gnomon[16], et l'on mènera[17] par le centre une droite qui sépare deux demi-cercles égaux : les mathématiciens appellent horizon cette droite[18]. **4.** Puis il faudra prendre le quinzième de la circonférence entière[19], et placer la pointe du compas sur la circonférence, à l'endroit où elle est coupée par le rayon équinoxial : là sera la lettre

erigatur [ut sit ad normam] quae dicitur gnomon ; et
a linea quae erit planities in linea gnomonis, circino
nouem spatia dimetiantur, et, quo loco nonae partis
signum fuerit, centrum constituatur ubi erit littera A ;
et, diducto circino ab eo centro ad lineam planitiae, ubi
erit littera B, circinatio circuli describatur, quae dicitur
meridiana. **3.** Deinde, ex nouem partibus quae sunt *a*
planitia ad gnomonis centrum, VIII sumantur et signentur in linea quae est in planitia, ubi erit littera C. Haec
autem erit gnomonis aequinoctialis umbra. Et ab eo
signo et littera C per centrum, ubi est littera A, linea
perducatur, ubi erit solis aequinoctialis radius. Tunc,
a centro diducto circino ad lineam planitiae, aequilatatio
signetur, ubi erit littera E sinisteriore parte, et *I*
dexteriore, in extremis line*ae* circinationis, et per
centrum perducendum, ut aequa duo hemicyclia sint
diuisa. Haec autem linea a mathematicis dicitur horizon.
4. Deinde circinationis totius sumenda pars est XV, et
circini centrum collocandum in linea circinationis, quo
loci secat eam lineam aequinoctialis radius, ubi erit
littera *F*, et signandum dextra sinistra, ubi sunt litterae

VII. 2 ut sit ad normam *secl. Kr. (cf. R-S. p. 32)* ‖ *Post* ut
sit *desinit* E *qui statim transit ad uerba cap. VIII. 15* ad brumales
horarum breuitates ‖ circino *Gioc.* : circini ω (-cinni *f²p*) circum
Vblch ‖ dimetiantur *Ro.²* : de- ω ‖ partis *GVP²vf²ph²* : -tes
HWSLePfblch ‖ diducto *Ro.* : de- ω *(hic et bis infra)* ‖ ad lineam
f²p : ab linea (a *ch*, -nia *b¹l¹*) ω ‖ planitiae *Gioc.* : -tia (*uel* -cia) ω
-tiei *f²p*.

VII. 3 a pl. *Gioc.* : in pl. (-tie *f²p*) ω ‖ gnomonis ω : -minis
Vch ‖ quae ω : qua *HLb* ‖ diducto ω : de- *VW* ‖ I dexteriore *Gioc.* :
in dexteriore *f²p* inde alteriore ω inde ulteriore *P²* inde alteriore
parte *V* ‖ lineae *Ro.²* : -neis ω ‖ hemicyclia *e* : hemyciclia *GHLP*
bl²c²h hemiciclia *Slv* emiciclia *V* hemycidia *fpc* emicidia *W* ‖
linea ω : -neam *HP¹f¹blch* ‖ horizon ω : orizon *SVe¹* horiozon *H¹*
horiczon *p*.

VII. 4 pars est ω : e. p. *V* e. p. e. *fp* ‖ XV (quindecim *W*) ω :
XII *S* XX *V* ‖ quo loci *Gf²ph²* : quod loci (-cis *c¹*) ω ‖ littera F
Gioc. (cf. infra) : l. C ω ‖ dextra sinistra ω : d. et s. *f²p* d. ac s.
Gioc. ‖ et per centrum *add. Gioc.* ‖ lineae *Gioc.* : -neis ω ‖ alter ω :
altera *HWSL¹e* ‖ E littera I erit *Gioc.* : littera I erit ω littera I *G¹*
erit linea I *V* ‖ quo *f²p* : qui ω ‖ linea *f²p* : -ne(a)e ω ‖ ubi est littera
A. Item contra G erunt *nos auctore Kr.* : ubi erunt ω.

F[20], et il faudra marquer à droite et à gauche les lettres G et H. On devra mener de ces points des droites passant par le centre[21] et aboutissant à la droite du plan : là seront les lettres T et R. On aura ainsi deux rayons du Soleil, l'un d'hiver, l'autre d'été. D'autre part, en face de E, la lettre I marquera l'intersection de la circonférence et de la droite passant par le centre A[22] ; de même, en face de G, il y aura A et M[23] ; en face de H, il y aura A et L ; en face de C, F et A, il y aura N. **5.** Il faut ensuite mener des diamètres[24] GL[25] et HM[26]. Le plus† bas correspondra à l'été, l'autre† à l'hiver[27]. Il faut diviser ces diamètres en deux parties égales : soient O et P leurs milieux, que l'on marquera ; par ces points et le centre A[28], il faut mener deux demi-droites[29] qui couperont en Q et Z[30] la circonférence du cercle. Cette droite[31] sera perpendiculaire au rayon équinoxial[32], et dans les raisonnements mathématiques elle portera le nom d'axe[33]. De ces mêmes centres, en écartant le compas jusqu'à l'extrémité des diamètres, on décrira deux demi-cercles, l'un d'été, l'autre d'hiver. **6.** Puis, à l'intersection des droites parallèles et de la droite appelée horizon, on aura à droite la lettre S, à gauche la lettre Y[34], et de la lettre S on mènera une parallèle

G H. Deinde ab his <*et per centrum*> lineae usque ad lineam planitiae perducendae sunt, ubi erunt litterae T R. Ita erit solis radius unus hibernus, alter aestiuus. Contra autem *E* littera I erit, quo secat circinationem line*a* quae est traiecta per centrum, ubi <*est littera* A. Item contra *G*> erunt litterae *A et* M, et contra *H* li*tt*erae erunt *A et L*, et contra C et F et A erit littera N. **5.** Tunc perducendae sunt diametro*e* ab *G* ad *L* et ab H <*ad M*>. Quae erit † inferior, partis erit aestiuae, superior † hibernae. *E*aeque diametro*e* sunt aeque mediae diuidendae, ubi erunt litterae O et P, ibique centra signanda ; et per ea signa et centrum *A* lineae ad extrema[s] lineae circinationi*s* sunt perducendae, ubi erunt litterae *Q et Z*. Haec erit linea πρὸς ὀρθάς radio aequinoctiali, uocabitur autem haec linea mathematicis rationibus axon. Et ab eisdem centris diducto circino ad extremas diametros, describantur hemicyclia, quorum unum erit aestiuum, alterum hibernum. **6.** Deinde, in quibus locis secant lineae parallelo*e* lineam eam quae dicitur horizon, in dexteriore parte erit littera *S*, in sinisteriore *Y*, et ab littera S ducatur linea parallelos

---

VII. 4 litterae A et M *nos* : litterae I K L M *(uariis litt. formis)* ω ‖ contra H *Kr.* : contra K ω ‖ litterae *Gioc.* : line(a)e (-ne *b¹*) ω ‖ A et L *nos* : K H X I *(uel* KH. XI) *uar. litt. form.* ω.
VII. 5 diametroe *Ro.* : diametro ω (dya- *V*, -tra *l*) ‖ ab G ad L *Gioc.* : ab C ad I (a. b. c. a. d. i *e*) ω ‖ ad M *nos add.* ‖ Quae erit---hibernae *locus desperatus, u. comm.* ‖ Eaeque *Ro.* : Aequae *HePvfbh* aeque *GSLlc* eque *V* haeque *f²p* equa *W* ‖ diametroe *Ro.* : diametro (dya- *V*) ω διαμέτρῳ *(hic et supra) Kr.* ‖ aeque ω : (a)equae *Vef¹* aquae *bch* ‖ signanda ω : -nenda *HLe* ‖ centrum A *Gioc.* : c. C ω ‖ extrema *l¹ Gioc.* : -mas ω ‖ circinationis *Gioc.* : -nes ω ‖ litterae Q et Z *nos* : litterae G P T R (◯ *post litt. add. HLePvfpbhlch, del. v¹*) ω ‖ πρὸς ὀρθάς *edd.* : pros horthas (-tas *Lefp*) ω prosohrthas *V desunt hoc loco blch* ‖ hemycyclia *f²* : hemyciclia *p* emiciclia *V* emiciclia ł icydia *S* icyclia *HLePvf* iciclya *G* Hicyclia *W desunt blch;* cf. *R.-S. p. 34 sq.*
VII. 6 paralleloe *Ro. auctore Gioc.* : -lon et ω ‖ littera S *Gioc.* : littera E ω litterae *G¹* littera C *W* ‖ in sinisteriore ω : i. s. parte *W* ‖ Y, et *nos* : T ◯ et *HLePvfp (blch ab* et *denuo incipiunt)* T et *GWv²* T It *S* T ex *V*.

à l'axe[35] jusqu'au demi-cercle de droite, qu'elle coupera
en V, et de Y au demi-cercle de gauche on mènera
également une parallèle qui le coupera en X. Ces parallèles s'appellent... <... cette parallèle s'appelle> *loxotomus* (« qui coupe l'écliptique »)[36]. Il faut alors placer
la pointe du compas à l'intersection de cette droite et
du rayon équinoxial[37] — soit D ce point —, et écarter
le compas jusqu'à l'intersection de la circonférence et
du rayon d'été, où se trouve la lettre H. Autour du
centre équinoxial, à la distance du rayon d'été, on décrira
la circonférence du cercle mensuel, appelé *menaeus*[38].
C'est ainsi qu'on obtiendra l'épure de l'analemme.

7. Une fois celui-ci tracé ainsi et mis au net, qu'on
utilise les lignes d'hiver, celles d'été ou celles d'équinoxe,
voire celles des mois, on projettera sur le plan horizontal
les lignes horaires calculées et tracées d'après l'analemme[39] ; il y a dans cette projection bien des variantes,
donc bien des types d'horloges[40], dont le tracé répond
à ces calculs habiles. Mais toutes ces figures, toutes ces
épures reviennent au même : le jour, que ce soit à
l'équinoxe, au solstice d'hiver ou au solstice d'été, doit
être divisé en douze parties égales. C'est pourquoi j'ai

axon*i* ad *d*extrum hemicyclium, ubi erit littera V, et ab *Y* ad sinistr*um* hemicycli*um* item parallelos linea ducatur ad litteram X. Haec autem parallelo*e* lineae uocitantur ... <*Haec autem parallelos linea uocitatur*> lo*x*otomus. Et tum circini centrum collocandum est eo loci quo secat *eam lineam* aequinoctialis radius, ubi erit littera *D*, et *d*iducendum ad eum locum quo secat circinationem aestiuus radius, ubi est littera H. E centro aequinoctiali, interuallo aestiuo, circinatio circuli menstrui agatur, qui m*e*naeus dicitur. Ita habebitur analemmatos deformatio. **7.** Cum hoc ita sit descriptum et explicatum, siue per hibernas lineas, siue per aestiuas, siue per aequinoctiales aut etiam per menstruas, in subiectionibus rationes horarum erunt ex analemmatos describendae, subiciu*n*turque in eo multae uarietates et genera horologiorum, et describuntur rationibus his artificiosis. Omnium autem figurarum descriptionumque earum effectus unus, uti dies aequinoctialis brumalisque, *i*t*e*mque solstitialis, in duodecim partes

---

VII. 6 axoni *Gioc.* : axon ω ‖ ad dextrum *nos auctore Kr.* : ad extremum ω ‖ hemicyclium *H²ePfbc²h* : hemyciclium *Hupl* hemiciclyum *L* hemiciclium *GSc* emiciclium *VW* ‖ littera V *GSVWv²* : littera V ◯ *HLe* littera V ⬚ *Pv* *f(in ras.) pbch* littera V ⌇ *l* ‖ ab Y *nos* : ab Cω ‖ sinistrum *Gioc.* : -tram ω ‖ hemicyclium *Gioc.* : -clii *(uar. script., ut supra)* ω. *Post* hemicyclii *addunt* ◯ *uel* ⊙ HLe Pv*(del. v²) fpblch* ‖ ad litteram *GSVWL²fh (utriusque prima an altera manu incertum) p* : ad littera *HLePvbl²c²* ad linea *lc* ‖ paralleloe *Degering* : -los ω ‖ uocitantur... Haec autem parallelos linea uocitatur loxotomus *Degering qui et corruptum Graecum uocabulum sanauit et lacunam statuit (u. comm.)* : uocitantur locothomus ω (loco thomus *Gl*, locothomae *f²p*) ‖ circini ω : -cinni *f²p* -cum *V* ‖ eam lineam *Gioc.* : circin(n)ationem ω ‖ littera D *Mar.* : littera E ω litterae *G¹* ‖ ubi est ω : u. erit *L* non est *V* ‖ menaeus *Turnèbe* : meneus *f²p* manaeus *HSVLePvfl* maneus *G* manacus *W* manaeius *bch* ‖ analemmatos *SVfp* : -lematos ω -lemotos *b¹* -lemnatos *W*.

VII. 7 siue per aestiuas *edd.* : siue (a)equinoctialis radius (-ales -dios *f²p*) ubi erit littera E sed (seu *p²*) deducendum (du- *G*) ad eum locum quo secat circinationem per aestiuas ω *e loco superiore* ‖ analemmatos *Ro.* : analemmatios *SVW* -lematios *G* -llematios *HLePvfblch* -llematicis *f²p* ‖ subiciunturque *Ro.* : -anturque ω -enturque *f²* -antur *V* ‖ describuntur ω : -bantur *W* ‖ itemque *Gioc.* : idemque ω.

laissé cette question de côté, non que j'en fusse détourné par l'effroi du paresseux, mais pour ne pas ennuyer par de longs développements. Quels sont les inventeurs des types et des épures d'horloges, voilà ce que je vais exposer. Car je ne suis pas maintenant en mesure de découvrir des types nouveaux, et je ne veux pas vanter ceux d'autrui en les faisant passer pour miens[41]. Aussi parlerai-je de ceux que la tradition nous a légués, et des auteurs de leur découverte[42].

Chapitre VIII :
Les instruments
de mesure du temps.
Divers types de
cadrans solaires.

1. L'invention du demi-cylindre creusé dans un cube[1] et taillé suivant l'inclinaison du pôle[2] est attribuée au Chaldéen Bérose, celle du cadran concave ou hémisphérique[3] à Aristarque de Samos[4], ainsi d'ailleurs que celle du cadran circulaire plat[5] ; celle de l'« araignée »[6] à l'astronome Eudoxe, et par certains à Apollonius[7]. L'invention du « coffre » ou « caisson »[8], tel celui qui se trouve encore au cirque de Flaminius[9], est assignée à Scopinas de Syracuse[10], celle du cadran « pour les lieux connus »[11] à Parménion[12], du cadran « pour toute latitude »[13] à Theodosius[14] et Andrias[15], celle du « fer de hache »[17] à Patrocle[16], celle du « cône »[19] à Dionysodore[18], celle du « carquois »[21] à Apollonius[20] ; bien d'autres types ont été imaginés et transmis par ceux qui ont été nommés ci-dessus et par

aequaliter sit diuisus. Quas ob res non pigritia deterritus praetermisi, sed ne multa scribendo offendam, a quibusque inuenta sunt genera descriptionesque horologiorum exponam. Neque enim nunc noua genera inuenire possum, nec aliena pro meis praedicanda uidentur. Itaque quae nobis tradita sunt, et a quibus sint inuenta dicam.

VIII, 1. Hemicyclium excauatum ex quadrato ad enclimaque succisum Berosus Chaldaeus dicitur inuenisse ; scaphen siue hemisphaerium [dicitur] Aristarchus Samius, idem etiam discum in planitia. Arachnen Eudoxus astrologus, nonnulli dicunt Apollonium. Plinthium siue lacunar, quod etiam in circo Flaminio est positum, Scopinas Syracusius, πρὸς τὰ ἱστορούμενα Parmenion, πρὸς πᾶν κλίμα Theodosius et Andrias, Patrocles pelecinum, Dionysodorus conum, Apollonius pharetram ; aliaque genera et qui supra scripti sunt et alii plures inuenta reliquerunt, uti conarachnen, cauatum plinthium, antiboreum. Item ex his generibus uiatoria,

---

VII. 7 diuisus *GS²f²p* : -sum ω -su. *S* ‖ praetermisi *Lf²p* : -missis *GSVWHePvf* -missus *blch* ‖ sint inuenta *GSvf²p* : s. inuenti *HLePf* inuenta sunt *W* inuenta *V* *desunt hic blch*.
VIII. 1 hemicyclium ω : -ciclium *GW* -cydium *V* ‖ Berosus ω : berossus *HWLe* ‖ Chaldaeus *G¹* : -deus ω ‖ scaphen ω : -pen *G* ‖ hemisphaerium *edd.* : -spherium *GHLe* -sperium *SVWPv fpblch* ‖ dicitur *om. W, del. pr.*: habent ω ‖ Aristarchus *Vch* : -tharcus *HLePpb* -thartus *f* -tharchus *v* -tarcus *GSWl* ‖ arachnen *L²* : arachanen ω archanen *l* ‖ plinthium *Gioc.* : panthium ω ‖ lacunar *GS²* : -cunas ω -conas *f²p* ‖ Flaminio ω : flamminio *W* flaminino *V* ‖ Syracusius ω : Sira- *Wl* -cusis *p* ‖ πρὸς τὰ ἱστορούμενα *edd.* : prosta historumena ω (-menta *e¹*) p. hystoromena *G* ‖ πρὸς πᾶν κλίμα *edd.* : pros pan (post p. *W*) clema *(an* dema *saepe incertum)* ω ‖ Patrocles ω : -oles *S¹* -odes *L* ‖ Dionysodorus conum *Machaeropieus* : dioniso porusconum *G* dioniso ◯ porusconum *HLefp* dionisio ◯ porusconum *blch* dioniso ◯ porusconium *Pv* (◯ *del.* v²) dioniso ◯ porus conum *f²* dionisius porus conum *S* diouisius

p. c. *W* diocusius porusconum *V* ‖ pharetram *f²p* : paretram ω paretrum *blch* ‖ et alii ω : et alia *S* dicitur et alia *V* ‖ conarachnen *Mar.* : conarchenen ω (ca- *W*) ‖ cauatum *nos* : conatum ω conicum *dubitanter Ro.* concauatum *Degering* ‖ antiboreum *G²VW* : -raeum ω ‖ item *pr.* : idem ω.

bien d'autres, ainsi l'« araignée conique »[22], le « coffre profond »[23], l'« antiborée »[24]. D'après ces types encore, bien des auteurs ont laissé des notices pour la construction de cadrans de voyage[25] ou portatifs[26]. On pourra, si on le désire, trouver différentes espèces de projections dans leurs ouvrages, pourvu qu'on connaisse les tracés de l'analemme.

Les horloges à eau : **2.** Ces mêmes auteurs ont cherché
Ctésibius aussi dans l'utilisation de l'eau un
et les débuts moyen de réaliser des horloges,
de l'hydraulique. et, en premier lieu[27], Ctésibius
d'Alexandrie[28], qui découvrit aussi la puissance de l'air ordinaire et la pneumatique[29]. Mais la manière dont ces recherches furent menées mérite d'être connue des amateurs. Ctésibius était né à Alexandrie d'un père barbier. Sa vive intelligence et sa grande activité le mettaient au-dessus de tous les autres, et il trouvait son plaisir, dit-on, en d'ingénieux travaux. C'est ainsi que, voulant suspendre dans la boutique de son père un miroir qui, lorsqu'on désirerait le faire descendre et remonter au plafond, remontât de lui-même au moyen d'une corde, grâce à un poids dissimulé, il réalisa le mécanisme suivant : **3.** il fixa sous une poutre un conduit de bois et y disposa des poulies. Par ce conduit, il amena une corde dans un angle de la pièce, où il enfila bout à bout de minces tuyaux, à l'intérieur desquels il fit descendre, à l'aide de la corde, une boule de plomb. Ainsi le poids, en descendant rapidement dans les tuyaux étroits, comprimait la quantité d'air qui s'y trouvait, et, chassant à l'air libre, par sa descente rapide à travers ce passage resserré, l'air rendu plus dense par compression, il avait provoqué, par cette rencontre soudaine, un son aigu. **4.** Ayant donc remarqué que du contact de l'atmosphère et d'un jet d'air comprimé naissaient des sons et des notes de musique, Ctésibius mit à profit ces

pensilia uti fierent plures scripta reliquerunt. Ex
quorum libris si qui uelit subiectiones inuenire poterit,
dummodo sciat analemmatos descriptiones. **2.** Item sunt ex aqua conquisitae ab eisdem scriptoribus horologiorum rationes, primumque a C*t*es*i*bio
Alexandrino, qui et *ui*m spiritus naturalis *p*neumati-
casque res inuenit. Sed uti fuerint ea exquisita, dignum
<*est*> studiosis agnoscere. C*t*es*i*bius enim fuerat
Alexandriae natus patre tonsore. Is, ingenio et industria
magna praeter reliquos excellens, dictus est artificiosis
rebus se delectare. Namque cum uoluisset in taberna sui
patris speculum ita pendere ut, cum duceretur sursumque reduceretur, linea latens pondus *r*educeret, ita
collocauit machinationem. **3.** Canalem ligneum sub
tigno fixit, ibique trocleas collocauit. Per canalem lineam
in angulum deduxit, ibique tubulos struxit. In eos pilam
plumbeam per lineam demittendam curauit. Ita pondus,
cum decurrendo in angustias tubulorum premeret caeli
crebritatem, uehementi decursu per fauces frequentiam
caeli compressione solidatam extrudens in aerem paten-
tem, offensione[m] tactu*s* sonitus expresserat claritatem.
4. Ergo C*t*es*i*bius, cum animaduertisset ex tactu caeli
et expressionibus spiritus <*sonitus*> uocesque nasci,
his principiis usus hydraulicas machinas primus instituit.

Item aquarum expressiones automatop*o*etasque ma-

VIII. 1 pensilia *SWf²p* : pēnsilia *GHVLe unde* penonsilia
Pvfblch ‖ uti ω : ut *SV* ‖ subiectiones ω : -onis *S¹b²ch*.
VIII. 2 a Ctesibio *ed. Florentina* : aclesbio *GHSWLeP²vf²pc²h²*
aclebio *V* acbesbio *Pfblc* a lesbio *h* ‖ et uim *Ro.* : etiam ω ‖ naturalis
ω : -les *f²p* ‖ pneumaticasque *pr.* : in eum (eo *f²p*) atticasque ω
eumaterias *V²marg.* ‖ dignum est *Ro. auctore Gioc.* : dignum ω ‖
Ctesibius *ed. Flor.* : Clesbius ω Clebius *Vbl¹c¹* ‖ sursumque *WL²P*
vfp : susum- *GHSLe* rursum- *Vblch* ‖ reduceret *Mar.* : deduceret
ω (-retur *l¹*).
VIII. 3 lineam *GH²WL¹e f³p* : ligneam *HSVL²Pvfblch* ligneum
f² ‖ demittendam *G²HSVLe* : di- *GWPvfpblch* ‖ compressione
Gf²p : -fressione *HSVLePvf* -fessione *Wb²ch* -fessionem *bl* ‖
offensione tactus *f²* : offensionem tactu ω offensionem tactus *p*.
VIII. 4 Ctesibius *ed. Flor.* : Clesbius ω Clesbies *G* ‖ tactu *W* :
tractu ω ‖ sonitus *add. Ro.²* ‖ instituit ω : instruxit *G¹* ‖ automatopoetasque *Turnèbe* : -pictasque ω -pitasque *G*.

résultats de début pour construire, le premier, des machines hydrauliques.

De même, il conçut des jets d'eau

**L'horloge
de Ctésibius.** sous pression, des automates et toute sorte de «trucs» amusants [30], parmi lesquels figurent aussi des mécanismes d'horloges à eau. En premier lieu, il ménagea l'orifice d'écoulement dans un morceau d'or ou dans une gemme perforée ; car ces matières ne s'usent pas au frottement de l'eau qui coule, et des saletés capables de boucher le trou ne peuvent s'y déposer[31]. **5.** L'eau s'écoulant régulièrement[32] par cet orifice fait monter un flotteur renversé[33], que les techniciens appellent « liège »[34] ou « tambour »[35]. Sur ce flotteur est fixée une tige en contact avec un disque tournant, tige et disque étant munis de dents égales[36]. Ces dents, dont le mouvement se transmet de l'une à l'autre, produisent des rotations et des déplacements mesurés. De plus, d'autres tiges et d'autres roues, dentées de la même façon et mues par une même impulsion[37], produisent en tournant des effets et des mouvements variés : déplacement de figurines[38], rotation de bornes[39], projection de petits cailloux ou d'œufs[40], sonnerie de trompettes[41], sans parler des autres accessoires[42]. **6.** En outre, dans ces horloges, les heures sont tracées soit sur une colonne, soit sur un pilastre contigu[43], et c'est une figurine qui, sortant du bas de la machine, les indique avec une baguette pour toute la durée du jour[44]. En ajoutant ou en ôtant des cales[45] chaque jour et chaque mois, on rend compte obligatoirement de la durée plus courte ou plus longue des jours. Les robinets de l'eau[46], pour le réglage du débit, sont établis de la façon suivante : on fabrique deux cônes, l'un plein, l'autre creux[47], si bien façonnés au tour que l'un puisse entrer et s'ajuster dans l'autre, et qu'au moyen de la même tige on les écarte ou on les resserre pour activer ou ralentir l'écoulement de l'eau dans ces récipients. Ainsi, grâce à ces systèmes et à ce dispositif, on combine le montage d'horloges à eau utilisables l'hiver. **7.** Mais si l'on n'est pas d'accord pour traduire la diminution ou

chinas multaque deliciarum genera, in his etiam horologiorum ex aqua comparationes explicuit. Primumque
constituit cauum ex auro perfectum aut ex gemma
terebrata : ea enim nec teruntur percussu aquae nec
sordes recipiunt ut obturentur. **5.** Namque aequaliter
per id cauum influens aqua subleuat scaph*ium* inuersum,
quod ab artificibus phellos siue tympanum dicitur.
In quo collocata est regula uersatile tympanum
<*tangens, eaque et tympanum*> denticulis aequalibus
sunt perfecta. Qui denticuli, alius alium impellentes,
uersationes modicas faciunt et motiones. Item aliae
regulae aliaque tympana, ad eundem modum dentata,
una motione coacta, uersando faciunt effectus uarieta-
tesque motionum, [in] quibus mouentur sigilla, uertuntur metae, calculi aut oua proiciuntur, bucinae canunt,
reliquaque parerga. **6.** In his etiam aut in columna
aut parastatica horae describuntur, qua*s* sigillum egrediens ab imo uirgula significat in diem totum. Qu*a*rum
breuitates aut crescentias cuneorum adiectus aut
exemptus in singulis diebus et mensibus perficere cogit.
Praeclusiones aquarum ad temperandum ita sunt
constitutae : metae fiunt duae, una solida, una caua,
ex torno ita perfectae ut alia in aliam inire conuenireque
possit, et eadem regula laxatio earum aut coartatio
efficiat aut uehementem aut lenem in ea uasa aquae
influentem cursum. Ita, his rationibus et machinatione,
ex aqua componuntur horologiorum ad hibernum usum
collocationes. **7.** Sin autem cuneorum adiectionibus et
detractionibus correptiones dierum aut crescentiae [ex
cuneis] non probabuntur fieri, quod cunei saepissime

VIII. 4 gemma ω : gemina *G* ‖ teruntur ω : -rentur *S¹W* ‖
obturentur (*uel* optu-) ω : obdu- *G*.

VIII. 5 scaphium *Turnèbe* : -phum ω ‖ tangens, eaque et tympanum *suppleuimus. Alii alia (u. comm.)* ‖ in *seclusimus auctore*
Kr.

VIII. 6 quas *Gioc.* : qu(a)e ω ‖ sigillum ω : si illum *G* ‖ Quarum
Gioc. : quorum ω ‖ pr(a)eclusiones ω : -onis *H¹* per- *L* ‖ possit ω :
possint *G* ‖ lenem ω : leuem *G* ‖ uasa aquae *SVf²p* : uas aquae
uel uasa quae ω.

VIII. 7 ex cuneis ω *seclusimus.*

l'accroissement de la durée des jours en se servant de cales qu'on ajoute ou qu'on retranche — car ces cales sont très souvent défectueuses —, on devra s'arranger ainsi : on tracera les heures transversalement sur la colonnette, d'après l'analemme[48], et l'on gravera sur elle les lignes des mois[49]. Cette colonne devra pouvoir pivoter[50] de façon que, par rapport à la figurine et à la baguette — baguette que tient la figurine pour indiquer les heures en s'élevant —, elle puisse, par sa rotation régulière, rendre compte, pour chacun des mois qu'elle porte de la durée, courte ou croissante, des heures.

L'horloge anaphorique.   **8.** On construit aussi[51] des horloges d'hiver[52] d'un autre type : on les nomme « anaphoriques »[53] et on les réalise de la manière que voici. Les heures sont représentées par des tiges de bronze, disposées sur le devant et rayonnant autour du centre suivant l'épure de l'analemme. Là également s'arrondissent des cercles qui définissent l'étendue de chaque mois[54]. Derrière ces tiges se trouve un disque qui porte le tracé et le dessin du ciel[55] et du zodiaque[56], avec l'image de ses douze signes ; leur représentation figurée, qui prend pour base le centre du disque, donne à l'un plus, à l'autre moins d'étendue[57]. Par derrière[58] est enfermé un axe mobile qui traverse le disque en son centre, et sur cet axe s'enroule une chaîne souple en bronze, à laquelle est suspendu d'un côté le liège soulevé par l'eau, de l'autre un contrepoids servant de lest, d'un poids égal à celui du liège. **9.** Ainsi, à mesure que l'eau fait monter le liège, le poids de lest descend et fait tourner l'axe, qui fait tourner le disque. La rotation de ce disque[59] a cette conséquence que c'est tantôt une plus grande, tantôt une plus petite section du zodiaque[60] qui indique, au cours de la rotation, la valeur des heures caractéristique des diverses époques. Car dans chaque signe sont

uitia faciunt, sic erit explicandum : in columella horae
ex analemmatos transuersae describantur, menstruaeque
lineae columella signentur. Eaque columna uersatilis
perficiatur, uti ad sigillum uirgulamque, qua uirgula
egrediens sigillum ostendit horas, columna uersando
continenter suis cuiusque mensibus breuitates et crescentias faceret horarum.

8. Fiunt etiam alio genere horologia hiberna, quae
anap*h*orica dicuntur, perficiunt*ur*que rationibus his.
Horae disponuntur ex uirgulis aeneis ex analemmatos
descriptione, ab centro dispositae in fronte. In ea circuli
sunt circumdati, menstrua spatia finientes. Post has
uirgulas, tympanum in quo descriptus et depictus est
mundus signiferque circulus, descriptioque [ex] XII
caelestium signorum fit, *cuius* figurata e*x* centro deformatio unum maius <*efficit*>, alterum minus. Posteriori
autem parti tympano medio axis uersatilis est inclusus,
inque eo axi aenea mollis catena est inuoluta, ex qua
pendet ex una parte phellos [siue tympanum] qui ab
aqua subleuatur, alter*a* aequo pondere phelli sacoma
saburrali*s*. **9.** Ita, quantum ab aqua phellos subleuatur,
tantum saburrae pondus infra deducens uersat axem,
axis autem tympanum. Cuius tympani uersatio alias
efficit uti maior pars circuli signiferi, alias min*or* in
uersationibus suis temporibus designet horarum proprietates. Namque in singulis signis sui *cuiu*sque mensis

---

VIII. 7 columella ω : columbella *V* columnella *f*²*p* ∥
transuersae ω : -uerse *VPul* ∥ continenter *G* : -tur ω.
  VIII. 8 anaphorica *edd.* : -porica ω ∥ perficiunturque *L*²*f*²*ph*² :
-ciuntque ω ∥ (a)eneis ω : -nis *G* ∥ ab c. ω : a c. *Wh*¹ ∥ menstrua ω :
-true *S*¹ -tra *L*¹ ∥ ex (est *f*²*p*) *seclusimus* ∥ fit, cuius figurata *nos* :
fit figurata cuius *HSVWLe* sit figurata c. *G* figurata c. *Pufpblch* ∥
ex c. *f*²*p* : et c. ω ∥ efficit *addidimus auctore Diels* ∥ posteriori ω :
posteri *G*¹*lp* ∥ parti ω : parte *G* ∥ inque *GSVWfph* : in quae *HPublc*
in qua *Le* ∥ siue tympanum *del. Ro., uncis secl. Kr. (cf. R.-S.
p. 32)* ∥ altera *Gioc.* : -ro ω -re *e* ∥ phelli ω : pelli *S*¹ phellis *G* philli
V ∥ saburralis *nos* : saburrali *GHSWLe* sa brumali *Pufpblch* sa
brurrali *V*.
  VIII. 9 signiferi ω : signi fieri *Hl*¹ ∥ minor *Gioc.* : minus ω ∥
horarum ω : honorarum *HP*¹*f*¹*bl*¹*c* ∥ cuiusque *f*²*p* : usque ω.

ménagés des trous, en nombre égal à celui des jours du mois correspondant[61], et un clou à tête ronde, qui dans les horloges semble donner une image du soleil[62], indique la durée des heures. Ce clou, en passant d'une cavité à une autre, mène à son terme le cours du mois qui se déroule. **10.** Et ainsi, semblable au soleil qui, par son déplacement à travers l'étendue des constellations, étend ou réduit la durée des jours et des heures, le clou, qui, dans les horloges, avance de proche en proche contre la rotation du [centre du] disque[63] et se déplace chaque jour en un trajet tantôt plus étendu, tantôt plus restreint[64], donne grâce aux divisions mensuelles une représentation fidèle des heures et des jours[65].

Un moyen de régler le débit de l'eau. En ce qui concerne l'admission de l'eau et la façon d'opérer un réglage correct, on devra procéder ainsi[66]. **11.** Derrière la partie visible de l'horloge, à l'intérieur, on installera un réservoir[67], dans lequel un tuyau amènera l'eau courante, et qui comportera une ouverture au fond. A cette ouverture sera ajusté un tambour de bronze[68] muni d'un trou par lequel l'eau puisse passer du réservoir au tambour. A l'intérieur de celui-ci on en fera entrer un autre plus petit, l'emboîtage mâle et femelle, exécuté au tour, étant ajusté de manière que le petit tambour dans sa rotation à l'intérieur du grand, à la façon d'un robinet[69], tourne à frottement doux[70]. **12.** Le rebord du grand tambour devra porter 365 points marqués à intervalles égaux, tandis que le petit disque portera, fixée sur sa circonférence, une aiguille[71] dont la pointe soit dirigée[72] vers la zone des points, et dans ce disque on ménagera un trou[73], [parce qu'il permet à l'eau de passer dans le tambour et assure son admission][74]. Les signes célestes étant figurés sur le rebord du grand tambour — qui par ailleurs demeure

dierum numeri caua sunt perfecta, cuius bulla, quae
solis imaginem horologiis tenere uidetur, significat
horarum spatia. Ea, translata ex terebratione in terebrationem, mensis uertentis perficit cursum [suum].
10. Itaque, quemadmodum sol per siderum spatia uadens
dilatat contrahitque dies et horas, sic bulla in horologiis,
ingrediens per puncta contra [centri] tympani uersationem, cotidie cum transfertur aliis temporibus per
latiora, aliis per angustiora spatia, menstruis finitionibus
imagines efficit horarum et dierum.

De administratione autem aquae, quemadmodum se
temperet ad rationem, sic erit faciendum. **11.** Post
frontem horologii intra collocetur castellum, in idque
per fistulam saliat aqua et in imo habeat cauum. Ad id
autem affixum sit ex aere tympanum habens foramen,
per quod ex castello in id aqua influat. In eo autem minus
tympanum includatur, cardinibus e*x* torno masculo et
femina inter se coartatis, ita uti minus tympanum,
quemadmodum epitonium, in maiore circumagendo arte
leniterque uersetur. **12.** Maioris autem tympani labrum
aequis interuallis CCCLXV puncta habeat signata,
minor uero orbiculus in extrema circinatione fixam
habeat li*n*gulam, cuius cacumen dirigat ad punctorum
regiones, inque eo orbiculo temperatum sit foramen,
[quia in tympanum aqua influit per id et seruat admi-
nistrationem]. Cum autem in maioris tympani labro
fuerint signorum caelestium deformationes, id autem sit

VIII. 9 significat ω : *om. G*[1] signi*f* *f unde* signifer *p* ‖ cursum
Ro. : c. suum ω.

VIII. 10 horas ω : oras *H* ‖ centri *secl. Bilfinger auctore Mar.* ‖
imagines *Gf²ph²* : -nis ω.

VIII. 11 saliat aqua *GSVL²f²ph²* : saliataqu(a)e *HLePvfblch*
psallat eque *W* ‖ in imo *GHSWLe* : in uno *V* imo *Pvfpblch* ‖
ex torno *pr.* : et t. ω.

VIII. 12 maioris *GSVf²h²* : -res *HWLePvfpblch* ‖ signata ω :
designata *SV* ‖ lingulam *l* : ligulam ω ‖ inque *GSVWf²lch* : in quae
HPvfpb inqua *Le (cf. supra VIII, 8)* ‖ quia ω : qua *G* ‖ quia in
---administrationem *seclusimus, u. comm.* ‖ labro *GS²Vv* : libro
HSWLePfpl libri *bch²* labri *c²h*.

immobile —, on représentera en haut le signe du Cancer
et en bas, à l'opposé, celui du Capricorne, à droite vu
de face le signe de la Balance, à gauche celui du Bélier[75],
et l'on marquera tous les autres dans les intervalles de
ceux-ci, comme ils se voient dans le ciel. **13.** En
conséquence, quand le Soleil est entré dans le Capricorne,
l'aiguille du disque portant sur le grand tambour et
entrant successivement en contact, d'un jour à l'autre,
avec les points du Capricorne précisément, entraînera
suivant la verticale une forte pression du courant d'eau[76]
qui est ainsi rapidement chassé par le trou du disque
dans le récipient inférieur. Celui-ci le recueille et,
s'emplissant en peu de temps, abrège et réduit la durée
des jours et des heures. Mais lorsque la rotation journa-
lière[77] amène l'aiguille du petit tambour[78] aux points
du Verseau, le trou s'écarte de la verticale et, au lieu
du violent courant d'eau de tout à l'heure, il émet
obligatoirement son jet avec moins d'énergie. Ainsi, à
mesure que ralentit le courant qui envoie l'eau dans le
récipient inférieur, la durée des heures croît. **14.** Le trou
du disque s'élevant en quelque sorte par paliers avec
les points du Verseau et des Poissons arrive dans le
Bélier au contact du huitième degré de ce signe, et,
grâce au jet modéré de l'eau, il donne les heures équinoxiales. Du Bélier aux points les plus élevés correspondant au huitième degré du Cancer, en passant dans
l'intervalle par le Taureau et les Gémeaux, le trou, qui
suit le cours des mois sous l'effet de la rotation du

immotum, [et] in summo habeat deformatum Cancri
signum, ad perpendiculum eius in imo Capricorni, ad
dextram spectantis Librae, ad sinistram Arietis sign*um*,
ceteraque inter eorum spatia designata sint, uti in caelo
uidentur. **13.** Igitur, cum sol fuerit in Capricorn*o*,
orbicul*i* li*n*gula, in maioris tympani parte, et Capricorni
cotidie singula puncta tangens, ad perpendiculum habens
aquae currentis uehemens pondus, celeriter per orbiculi
foramen id extrudit ad uas. Tum excipiens eam, cum
breui spatio impletur, corripit et contrahit dierum
[minoris] spatia et horarum. Cum autem cotidiana
uersatione *min*oris tympani lingula ingrediatur in
Aquari*i p*uncta, d*i*scedens fora*m*en a perpendiculo e*x*
aquae uehementi cursu cogitur tardius emittere salien-
tem. Ita, quo minus celeri cursu uas excipit aquam,
dilatat horarum spatia. **14.** Aquarii uero Pisciumque
punctis uti gradibus scandens, orbiculi foramen, in
Ariete tangendo octauam partem, aqu*a* temperate
salienti praestat aequinoctiales horas. Ab Ariete per
Tauri et Geminorum spatia ad summa Cancri puncta
partis octauae, foramen, *men*s*es* tympani uersationibus
peragens et in altitudine*m* eo rediens, uiribus extenuatur,
et ita, tardius fluendo, d*i*latat morando spatia et efficit
horas in Cancri signo solstitiales. A Cancro cum proclinat

VIII. 12 in summo *Mar.* : et in s. ω ‖ Cancri ω : caneri
HL[1]*e* ‖ signum *SVf*[2]*p* : signorum ω signorum celestium *W* ‖
spectantis *LP*[2]*v* : -tes ω -tem (*unde* libram) *f*[2]*p* ‖ signum *f*[2]*p* :
signi ω.

VIII. 13 Capricorno *W* : -ni ω ‖ orbiculi *Perrault* : -culo ω ‖
lingula *V* : ligula ω (ly- *e*) ‖ uas. Tum *Gioc.* : uastum ω ‖ dierum
spatia *Ro.*[2] : d. minoris sp. ω *(u. R-S. p. 29)* ‖ minoris *Barbaro* :
maioris ω ‖ lingula *GHWLeP*[2]*fpbl* : ligula *SVv* lengula *P* lingua
ch ‖ Aquarii puncta *Ro.* : aquario cuncta ω ‖ discedens *Kr.* :
descendent ω descendunt *H*[1] ‖ foramen a *Barbaro* : foramina ω ‖
ex *nos* : et ω *om.* *e*[1] ‖ quo minus ω : comminus *SV* cum minus *W*.

VIII. 14 foramen ω : formamen *HL*[1] forma foramen *W* ‖ aqua
Ro.[2] : aqu(a)e ω *om.* *W*[2] ‖ temperate *GSVf*[2]*p* : -tae ω ‖ menses
nos : seu ω ‖ dilatat *GV(f*[2]*?)* : -tet ω ‖ Cancri signo *GS*[2]*V* *WL*[2]*ev*[2] :
cancris signo *HSLPfpblch* signo cancri *v*.

tambour[79] et de ce fait revient vers le haut, voit diminuer
la pression d'écoulement ; ainsi ce débit ralenti, par le
retard qu'il cause, augmente les durées et, dans le signe
du Cancer, réalise les heures propres au solstice d'été[80].
Quand, abandonnant le Cancer dans son mouvement
descendant, il parvient par le Lion et la Vierge au point
marquant le huitième degré de la Balance, ce retour,
accompagné d'une réduction graduelle des durées,
raccourcit les heures ; ainsi le trou arrivant aux points
de la Balance, donne à nouveau les heures équinoxiales.
15. Descendant par une pente plus marquée à travers
l'étendue du Scorpion et du Sagittaire et ramené par
sa révolution au huitième degré du Capricorne, il
retrouve, sous l'effet de la vitesse du jet, la brièveté des
heures propre au solstice d'hiver.

Conclusion.   J'ai exposé en détail, aussi clairement que possible[81], les dispositifs
théoriques et pratiques que comportent les plans
d'horloges, dans l'intention d'en faciliter l'usage. Il reste
maintenant à examiner les machines et leurs principes[82].
Aussi, pour mener à bien un ouvrage d'ensemble sans
défaut sur l'architecture, vais-je traiter ce sujet dans
le livre suivant.

et peragit per Leonem et Virginem ad Librae partis
octauae puncta, reuertendo et gradatim corripiendo
spatia contrahit horas, et ita, perueniens ad puncta
Librae, aequinoctialis rursus reddit horas. **15.** Per
Scorpionis uero spatia et Sagittarii procliuius deprimens
se foramen, rediensque circumactione ad Capricorni
partem VIII, restituitur celeritate salientis ad brumales
horarum breuitates.

Quae sunt in horologiorum descriptionibus rationes
et apparatus, ut sint ad usum expeditiores, quam
apertissime potui perscripsi. Restat nunc de machinationibus et de earum principiis ratiocinari. Itaque de
his, ut corpus emendatum architecturae perficiatur,
insequenti uolumine incipiam scribere.

VIII. 14 spatia ω : -tio *G* ‖ (a)equinoctialis ω : -les *GV*.
VIII. 15 procliuius ω : -cliuus *VW* ‖ rediensque *HSVWLeh*[2] :
radiensque *GPvfblch* radensque *f*[2]*p* ‖ ad br. ω : a br. *E*[1] *qui hinc
denuo textum seruat* ‖ apertissime *W* : aptissim(a)e *(uel* ab- *bl*[1]*ch)*
ω.

VITRVVII LIB(ER) NONVS *(uel* VIIII) EXPLIC(IT) *GHLePvfb*
VITRIVII LIB IX EXPLIC̄ *W* EXPLICIT LIBER NON̄
VITRVVII *l* EXPLIC(IT) LIB(ER) NONVS *Sc* EXPLICIT
NON' *p* : *om. EVh. Deinde, spatio interposito,*
INCIPIT LIB(ER) DECIMVS *Se (initio sequ. paginae) GHVLP
fbl* INCIP(IT) DECIM(VS) *(uel* X*) Wvpc* LIBER X *h (marg.,
spatio tituli parato)* : *om. E.*

COMMENTAIRE

BIBLIOGRAPHIE SOMMAIRE

E. Ardaillon, s. u. *Horologium*, Daremberg-Saglio, III, 1, p. 256-264.

J. Beaujeu, Pline l'Ancien, *Histoire Naturelle*, livre II, texte établi, traduit et commenté (éd. Les Belles-Lettres, Paris, 1950).

G. Bilfinger, *Die Zeitmesser der antiken Völker*, Festschrift zur Jubelfeier des Eberhard-Ludwigs Gymnasium, Stuttgart, 1886, 78 p.

P. Brunet-A. Miéli, *Histoire des Sciences: Antiquité*, Paris, 1935.

A. Choisy, Vitruve, *De Architectura*, édition, traduction et commentaire, 4 vol. (I Analyse ; II-III Texte & trad. ; IV Figures), Paris, 1909.

J. B. Delambre, *Histoire de l'astronomie ancienne*, 2 vol., Paris, 1817.

H. Diels, *Antike Technik: sieben Vorträge*[2], Leipzig-Berlin, 1924, 243 p., 18 planches (chap. VII *Die Antike Uhr*, p. 155-232).

P. Duhem, *Le système du monde. Histoire des doctrines cosmologiques de Platon à Copernic*, 6 vol., Paris, 1913-1954.

C. Fensterbusch, Vitruv, *Zehn Bücher über Architektur*, texte établi, traduit et annoté, Darmstadt, 1964.

W. & H. Gundel, *Planeten*, P. W., XX, 2 (1950), col. 2017-2185.

W. Kubitschek, *Grundriss der antiken Zeitrechnung*, Handb. d. Altertumswiss. (Iwan von Müller), I. Abt., 7. Teil, Münich, 1928, x-241 p.

E. Maass, *Commentariorum in Aratum reliquiae*, Berlin, 1898, 749 p.

Ch. L. Maufras, *L'Architecture* de Vitruve, Paris, Panckoucke, 1847.

A. Rehm, s. u. *Horologium*, P. W., VIII (1913), col. 2416-2433.

P. Ruffel-J. Soubiran, *Recherches sur la tradition manuscrite de Vitruve*, Annales publiées par la Faculté des Lettres de Toulouse, Pallas, IX, 1960, p. 3-154.

R. Taton (sous la direction de), *Histoire générale des Sciences; I. La science antique et médiévale (des origines à 1450)*, Paris, P.U.F., 1957 (2e éd., 1966).

G. Thiele, *Antike Himmelsbilder, mit Forschungen zu Hipparchos, Aratos und seinen Fortsetzern*, Berlin, 1898, viii-184 p., 7 planches.

COMMENTAIRE

Praef. 1. 1. *Nobilibus athletis...* : Sur les sources du thème développé au début de ce prooemium, cf. introd. p. xix sqq. La solennité du ton et les procédés rhétoriques sont très sensibles.

2. *Pythia :* Cf. Ruffel-Soubiran, Pallas IX, p. 66, sur l'omission de ce mot par les mss. sauf *E G.*

3. *cum palma et corona :* La palme et la couronne étaient les principaux symboles des victoires athlétiques. La première était remise à chacun des vainqueurs des quatre grands jeux helléniques, aussitôt après le concours (Paus., VIII, 48, 2 ; cf. Plut., *Quaest. conu.*, 4. 1, Gell., III, 6). Elle est représentée, tenue à la main droite par le vainqueur, dans un grand nombre de monuments figurés (cf. E. Egger, s. u. *corona*, Dar.-Sagl., I², 1530 ; K. Schneider, s. u. *Isthmia*, P.W. IX, 2253). Quant à la couronne, elle était de nature différente suivant le lieu de la victoire : aux Jeux Olympiques, couronne d'olivier sauvage (κότινος) coupée à un arbre très ancien, sur l'Altis, au moyen d'une faucille en or par un jeune garçon encore pourvu de ses parents (παῖς ἀμφιθαλής) ; — v. détails et origine de la tradition chez L. Ziehen, s. u. *Olympia*, P.W. XVIII, 1, 31-33. Aux Jeux Pythiques, couronne de laurier coupée au laurier sacré de la vallée de Tempe, toujours par un παῖς ἀμφιθαλής (Paus., X, 7, 8) ; aux Jeux Isthmiques, couronne de pin d'abord, puis plus tard d'ache sèche (Pind., *Isthm.* II, 16 ; VIII, 64), enfin de nouveau — peu avant Plutarque — de pin (réf. chez L. Couve, Dar.-Sagl., s. u. *Isthmia*, III, 1, 591 ; K. Schneider, *l. c.*) : plantes de deuil de toute façon, car ces jeux commémoraient la mort de Mélicerte. Aux Jeux Néméens, couronne d'ache fraîche après les guerres Médiques, en signe de deuil (C. Gaspar, Dar.-Sagl., s. u. *Nemea*, IV, 1, 52). On hésite sur le moment où était remise la couronne : tout de suite après la victoire, ou seulement à la fin des jeux (Ganszyniec, s. u. *Kranz*, P.W. XI, 1598 sq. ≠

J. Regner, s. u. *Olympioniken*, P.W. XVIII, 1, 233).
Vitruve n'apporte sur ce point aucune lumière, car il se
soucie bien moins de décrire le cérémonial avec exactitude
que d'insister sur l'ampleur des récompenses.

4. *ferant laudes :* Il peut s'agir, bien entendu, des acclamations de la foule (cf. Dion de Pruse, IX, 14). Mais
peut-être Vitruve fait-il ici allusion à un usage, connu
par Denys d'Halicarnasse (*Ant. rom.*, VII, 72) selon lequel,
dans les pauses séparant les combats, les athlètes les plus
valeureux étaient *loués* et couronnés officiellement par
les hérauts.

5. *quadrigis in moenia et in patrias inuehantur :* On ne
connaît à l'époque grecque qu'un exemple d'un retour
aussi fastueux : celui d'Exainetos, vainqueur à la
92e Olympiade (412 av. J.-C.), qui revint à Agrigente sur
un quadrige entouré et suivi d'une multitude de chars.
Mais Diodore (XIII, 82) qui, d'après Timée, rapporte cet
événement et décrit en détail le cortège, le considère
comme une extravagance, une preuve de la τρυφή des
Agrigentins. Beaucoup plus tard, Néron revenant de
Grèce tint lui aussi à entrer à Rome par une brèche faite
aux remparts, dans toute la pompe des olympioniques
(Suétone, *Ner.* 25 ; cf. Dion Cassius, LXIII, 20). C'est à
coup sûr une allusion à cet usage, rare et peu connu,
d'abattre un pan des murailles de la ville pour laisser
passer le vainqueur, qu'il faut reconnaître dans le *in
moenia* de Vitruve, car on s'expliquerait mal sans cela
le pléonasme avec *in patrias*.

6. *e reque publica... constitutis uectigalibus fruantur :*
Il s'agit ici des avantages en nature et en argent (*uectigal*
au sens de « rente, revenu », chez Cicéron, *Off.* II, 88,
Par. 49 ; Horace, *Od.* III, 16, 40 ; Columelle, *pr.* 27 ;
Pline, *N.H.* IX, 168 ; XXVI, 15). Les vainqueurs étaient
nourris au Prytanée (Xénophane, *fr.* 2, v. 8 sq. ; Ps.-
Andocide, IV, 31 ; Platon, *Apol.* 36 d). Exempts de
prestations, ils recevaient en outre une pension (fixée à
500 drachmes par Solon, à Athènes, selon Plutarque, *Sol.*
23, Diogène Laerce, I, 55). A tous ces avantages, Vitruve
aurait pu ajouter encore la gloire d'être célébré dans les
odes triomphales d'un Bacchylide ou d'un Pindare,
l'orgueil de voir ses exploits commémorés par des monuments, statues, monnaies ou inscriptions, la proédrie aux

jeux, etc. (C. Gaspar, s. u. *Olympia*, Dar. Sagl., IV, 1, 190 sq.). Du reste, cette évocation des fastes olympiques n'est pas sans rappeler certains passages d'Horace (*Od.* I, 1, 3 sqq. ; IV, 2, 17 sqq.). Avec le premier surtout l'analogie est frappante (*Olympicum = Olympia, palmaque = cum palma, nobilis = nobilibus*). Si l'on admet pour le *De Architectura* une rédaction échelonnée sur plusieurs années, et peut-être une adjonction plus tardive de certaines préfaces, on pourra penser que Vitruve se souvient ici de l'ode liminaire des *Carmina* d'Horace publiée en 23 av. J.-C. (J. Perret, *Horace*, p. 108).

7. *cum ergo id animaduertam, admiror...*: Même mouvement chez Isocrate, *Pan.*, 1. Cf. aussi Euripide, *Autolycos*, *fr.* 284 N², v. 13-15.

8. *id enim magis erat institui dignum :* Isocrate, *l. c.:* ὧν εἰκὸς ἦν αὐτοὺς μᾶλλον ποιήσασθαι πρόνοιαν.

9. *non solum suos sensus, sed etiam omnium :* Isocrate, *l. c.* ἑνὸς δ' ἀνδρὸς εὖ φρονήσαντος ἅπαντες ἂν ἀπολαύσειαν οἱ βουλόμενοι κοινωνεῖν τῆς ἐκείνου διανοίας.

Praef. 2. 10. *Milo Crotoniates :* Sur cet athlète, universellement célèbre dans l'antiquité, cf. Modrze, s. u., P.W. XV, 1672-1676. Il fut six fois vainqueur à la lutte aux Jeux Olympiques, six fois aux Jeux Pythiques, dix fois aux Jeux Isthmiques, neuf fois aux Jeux Néméens. Son invincibilité *(quod fuit inuictus)*, qui le faisait comparer à Héraclès et Achille, demeure contestée (Modrze, *o. c.*, 1674), mais sa force prodigieuse est attestée par d'extraordinaires anecdotes *(ibid.).* On rapporte en outre que son prestige lui valut d'être choisi par ses compatriotes pour les commander — victorieusement — dans une campagne contre les Sybarites (Diodore, II, 9, 5 = Diels, *Vorsokr.*³, I, 32 n° 14 ; XII, 9, 10) en 509-508 av. J.-C. Sur la décadence de Milon, v. introd. p. xxii. Du reste, l'argumentation de Vitruve est faible ici. D'une part, il est faux que la notoriété des athlètes se limite à la brève période de leur vie et à leur pays natal *(dum uixerunt ipsi inter suos ciues...)*, puisque le nom de beaucoup d'entre eux est passé à la postérité (grâce aux poètes et aux monuments commémoratifs), et que Vitruve lui-même, à six siècles de distance, connaît encore Milon de Crotone. D'autre part, la phrase même qui concerne Milon est mal construite : « en quoi Milon est-il utile à l'humanité, si l'on excepte le fait qu'il a connu la notoriété... ? » est absurde, car ce renom, même immense, n'avait aucune portée pratique... sinon peut-être celle de susciter des émules que Vitruve critique, précisément !

11. *quid enim... quod fuit inuictus prodest hominibus:* Isocrate, *l. c.* : τῶν μὲν γὰρ ἀθλητῶν δὶς τοσαύτην ῥώμην λαβόντων οὐδὲν ἂν πλέον γένοιτο τοῖς ἄλλοις. Cf. Xénophane, *fr.* 2 Diels (v. introd. p. xx et n. 1), v. 15-22, et encore Euripide, *Autolycos, fr.* 284 N², v. 16-18.

12. *Pythagorae uero praecepta:* Le rapprochement antithétique entre Milon de Crotone et Pythagore n'est sans doute pas fortuit. On le retrouve chez Cicéron, *C.M.* 33 — passage à propos duquel M. Wuilleumier rappelle (éd. Belles-Lettres, p. 148 n. 6) les rapports de Milon avec la secte pythagoricienne (d'après l'anecdote, contée par Strabon, VI, 262 : Milon, écoutant une leçon de Pythagore, avait empêché à lui seul, en soutenant une colonne qui venait de céder, le toit de la salle de s'effondrer).

13. *non solum suis ciuibus, sed etiam omnibus gentibus:* Cf. Euripide, *l. c.*, v. 27 sq.

14. *instituunt ciuitatibus humanitatis mores, aequa iura, leges:* Cf. Euripide, *l. c.*, v. 23 sqq.
    Pour Cicéron également, l'application fondamentale de la philosophie réside dans le gouvernement de la cité : *Rep.* I, 2 sq. *Vsus autem eius* (scil. *uirtutis*) *est maximus ciuitatis gubernatio... ab iis qui haec disciplinis informata alia moribus confirmarunt, sanxerunt autem alia legibus.*

Praef. 3. 15. *Decerni triumphos:* Détail bien romain, dans tout ce développement inspiré par un lieu commun de la sagesse grecque. Mais il introduit un élément disparate dans l'opposition athlètes/penseurs qui domine depuis le début, puisqu'il fait intervenir une récompense essentiellement militaire.

16. *inter deorum sedes eos dedicandos iudicari:* Sur la foi de passages tels que Cicéron, *N.D.* II, 61 : *Fides, Mens quas in Capitolio dedicatas uidemus,* où *dedicare,* au passif, signifie « avoir les honneurs d'un temple » (cf. Tite-Live, V, 52, 10 *Iunonem dedicare* « consacrer un temple à Junon »), on pourrait songer à traduire : « ...qu'ils doivent

avoir leurs propres temples au milieu des demeures des dieux (= les autres sanctuaires consacrés aux divinités) ». En fait, Vitruve n'a en vue qu'une divinisation : parlant de l'apothéose de César (I, pr. 2), il écrit : *Cum autem concilium caelestium in sedibus immortalitatis eum dedicauisset...* Le sens — et presque les termes — sont les mêmes ici : *inter deorum sedes* y représente donc le séjour céleste des dieux, et non leurs temples. Cf. Lucrèce, V, 49 sqq.

Praef. 4. 17. *e multis ratiocinationibus utilissimis:* Allusion probable à la contribution apportée par Platon et son école au célèbre problème délien (cf. *infra*, pr. 13 ; et, tout récemment, R. Böker, s. u. *Würfelverdoppelung*, P.W. IIte Reihe, IX A 1, 1200 sqq.). Sur Platon mathématicien en général, outre C. Blass, *De Platone mathematico*, Bonn 1861, on consultera G. Loria, *Histoire des sciences mathématiques dans l'antiquité hellénique*, Paris, 1929, p. 33-38 ; P. Brunet-A. Miéli, *Histoire des sciences. Antiquité*, Paris, 1935, p. 209-221 ; A. Rey, *La maturité de la pensée scientifique en Grèce*, Paris, 1939, p. 297-319 ; et l'introd. de A. Diès à l'éd. Belles-Lettres de la *République*, t. I, p. LXX-LXXXIII (avec bibliographie).

18. *locus aut ager:* Vitruve reprend ici le célèbre passage du *Ménon* (82 b-85 b), où Socrate tente de faire retrouver à un esclave ignorant la manière de construire un carré double d'un carré donné. Socrate pose d'abord une définition du carré avec ses propriétés caractéristiques : un carré de deux pieds de côté a quatre pieds de surface. Quel sera le côté d'un carré de huit pieds de surface ? — Quatre pieds, dit l'esclave, à qui Socrate démontre que le carré ainsi défini serait quadruple, et non double du premier. On essaie alors une solution intermédiaire : donner au nouveau carré trois pieds de côté. Mais sa surface sera de neuf pieds, non de huit ! Embarras de l'esclave. Socrate fait alors intervenir les diagonales du carré de deux pieds de côté, et montre qu'un nouveau carré, construit sur une de ces diagonales, contient quatre moitiés (triangles rectangles isocèles) du carré primitif, dont il double par conséquent la surface.

Sur ce passage du *Ménon*, commentaire et abondante bibliographie chez H. Leisegang, s. u. *Platon*, P.W. XX, 1, 2421-2424 ; à quoi on ajoutera M. Gueroult, *Note sur le locus mathematicus du Menon, 87 a,* Bull. Fac. des Lettres de Strasbourg, 1934-35, p. 173-180 et 218-226.

La démonstration de Vitruve est plus concise que celle de Platon, et elle utilise des données numériques différentes. Elle n'en est pas moins fort correcte (cf. introd., p. xxvii et n. 1). Mais Vitruve se méprend en attribuant à Platon cette découverte (cf. introd., p. xxix).

Praef. 5. 19. *uti schema subscriptum est in ima pagina:* La plupart des éditeurs (mais non Fr. Krohn) corrigent *est* en *erit,* parce que, dans tous les autres passages où Vitruve renvoie à une figure, il emploie le futur (III, 3, 13 ; III, 4, 5 ; III, 5, 8 ; V, 4, 1 ; VIII, 5, 3 ; IX, pr. 8). Cet argument ne nous paraît pas décisif pour retoucher un texte donné par l'unanimité des mss., d'autant moins que — mis à part V, 4, 1 dont le contexte est différent — tous les passages ainsi allégués par M. H. Morgan (*Critical and explanatory notes on Vitruvius,* Harv. St., XXI, 1910, p. 19) renvoient à des figures situées à la fin du livre ou du volume, alors qu'ici la figure devait se trouver au bas de la page, donc *présente* aux yeux du lecteur.

Il est certain en tout cas que le *De Architectura* était illustré, et Vitruve attendait sans doute beaucoup de ces figures qui devaient aider à l'intelligence des passages difficiles (cf. X, 8, 6). Mais déjà les plus anciens mss. ne les conservent plus : seuls *f² p* ont restitué ici la figure suggérée par le texte, mais elle ne remonte pas à l'archétype (cf. stemma).

On connaît du reste l'existence de figures dans d'autres traités techniques de l'antiquité. Brunet-Miéli (*o. c.,* p. 621, n. 6) mentionnent ceux de Cratévas et d'Apollonius de Citium, que la tradition a plus ou moins correctement conservés. De même, les scholies d'Aratos étaient illustrées (cf. E. Maass, *Commentariorum in Aratum reliquiae,* Berlin, 1898, p. lxi sq., et l'incise ὡς τὸ ὑποκείμενον qui apparaît plusieurs fois dans le texte, p. 24, 190, 192, 318).

Praef. 6. 20. *normam:* Pline l'Ancien (*N.H.* VII, 198) donne pour inventeur de l'équerre (ainsi d'ailleurs que du niveau, du tour et de la clef) un certain Théodore de Samos. Même si cette notice est exacte, elle ne contredit pas celle de Vitruve, à condition que ce Théodore soit antérieur à Pythagore, qui n'aurait fait que perfectionner un instrument connu avant lui.

21. *regulae tres :* Les Anciens n'ignoraient pas la possibilité de construire des triangles rectangles en donnant aux côtés des valeurs numériques déterminées. En particulier, le triangle à côtés 3/4/5 était connu peut-être des Babyloniens (M. Cantor, *Vorlesungen über Geschichte der Mathematik*, I³, Leipzig, 1907, p. 51 ; P. H. Michel, *De Pythagore à Euclide*, Paris, 1950, p. 417), sûrement des Chinois (M. Cantor, *o. c.*, p. 49 ; P. H. Michel, *l. c.;* J. Sageret, *Le système du monde des Chaldéens à Newton*, Paris, 1913, p. 13, qui fait remonter cette découverte au 2ᵉ millénaire av. J.-C. ; A. Rey, *La science orientale*, Paris, 1930, p. 390-396, qui cite les IXᵉ-VIIIᵉ siècles av. J.-C.), des Hindous (A. Rey, *o. c.*, p. 413) et des Égyptiens. Le papyrus mathématique Rhind, copie datant de 1700 av. J.-C. et reproduisant un original antérieur de cinq siècles environ (J. Sageret, *l. c.*), connaît les relations $8^2 + 6^2 = 10^2$ et $16^2 + 12^2 = 20^2$, qui supposent la relation plus simple $3^2 + 4^2 = 5^2$ (M. Cantor, *o. c.*, p. 96). Ces équations remarquables étaient notamment appliquées par les harpedonaptes égyptiens dès la XIIᵉ dynastie (vers 2000-1800 av. J.-C.), mais d'une manière tout empirique, sans la moindre justification mathématique (cf. A. Rey, *o. c.*, p. 202-210).

En Grèce, ce triangle à côtés 3/4/5 a donné lieu en outre à des spéculations métaphysiques (triangle cosmique ; cf. Plutarque, *De Iside et Osiride*, 56).

Du reste, d'autres rapports numériques que 3/4/5 conduisaient à la construction d'un triangle rectangle, et les Anciens le savaient bien. D'abord, naturellement, les multiples de 3/4/5 (cf. *supra :* 6/8/10 ; 12/16/20 ; 15/20/25, etc.) ; mais aussi 5/12/13 (d'où 15/36/39), 8/15/17, 12/35/37, valeurs connues des Hindous (A. Rey, *o. c.*, p. 413), et, partiellement, des Romains : M. Junius Nipsus (*Die Schriften der römischen Feldmesser*, hsgg. Blume-Lachmann-Rudorff, Berlin, 1848, I, p. 297 sqq.) mentionne, outre 3/4/5 et leurs multiples par 2 et 5, le triangle remarquable 8/15/17, mais toujours d'une manière empirique.

Quant à Cetius Faventinus, abréviateur de Vitruve, il donne lui aussi une « recette » numérique pour la construction de l'équerre, mais, curieusement, il éprouve le besoin de modifier les chiffres simples que lui fournissait son modèle : p. 302. 7 sq., Rose² : *sumantur itaque tres regulae, ita ut duae sint pedum binum et tertia habeat pedes duos uncias X,* soit 2, 2, 2 $\frac{10}{12}$. Or le calcul montre que si

$2^2+2^2 = 8$, $(2 \frac{10}{12})^2 = 8{,}027$! L'équerre est donc cette fois inexacte.

Praef. 7. 22. *id Pythagoras cum inuenisset:* Le texte de Vitruve ne laisse aucun doute. Selon lui, Pythagore aurait découvert la propriété remarquable du triangle à côtés 3/4/5. Mais d'autre part (cf. comment. *regulae tres*) nous sommes assurés que celle-ci était connue et utilisée bien avant lui ; et Vitruve se trompe encore une fois sur la paternité d'une invention. A en croire la tradition, Pythagore a pu être informé en Orient (cf. Cicéron, *Fin.* V, 29 : *ipse Pythagoras et Aegyptum lustrauit et Persarum magos adiit*) du triangle à côtés 3/4/5, et à partir de cette propriété remarquable, il a donné par induction la relation générale : $a^2 = b^2+c^2$ applicable à tout triangle rectangle, et désignée aujourd'hui encore sous le nom de « théorème de Pythagore » (cf. M. Cantor, *o. c.*, p. 180 sq. ; R. Baccou, *Histoire de la science grecque de Thalès à Socrate,* Paris, 1951, p. 112-116 ; P. H. Michel, *o. c.*, p. 416-420). La démonstration géométrique du théorème général a été procurée par Euclide (*Elem.* I, 47 ; trad. française dans F. Hoefer, *Histoire des mathématiques*[2], Paris, 1879, p. 171 sq.). La découverte des irrationnels, également attribuée aux Pythagoriciens, est liée à ces spéculations (dans le cas d'un triangle rectangle isocèle, l'hypoténuse est irrationnelle : cf. la duplication du carré).

Sur la compétence mathématique de Vitruve d'après ce passage, v. introd., p. xxviii sq.

23. *hostias his immolauisse:* L'anecdote est connue par d'autres textes. Cicéron (*N.D.* III, 36) se garde de toute précision : *Quamquam Pythagoras, cum in geometria quiddam noui inuenisset, Musis bouem immolasse dicitur...* et ne cache pas son scepticisme (*...sed id quidem non credo, quoniam ille ne Apollini quidem Delio hostiam immolare uoluit, ne aram sanguine aspergeret*), partagé — pour d'autres raisons — par la critique moderne (P. Boyancé, *Le culte des Muses chez les philosophes grecs,* Paris, 1937, p. 236, qualifie le récit de « fabuleux »). Mais Plutarque (*Quaest. conu.* VIII, 2, 4 = 720 A ; *Non posse*

suauiter..., 1094 B) est plus affirmatif, quoiqu'il hésite
sur la circonstance du sacrifice : est-ce après la découverte
du théorème sur le triangle rectangle, ou la solution d'un
autre problème (deux figures étant données, en construire
une troisième égale à l'une et semblable à l'autre en
720 A ; l'aire de la parabole en 1094 B) ? De même,
Athénée (X, 418 f) et Diogène Laerce (VIII, 12), dont
le récit est semblable à celui de Vitruve, à ceci près qu'ils
attribuent — plus justement — à Pythagore la découverte du théorème général (ainsi Athénée, *l. c.* ; —
rédaction à peu près semblable chez Diogène Laerce
et Plutarque, *ll. cc.*). Les trois écrivains grecs font remonter l'anecdote du sacrifice à un certain Apollodore ὁ
ἀριθμητικός (Athen.) ou ὁ λογιστικός (Diog. Laert.),
inconnu par ailleurs (von Arnim, s. u. *Apollodoros* 68,
P.W. I, 2895) ; et ils citent à ce propos une épigramme
de l'*Anthol. Palat.* (VII, 119).

L'anecdote est mentionnée encore, plus succinctement,
chez Proclus Diadochus (*In primum Euclidis elementorum
librum commentarii*, ed. G. Friedlein, Leipzig, 1873,
p. 426. 6-9) et Porphyre (*De uita Pythagorae, Opusc. tria*
ed. A. Nauck, Leipzig, 1860, p. 36).

Sur le nombre des bœufs immolés, la tradition hésite.
Vitruve dit seulement *hostias* ; mais Fr. Krohn (B. Ph. W.,
LII, 1932, col. 1530) conjecture <*C*> *hostias* : ce serait
donc une hécatombe (cf. κλεινήν ou λαμπρὴν ... βουθυσίην
de l'épigramme, et surtout Athénée, *l. c.* θῦσαί φησιν
αὐτὸν ἑκατόμβην confirmé par Diogène Laerce, *l. c.*).
Mais Plutarque (*Mor.* 1094 B) et Porphyre *(l. c.)* disent
βοῦν, Cicéron *(l. c.) bouem*. Les autres témoignages ne
précisent pas.

24. *in multis rebus et mensuris est utilis :* Vitruve cite
au moins une autre application pratique du triangle
rectangle à côtés 3/4/5 : cf. introd., p. xxv, n. 1.

25. *scalarum aedificationibus :* Il faut se représenter un
escalier droit, en bois ou en pierre (on utilisait ces deux
matériaux), qui relie directement deux étages, sans palier
ni courbe, tel que le schématise la figure ci-après :

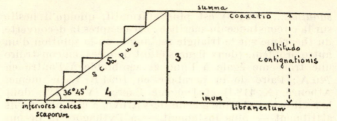

Il est facile de constater que la proportion de 3/4, qui correspond dans le texte de Vitruve à la volée entière de l'escalier, est aussi celle qui règle la hauteur et la largeur de chaque marche. Car si l'escalier est construit régulièrement, le grand triangle rectangle qui en représente le profil général, et la série de petits triangles constitués par le profil de chacune des marches, sont semblables (cf. Vitr., V, 3, 4 *et ad summam ita est gubernandum uti linea, cum ad imum gradum et ad summum extenta fuerit, omnia cacumina graduum angulosque tangat*, à propos des gradins de théâtre, pour ménager une bonne acoustique).

Ces proportions correspondent-elles à la réalité ? Il ne semble pas que les architectes antiques aient été très soucieux de construire des escaliers réguliers et de pente modérée, du moins dans les maisons particulières, auxquelles Vitruve pense ici (cf. *infra* pour les degrés des temples et les gradins de théâtre). Les fouilles de l'École Française d'Athènes à Délos ont mis au jour un certain nombre d'escaliers ou de vestiges qui ont été minutieusement étudiés par J. Chamonard (*Exploration archéologique de Délos faite par l'École Française d'Athènes. Le quartier du théâtre: étude sur l'habitation délienne à l'époque hellénistique*, Paris, 1922, chap. IV, p. 305-318). Les escaliers en bois étaient très raides : leur pente pouvait approcher (*o. c.* p. 308) ou dépasser (*o. c.* p. 317) 50 %, soit 45°. Les escaliers en pierre étaient plus doux. Voici une série de cotes relevées p. 316 :

	Hauteur	Largeur (de la marche)
II E	0,13	0,40
VI I	0,18/0,20	0,30
III K	0,18/0,21	0,29/0,33
IV B	0,21/0,23	0,26
VI H	0,21/0,27	0,29
Ruelle ζ	0,27/0,28	0,26/0,28

On notera que la hauteur varie d'une marche à l'autre (l'escalier n'est donc pas régulier), et que l'inclinaison est aussi fort différente quand on passe d'une construction à une autre. Certains escaliers sont plus doux que ne le prévoit le canon vitruvien (II E), d'autres plus raides (les trois derniers). Seuls s'en rapprochent VI I et III K ; et J. Chamonard conclut (*o. c.* p. 317) que la règle vitruvienne « n'est nullement observée à Délos ». Il faut, semble-t-il, la considérer comme un précepte commode par sa simplicité, mais que des impératifs plus pressants (dimensions de la cage d'escalier) empêchaient souvent d'appliquer.

Du reste, cette proportion de 3/4 donne à l'escalier une inclinaison très prononcée, et serait jugée pénible dans les édifices modernes, où la règle générale veut qu'une marche soit au moins deux fois plus large que haute (J. Guadet, *Éléments et théorie de l'architecture*, Paris, s. d., t. I, p. 614 sqq. ; cf. le tableau de la p. 615 qui montre que dans les édifices français, la dimension des marches, dans les escaliers intérieurs, est, pour la hauteur, de 0,14/0,15 m environ ; pour la largeur, de 0,37 à 0,40 m ; dans les édifices italiens — tableau p. 616 — la pente est plus douce encore).

En deux autres passages du *De Architectura* sont prévues les dimensions de degrés dans des cas particuliers. III, 4, 4 décrit les escaliers des temples : *Crassitudines autem eorum graduum ita finiendas censeo ut neque crassiores dextante nec tenuiores dodrante sint conlocatae. Sic enim non durus erit ascensus. Retractiones autem graduum nec minus quam sesquipedales nec plus quam bipedales faciendae uidentur.* Soit une hauteur comprise entre 9 et 10 pour une largeur de 18 à 24, c'est-à-dire, comme dans les escaliers modernes, une largeur double de la hauteur, ce qui est normal pour des degrés monumentaux (cf. en dernier lieu comment. *ad loc.* de S. Ferri, *Vitruui De Architectura*, Rome, 1960, p. 120).

De Arch. V, 6, 3 décrit les gradins de théâtre : *Gradus spectaculorum ubi subsellia componantur ne minus alti sint palmipedem, <ne plus pedem> et digitos sex, latitudines eorum ne plus pedes duo semis, ne minuspedes duo constituantur.* Sur ces cotes, cf. O. Navarre, s. u. *Theatrum*, Dar.-Sagl., V, 182 b-183 a, 193 a ; Fensterbusch, s. u. *Theatron*, P.W. IIte Reihe, V, 1388.

On se demandera pour finir s'il convient de rapprocher cette application à l'architecture du triangle pythagoricien (cf. sur d'autres applications architecturales de ce triangle V. Mortet, *Recherches critiques sur Vitruve et son œuvre*, R. Arch., 3ᵉ série, III, 1904, p. 390 sq.), et les curieuses subtilités mathématiques (carrés et cubes de nombres simples, valeur de π, etc.) découvertes dans les cotes du trésor de Cyrène à Delphes (J. Bousquet, *Le trésor de Cyrène*, Paris, 1952, p. 77 sqq.).

Praef. 9. 26. *Archimedis uero, cum multa miranda inuenta et uaria fuerint... :* On ne saurait qualifier plus pertinemment l'immense et féconde activité du savant syracusain (287-212 av. J.-C.), à qui l'on doit des découvertes en arithmétique (formation et dénomination des grands nombres ; problèmes des grains de sable et des bœufs du Soleil), géométrie (étude du cercle : valeur de π, détermination de l'aire par figures inscrites ; étude des sections coniques : volume, aire latérale, quadrature, surface de révolution — cf. Vitr., VIII, 5, 3 —, sections ; étude de la spirale qui porte son nom), mécanique (équilibre et centre de gravité ; hydrostatique), astronomie (mesure des diamètres apparents du soleil et de la lune, distance de ces astres à la terre, détermination de la longueur de l'année), mécanique (moufles, poulies, treuils ; vis à faire monter l'eau — Vitr., X, 6 —, machines de guerre, miroirs ardents). Cf. Hultsch, s. u. *Archimedes*, P.W. II, 507-539.

Contrairement à ce qu'affirme E. Hoppe (*Heron von Alexandrien*, Hermes, LXII, 1927, p. 102), Vitruve ne répugne pas à citer Archimède, et semble même se flatter d'avoir lu ses ouvrages (I, 1, 7 ; VIII, 5, 3).

27. *ex omnibus etiam infinita sollertia :* Ce serait peut-être discutable, mais il ne faut voir là qu'une clause de style. Si Vitruve accueille cette découverte et non une autre, c'est que son côté anecdotique la rendait particulièrement célèbre, en lui conférant un attrait propre à séduire le grand public — comme plus tard la pomme de Newton... Cf. Apulée, *Apol.* XVI, 6.

28. *Hiero enim :* Sur le problème de critique textuelle, cf. Ruffel-Soubiran, Pallas IX, p. 27 sq. Il s'agit de Hiéron II de Syracuse, qui régna de 270 à 215 av. J.-C.

(Lenschau, s. u., P.W. VIII, 1503), et dont le goût pour
le luxe et la magnificence était bien connu (*o. c.* 1509).
C'est à tort que Proclus *(ad I 63 Eucl.)* attribue à Gélon
l'origine de la découverte : Gélon, fils de Hiéron II,
nommé par lui corégent et doté du titre de roi, mourut
peu avant son père,en 216/5 (Niese, s. u., P.W. VII, 1013).

29. *sacomam :* Le terme grec σήκωμα désigne d'ordinaire
des mesures étalons ou le coffret qui les contient
(E. Michon, s. u. *sekoma,* Dar.-Sagl., IV, 1176 b). Ici et
en IX, 8, 8, *sacoma* signifie « peson de balance, contrepoids » (E. Michon, *o. c.* 1176 b ; s. u. *ponderarium, ibid.,*
IV, 547 b, n. 13).

Praef. 10. 30. *indicium est factum :* Les éditeurs de Vitruve
ont parfois hésité sur le sens à donner à cette expression.
Perrault, Philander, Nisard et Tardieu ont cru qu'il
s'agissait d'une épreuve à la pierre de touche. Galiani et
Maufras sont d'avis contraire, arguant que l'or a dû être
plaqué sur l'argent (la pierre de touche ne pouvait donc
rien déceler) et non fondu avec lui (car la couleur altérée
aurait trahi la fraude). Quoi qu'on pense de cette réfutation — le placage est bien douteux et la fonte infiniment
plus vraisemblable ! — nous préférons comprendre, avec
Cantor (*Vorlesungen...,* I², p. 312 « wie man zu vermuten
Grund hatte ») et les plus récents éditeurs (Granger),
indicium au sens de « dénonciation ». Car il n'y avait
aucune raison d'appliquer la pierre de touche à un objet
dont on avait fourni la matière première et qui paraissait
la restituer en totalité.

31. *casu uenit in balineum :* Cette célèbre anecdote,
racontée ici par Vitruve, est connue en outre par Proclus
(cf. *supra*), et surtout par Plutarque et le *Carmen de
Ponderibus.*

Plutarque, *Non posse suauiter...* 1094 B-C καὶ λουόμενος, ὥς
φασιν, ἐκ τῆς ὑπερχύσεως ἐννόησας τὴν τοῦ στεφάνου μέτρησιν
οἷον ἔκ τινος κατοχῆς ἢ ἐπιπνοίας ἐξήλατο βοῶν 'εὕρηκα', καὶ
τοῦτο πολλάκις φθεγγόμενος ἐβάδιζεν.

Carmen de Ponderibus (P.L.M. Bährens, t. V, p. 78 sq.).
125 *Argentum fuluo si quis permisceat auro*
    Quantum id sit quoque hoc possis deprendere pacto,
    Prima Syracusi mens prodidit alta magistri.

> *Regem namque ferunt Siculum quam uouerat olim*
> *Caelicolum regi ex auro statuisse coronam ;*
> 130 *Compertoque dehinc furto — nam parte retenta*
> *Iam tantundem argenti opifex immiscuit auro —*
> *Orasse ingenium ciuis, qui mente sagaci*
> *Quis modus argenti fuluo latitaret in auro*
> *Repperit, inlaeso quod dis erat ante dicatum.*

Les deux témoignages ne se recouvrent pas : Plutarque s'attache à l'anecdote d'Archimède bondissant hors de son bain ; le *Carmen* explique simplement l'origine de la découverte, sans en souligner le caractère fortuit. Vitruve seul est complet, et s'accorde — à quelques infimes détails près — avec les deux textes qu'on vient de citer. Du reste, l'anecdote n'est pas forcément apocryphe : elle est en soi très vraisemblable, mais elle a dû être développée, et enrichie de détails piquants (Hultsch, s. u. *Archimedes,* P.W. II, 531).

Praef. 11. 32. *duas fecisse dicitur massas :* Le raisonnement d'Archimède consiste à rechercher trois densités, celle de l'or, celle de l'argent et celle de la couronne. Les densités étant déterminées par le rapport poids/volume, et Archimède ayant eu soin d'opérer sur trois solides de poids égal (la couronne et les deux lingots de métal pur), les différences éventuelles de densité entre eux sont mises immédiatement en évidence par des différences de volume. Or ce volume est facilement mesurable par l'écoulement de l'eau dans laquelle on plonge le corps à étudier. L'or étant plus dense que l'argent, il est à poids égal moins volumineux et provoque donc un écoulement moindre. Et si la couronne fait déborder le vase plus que ne le faisait un lingot d'or de même poids, c'est qu'elle est faite d'un alliage moins dense contenant une certaine quantité d'argent, dont la proportion est facile à déterminer d'après la triple mesure effectuée (cf. Cantor, *Vorlesungen...* I², p. 311, qui donne une démonstration algébrique ; Hultsch, *l. c. ;* Brunet-Miéli, *Hist. des Sciences. Antiquité,* p. 622, n. 7 complique inutilement l'exposé).

Tout cela serait parfaitement simple et clair, si le *Carmen de Ponderibus* (v. 135-162) ne prêtait à Archimède une autre méthode. D'après ce texte, au lieu de mesurer et de peser la quantité d'eau écoulée dans les trois opérations — procédé plus long et plus sujet à erreurs,

disent les physiciens modernes (Cantor, *o. c.*, p. 325 ;
Brunet-Miéli, *l. c.*) —, Archimède aurait déterminé la
densité des trois corps par une double pesée à la balance,
d'abord à l'air libre, puis immergés dans l'eau. La perte
de poids constatée dans ce dernier cas équivaut au poids
de la quantité d'eau versée (principe d'Archimède). Le
rapport entre le poids originel et la perte de poids donne
la densité (Cantor, *o. c.*, p. 312).

Les historiens des sciences ne sont pas d'accord sur la
méthode employée par le savant syracusain : Brunet-
Miéli *(l. c.)* penchent pour la seconde, tandis que Cantor
(*o. c.*, p. 325) donne raison à Vitruve en préférant la
première. Il ne nous appartient pas de trancher la question
(cf. introd., p. xxvii) : il nous suffit que l'exposé de Vitruve
soit correct, et c'est bien le cas.

Praef. 12. 33. *ex aquae non tanta ui sed minore :* La tradition
ms. donne ici un texte inacceptable : *ex aquae non tantum
se(d) minore* (cf. app. crit. *ad loc.*). Les corrections de
Giocondo *(defluxisse aquae non tantum sed minus)* et de
Rose *(deesse aquae non tantum sed minus)* ne sont pas
satisfaisantes, car elles s'écartent trop du texte transmis.
Fr. Krohn s'est montré fort ingénieux, à son habitude,
en corrigeant dans son édition *ex aquae numero sextantum
minore* (v. dans son app. crit. la justification paléographique), puis, dans les Wiener Blätter für die Freunde der
Antike (I, 1922, 7, p. 104), *ex aquae non tanta sed minore
mensura addita* (approuvé par C. Brakman, *Vitruviana*,
Mn., LX, 1933, p. 157). Mais proposer deux conjectures,
c'est avouer qu'on ne se satisfait entièrement d'aucune,
et par conséquent laisser leurs chances à ses successeurs.
Nous avons cru, pour notre part, être plus simple et aussi
clair en écrivant *ex aquae non tanta ui sed minore.* Pour
la paléographie, le passage de *-a ui* à *-um* est immédiat
avec un *a* minuscule non fermé pris pour un *u*, et les
trois jambages de *ui* pour un *m*. Pour le sens, *uis*+génitif
au sens de « quantité » est cicéronien ; *uis aquae* se lit
chez Lucrèce (I, 285) et — circonstance déterminante à
nos yeux — chez Vitruve lui-même : III, 3, 9 ; III, 5, 15 ;
VIII, 3, 9 ; VIII, 3, 26 ; X, 6, 3 ; X, 7, 2 sans adjectif ;
et X, 6, 1 *magnam uim... aquae;* X, 16, 7 *magna uis
aquae;* X, 16, 11 *uehemens aquae uis,* avec un adjectif
quantitatif, comme ici.

Praef. 13. 34. *Archytae Tarentini :* Archytas de Tarente (1ʳᵉ moitié du ivᵉ siècle av. J.-C.) fut tout à la fois mathématicien, philosophe pythagoricien (en relations avec Platon), homme d'état et stratège. Son activité scientifique s'est exercée surtout dans le domaine de l'arithmétique (étude des proportions harmoniques, arithmétiques et géométriques, étude des fractions dites ἐπιμόριον $\dfrac{n}{n+1}$, cf. Cantor, *Vorlesungen...* Iᵃ, p. 165 sq.), de la géométrie (problème de la duplication du cube, cf. *infra*), de l'harmonique (rapports des tons dans les trois modes musicaux enharmonique, chromatique, diatonique), de la mécanique (Diogène Laerce, VIII, 83, le considère comme le fondateur de celle-ci, et Favorinus *ap.* Gell., X, 12, lui attribue la construction d'un pigeon volant automatique).

Sur Archytas, on consultera E. Wellmann-von Jan, s. u. *Archytas*, P.W. II, 600 sqq. ; P. Wuilleumier, *Tarente, des origines à la conquête romaine*, Paris, 1939, p. 67-75 (rôle politique) et 574-584 (activité scientifique) ; P. H. Michel, *De Pythagore à Euclide*, Paris, 1950, p. 216-219 ; R. Baccou, *Histoire de la science grecque*, Paris, 1951, p. 248-256.

Vitruve cite Archytas en deux autres passages : I, 1, 18 le met au nombre des grands savants, avec Aristarque, Philolaos, Apollonius de Perge, Archimède et Scopinas (?) ; VII, pr. 14 est plus mystérieux, et l'on a douté que l'Archytas mentionné dans cette liste de « mécaniciens » soit bien le savant de Tarente (v. discussion dans P. H. Michel, *o. c.*, p. 217 sqq.). Mais vu les témoignages de Diogène Laerce et d'Aulu-Gelle rappelés ci-dessus, l'identification paraît raisonnable.

35. *Eratosthenis Cyrenaei :* Né en 284, mort vers 204 av. J.-C., Eratosthène est surtout célèbre par la fonction de bibliothécaire d'Alexandrie à laquelle il fut appelé en 245 par Ptolémée Evergète, et par la grande variété de ses travaux scientifiques ou littéraires. Parmi ces derniers, des ouvrages de critique et de grammaire, des traités de philosophie et d'histoire, des poèmes (l'*Hermes*). Dans le domaine des sciences, il s'occupa de mathématiques (un Πλατωνικός traitait, semble-t-il, des concepts de base des mathématiques, en rapport avec les œuvres de

Platon ; sur la duplication du cube, cf. *infra*), d'arithmétique et d'harmonique (le « crible d'Eratosthène »,
méthode permettant de trouver les nombres premiers ;
étude des rapports numériques entre les intervalles
musicaux), mais surtout de géographie : sa mesure de la
circonférence terrestre est demeurée universellement
célèbre et admirée (cf. Vitr., I, 6, 9) ; il laissa en outre
une description de la terre qui faisait de lui le fondateur
de la géographie scientifique. En astronomie enfin, il
évalua à 11/83e de 360° (soit 23° 51' 19" — valeur
excellente) l'obliquité de l'écliptique (cf. *infra* comm. IX,
7, 4), et il dressa peut-être un catalogue d'étoiles, les
καταστερισμοί, dont l'authenticité est fortement contestée.

Pour plus de détails, cf. l'article de Knaack, s. u.
Eratosthenes, P.W. VI, 358-388 ; E. P. Wolfer, *Eratos-
thenes von Kyrene als Mathematiker und Philosoph*,
Groningen, 1954.

36. *Delo imperauerat responsis Apollo :* Le problème de
la duplication du cube est un des plus célèbres que se
soient proposés les mathématiciens de l'antiquité, et
deux traditions, historiques ou légendaires, justifient cet
engouement. Toutes deux nous sont connues par un
commentateur tardif (fin Ve-1re moitié du VIe siècle ap.
J.-C.) d'Archimède *(De sphaera et cylindro)*, Eutocius
d'Ascalon (ed. J. L. Heiberg, *Archimedis opera omnia...*,
Leipzig, 1880-81, t. III, p. 66-126). Cet Eutocius reproduit
en effet une lettre (apocryphe) d'Eratosthène à Ptolémée
exposant les origines du problème et sa propre solution
(J. L. Heiberg, *o. c.*, p. 102-114 ; trad. allemande dans
M. Cantor, *Vorlesungen...* I³, p. 211 sq. ; française dans
Brunet-Miéli, *o. c.*, p. 412 sqq.).

A en croire donc le Pseudo-Eratosthène, un ancien
poète tragique (qui serait Euripide) aurait fait dire à
Minos, au sujet d'un tombeau élevé à Glaucus :

Μικρόν γ' ἔλεξας βασιλικοῦ σηκὸν τάφου ·
Διπλάσιος ἔστω.

Telle serait l'origine du problème, dont on chercha
longtemps en vain la solution, jusqu'au jour où Hippocrate
de Chios s'avisa qu'il se ramenait à trouver deux moyennes
proportionnelles à deux droites dont l'une est le double
de l'autre. Mais ce n'était que changer de difficulté...
(cf. Cantor, *o. c.*, p. 212 sq.).

Μετὰ χρόνον δέ, poursuit le Pseudo-Eratosthène — et nous retrouvons ici l'autre tradition, celle dont Vitruve se fait l'écho — τινάς φασιν Δηλίους ἐπιβαλλομένους κατὰ χρησμὸν διπλασιάσαι τινὰ τῶν βωμῶν ἐμπεσεῖν εἰς τὸ αὐτὸ ἀπόρημα. Nous avons sur cette anecdote le témoignage très détaillé de Plutarque (*De genio Socratis*, 579 B-D ; *De E apud Delphos*, 386 E-F), conforme à celui de Vitruve :

Vitruve	Plutarque, 579 B	Plutarque, 386 E
Delo imperauerat responsis Apollo, uti arae eius quantum haberent pedum quadratorum id duplicaretur, et ita fore uti qui essent in ea insula tunc religione liberarentur.	... χρησμὸν αὐτοῖς ἄτοπον ὑπὸ τοῦ θεοῦ προβεβλημένον. Ἦν δὲ χρησμός, Δηλίοις καὶ τοῖς ἄλλοις Ἕλλησι παῦλαν τῶν παρόντων κακῶν ἔσεσθαι διπλασιάσασι τὸν ἐν Δήλῳ βωμόν.	... χρησμοῦ δοθέντος ὅπως τὸν ἐν Δήλῳ βωμὸν διπλασιάσωσιν, ὃ τῆς ἄκρας ἕξεως περὶ γεωμετρίαν ἔργον ἐστίν...

(divergences secondaires sur le nombre des autels, dont Vitruve est seul à supposer la pluralité, et sur la mention καὶ τοῖς ἄλλοις Ἕλλησι de Plutarque, qui s'oppose au *qui essent in ea insula* de notre texte). Cf. aussi Théon de Smyrne, p. 2, 3 sqq. Hiller.

Ce que Vitruve passe sous silence, mais que précisent le Pseudo-Eratosthène et Plutarque, c'est que les Déliens, incapables de résoudre le problème posé par l'oracle, le soumirent à Platon et aux géomètres de l'Académie. De là viennent les premières solutions, celles de Platon et d'Archytas (cf. *infra*). Et Plutarque dégage (*o. c.*, 579 C-D), après Platon, le sens symbolique de l'anecdote : invitation à renoncer aux guerres pour honorer les Muses et s'aider mutuellement par ces études.

Sur les aspects mathématiques du problème, et sur les solutions qu'il reçut — outre celles d'Archytas et d'Eratosthène, sur lesquelles on va revenir —, cf. M. Cantor, *o. c.*, p. 226-234 ; G. Loria, *Histoire des sciences mathématiques dans l'Antiquité hellénique*, Paris, 1929, p. 28 sqq. ; Brunet-Miéli, *o. c.*, p. 408-415 ; A. Rey, *L'apogée de la science technique grecque*, Paris, 1946, p. 239-260 ; Hultsch, s. u. *Geometria*, P.W. VII, 1214-1217 ; et, tout récemment (1961), R. Böker, s. u. *Würfel-*

verdoppelung, P.W. IIte Reihe, IX A 1, 1193-1223, qui présente le dernier état de la question.

Ces diverses solutions, toutes connues par Eutocius, sont — après les travaux d'approche dus à Hippocrate de Chios — celles d'Archytas, de Platon, d'Eudoxe, de Ménechme, d'Eratosthène, d'Apollonios, de Dioclès, de Nicomède, de Philon (de Byzance), de Héron, de Sporos, de Pappos et d'un anonyme. Variées dans leurs principes, elles faisaient appel soit à l'arithmétique (qui ne pouvait donner de résultat qu'approché), soit à la géométrie, soit à la mécanique. Mais elles partaient généralement de la recherche de deux moyennes proportionnelles.

37. *pedum quadratorum:* Ne signifie pas « pied carré », comme le laisserait croire Héron de Villefosse (s. u. *pes quadratus*, Dar.-Sagl., IV 1, 420 a) qui traduit ainsi la locution (de même Gaffiot, s. u. *quadratus*), mais « pied cube » (A. Sorlin-Dorigny, s. u. *quadrantal*, Dar.-Sagl., IV 1, 796 a). C'est l'unité des mesures romaines de volume (grec στερεὸς πούς) servant à évaluer la grandeur des bassins, des récipients, etc. Les textes techniques en donnent une définition parfaitement claire :

Balbus (arpenteur contemporain de Trajan, *Metrol. script. rell.*, ed. Hultsch, Leipzig, 1866, p. 58) : *In pede porrecto semipedes duo, in pede constrato semipedes IIII, in pede quadrato semipedes VIII;* p. 59 *Solidum est quod Graeci stereon appellant, nos quadratos pedes appellamus, cuius longitudinem et latitudinem et crassitudinem metimur;* p. 124 *Pes quadratus sic obseruabitur: longitudinem per latitudinem metiemur, deinde per crassitudinem, et sic efficit pedes solidos.* Cf. encore p. 124, *infra;* Isidore, p. 120 ; Ps.-Boèce, *Ars geom.* (ed. Friedlein, Leipzig, 1867), p. 402 sq. ; Aulu-Gelle, I, 20.

De même Vitruve emploie fréquemment l'expression *saxum quadratum* (I, 5, 8 ; II, 7, 1 ; II, 8, 4 ; II, 8, 16 ; IV, 4, 4 ; V, 12, 6 ; VI, 8, 9 ; cf. *lapidibus quadratis*, II, 7, 5 ; II, 8, 3 et *hemicyclium excauatum ex quadrato*, IX, 8, 1) pour désigner un bloc de pierre taillé en forme de parallélépipède ou de cube.

Praef. 14. 38. *Archytas hemicylindrorum descriptionibus:* Ps.-Eratosthène (*ap.* Eutocius, *Archim. opp.* Heiberg, III, p. 106) : 'Αρχύτας μὲν ὁ Ταραντῖνος λέγεται διὰ τῶν ἡμικυλίνδρων εὑρηκέναι.

Diogène Laerce, VIII, 83 Πρῶτος κίνησιν ὀργανικὴν δια-
γράμματι γεωμετρικῷ προσήγαγε, διὰ τῆς τομῆς τοῦ ἡμικυλίνδρου
δύο μέσας ἀνὰ λόγον λαβεῖν ζητῶν εἰς τὸν τοῦ κύβου διπλασιασμόν,
ce qui justifie la correction, due à Philander, de *cylindrorum* en *hemicylindrorum* dans le texte de Vitruve
(cf. Ruffel-Soubiran, Pallas IX, p. 34 sq.). Cf. pourtant
introd. p. xxviii, n. 2.

Archytas, comme plus tard Eratosthène, part de
l'observation d'Hippocrate de Chios, qui avait bien vu
que le problème se ramenait à la recherche de deux
moyennes proportionnelles. Si l'on désigne par a le côté
du cube dont on se propose de doubler le volume, on
posera les proportions $\dfrac{a}{x} = \dfrac{x}{y} = \dfrac{y}{2a}$, x et y étant les deux
moyennes proportionnelles cherchées. On tire de ces
égalités, par produit des extrêmes et des moyens, les
équations : $x^2 = ay$ et $y^2 = 2\,ax$; soit, en élevant la
première au carré pour éliminer le terme y, $x^4 = 2\,a^3x$,
et, en définitive, en divisant par x chaque terme de
l'équation, $x^3 = 2\,a^3$; x sera donc le côté du nouveau
cube dont le volume sera double de l'ancien (cf. Cantor,
Vorlesungen... I³, p. 212 sq. ; A. Choisy, *Vitruve*, Paris,
1909, I, p. 342 ; Granger, ed. Loeb de Vitruve, II, p. 206,
n. 1).

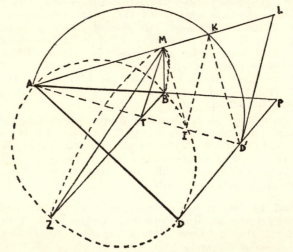

Sur ces bases, Archytas élabora une solution purement géométrique où les rapports ci-dessus s'établissaient à partir de triangles semblables. Sa démonstration nous a été conservée, d'après Eudème, par Eutocius (*o. c.*, III, 98-102 Heiberg = Diels, *Fragm. d. Vorsokrat.*, I², p. 253-255 ; cf. aussi Plutarque, *Quaest. conu.* 718 E, *Marc.* 14) ; et elle a été reproduite, à quelques variantes près, par de nombreux historiens de la science (A. Choisy, *l. c.*, avec fig., t. IV, pl. 91, fig. 4 ; M. Cantor, *Vorlesungen...* I³, p. 227 sq. ; A. Rey, *L'apogée de la sc. techn. gr.*, p. 248 sqq. ; R. Baccou, *Hist. de la sc. gr.*, p. 253-256 ; R. Böker, s. u. *Würfelverdoppelung*, P.W. IIte Reihe, IX A 1, 1203-1207). C'est la restitution de M. Cantor qui est la plus intelligible aux non mathématiciens. La voici :

Soient AD = 2a et AB = a les deux droites entre lesquelles on veut insérer deux moyennes proportionnelles. AD sert de diamètre à un demi-cercle dont AB constitue une corde. Perpendiculairement à ce demi-cercle, on en élève un deuxième au-dessus de AD. Fixe en A, il peut être repoussé au-dessus du plan ABD et forme au-dessus du demi-cylindre de base ABD une ligne courbe.

Soit d'autre part le triangle ADP, formé en prolongeant AB et en menant en D la tangente au demi-cercle ABD. Ce triangle, pivotant autour de AD, décrit une surface conique qui coupe à la fois le demi-cylindre et la courbe précédemment engendrée sur lui, cette dernière en un point K qui, en tant qu'il appartient au demi-cylindre, se trouve à la verticale d'un point I du demi-cercle ABD.

Tandis que AP décrit la surface conique, le segment AB de cette droite décrit une surface analogue : le point B en particulier décrit un demi-cercle BMZ qui est perpendiculaire au plan horizontal ABDZ.

Comme AKD' est également perpendiculaire à ce plan, MT (droite d'intersection des deux plans ci-dessus, BMZ et AKD') lui est aussi perpendiculaire ; en particulier, MT est perpendiculaire à BZ.

Or le triangle BMZ, inscrit dans un demi-cercle, est rectangle ; d'où $MT^2 = BT . TZ$. Mais $BT.TZ = AT.TI$, puisque BZ et AI sont deux cordes d'un même cercle se coupant en T. Donc $MT^2 = AT.TI$, donc l'angle $\widehat{AMI}$ est droit, comme $\widehat{AKD'}$ (sommet d'un triangle inscrit dans un demi-cercle). Par suite, MI est parallèle à KD'.

Il s'ensuit que les triangles rectangles D'AK, AMI et KAI sont semblables, d'où les proportions : $\dfrac{AM}{AI} = \dfrac{AI}{AK}$ $= \dfrac{AK}{D'A}$. Or AM = AB = a, D'A = 2a. D'après les principes exposés ci-dessus, AI est le côté du cube cherché.

On peut souscrire sans réserve au jugement de R. Baccou (*o. c.*, p. 254), qui fait l'éloge du « procédé dont l'ingéniosité n'a d'égale que la rare élégance ».

39. *Eratosthenes organica mesolabi ratione:* La solution d'Eratosthène, simplement mentionnée ici par Vitruve, est exposée en détail dans Eutocius (*Archim. opp.,* Heiberg, III, 112 sq.) et dans Pappus (III, p. 54-58 Hultsch). Cf. M. Cantor, *o. c.*, I³, p. 330 sq. ; A. Choisy, *o. c.*, I, p. 343 sq. ; Knaack, s. u. *Eratosthenes*, P.W. VI, 362 sq. ; Hultsch, s. u. *Geometria, ibid.*, VII, 1216 ; R. Böker, s. u. *Würfelverdoppelung, ibid.*, IIte Reihe, IX A 1, 1213-1216.

Pour trouver les moyennes proportionnelles nécessaires, Eratosthène eut l'idée de recourir à un montage simple *(organica ratione);* et à l'instrument qu'il construisit dans ce but, il donna le nom suggestif de « mésolabe », celui qui prend des moyennes (proportionnelles). La forme même du mot n'est pas sûre : *mesolabi* (hapax en latin) peut recouvrir *-us, -um* ou *-ium* (cette dernière forme n'étant nullement certaine, comme le laisse croire à tort Hultsch, *l. c.*). Le grec hésite entre μεσολάβον (Pappus, III, 21, p. 54 Hultsch) et μεσολάβος (correction de Hultsch par analogie avec ἀστρολάβος, attesté chez Ptolémée).

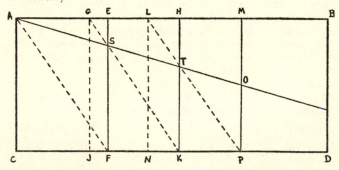

L'instrument se composait d'un cadre rectangulaire
ABCD dans lequel s'inséraient trois rectangles, l'un fixe
(celui du milieu selon Choisy, *l. c.* ; celui du bord gauche
selon Knaack, *l. c.* — n'importe), les deux autres pouvant
coulisser dans des rainures du cadre, et se recouvrir
partiellement. Tous trois étaient pourvus d'une diagonale
(et c'est pourquoi Pappus parle de triangles au lieu de
rectangles : cela revenait au même, mais le montage devait
être plus malaisé) : rectangles AECF, GHJK et LMNP,
avec diagonales AF, GK, LP.

La tâche consistait à disposer, par tâtonnements, les
tablettes de telle manière que les intersections entre les
diagonales et les côtés verticaux (intersections — dites
συνδρομάδες — S de EF/GK, T de HK/LP) et les points
A et O fussent alignés, alignement matérialisé par une
cordelette attachée en A, par exemple. Or, si l'on choisit
AC = 2a, $OP = \dfrac{AC}{2} = a$, il est évident (triangles sem-
blables) que $\dfrac{OP}{TK} = \dfrac{TK}{SF} = \dfrac{SF}{AC}$ ou $\dfrac{a}{x} = \dfrac{x}{y} = \dfrac{y}{2a}$; et nous
savons (cf. *supra*) que x donne dans ce cas le côté du cube
double. Donc, pour doubler un cube de côté OP, il faudra
construire un cube de côté TK.

Naturellement, l'instrument pouvait fournir une infinité de moyennes proportionnelles entre AC et OP,
suivant la longueur choisie pour OP, le rapport AC =
2 OP n'étant qu'un cas particulier.

Eratosthène était très fier de cette découverte ; il fit
ériger au Ptolémaion une colonne de marbre portant une
inscription qui démontrait rapidement la solution, accompagnée d'une épigramme dont l'authenticité est aujour-
d'hui admise (U. von Wilamowitz-Möllendorf, *Ein
Weihgeschenk des Eratosthenes*, Nachr. d. kais. Gesellsch.
d. Wiss., Göttingen, 1894, n° 1, p. 1 sqq.) — et portant
en outre un exemplaire de l'instrument.

La postérité s'est montrée peu indulgente : déjà
Nicomède qualifie le procédé de ridicule, inutilisable et
peu rationnel. R. Böker (*o. c.*, 1214 sq.) remarque qu'il
était difficile d'aligner par tâtonnements les quatre points,
que l'instrument devait porter des graduations très fines
et très précises, dont la lecture du reste était sujette à
des erreurs dues à l'épaisseur des planchettes, qui faussait
la visée. Quoi qu'il en soit, si le mésolabe est resté relati-

vement célèbre, il ne paraît pas avoir été réellement utilisé dans la pratique courante (Knaack, *o. c.*, 363).

40. *idem explicauerunt :* On se demandera, pour finir, si Vitruve ne commet pas une grossière erreur chronologique. Sa rédaction peut en effet laisser croire qu'Eratosthène et Archytas ont cherché simultanément la solution du problème au moment où l'a posé l'oracle. Mais on a vu plus haut que l'autel de Délos n'a été qu'un prétexte, peut-être mythique ; pendant plusieurs siècles ensuite — plus de cent ans séparent Archytas d'Eratosthène — les mathématiciens ont cherché la duplication du cube.

41. *Democriti de rerum natura uolumina :* De Démocrite (né à Abdère en 460 av. J.-C. environ), célèbre tenant de la philosophie atomistique, nous ne possédons plus que des fragments, et la liste de ses œuvres, dressée d'après Thrasyllos (Platonicien contemporain de Tibère) par Diogène Laerce (IX, 45-49) : cf. Wellmann, s. u. *Demokritos*, P.W. V, 136 sq. ; Diels, *Fragm. d. Vorsokr.* I², p. 357. On y trouve une série de titres groupés sous la rubrique Φυσικά : Μέγας et μικρὸς διάκοσμος, Κοσμογραφίη, περὶ τῶν πλανητῶν semblent plus proprement astronomiques. Περὶ φύσεως πρῶτον, περὶ ἀνθρώπου φύσιος (ἢ περὶ σαρκός) δεύτερον, περὶ νοῦ, περὶ αἰσθησίων (les deux derniers réunis aussi sous le titre περὶ ψυχῆς) se rattachent à la psychophysiologie ; περὶ χυμῶν, περὶ χροῶν, περὶ τῶν διαφερόντων ῥυσμῶν, περὶ ἀμειψιρυσμιῶν, κρατυντήρια, περὶ εἰδώλων (ἢ περὶ προνοίας), περὶ λογικῶν κανὼν αβγ, ἀπορημάτων traitent de sujets variés qui touchent aux sciences naturelles et à la philosophie. Sans doute est-ce à toute cette série d'ouvrages que Vitruve fait allusion. Mais il est bien peu probable qu'il les ait admirés *(admiror etiam...)* autrement que par ouï-dire, quoiqu'il cite assez volontiers Démocrite (nous le retrouverons en IX, 5, 4 et IX, 6, 3 ; cf. comment. *ad loc.*) et paraisse connaître les grandes lignes de sa philosophie (II, 2), voire telle observation de détail sur la perspective au théâtre (VII, pr. 11).

42. *eius commentarium quod inscribitur* Χειροκμήτων : Cet ouvrage n'est pas mentionné dans le catalogue des œuvres de Démocrite dont on vient de parler. Il n'est connu, outre le passage de Vitruve qui nous occupe, que par Columelle et Pline l'Ancien :

Pline, *N.H.* XXIV, 160 *Democriti certe Chirocmeta esse constat ; at in his ille post Pythagoram magorum studiosissimus quanto portentosiora tradit !*

Columelle, *R.R.* VII, 5, 17 *Sed Aegyptiae gentis auctor memorabilis Bolus Mendesius, cuius commenta quae appellantur Graece* Χειρόκμητα *sub nomine Democriti falso produntur, censet...*

La comparaison des deux notices laisse deviner une polémique sur l'authenticité de l'ouvrage. Vitruve, qui ailleurs condamne si énergiquement les faussaires (cf. comment. IX, 7, 7), devait se ranger à l'opinion de Pline, marque de sottise qui lui a été sévèrement reprochée (E. Oder, *Quellensucher im Altertum*, Philologus, Suppl. Bd. VII, 1899, p. 340, n. 150).

Il semble bien, en effet, que les Χειρόκμητα soient apocryphes (Diels, *Fr. d. Vorsokr.* I², p. 440 sq.), et que Columelle ait raison de les attribuer à ce Bolos de Mendès dont on sait, du reste, peu de chose (cf. M. Wellmann, s. u. *Bolos*, P.W. III, 676 ; J. Beaujeu, in *La Science antique et médiévale*, PUF, 1957, p. 379 sq.). Savant occultiste égyptien du début du IIe s. av. J.-C., il composa un traité des teintures, et, sans doute, nombre d'écrits alchimiques attribués plus tard à Démocrite : « Bolos a fondé l'alchimie proprement dite. » (J. Beaujeu, *l. c.*).

Ce qu'étaient au juste les Χειρόκμητα est malaisé à préciser. Pline l'Ancien les cite à propos d'herbes magiques, Columelle de pratiques vétérinaires. Le titre lui-même est peu clair : il semble signifier « choses faites à la main », et recouvre peut-être un recueil de procédés, de « trucs » utiles dans les circonstances les plus variées (maladies surtout). L'anecdote qui, dans le texte de Vitruve, suit la mention de cette œuvre, insiste sur ce caractère empirique.

43. *quo signaret cera molli siqua esset expertus :* Le texte de ce passage est profondément corrompu. Les mss. primaires écrivent unanimement *signaretur amol(li)cie est expertus*, qui ne veut rien dire. L'édition florentine de 1496 propose *signans cera et milto quae esset expertus* (*miltos* « vermillon, minium », Pline *N. H.* XXXIII, 115) ; cf. *cera ex milto* de Philander. Il s'agirait d'une cire colorée au cinabre, *miniata cerula*, dont nous savons par Cicéron qu'elle servait à Atticus pour marquer, dans les œuvres de son ami, les passages qu'il désapprouvait (*Att.* XV, 14, 4 ; XVI, 11, 1). Démocrite aurait agi de même pour signaler les recettes dont il avait lui-même éprouvé l'efficacité. Mais d'autres éditeurs (Rose notamment) ont, après Saumaise, préféré suivre de plus près la lettre des mss, et écrire *ut signaret cera molli quae esset.* C'est le parti que nous avons pris nous-même, en remplaçant seulement *quae* par *siqua* (*molli* ⸠*ic*ᵃ e̅e̅τ explique assez bien l'état du texte).

D'autres éditeurs se sont montrés bien plus hardis. Certains ont songé à retrouver un ou des mots grecs dans le barbarisme *amolcie.* Ainsi Krohn, dans la préface de son édition, signale une conjecture de C. F. W. Schmidt, qui pense que sous *amolcie* se cache peut-être ἀντολκίην, la force d'attraction dont Démocrite aurait fait l'expérience en imprimant son cachet. Mais on cherche en vain ce mot dans les dictionnaires grecs ! Seul y figure ἀνθολκή (action de tirer en sens inverse, d'où « résistance, contrepoids »).

Fr. Krohn lui-même (B. Ph. W., LII, 1932, col. 1531) propose de déceler une lacune après *in quo etiam* <*insculptum habebat*> et continue : *anulo signatorio* (cf. Valère Maxime, VIII, 14, 4 *ut anulo quo signatorio utebatur insculptam illam traditionem haberet*), *amolcie est expertus* dissimulant la devise grecque gravée sur l'anneau : ἀμουσίη ἐστ' ἐκπήρωσις — allusion à la prétendue cécité volontaire de Démocrite. C'est très ingénieux, mais ἐκπήρωσις est un hapax pour l'usuel πήρωσις, et recouvre assez mal le *expertus* des mss.

Tout récemment, S. Ferri a repris l'idée d'une devise, et il la voit dans *est expertus*, qui serait la traduction latine du πεπείραμαι (ou -αμένος, ou -αται) gravé sur le sceau. Mais que faire alors de *amolcie?*

Nous gardons pour la fin l'interprétation extraordinaire de F. Granger, qui reconstitue ainsi le texte : *quo scribitur cheirotometon, in quo etiam utebatur anulo signaturam optice est expertus*, et le traduit : « (le commentaire) dans lequel est figurée la taille des pierres précieuses. A l'aide de procédés optiques, il examinait l'impression du sceau sur l'anneau dont il se servait. » Texte et traduction également indéfendables (la restitution de χειροκμήτων à partir du χειροτομητον des mss s'impose d'après Pline et Columelle ; conjectures très éloignées du texte des mss), aggravés par des notes et une figure (planche K) qui font de ce « cheirotometon » un instrument comparable au mésolabe !

Mais puisque demeure ouvert le champ des conjectures hardies, nous risquerons nous-même la suivante, qui s'accorderait bien avec l'activité d'alchimiste du Ps. - Démocrite. On sait en effet que les Anciens connaissaient un procédé, aujourd'hui perdu, pour amollir l'ivoire (A. Jacob, s. u. *ebur*, Dar.-Sagl., II, 1, 447 b ; H. Blümner, s. u. *Elfenbein*, P.W. V, 2364 sqq. ; B. Combet-Farnoux, s. u. *Ivoire*, Dictionnaire archéologique des techniques, Paris, 1964, II, 529 a). Or l'invention de cette technique est attribuée par Sénèque à Démocrite (*Epist.* XC, 32, *Excidit porro uobis eundem Democritum inuenisse quemadmodum ebur molliretur*). Il est assez troublant que le *locus desperatus* de Vitruve présente justement un *amol(li)cie* sous lequel peut se cacher l'idée de ramollissement ; il ne serait pas difficile, dès lors, de corriger *signaretur* en *signor(um) ebur*, et de supposer que Vitruve faisait allusion au même procédé que Sénèque : *signorum ebur a mollitie* (?) *est expertus*. Mais que faire alors de *utebatur anulo* ? Serait-ce une glose ? un début d'explication tronqué par une lacune entre *anulo* et *signorum* ? la mention, tronquée également, d'une autre découverte de Démocrite (Sénèque, *l. c.*, parle de pierres précieuses...)?

Seule demeure certaine l'idée de *est expertus*, que corrobore Pétrone, *Sat.* LXXXVIII, 2 *herbarum omnium sucos Democritus expressit, et ne lapidum uirgultorumque uis lateret, aetatem inter experimenta consumpsit.*

Praef. 16. 44. *aeris altiora prospicientes :* Cf. le *Songe de Scipion* de Cicéron sur l'immortalité et le séjour astral promis aux grands hommes.

45. *ad caelum elatae, cum immortalitate :* Les mss donnent ici *elati aeuum immortalitati*, ou, essayant de rétablir un texte plus correct en apparence, *elati aeuo immortali*. Les éditeurs corrigent d'ordinaire en *elatae* (nécessaire après *mentes) aeuo immortali*. C'est, nous semble-t-il, une erreur de méthode, car il faut partir du texte qui porte *aeuum immortalitati*. On supposera alors que *aeuum* est un mot « fantôme » : *ae* n'est que la correction (sans doute en fin de ligne) mal comprise de la finale *elati : elati/ae*, et

dans *uum* on lira *cum*, préposition introduisant *immortalitate*, qui se déduit de *-tati* par une correction infime.

Voir — avec circonspection — pour tout ce passage la reconstitution hasardeuse de Fr. Krohn (B. Ph. W., LII, 1932, col. 1531).

Une interprétation très bizarre est donnée par O. Westerwick (*Zu Vitruv*, B. Ph. W., LV, 1935, col. 366 sq.), qui voit dans *aeris* le nom du bronze (!), et suppose que Vitruve fait allusion aux statues dont on honorait les poètes. Mais sa traduction, infidèle et incohérente, ne plaide guère en faveur de cette hypothèse.

46. *instinctas :* des mss est à conserver, au lieu du *intinctas* de Rose : cf. M. H. Morgan, *Notes on Vitruvius*, Harv. St., XVII, 1906, p. 6, qui montre que *intinguo* chez Vitruve n'est jamais employé qu'au sens propre, alors que *instinguo*, hapax vitruvien, a volontiers chez d'autres auteurs une acception métaphorique.

47. *sic Ennii poetae simulacrum :* Ennius lui-même, déjà, dans une épigramme célèbre (*Fragm. Poet. Rom.* Bährens, 509), se promettait l'immortalité :

> *Nemo me lacrimis decoret, nec funera fletu*
> *Faxit. Cur? Volito uiuos per ora uirum.*

Cicéron, contemporain de Vitruve, s'écrie, à propos d'Ennius : *o poetam egregium!* (*Tusc.* III, 45) ; Horace reconnaît sa gloire (*Ep.* II, 1, 50) et ses mérites (*A.P.* 259 sq.). L'élégant Ovide lui-même, s'il fait des réserves sur la forme peu soignée du vieux poète, lui promet une gloire immortelle (*Am.* I, 15, 19 sq.). On remarquera chez Ovide, comme chez Vitruve, l'association Ennius-Accius. De fait, le développement où s'insère ce distique (*Am.* I, 15, 8-42) est semblable à celui du *De Architectura :* une liste de poètes dont les œuvres sont assurées de ne point périr. Outre Ennius et Accius, on y retrouve Lucrèce (I, 15, 23 sq.). La prose, cela va de soi, en est absente.

A propos des *Hebdomades seu imaginum libri* de Varron, G. Boissier (*Étude sur la vie et les œuvres de M. Terentius Varron*, Paris, 1861, p. 342 sq.) note l'engouement de l'époque augustéenne pour les bustes des grands hommes, placés dans les bibliothèques à côté de leurs ouvrages (cf. Pline, *N.H.* XXXV, 2 sqq.). Cet usage a pu suggérer à Vitruve sa curieuse métaphore, qu'on rapprochera en tout cas de Cicéron, *Leg.* I, 32, 59.

48. *Accii autem carminibus:* Ces *carmina* ne peuvent guère être que les tragédies (*carmen* a parfois ce sens d'« œuvre dramatique » ; cf. Tacite, *Ann.* XI, 13) ; car les autres ouvrages du poète (*Annales,* œuvres de critique littéraire comme les *Didascalica* et les *Pragmatica)* ont eu une notoriété infiniment moindre.

49. *uerborum uirtutes:* L'expression est à comprendre en fonction des jugements unanimes des Anciens sur le caractère énergique et sublime des pièces d'Accius. Le vieux Pacuvius lui-même avait trouvé dans la première pièce de son jeune rival (Gell., XIII, 2) *sonora et grandia, duriora et asperiora.* Cicéron juge tel passage d'Accius *contentum, uehemens, imminens quadam incitatione graui- tatis* (*De Orat.* III, 219). Cf. encore Horace, *Ep.* II, 1, 55 ; Ovide, *Am.* I, 15, 19 ; Velleius Paterculus, II, 9 ; Quin- tilien, X, 1, 97.

Parmi les fragments conservés, l'hallucinante descrip- tion du navire Argo confirme tout à fait ces jugements (*ap.* Cicéron, *N.D.* II, 89).

En tout cas, le succès d'Accius s'est prolongé après la mort du poète, jusqu'à la fin de la République (repré- sentations d'*Eurysacès* en 57, de *Clytemnestra* en 56, de *Térée* en 44 : Vitruve a fort bien pu y assister). Mais si Columelle encore (*R.R.* I, pr. 30) met Accius au rang de Virgile, les lettrés de l'époque impériale méprisent ses pièces, qu'ils jugent bien frustes (Perse, *Sat.* I, 75 sqq. ; Martial, XI, 90, 6).

50. *praesentem:* Après ce mot, les mss présentent tous un *esse* intempestif, que Westerwick (*Zu Vitruv,* B.Ph.W., LV, 1935, 366 sq.) essaie en vain de conserver par un artifice de ponctuation (déjà suggéré par les mss *f²p*) et une addition à l'intérieur de la phrase suivante. En fait, ces *esse, esse fuit, esse futurum* sont à rejeter. Fr. Krohn (B. Ph. W., LII, 1932, 1531) voyait dans ces *esse,* écrits *ēē,* une abréviation mal comprise de *emendandum est, fuit* ou *futurum* indiquant sans doute que la correction avait été ou serait faite (cf. Ruffel-Soubiran, Pallas IX, p. 28).

Praef. 17. 51. *cum Lucretio... de rerum natura:* Cf. introd., p. xxxiii et n. 4.

52. *cum Varrone... de lingua Latina :* Cf. introd. p. xxxiii.

Praef. 18. 53. *de gnomonicis rationibus :* « la gnomonique »,
que Vitruve désigne ailleurs sous les noms de *gnomonice*
(I, 3, 1) et de *gnomonicae res* (I, 1, 17 ; VIII, 6, 15). De
même, le grec dit γνωμονικὴ θεωρία (Pappus, VIII, 1026,
1) ou seulement γνωμονική (Pappus, VIII, 1070, 1 ;
Geminus *ap.* Proclus, *In Eucl. elem.*, I, 41, 25). C'est, au
sens propre, la science de l'emploi du gnomon, tige
verticale servant à mesurer la longueur et la direction de
l'ombre (*gnomon indagator umbrae, qui Graece* σκιοθήρης
dicitur, dit Vitruve, I, 6, 6). Mais c'est aussi l'étude des
cadrans solaires, fondés sur ce principe, et même, par
extension, de tout instrument destiné à la mesure du
temps. Sur la manière dont Vitruve tient au cours du
livre IX la promesse qu'il fait ici, v. introd., p. xi-xvii.

I, 1. 1. *ea autem sunt diuina mente comparata :* Certains
commentateurs anciens (Nisard, Galiani, Tardieu-Coussin,
Maufras) ont compris : « il y a des découvertes qui
semblent avoir été faites par un esprit divin... », ce qui
est un contresens, même si Vitruve emploie quelquefois
l'expression *diuina mens* en l'appliquant à des génies
humains (I, pr. 1 ; IX, 6, 3), comme Lucrèce en parlant
d'Épicure (III, 15). *Ea* représente ici, en fait, l'ordonnance
de l'univers, et *diuina mens* l'esprit de la divinité qui y
préside (Choisy, Granger, trad. *ad loc.*). Ce sens de *diuina
mens* est bien attesté dans le *De Architectura* (VI, 1, 11 ;
VIII, pr. 3 ; IX, 5, 4) et ailleurs : l'expression ne revient
pas moins de 23 fois dans les œuvres philosophiques de
Cicéron (A. Stanley Pease, comment. *De Diuinatione*,
I, 18, p. 102). Elle apparaît surtout lorsqu'il s'agit de
souligner l'organisation admirable du ciel et de l'univers
(cf., pour nier au contraire l'intervention de la divinité,
Lucrèce, I, 152 sq.) : ainsi, Cicéron, *De cons.* 1 sqq., 6 sqq. ;
10. De même, traduisant Aratos, Cicéron avait écrit, à
propos des cercles célestes : *Phaen.* 302 sqq.

> *Vt nemo...*
> *Tam tornare cate contortos possiet orbis*
> *Quam sunt in caelo diuino numine flexi.*

— idée qui n'est pas exprimée dans son modèle grec.
Cf. encore Manilius, I, 247 sq.

Cette croyance est essentiellement stoïcienne. Comme
les philosophes du Portique, comme Cicéron au livre II

du *De Natura Deorum*, Vitruve admire beaucoup le mécanisme du monde, régulier malgré ses irrégularités apparentes (cf. IX, 1, 7-10). Mais cela ne suffit pas à faire de lui un stoïcien authentique (cf. introd., p. LII sq.) : l'idée de l'univers régi par une divinité était fort banale, comme elle l'a été à toutes les époques.

2. *alia magnitudine est Athenis :* Cf. comment. IX, 7, 1.

3. *Placentiae :* On s'est parfois étonné de la mention de cette ville, qui pour l'importance ne se compare ni à Athènes, ni à Alexandrie, ni à Rome (Galiani, Maufras), et l'on a supposé que Vitruve avait eu une raison personnelle d'en citer le nom. Était-ce sa patrie ? G. Dietrich (*Quaestionum Vitruuianarum specimen*, diss. in. Leipzig, 1906, p. 36 et 48), sans préciser davantage, se déclare persuadé que Vitruve était originaire de l'Italie du Nord (à cause de C.I.L. V, 3464 trouvée à Vérone et mentionnant un *L. Vitruuius L. l. Cerdo architectus*?). Maufras suppose qu'il aurait fait à Plaisance quelque séjour, durant lequel il aurait étudié la gnomonique (cf. l'hypothèse récente de P. Thielscher, s. u. *Vitruuius*, P.W. IIte Reihe, IX A 1, 420, selon lequel Vitruve Mamurra aurait passé avec César un hiver au moins à Vérone dans la maison du père de Catulle). Tout cela est bien hypothétique (cf. introd. du t. I). On remarquera seulement que Vitruve a fort pertinemment choisi, comme exemples, des villes très éloignées en latitude les unes des autres. Alexandrie, Athènes et Rome donnaient trois positions commodes, mais insuffisantes, car l'empire romain s'étendait plus au nord. Il fallait donc leur adjoindre une ville de l'Italie septentrionale, même si elle devait être — et c'était inévitable — moins importante que les trois premières. Mais, dira-t-on, pourquoi Plaisance plutôt que Mantoue ou Crémone ? Hasard, ou raison personnelle ? Il y a peu de chances que nous le sachions jamais.

4. Ἀνάλημμα *est ratio conquisita solis cursu... :* La définition que Vitruve donne de l'analemme est remarquablement obscure, malgré la rigueur apparente des formules, si bien qu'elle a été très diversement interprétée : certains commentateurs ont supposé que l'analemme était un instrument ; pour d'autres, il s'agit d'une figure géométrique, d'une épure.

D. Ramée (s. u. *analemma*, Dar.-Sagl., I, 264 b sq.)
traduit ainsi le passage : « L'analemme est un instrument
de mathématiques réglé d'après le cours du soleil et dû
à l'observation des ombres qui décroissent à partir du
solstice d'hiver ; il sert, à l'aide de l'équerre et du compas,
à décrire les effets de cet astre dans le monde. » Suit une
explication identique à celle que donnent les éditions
Tardieu-Coussin, Nisard et Maufras : cet instrument,
comme son nom l'indique [ἀνάλημμα = hauteur (sic)], sert
à trouver la hauteur du soleil à une heure quelconque ;
c'était donc une espèce de cadran, qu'on utilisait surtout
à midi, et qui n'indiquait pas les heures, mais les mois
et les signes. Que le terme d'ἀνάλημμα ait pu désigner un
cadran est admis par Liddell-Scott (s. u.), qui lui donnent,
entre autres sens, celui de « sundial », avec renvoi à
C.I.G. 2681 et Vitruve, IX, 7, 7. Telle est également
l'opinion de Kauffmann (s. u. *analemma*, P.W. I, 2055),
qui ajoute la référence C.I.G. 2747, mais se montre moins
affirmatif. G. Bilfinger, lui (*Die Zeitmesser der antiken
Völker*, Stuttgart, 1886, p. 28) nie avec assurance que le
mot ἀνάλημμα ait jamais désigné un cadran.

Quoi qu'il en soit des deux inscriptions grecques, il est
évident que nulle part chez Vitruve le mot ne désigne
autre chose qu'une figure. Ce point a déjà été bien vu
par Galiani, pour qui l'analemme est une projection
orthographique de divers cercles de la sphère céleste sur
un plan. C'est également l'avis de G. Bilfinger *(l. c.)* qui
fait encore autorité sur la question, et qu'ont suivi
Th. H. Martin (s. u. *astronomia*, Dar.-Sagl., I, 492 ab ; —
E. Ardaillon, s. u. *horologium, ibid.*, III 1, 258 b, définit
un peu différemment l'analemme comme la « formule des
constructions graphiques qui permettent à l'architecte
de tracer géométriquement les lignes fondamentales du
cadran solaire. »), Kauffmann (*o. c.* 2052 sq.), H. Diels
(*Antike Technik*[3], Leipzig, 1924, p. 162, n. 1 qui donne
d'autres références), F. Granger (ed. Loeb de Vitruve,
note *ad loc.*) et Van den Waerden (s. u. *Ptolemaios*, P.W.
XXIII 2, 1827 sq.).

Cette figure est décrite en partie par Vitruve lui-même
en IX, 7, 2-7 : la construction géométrique qui occupe ces
paragraphes se conclut par la phrase : *Ita habebitur
analemmatos deformatio*, d'ailleurs obscure. Car l'analemme, est-ce seulement l'épure dressée dans le plan

méridien, telle qu'on vient de la construire, ou est-ce aussi la projection de ces lignes sur un plan horizontal *(subiectio)* ? Le sens du mot n'est pas assez clair pour permettre une réponse sûre : pour Bilfinger, ἀνάλημμα pourrait signifier simplement « dessin, épure » (de ἀναλαμβάνω « lever ») ; pour Th. H. Martin, au contraire *(l. c.)*, ἀνάλημμα signifiant « support » désignerait une surface horizontale portant les lignes du cadran.

L'analemme a fait, à la fin de l'Antiquité, l'objet d'un traité complet de Ptolémée (*Ptolemaei opera astronomica minora*, ed. Heiberg, Leipzig, 1907, p. 187-223), sur lequel on verra en dernier lieu Van den Waerden *(l. c.)*. Il donne des procédés plus exacts, mais plus complexes (recours à la trigonométrie) que ceux de Vitruve. Dans l'ensemble, pourtant, les deux auteurs coïncident (Kauffmann, *o. c.*, 2053).

5. *est inuentus effectus in mundo :* On voit mal comment l'analemme, tel qu'on vient de le définir, peut faire découvrir les effets du soleil dans l'univers, ou le mécanisme de celui-ci (*effectus* est obscur à souhait). L'instrument qui donne les renseignements les plus clairs est le polos hémisphérique, dont la cavité est tournée vers le haut, et qui est muni d'un gnomon dont la pointe occupe le centre de la sphère : véritable modèle réduit — renversé — de l'univers, il permet une étude précise du cours du soleil suivant les saisons (cf. comment. IX, 8, 1 *scaphe siue hemisphaerium*). On a l'impression que Vitruve a voulu conclure sa définition de l'analemme par une formule brillante et grandiose, sans trop se soucier de sa pertinence. A moins que l'expression *effectus in mundo* n'ait d'autre but que d'introduire la digression démesurée, sur l'astronomie proprement dite, qui va occuper les pages suivantes (cf. introd., p. xv sq.).

I, 2. 6. *mundus autem est... conformatum :* Le membre de phrase *et stellarum cursibus*, que seuls *E G* nous transmettent, est, de ce fait même, suspect. Il l'est aussi parce que les déplacements des étoiles (ici sans doute les planètes, par opposition aux astres fixes, *sidera*) ne donnent pas au ciel, à proprement parler, sa configuration (cf. cependant Cicéron, *N.D.* II, 62 : *Iam uero circuitus solis et lunae reliquorumque siderum, quamquam etiam ad mundi cohaerentiam pertinent, tamen et spectaculum homi-*

nibus praebent). L'addition de *E G* a donc des chances d'être inauthentique (cf. Ruffel-Soubiran, Pallas, IX, p. 78), et *caelumque sideribus conformatum* se superposerait dès lors à l'expression cicéronienne, *Tusc.* I, 28 : *nocturnamque caeli formam, undique sideribus ornatam.*

Du reste, il n'est point malaisé de trouver des répondants pour la définition vitruvienne de l'univers (ensemble formé par la sphère du ciel et tout ce qu'elle contient, y compris la terre) : ainsi Aristote, περὶ οὐρανοῦ Α' 280 a : ἡ δὲ τοῦ ὅλου σύστασίς ἐστι κόσμος καὶ οὐρανός. Cf. Ps.-Aristote, περὶ κόσμου, 391 b ; Plutarque, *De placitis philosophorum* 886 b (cf. Diogène Laerce, VIII, 48) ; Achilles, *isag. exc.* 5 (p. 36 Maass) ; 21 (p. 50 Maass) ; Anonyme, II, 9 (p. 127 Maass) (cf. les conceptions platoniciennes du *Timée :* Th. H. Martin, *Mémoire sur l'histoire des hypothèses astronomiques chez les Grecs et les Romains*, Mém. de l'Institut, Acad. des Inscr. et B.-L., XXX, 1886, p. 17).

A Rome, Cicéron, *N.D.* II, 38 : *mundus, quoniam omnia complexus est, nec est quidquam quod non insit in eo, perfectus undique est.* (cf. comment. *ad loc.* de A. St. Pease). Cf. encore, *N.D.* II, 37 ; II, 58 ; II, 86 ; Pline, *N.H.* II, 2 (v. sur ce passage difficile le riche commentaire de J. Beaujeu, éd. Belles-Lettres, p. 116-121) ; Manilius, I, 139 sq. ; IV, 886 sq. ; Apulée, *De mundo*, 1.

7. *id uoluitur continenter :* Entre la définition de l'univers et son mouvement inlassable, Vitruve omet une précision que fournissent la plupart des auteurs : la sphéricité de l'univers. Ainsi :

Ps.-Aristote, περὶ κόσμου, *l. c. :* τοῦ δὲ σύμπαντος οὐρανοῦ τε καὶ κόσμου σφαιροειδοῦς ὄντος... (cf. Achilles, *isag. exc.* 28, p. 61 Maass ; Apulée, *De mundo*, 1).

Cicéron, *N.D.* II, 49 : *mundi uolubilitas, quae nisi in globosa forma esse non potest.*

116 : *mundus globosus est.*

Pline, *N.H.* II, 5 : *formam eius in speciem orbis absoluti globatam esse...* (cf. comment. *ad locc.* de A. St. Pease et de J. Beaujeu).

On dira que cette sphéricité était l'opinion généralement admise, depuis Parménide et Platon : certes (cf. J. Beaujeu, *o. c.*, p. 121). Mais les Anciens avaient conçu aussi d'autres modèles d'univers, κωνοειδές, ῷοειδές, etc.

(Achilles, *isag. exc.* 6, p. 37 Maass) également susceptibles de tourner sur eux-mêmes. Il est vrai que l'opinion de Vitruve se déduit des passages où il mentionne le mouvement circulaire des planètes *(orbes, circuitus)* et des étoiles *ad caeli rotunditatem* (IX, 1, 3). Il admettait donc un univers sphérique.

La rotation de cet univers — la terre restant immobile au centre — était suggérée par les apparences les plus immédiates, et tous les textes scientifiques de l'Antiquité l'affirment en des termes presque semblables :

Aratos, *Phaen.* 19 sqq. (cf. Germanicus, *Phaen.* 17 sq. ; Aviénus, *Arat.* 84 sqq.) ; Ps.-Aristote, περὶ κόσμου, *l. c. ;* Platon, *Timée,* 34 a ; Cicéron, *Timée,* 6 ; *N.D.* I, 24 ; II, 97 ; *Tusc.* I, 28 ; Pline, *N.H.* II, 6.

Sur le bruit produit par cette rotation, cf. introd., p. xli.

8. *per axis cardines extremos :* L'idée d'une sphère matérielle en rotation perpétuelle sur elle-même imposait à la cosmologie antique celle d'un axe autour duquel la rotation pût s'effectuer. Aussi l'axe du monde (l'astronomie moderne a conservé cette expression, notamment dans le montage des instruments d'observation) est-il fréquemment décrit :

Aratos, *Phaen.* 21 sqq. (cf. Schol. Aratos, p. 341 sqq. Maass) ; Germanicus, *Phaen.* 19 sqq. ; Achilles, *isag. exc.* 28 (p. 61 Maass) ; Cicéron, *Phaen.* 296 sq. ; Varron d'Atax, *frgt.* 12 ; Ovide, *F.* IV, 179 (cf. III, 368) ; Manilius, I, 286 sqq. (pour d'autres mentions de l'axe du monde dans la littérature latine, cf. *Thes. L.L.*, s. u. *axis*, II, 1638 sq.).

Les passages évoqués soulèvent un autre problème dont Vitruve ne dit rien : l'axe du monde était-il matériel ou non ? La première opinion prévalait, semble-t-il ; mais l'auteur du περὶ κόσμου ne voyait en lui qu'une ligne imaginaire (de même Anonyme, II, 16, p. 129 Maass ; cf. Apulée, *De mundo,* 1). Voir discussion de la question dans Kauffmann, s. u. *axis*, P.W. II, 2631 sqq.

Autre difficulté : l'axe était-il lui-même en rotation ? Non pour Platon, qui le présente comme solidaire de la terre immobile (*Tim.* 40 b ; cf. Th. H. Martin, *o. c.*, Mémoires de l'Institut, XXX, p. 69 sq. et la note de la p. 70 ; introd. à l'éd. Belles-Lettres du *Timée*, p. 59-63) ;

non également pour Aratos (Schol. Arat., 19, p. 340 sq. ;
23, p. 342 Maass) et pour Manilius (I, 299 sq.), et sans
doute aussi pour Vitruve : ce sont les *orbiculi* qui tournent,
solidaires de la sphère céleste, autour de l'axe fixe qu'ils
entourent (cf. comment. *infra*) ; mais *contra* Ovide, *Met.*
II, 74 *ne te citus auferat axis.* Sur ce problème, v. encore
Kauffmann, *l. c.*

9. *naturalis potestas :* Cf. Σφαῖρα Ἐμπεδοκλέους (p. 162
Maass ; cf. introd. p. LI)

　　81 sq. Ἄθρει δὲ κόσμου τὸν δι' αἰῶνος δρόμον
　　　　　　Ὡς εὖ διεστάθμησεν αὐτουργὸς φύσις.

Cette conception active *(collocauit)* de la nature organisatrice est plutôt péripatéticienne : F. Wieck (*De Sphaera
dissertatio,* diss. in. Greifswald, 1897, p. 10 et n. 21)
l'attribue à Straton, et rapproche Stobée, I, p. 187, 11
Wachsm. Ἐπίδικος ὑπὸ Φύσεως γεγεννῆσθαι τὸν κόσμον
<φησίν>. Dans la Σφαῖρα comme chez Vitruve, la pensée
philosophique est indécise, voire contradictoire (cf.
comment. IX, 1, 1 *diuina mente,* et introd. p. LII sq.) :
le stoïcisme dominant se nuance d'apports étrangers,
péripatéticiens ou pythagoriciens, voire orientaux.

10. *cardines tamquam centra:* Cardo doit s'entendre ici
au sens de « pivot ». Il s'agit des deux extrémités immo-
biles de l'axe du monde (cf. *supra* comment. *axis cardines
extremos*). *Centrum* est un calque du terme grec utilisé
dans les descriptions des pôles (cf. textes cités plus bas).
Il a par ailleurs, et chez Vitruve lui-même, deux sens
principaux (cf. *Thes. L.L.,* s. u.) : celui de « branche immobile d'un compas » (Vitr., III, 1, 3, etc. : v. H. Nohl,
Index Vitruuianus, Leipzig, 1876, s. u.) et celui, dérivé,
de « centre » (Vitr., IX, 1, 2 *terra centri loco*). Les deux
acceptions se recouvrent lorsqu'il s'agit du centre d'un
mouvement circulaire, comme ici — où *tamquam* suggère
tout de même une comparaison implicite avec le compas.

11. *unum... in summo mundo... alterum... in meridianis
partibus:* Vitruve précise ici la position des deux pôles
sans avoir achevé de décrire leur montage, sans avoir
encore donné le terme technique qui les désigne. C'est
l'ordre contraire que suivent d'habitude — et plus
logiquement — les auteurs anciens.

Du reste, la position antithétique des pôles est soulignée, entre autres, par Aratos, *Phaen.* 25 sq.,

> Ἀλλ' ὁ μὲν οὐκ ἐπίοπτος · ὁ δ' ἀντίος ἐκ βορέαο
> Ὑψόθεν Ὠκεανοῖο.

(= Germanicus, *Phaen.* 22 sq.). Cf. Ps.-Aristote, περὶ κόσμου, 391 b ; Apulée, *De mundo*, 1 ; Achilles, *isag. exc.* 28 (p. 61 Maass) ; Virgile, *G.* I, 242 sq. ; Ovide, *Tr.* IV, 10, 107 sq.

Sur *terra et mari*, cf. comment. IX, 1, 3 ; sur *stellas septentrionum*, cf. comment. IX, 4, 1.

12. *orbiculos :* Est-ce déformation professionnelle de l'architecte et du technicien qu'était Vitruve ? Son souci de se représenter concrètement le montage des pôles n'est guère partagé par les autres auteurs qui ont traité le même sujet, et qui se bornent à noter, par exemple :

Aratos, *Phaen.* 24 Καί μιν πειραίνουσι δύω πόλοι ἀμφοτέρωθεν (μιν = ἄξονα) (= Cicéron, *Phaen. fr.* IV ; Germanicus, *Phaen.* 21 sq.). De même, Ps.-Aristote, περὶ κόσμου, 391 b ; Apulée, *De mundo*, 1 ; Achilles, *isag. exc.* 28 (p. 61 Maass) ; Anonyme, I, 9 (p. 127 Maass) ; Schol. Arat., p. 341 sqq. Maass ; Anonyme, II, 16 (p. 129 Maass) ; Pline, II, 63 : *a uerticibus duobus, quos appellauerunt polos...*

Les *orbiculi* de Vitruve (A. Choisy traduit par « crapaudines ») sont des anneaux ou des boîtiers solidaires de la sphère en rotation et recevant l'extrémité immobile de l'axe. Cf. Varron *ap.* Gell., III, 10 : *Circulos quoque ait in caelo circum longitudinem axis septem esse ; e quis duos minimos, qui axem extimum tangunt,* πόλους *appellari dicit ; sed eos in sphaera quae* κρικώτη *uocatur propter breuitatem non inesse* (les cinq autres sont, bien entendu, l'équateur, les tropiques et les cercles polaires). Les deux *circuli* supplémentaires de Varron — qui arrive ainsi au nombre sept, clef de ses *Hebdomades* — sont précisément les *orbiculi* de Vitruve.

Sur d'autres conceptions du pôle, v. le curieux texte d'un Anonyme (II, 16, p. 129 Maass) : τὰ τούτου πέρατα πόλοι, ἅπερ τινὲς μὲν ἀστέρας εἶναι μικροὺς ἔφασαν, ἔνιοι δὲ σημεῖα νοητά. Sur l'étoile polaire, cf. comment. IX, 4, 6.

13. *circum centra :* Semble bien être une glose de *circum eos cardines*, introduite d'après le texte de la ligne précédente, *cardines tamquam centra*.

14. *uti in torno :* La comparaison est classique. On en trouve déjà l'équivalent chez Aratos, *Phaen.* 529 sqq. :

> Οὔ κεν Ἀθηναίης χειρῶν δεδιδαγμένος ἀνήρ
> Ἄλλη κολλήσαιτο κυλινδόμενα τροχάλεια
> Τοῖά τε καὶ τόσα...

cf. Schol. *ad loc.* (= Cicéron, *Phaen.* 552 sq. ; mais Germanicus a supprimé ce passage, cependant qu'Aviénus, *Arat.* 1018 sq., fait disparaître l'image et fausse l'idée). On la rencontre aussi chez Ps.-Aristote, περὶ κόσμου, 391 b καθάπερ τῆς ἐν τόρνῳ κυκλοφορουμένης σφαίρας.

Apulée, *De mundo*, 1 : *ut in tornando artifex solet forcipe materiam comprehensam reciproco uolumine rotundare.*

Mais Achilles recourt à une autre analogie (cf. comment. IX, 1, 15) : *isag. exc.* 28 (p. 61 Maass) : ὥσπερ περὶ ἁρμάτειον ἄξονα δινοῦνται οἱ τροχοί.

15. *qui graece poloe nominantur :* Le texte des mss., très altéré, porte *pasde ;* seul *S*³ a *poli*, et Giocondo a corrigé en πόλοι, suivi par presque tous les éditeurs, sauf Granger qui préfère *apsides* (déjà le ms. *h*, en marge, portait *absides* écrit d'une main plus récente), approuvé par J. André (R.E.L., XXXVIII, 1960, p. 361). Mais *apsides* ne nous paraît guère satisfaisant pour le sens ; certes, ἀψίς désigne en grec des objets variés, de forme courbe ou circulaire, et *orbiculus* en serait une traduction latine acceptable. Mais dans le vocabulaire de l'astronomie, le mot s'est spécialisé au sens d'« orbite planétaire ». Pline l'Ancien, qui l'utilise beaucoup (J. Beaujeu, *o. c.*, p. 150, n. 3), l'oppose explicitement aux pôles : *N.H.* II, 63 *pluribus de causis haec omnia accidunt : prima circulorum, quos Graeci* ἀψῖδας *in stellis uocant... Sunt autem hi sui cuique earum aliique quam mundo, quoniam terra a uerticibus duobus, quos appellauerunt polos, centrum caeli est.* D'autre part, l'analogie du texte vitruvien et de tous ceux qui présentent le nom des pôles (cf. comment. *orbiculos*) est tellement étroite qu'il est difficile, sous *pasde*, de lire autre chose que *poloe*. Nous adoptons cette graphie latinisée qui, mieux que la grecque, nous paraît rendre compte du passage à *pasde*, en minuscule.

16. *media terra... centri loco est collocata :* La croyance que la terre occupait le centre de l'univers a été à peu près indiscutée dans l'Antiquité, à partir du vᵉ siècle av. J.-C. Elle est attribuée à Anaximandre (Diogène Laerce, II, 1

= Diels, *Fragm. d. Vorsokr.* I², p. 11 : Ἀναξίμανδρος...
ἔφασκεν ... μέσην τε τὴν γῆν κεῖσθαι κέντρου τάξιν ἐπέχουσαν ;
cf. Suidas, s. u. = Diels, *o. c.* p. 12), à Parménide (Diogène
Laerce, IX, 21 = Diels, *o. c.*, p. 105 : πρῶτος δὲ οὗτος
τὴν γῆν ἀπέφαινε σφαιροειδῆ καὶ ἐν μέσῳ κεῖσθαι), à Empédocle
et à Anaxagore (Simplicius, *comment.* Aristote, *De caelo*
295 a, p. 511, 23 = Diels, *o. c.*, p. 309 : οἱ μὲν πλεῖστοι
ἐπὶ τοῦ μέσου κεῖσθαι λέγουσι τὴν γῆν, ὥσπερ Ἐμπεδοκλῆς καὶ
Ἀναξαγόρας). C'était aussi l'avis de Chrysippe (Achilles,
isag. exc. 4, p. 32 Maass : φησί... ἐν δὲ τῷ μεσαιτάτῳ τὴν γῆν
εἶναι κέντρου τάξιν καὶ μέγεθος ἐπέχουσαν), celui de Platon (*Tim.*
40 b-c ; cf. introd. éd. Belles-Lettres, p. 59-63), celui
d'Aristote aussi. Dans un passage capital du περὶ οὐρανοῦ,
il aborde la question en affirmant (293 a) : περὶ μὲν οὖν τῆς
θέσεως οὐ τὴν αὐτὴν ἅπαντες λέγουσι δόξαν, ἀλλὰ τῶν πλείστων
ἐπὶ τοῦ μέσου κεῖσθαι λεγόντων, ὅσοι τὸν ὅλον οὐρανὸν πεπερασ-
μένον εἶναί φασιν, ἐναντίως οἱ περὶ τὴν Ἰταλίαν, καλούμενοι δὲ
Πυθαγόρειοι, λέγουσιν. C'est une allusion au système non-
géocentrique de Philolaos, qui faisait de la terre une
planète tournant comme les autres autour du feu central.
Mais Aristote réfute cette hypothèse et conclut (296 b) :
φανερὸν τοίνυν ὅτι ἀνάγκη ἐπὶ τοῦ μέσου εἶναι τὴν γῆν καὶ ἀκίνητον.
(Cf. Proclus, comment. *ad loc.* 280 C-D).

Dès lors, si l'on excepte les vues hardies et prophétiques,
mais sans lendemain immédiat, d'Aristarque de Samos,
le géocentrisme devient *communis opinio.* Il est affirmé
chez Aratos (*Phaen.* 22 sq.), le Ps.-Aristote (π. κόσμου,
II, 2), Apulée (*De mundo,* 1), Cicéron (*De Orat.* III, 178,
Tusc. I, 17 et 28, V, 24, *N.D.* II, 36 et 39, *Somn. Scip.* 5),
Lucrèce (V, 534 ; cf. comment. C. Bailey, III, 1402 sqq.),
Manilius (I, 202 sqq.), Pline (*N.H.* II, 11 et 176), etc...

I, 3. 17. *his natura dispositis:* Cf. comment. IX, 1, 2
naturalis potestas.

18. *septentrionali parte... excelsius habeat altitudinem
centrum:* Cette phrase, maladroite pour la syntaxe et
étrange pour le sens, traduit malgré tout une idée que
nous connaissons par d'autres textes, et suivant laquelle
le pôle nord serait particulièrement élevé au-dessus de
la terre. Vitruve lui-même explique, dans un curieux
passage de son livre (VI, 1, 5 sqq.), les dissemblances
physiques et morales entre les peuples du nord et ceux
du midi, par la différence de hauteur du ciel au-dessus

d'eux *(ab labro, quod est in regione septentrionali, linea traiecta ad id quod est supra meridianum axem, ab eoque altera obliqua in altitudinem ad summum cardinem, qui est post stellas septentrionum, sine dubitatione animaduertemus ex eo esse schema trigoni mundo)*. En outre, Pline l'Ancien se fait l'écho de cette idée, mais pour la nier (*N.H.* II, 179 : *neque enim, ut dixere aliqui* — allusion à Vitruve lui-même ou à sa source ? — *mundus hoc polo excelsiore se attollit*). Cf. encore Virgile, *G.* I, 240 sq. ; Sénèque, *Pha.* 934.

Une telle croyance — J. Beaujeu, *o. c.*, p. 234, l'a bien noté — est antérieure à l'idée de la sphéricité de la terre et du ciel. Elle contredit donc, dans le développement vitruvien, tout ce qui précède, car la sphéricité du ciel y est, nous l'avons vu, supposée sinon affirmée. Mais une fois de plus, Vitruve puisant à des sources diverses (cf. introd., p. XLIX), n'a pas perçu les contradictions qui pouvaient en résulter : E. Oder (*Quellensucher im Altertum*, Philologus, Supplt. Bd. VII, 1899, p. 323 et n. 121) l'en blâme énergiquement, et l'accuse d'avoir délaissé Posidonius pour un auteur mal informé (Nigidius Figulus ?) dont la science est encore au niveau d'Anaxagore ou d'Anaximène (cf. Th. H. Martin, Mém. Institut, XXIX, p. 49).

En effet, la sphéricité de la terre, niée également par Leucippe et Démocrite (Th. H. Martin, *o. c.*, p. 238 sq.), était déjà supposée par Pythagore (Th H. Martin, Mém. Institut, XXX, p. 169) et admise par Parménide (A. Rey, *La jeunesse de la science grecque*, Paris, 1933, p. 433 ; v. sur l'ensemble de la question p. 425-436), Platon (*Phed.* 110 b, où Socrate compare la terre à une balle à jouer), Aristote (περὶ οὐρανοῦ, 297 b-298 a qui en donne les preuves), etc. (cf. Cicéron, *Tusc.* I, 68 *globum terrae; N.D.* II, 39 *terra... solida et globosa;* Pline, *N.H.* II, 177 *terrae figura... quam globo similem et cum ea aquas isdem intellegitur argumentis*).

Il faut donc remonter très haut pour rencontrer des hypothèses cosmologiques susceptibles de justifier cette prétendue élévation du pôle nord. Suivant Anaxagore et Empédocle, l'axe du monde aurait été d'abord perpendiculaire à la surface plane de la terre ; puis celle-ci se serait inclinée, provoquant ainsi une dissymétrie (A. Rey, *o. c.*, p. 442). Selon d'autres, la voûte céleste surmontant

la terre plate aurait été non pas sphérique, mais ovoïde
(rapport avec le mythe orphique de l'œuf du monde), le
grand axe de l'ovoïde étant orienté nord-sud (A. Rey,
o. c., p. 417 ; Th. H. Martin, *o. c.*, XXIX, p. 231 sq.).
Le plus simple est peut-être de justifier la théorie de ces
premiers physiciens par une illusion due à l'observation
directe du ciel : plus les astres ont une latitude (déclinaison) élevée, plus ils montent haut au-dessus de l'horizon. D'où l'idée que vers le sud, où certains astres se
montrent à peine, le ciel est surbaissé, alors qu'il s'élève
vers le nord, où les étoiles décrivent des arcs de cercle
bien plus longs (c'est à tort, nous semble-t-il, que
Th. H. Martin, *o. c.*, XXIX, p. 231 sq., affirme au
contraire que le ciel au-dessus de nos têtes paraît
surbaissé).

Ces théories primitives, battues en brèche par la science
grecque du ve siècle, se sont perpétuées dans l'imagination
populaire, dont Vitruve se fait ici l'écho (cf. J. Beaujeu,
l. c.). Mais il y a eu, semble-t-il, confusion entre deux idées
presque contradictoires pourtant. L'une est la hauteur
du pôle : nous en avons vu des exemples, auxquels on
joindra seulement Schol. Aratos, 26 (p. 343 Maass) :
ὑψηλότερος γάρ ἐστι καὶ ἀειφανής, οὐδέποτε δυόμενος. Mais
il faut ajouter que, par une conséquence logique, le
ciel est plus bas, donc le soleil plus proche, dans les
régions méridionales (Pline, *N.H.* II, 189 *Aethiopas uicini
sideris uapore torreri ;* Lucain, IX, 351 *Terrarum primam
Libyen ; nam proxima caelo est, Vt probat ipse calor ;*
cf. Horace, *Od.* I, 22, 21 sq.). L'autre idée est que la
surface de la terre s'élève vers le nord (ce qui tendrait
au contraire à limiter la hauteur du ciel au-dessus d'elle !) :

Manilius, I, 237 sqq.

Hanc (sc. *terram*) *circum uariae gentes hominum atque
[ferarum
Aeriaeque colunt uolucres ; pars eius ad Arctos
Eminet.*

Justin, II, 1, 19 *Porro Scythiam adeo editiorem omnibus
terris esse, ut cuncta flumina ibi nata in Maeotim, tum
deinde in Ponticum et Aegyptium mare decurrant.*

On voit que, sur cette question, la pensée antique a
souvent manqué de rigueur.

19. *in meridiana parte... subiectum a terra obscuretur :*
Cf. Virgile, *G.* I, 241 sq.   *at illum*
   Sub pedibus Styx atra uidet manesque profundi.

Manilius, I, 239 sq.
      austrinis pars est habitabilis oris,
   Sub pedibusque iacet nostris.

Ceci encore est malaisément conciliable avec l'hypothèse d'une terre sphérique n'occupant au centre de l'univers qu'un espace infinitésimal, mais s'accorde mieux avec la vieille conception de la terre plate et circulaire supportant la voûte céleste (mais cf. comment. IX, 5, 4).

20. *lata zona XII signis est conformata :* Après les trois cercles parallèles (équateur et tropiques), dont Vitruve ne parle pas, le Zodiaque occupe une place à part, du fait de sa disposition oblique (sur la valeur de cette inclinaison, qui l'amène à être tangent aux tropiques, cf. comment. IX, 7, 4) :

Aratos, *Phaen.* 526 sq. ὁ δὲ τέτρατος ἐσφήκωται Λοξὸς ἐν ἀμφοτέροις. 544 Ζωΐδιον δέ ἑ κύκλον ἐπίκλησιν καλέουσι. (= Cicéron, *Phaen.* 298 sq. ; 317 sqq. ; Germanicus, *Phaen.* 517-562 ; Aviénus, *Arat.* 1014-1052).

Ps.-Aristote, περὶ κόσμου, 392 a : ὧν (= τῶν ἀπλανῶν ἄστρων) μέσος ὁ ζωοφόρος καλούμενος κύκλος ἐγκάρσιος διὰ τῶν τροπικῶν διέζωσται κατὰ μέρος διῃρημένος εἰς δώδεκα ζωδίων χώρας (cf. Apulée, *De mundo*, 2). De même,

Lucrèce, V, 691 sqq. ; Cicéron, *Tusc.* I, 28 ; Manilius, I, 671 sqq. ; Pline, *N.H.* II, 9, 31, 63, 188 (cf. J. Beaujeu, *o. c.*, p. 133).

Sur le Zodiaque en général, on se reportera à F. Cumont, s. u. *Zodiacus*, Dar.-Sagl., V, 1046 ; A. Bouché-Leclercq, *L'astrologie grecque*, Paris, 1899, p. 124-149 pour la partie astronomique.

21. *XII partibus peraequatis :* Ces douze parties égales ne correspondent pas à l'étendue réelle des constellations, forcément inégales. Elles procèdent d'un découpage arbitraire (cf. IX, 3, 2 et comment. *ad loc.*) : ainsi telle partie de la *constellation* du Sagittaire est rattachée au *signe* du Capricorne. Ce point est très nettement précisé par le Scholiaste d'Aratos, 545 (p. 447, 5 sqq. Maass) :

διαφέρειν δὲ ζῴδιον δωδεκατημορίου τῷ μὴ συναπαρτίζειν τὸ ζῴδιον τῷ δωδεκάτῳ μέρει τοῦ ζῳδιακοῦ, ἀλλ' ἔνια μὲν ἐλλείπειν, ὡς ἐπὶ τοῦ Κριοῦ καὶ τοῦ Καρκίνου, ὅπου δὲ ὑπερβάλλειν, ὡς ἐπὶ τοῦ Σκορπίου καὶ τῆς Παρθένου.

22. *terram mareque :* Cf. *supra* IX, 1, 2 *terram atque mare, terra et mari, terra cum mari.*

Il ne s'agit pas, comme on pourrait le supposer, d'une allusion à la vieille conception de la terre entourée par le fleuve Océan, mais bien plutôt d'une conséquence de la théorie (stoïcienne entre autres) des quatre éléments : tandis que le feu occupe les régions astrales les plus élevées, l'air est cantonné un peu au-dessous, et les éléments les plus pesants, la terre et l'eau, se massent au centre du monde (cf. Ovide, *Met.* I, 21-75 ; Cicéron, *Tusc.* I, 17) :

Ovide, *F.* I, 110 *Sederunt medio terra fretumque solo.*

Pline, *N.H.* II, 10 *Huius ui suspensam cum quarto aquarum elemento librari medio spatii tellurem* (v. comment. J. Beaujeu, *o. c.*, p. 122 sqq.). Cf. aussi II, 177.

De même, Cicéron, *N.D.* I, 8, III, 12 ; *Acad.* I, 7 ; Manilius, I, 249, IV, 887, etc.

I, 4. 23 *ex quis sex signa... :* C'est un lieu commun des traités d'astronomie : le Zodiaque étant un grand cercle de la sphère céleste, il est évident que l'horizon le divise toujours en deux demi-cercles égaux : six signes sont donc toujours visibles, six invisibles.

Aratos, *Phaen.* 554 sqq. πάσῃ δ'ἐπὶ νυκτί
Ἓξ αἰεὶ δύνουσι δυωδεκάδος κύκλοιο
Τόσσαι δ' ἀντέλλουσι.

Achilles, *isag. exc.* 6 (p. 37 Maass) : ἐκ τοῦ εἶναι ἓξ ζῴδια ὑπὸ γῆν, ἓξ δὲ ὑπὲρ γῆν. (cf. *ibid.* 23, p. 52 sqq. Maass).

Cf. Cicéron, *Phaen.* 336 sq. ; *Aetna*, 234 b ; Manilius, III, 241 sq. ; Sénèque, *De otio* V, 4 ; Lucain, I, 91, etc.

24. *ab eius umbra obscurantur :* Inexactitude, due peut-être au fait que Vitruve se représente la terre comme un disque plat au-dessous duquel se dissimulent les astres lorsqu'on ne les aperçoit pas dans le ciel. En fait, ce n'est pas l'ombre de la terre qui nous cache la moitié du Zodiaque (alors que c'est bien elle qui obscurcit la lune

lors des éclipses) : c'est la terre elle-même qui limite notre champ visuel à 180°, au lieu de 360°.

25. *sex autem ex his... nituntur:* Ici encore, si la phrase est authentique, Vitruve semble concevoir un hémisphère céleste appuyé *(nituntur)* sur les bords du disque terrestre. Mais ces quelques mots, qui alourdissent inutilement l'exposé en répétant une idée déjà exprimée, sont fortement suspects (cf. cependant, en faveur de leur maintien, E. Wistrand, *De Vitruuii sermone...*, Mél. Lundström, Göteborg, 1936, p. 49 sq.).

26. *Quanta pars enim nouissimi signi...:* S'il est fort simple d'expliquer que l'on peut toujours apercevoir six signes du Zodiaque, il l'est beaucoup moins d'analyser le mécanisme du mouvement et de montrer que ces six signes changent sans cesse, l'un disparaissant à l'ouest tandis qu'un autre émerge à l'est, dans une ronde continue (qui résulte — nous le savons, nous modernes, de la rotation de la terre sur elle-même). Aussi la phrase de Vitruve est-elle terriblement embarrassée, et défigurée de surcroît par la tradition manuscrite. Nous pensons l'avoir restituée en respectant cette dernière au maximum.

Un premier point nous paraît nécessaire : garder le *suppressa notatione* des mss que Rose corrige en *supergressum rotatione*. En fait, ces deux mots signifient que les astres n'en continuent pas moins leur course quoiqu'ils n'aient disparu sous terre et qu'on ne puisse plus les observer (*notatio* a tout à fait ce sens d'« observation, repérage, pointage »).

D'autre part, malgré Wistrand (*o. c.*, p. 23) qui admet une anacoluthe, il semble naturel qu'à *quanta pars nouissimi signi* réponde *tantundem eius contrarii:* mais les mss ont *contrari(a)e*, que nous interprétons comme une mauvaise lecture de *contrarii e (e* étant la préposition qui introduit *conuersationis necessitate).* Quant à *circumacta*, on ne peut le rapporter qu'à *tantundem*, et pour cela on le corrigera en *circumactum (-ū* et *-a* en minuscule se ressemblent beaucoup).

Enfin, si nous conservons *patentibus et obscuris* (où maints éditeurs corrigent *et* en *ex*), nous croyons opportun de faire passer *trans* après *locis* : paléographiquement, c'est facile (petit mot rajouté en interligne, puis mal inséré), et pour la syntaxe c'est préférable ; car *trans* ne saurait être qu'adverbe (*trans* prép. +abl. est inconnu en latin) et porte donc sur *patentibus*. L'expression entière peut être analysée comme complément de *egreditur* ou ablatif absolu.

On comparera notre restitution et celle, assez différente, de Wistrand, *l. c.*

Du reste, cette sorte de compensation perpétuelle qui remplace un signe déclinant par un signe ascendant est bien exprimée par exemple chez Aratos :

Phaen. 537 sqq.

> Αὐτὰρ ὅγ' ὠκεανοῦ τόσσον παραμείϐεται ὕδωρ
> Ὅσσον ἀπ' Αἰγοκερῆος ἀνερχομένοιο μάλιστα
> Καρκίνον εἰς ἀνίοντα κυλίνδεται, ὅσσον ἀπάντη
> Ἀντέλλων ἐπέχει, τόσσον γε μὲν ἄλλοθι δύνων.

553 sq.

> Τοῦ δ' ὅσσον κοίλοιο κατ' ὠκεανοῖο δύηται
> Τόσσον ὑπὲρ γαίης φέρεται.

Cf. Leontius, *De Zodiaco*, p. 568 sqq. Maass ; Schol. Aratos, p. 444 Maass.

I, 5. 27. *uersenturque ab oriente ad occidentem :* Telle est du moins l'apparence. Car, nous l'avons dit, ce mouvement résulte de la rotation réelle de la terre, d'ouest en est, qui fait défiler en 24 heures toute la sphère céleste devant chaque point de la terre.

28. *per ea signa contrario cursu :* On sait que l'écliptique représente l'intersection de la sphère céleste et du plan de l'orbite terrestre. Or celle-ci ne fait, avec les orbites des autres planètes (lune comprise), qu'un angle très faible. C'est pourquoi toutes ces planètes et le soleil suivent dans le ciel à peu près le même tracé, dans une zone (Zodiaque) qui s'étend de part et d'autre de l'écliptique. Quant au mouvement propre des planètes, il est de même sens pour toutes (d'ouest en est pour un observateur situé au pôle nord de l'écliptique, donc contraire au mouvement diurne apparent (cf. Gundel, s. u. *Planeten*, P.W. XX, 1, 2080). Du reste, ce *contrario cursu* n'est exact qu'en gros : il y a des rétrogradations (cf. comment., IX, 1, 6) durant lesquelles les planètes semblent changer de direction.

La combinaison des deux mouvements qui affectent les planètes est bien analysée par le Scholiaste d'Aratos, 457 (p. 429 Maass) : οἱ πλάνητες συμφέρονται μὲν τῷ οὐρανῷ ἀπὸ ἀνατολῆς ἐπὶ δύσιν καὶ ἀπὸ δύσεως ἐπὶ ἀνατολήν, κινοῦνται δὲ ἰδίαν τινὰ καὶ προαιρετικὴν κίνησιν διὰ τῶν ιϛ' ζῳδίων ἐναντίοι φερόμενοι, τουτέστιν ἀπὸ δύσεως ἐπὶ ἀνατολὴν πορευόμενοι. (cf. Vitr., IX, 1, 15). De même encore Cicéron, *Somn. Scip.* 4 *cui* (scil. *orbi*) *subiecti sunt septem, qui uersantur retro contrario motu atque caelum.*

Cf. Manilius, I, 259, 814.

29. *Luna, stella Mercurii,... Saturni:* Il y a toutes les chances pour que cette liste des « planètes » ne soit pas donnée au hasard, mais corresponde dans l'esprit de Vitruve (d'ailleurs bien confus sur ces questions ; cf. introd. p. xliii et comment. IX, 1, 6) au degré d'éloignement croissant de ces astres à la terre. C'est en tout cas celui qui correspond aux durées des révolutions (cf. le développement vitruvien qui suit).

Cet ordre : Lune, Mercure, Vénus, Soleil, Mars, Jupiter, Saturne, — est dit « chaldéen », quoiqu'il ne soit pas attesté sûrement avant le IIe s. av. J.-C., et qu'il soit attribué à divers penseurs grecs (Pythagore d'après Pline, *N.H.* II, 84 ; les Pythagoriciens d'après Théon de Smyrne, p. 138, 10 Hiller ; Archimède d'après Macrobe, *Somn. Scip.* I, 19, 2 ; II, 13, 3). C'est, à l'époque romaine, celui qui est le plus couramment admis. Il est décrit par exemple chez le Schol. d'Aratos, 455 (p. 428 Maass) et Cicéron, *Diu.* II, 91 *Docet enim ratio mathematicorum... quanta humilitate Luna feratur, terram paene contingens; quantum absit a proxima Mercurii stella, multo autem longius a Veneris; deinde alio interuallo distet a Sole, cuius lumine collustrari putatur. Reliqua uero tria interualla infinita et immensa a Sole ad Martis, inde ad Iouis, ab eo ad Saturni stellam, inde ad caelum ipsum, quod extremum atque ultimum mundi est* (cf. *Somn. Scip.* 4).

De même, Manilius (I, 814 sqq.) et Pline (*N.H.* II, 34-41) énumèrent successivement les planètes dans cet ordre, qui avait, aux yeux des Pythagoriciens et des Stoïciens, l'avantage de placer le Soleil sur l'orbite centrale, comme l'ἡγέμων de l'univers (cf. J. Beaujeu, *o. c.*, p. 124 sq. ; P. Boyancé, *Études sur le songe de Scipion*, Paris, 1936, *passim*, p. 78-104).

Mais ce n'était pas la seule solution. L'ordre « égyptien », lui, faisait de la Lune et du Soleil les deux « planètes » les plus proches de la terre ; après quoi venaient Vénus et Mercure (ou vice-versa), puis Mars, Jupiter et Saturne. C'est l'ordre de Platon (*Tim.* 38 cd ; *Rep.* 616 e sq.), Eudoxe (*ap.* Proclus, 257 F), Aristote (*Meteor.* 1073 b 32), Eratosthène (*ap.* Théon de Smyrne, p. 142, 7 Hiller), Ps.-Aristote (περὶ κόσμου 392 a) et Apulée (*De mundo*, 2). On le retrouve aussi — chose curieuse — chez Cicéron (*N.D.* II, 119 : *...ut, cum summa Saturni refrigeret, media Martis incendat, his interiecta Iouis illustret et temperet, infraque Martem duae Soli oboediant, ipse Sol mundum omnem sua luce compleat, ab eoque Luna illuminata grauiditates et partus afferat...*; cf. II, 51), qui n'a donc pas su s'en tenir à un système unique.

Outre ces deux ordres, chaldéen et égyptien (longuement discutés par Macrobe, *Somn. Scip.* I, 19), d'autres étaient concevables : Achilles (*isag. exc.* 16, p. 42 sq. Maass) connaît une variante d'après laquelle le Soleil était situé entre Mercure et Vénus : ἄλλοι δὲ τέταρτον τὸν Ἑρμῆν, ἕκτην δὲ τὴν Ἀφροδίτην, μέσον δὲ τὸν Ἥλιον. (cf. Géminus, 1 ; Cléomède, *De motu...* p. 30 Ziegler).

Sur cette question, on se reportera aux commentaires de A. Stanley Pease du *De Diuinatione* (II, 91) et du *De Natura deorum* (II, 51 et 119) ; à celui de J. Beaujeu pour Pline l'Ancien, *N.H.* II (*o. c.*, p. 124 sq.) ; à A. Bouché-Leclercq, *L'astrologie grecque*, Paris, 1899, p. 104-110 ; aux articles de F. Boll (s. u. *Hebdomas*, P.W. VII, 2561-2570) et surtout W. et H. Gundel (s. u. *Planeten*, P.W. XX, 1, 2099-2101), pour plus de détails.

30. *ut per graduum ascensionem percurrentes :* On serait tenté de croire que Vitruve veut traduire, par cette comparaison, l'étagement des sept orbites, de la plus proche à la plus lointaine. Il semble qu'il n'en soit rien ; car la même métaphore revient ailleurs (IX, 1, 10 ; IX, 8, 14), et il s'agit toujours d'un mouvement ascensionnel progressif, qu'il soit astronomique ou mécanique. On comprendra donc ici que dans la partie du ciel située entre l'occident et le méridien, les planètes paraissent s'élever par degrés, en luttant péniblement contre le mouvement opposé de la sphère céleste (cf. IX, 1, 15 *astra nitentia contra mundi cursum*, et comment. *ad loc*).

31. *Luna die octauo et uicesimo et amplius circiter hora...* :
Il s'agit ici — Vitruve le précise clairement *(ex quo signo coeperit ire, ad id signum reuertendo)* — de la révolution sidérale, c'est-à-dire du retour de l'astre au même point du ciel. Les astronomes modernes l'évaluent à 27 j 7 h 43 m 11,5 s (L. Rudaux-G. de Vaucouleurs, *Astronomie*, Paris, 1948, p. 115). On trouve dans les textes anciens (sur l'ensemble de la question, v. W. Gundel, s. u. *Mond*, P.W. XVI, 100 sq.) les valeurs de

— 27 jours : Aulu-Gelle, I, 20, 6.

— 27 jours 1/3 (valeur excellente) : Pline, *N.H.* II, 44 ; Macrobe, *Somn. Scip.* I, 6, 50 ; Suétone, *fr.* 134 Reiff. (= Schol. Germanicus, p. 197, 1-9 Breys.) ; cf. Isidore, *Nat. rer.* XIX ; *Orig.* III, 56 ; Hyginus, *Astron.* IV, 14.

— 27 jours 2/3 : Martianus Capella, VIII, 865.

— 28 jours : Macrobe, *Somn. Scip.* I, 6, 49 ;

Aulu-Gelle, I, 10, 6 : *Praeterea (M. Varro) scribit Lunae curriculum confici integris quater septenis diebus : « Nam duodetricesima, Luna, inquit, ex quo uestigio profecta est, eodem redit. »*

On remarquera que la formule qu'Aulu-Gelle prête à Varron est semblable à celle de Vitruve, qui emploie lui aussi l'ordinal. Mais Aulu-Gelle a mal compris ! le 28e jour signifie en réalité : en 27 jours, et l'ordinal n'est là que pour introduire un multiple exact de sept, nombre cher à Varron.

Il reste donc que Vitruve chiffre assez correctement la révolution sidérale de la Lune, à ceci près que la précision — inexacte — *et amplius circiter hora* reste d'origine obscure. Mais l'on s'étonnera que plus loin (IX, 2, 4) la révolution synodique cette fois, c'est-à-dire le retour à la même position relative Lune-Soleil, donc l'intervalle entre deux phases semblables — révolution qui est, elle, de 29 j 12 h 44 m — s'achève encore, selon Vitruve, *circiter octauo et uicensimo die* ! tandis que Censorinus (*De die natali*, XXII, 5) et Martianus Capella *(l. c.)* donnent bien, pour elle, 29 j et demi. Vitruve a-t-il confondu les deux révolutions ? Les a-t-il ramenées à une **valeur moyenne ?**

I, 6. 32. *Sol autem signi spatium...:* Que l'année soit
définie par le retour du soleil au même point du ciel est
une évidence reconnue par tous les auteurs anciens. Ainsi

Aratos, *Phaen.* 550 sq. Ἐν τοῖς ἠέλιος φέρεται δυοκαίδεκα
πᾶσι Πάντ' ἐνιαυτὸν ἄγων. Cf. Schol. *ad loc.* (p. 447 Maass).
(= Cicéron, *Phaen.* 332 sq. ; Germanicus, *Phaen.* 526 ;
Avienus, *Arat.* 1051 sq. ; cf. Manilius, I, 673).

La durée exacte de l'année — lacune regrettable — n'est
pas précisée par Vitruve. Mais le Scholiaste d'Aratos
(p. 447 Maass : ἐν τξε' ἡμέραις καὶ τετάρτῳ μάλιστα μέρει τοῦ
νυχθημέρου), Cicéron (*N.D.* II, 49 : *V et LX et CCC,
quarta fere diei parte addita*) et Pline (*N.H.* II, 35) entre
autres l'évaluent, avec une bonne exactitude, à 365 jours
un quart (base, on le sait, du calendrier julien établi en
45 av. J.-C.).

Quant à l'équivalence : 1 signe = 1 mois, il va de soi
qu'elle est tout approximative. Les mois romains sont
inégaux (entre 28 et 31 jours), et si Macrobe (*Somn. Scip.*
I, 6, 50) affirme comme Vitruve : *sol enim unum de
duodecim signis integro mense metitur* (cf. Schol. Aratos,
l. c. : ἐν ἑκάστῳ γὰρ ζῳδίῳ ποιεῖ μῆνα), Censorinus
remarque (*De die natali*, XXII) que la situation se
complique encore du fait que le soleil ne reste pas exactement le même temps dans chaque signe (les Modernes
savent que cette inégalité est due à la distance variable
de la terre au soleil). Cf. l'autre équivalence approximative : 1 degré = 1 jour (mais 360° ≠ 365 j !) chez le
Scholiaste d'Aratos *(l. c.)* et Pline *(l. c.)*.

33. *Luna terdecies... Sol semel:* Encore une approximation. Treize révolutions sidérales de la lune s'accomplissent, si l'on prend pour base la donnée vitruvienne
(27 j 1 h) en 351 j et demi, ou, si l'on adopte la valeur
plus correcte de 27 j 1/3, en 355 jours environ. Il manque
donc au moins dix jours.

Du reste, ce rapport 1/13 est mentionné chez Suétone
(*fr.* 134 Reiff.), qui connaît pourtant les durées exactes
des révolutions solaire (365 j 1/4) et lunaire (27 j 8 h),
et qui n'en écrit pas moins : *unde fit ut quantum spatii in
Zodiaco Luna (die uno) percurrit, tantum sol tredecim
diebus expleat.*

34. *Mercurii autem et Veneris stellae circa solis radios...:*

Vitruve expose ici une curieuse théorie, rarement attestée dans l'Antiquité, et il faut regretter que le texte de cette notice soit si gravement altéré. Les mss écrivent en effet : *stellae circa solis radios uti per centrum cum itineribus coronantes regressus retrorsus et retardatione(s) faciunt, etiam stationibus propter eam circinationem morantur in spatiis signorum*. Or *per centrum* est absurde : le soleil est, de toute évidence *(coronantes)*, décrit comme le centre des orbites de Mercure et de Vénus, donc la préposition *per* est intempestive (d'où correction des éditeurs : *utique*). D'autre part, dans l'expression *propter eam circinationem*, *propter* ne pourrait avoir qu'un sens local, « le long de ». Mais *propter* signifie plutôt « auprès de », et, du reste, Vitruve n'emploie jamais ce mot qu'avec son sens causal, « à cause de » (H. Nohl, *Index vitruvianus*, s. u.). Il y a des chances que les deux passages soient à corriger l'un par l'autre : *propter* étant une faute de copie (due à une méprise sur abréviation) aura été jugé fautif et un réviseur aura écrit *per* en marge, pour le remplacer. Mais ce *per* mal compris aura ensuite été inséré dans le texte à une place où il n'avait que faire, *propter* restant tel quel.

Reste *cum*. Certains éditeurs le corrigent en *eum* ; d'autres le conservent, soit comme préposition introduisant *itineribus* (peu satisfaisant), soit comme conjonction dont dépendrait *faciunt* (F. Hultsch, *Das astronomische System des Herakleides von Pontos*, N. Jhbb. f. Phil., CLIII, 1896, p. 306, n. 2). Mais une proposition temporelle est intempestive ici : ce n'est pas lorsqu'elles font des rétrogradations que les planètes font aussi des stations qui les retardent : c'est l'ensemble des deux phénomènes qui provoque cette action. Aussi avons-nous écrit : *cum... faciunt, <tum> etiam... morantur*, la chute de *tum* étant facile après un mot terminé par *-i*, et *etiam* s'expliquant tout naturellement après *tum* (inutile, dès lors, de le corriger en *et ita*, comme le voudrait, au mépris de l'astronomie, G. Oehmichen, *Kritisches und Exegetisches zu Vitruv*, Rh. M., XLIII, 1888, p. 528).

De toute façon, le système planétaire décrit ici par Vitruve est connu par ailleurs : c'est celui d'Héraclide de Pont, disciple de Platon (IVe s. av. J.-C.), qui fait tourner autour de la terre le soleil et les autres planètes, à l'exception de Mercure et de Vénus qui tournent

autour du soleil. Par là donc, Héraclide est un précurseur
de l'héliocentrisme intégral, celui d'Aristarque et de
Copernic ; et ce dernier, qui connaissait la théorie par
Martianus Capella (cf. *infra*), rendra un juste hommage
à son devancier (*De reuolut. orb. cael.* I, 10).

Cette théorie n'est exposée que par un petit nombre de
textes, dont celui qui nous occupe est le plus ancien.
On la retrouve ensuite, attribuée à Adraste, chez Théon
de Smyrne (p. 186, 17-187, 13 Hiller), chez Chalcidius
(comment. du *Timée*, 109-111), et chez Martianus Capella :
VIII, 854 *Venus uero ac Mercurius non ambiunt terram ;*
857 *Nam Venus Mercuriusque, licet ortus occasusque
cotidianos ostendant, tamen eorum circuli terras omnino
non ambiunt, sed circa solem laxiore ambitu circulantur.
Denique circulorum suorum centron in sole constituunt, ita
ut supra ipsum aliquando, infra plerumque propiores terris
ferantur ;* 879 *huius* (scil. *Stilbonis = Mercurii*) *Venerisque
circulos epicyclos esse superius memoraui, id est non intra
ambitum proprium rotunditatem telluris includere, sed de
latere quodam modo circumduci.* Martianus puise, selon
Hultsch (*o. c.*, p. 313, n. 16) à la même source que
Chalcidius. Le même commentateur (*o. c.*, p. 313, n. 18)
cite encore une notice découverte chez un auteur chrétien
anonyme du Vᵉ-vɪᵉ siècle ap. J.-C. (*Hermippus de astrologia dialogus,* éd. Kroll-Viereck, I, 124) : οἵ τε τῆς Ἀφρο-
δίτης καὶ τοῦ Ἑρμοῦ περὶ αὐτὸν (= τὸν ἥλιον) ἐλίσσονται.

On a aussi attribué cette disposition particulière des
deux planètes inférieures à Macrobe (*Somn. Scip.* I, 19,
5 sqq.), et même à Cicéron qui, il est vrai, emploie des
expressions quelque peu équivoques : *Somn. Scip.* 4 *Hunc*
(scil. *solem*) *ut comites consequuntur alter Veneris, alter
Mercurii cursibus ; N.D.* II, 119 : *infraque Martem duae*
(scil. *Mercurii et Veneris stellae*) *soli oboediant.* Mais il est
improbable que Cicéron soit allé aussi loin qu'Héraclide.

En fait, les termes de Cicéron et l'hypothèse même
d'Héraclide s'expliquent fort bien par l'observation
directe du ciel. Alors que les planètes supérieures peuvent
occuper n'importe quelle position dans le Zodiaque,
Mercure et Vénus paraissent liées au soleil dont elles ne
s'écartent pas de plus de 27° 45' pour la première, 48°
pour la seconde (valeurs modernes : chiffres anciens un
peu différents dans Pline, *N.H.* II, 38 sq., 72) ; cf.
Macrobe, *Somn. Scip.* I, 19, 4.

Nous avons dit ailleurs (introd. p. xliii) que le système d'Héraclide était, chez Vitruve, contradictoire avec la comparaison des sept fourmis en IX, 1, 15. Peut-être est-ce pour cette raison qu'on a parfois contesté l'authenticité de ce passage (J. Sageret, *Le système du monde de Pythagore à Eddington*, Paris, 1931, p. 46, parle à ce propos d'un « Pseudo-Vitruve »). A tort, sans doute (F. Hultsch, *o. c.*, p. 307), car la contradiction s'explique très bien chez un auteur insuffisamment averti des questions scientifiques, et empruntant ses notices à des sources diverses (cf. introd., p. xlvii sqq.).

Pour plus de détails sur la théorie d'Héraclide, on pourra se reporter à F. Hultsch, *o. c.*, N. Jhbb. f. Phil., CLIII, 1896, p. 305-316 ; Th. H. Martin, *Mémoires sur l'histoire des hypothèses astronomiques chez les Grecs et les Romains*, Mémoires de l'Institut, XXX, 2, 1883, p. 21-25 ; s. u. *Astronomia*, Dar.-Sagl., I, 481 a ; G. L. E. Dreyer, *History of the Planetary Systems from Thales to Kepler*, Cambridge, 1906, p. 126-134 ; F. Hultsch, s. u. *Astronomia*, P.W. II, 1837 et 1859 sq. ; W. et H. Gundel, s. u. *Planeten*, P.W. XX, 1, 2061 sq., où l'on trouvera une bibliographie complémentaire.

I, 7. 35. *maxime cognoscitur ex Veneris stella:* S'agit-il seulement des planètes inférieures, comme paraît le suggérer ce qui précède (mais alors on attendrait *magis*) ? Si oui, la remarque est tout à fait justifiée, car Mercure, d'éclat assez faible et presque toujours noyé dans la clarté solaire, est malaisément observable (on sait que Copernic se plaignait de ne l'avoir jamais aperçu au cours de son existence). Vénus, au contraire, s'écarte bien davantage du soleil, se dégageant ainsi des brumes de l'horizon, et son éclat dépasse celui de tous les autres astres, au point qu'on peut, à certaines époques, l'apercevoir en plein midi (*clarissimeque lucens*, dit très justement Vitruve).

36. *Vesperugo... Lucifer:* De toute antiquité, Vénus a porté deux noms suivant qu'elle apparaissait comme étoile du soir ou comme étoile du matin. La distinction était justifiée à l'origine, tant qu'on ignora que les deux astres n'en faisaient qu'un en réalité. Ainsi chez Homère sont distingués Ἕσπερος (*Il.* XXII, 317) et Ἑωσφόρος (*Il.* XXIII, 226 ; *Od.* XIII, 93 ; cf. Hésiode, *Theog.* 381).

La découverte de l'unicité est attribuée à Pythagore (Pline, *N.H.* II, 37 ; cf. J. Beaujeu, *o. c.*, p. 137 ; Martianus Capella, VIII, 882) ou à Parménide (Aetius, *Placita* II, 15, 4). Diogène Laerce (VIII, 14 ; IX, 23) hésite entre les deux. Cf. discussion dans A. Rehm, s. u. *Hesperos*, P.W. VIII, 1251 sq.

En face de l'opposition grecque Ἕσπερος / Ἑωσφόρος (Pindare, *Isthm.* IV, 41 ; Platon, *Tim.* 38 d, *Leg.* VII, 821 c), Ἕῷος (Aristote, *Nic.* V, 1, 15), Φωσφόρος (Timée Locr., 96 e, 97 a ; Plutarque, *Mor.* 921 d), les Latins donnaient à l'étoile du matin le nom de *Lucifer* (Cicéron, *N.D.* II, 56, *Tim.* 9 ; Tibulle, I, 10, 62 ; Ovide, *Tr.* I, 3, 71, *F.* II, 149, etc.), ou, plus anciennement, de *Iubar* (Ennius, *tr.* 19 Vahlen[3] ; Pacuvius, *tr.* 347 Ribbeck[2] ; Varron, *L.L.* VI, 6 ; Virgile, *Aen.* IV, 130 : cf. Servius, *ad loc.*) — sans parler de calques du grec comme *Eous* (Virgile, *G.* I, 288). Quant à l'étoile du soir, son ancien était *Vesperugo* (Plaute, *Am.* 275 ; Varron, *l. c.;* Quintilien, I, 7, 12), en partie remplacé ensuite par *Vesper* (Virgile, *G.* I, 251 ; Horace, *Od.* II, 9, 10), le calque *Hesperus* étant également attesté, surtout en poésie (Catulle, LXII, 35 ; Virgile, *B.* VIII, 31 et X, 77 ; Sénèque, *Med.* 878, etc.).

Sur cette question, on consultera W. et H. Gundel, s. u. *Planeten*, P.W. XX, 1, 2031 sq. ; A. Rehm, *o. c.*, 1250-1255, qui donnent d'autres références.

Du reste, bien des auteurs latins opposent les deux noms de la planète unique, soit allusivement, comme Catulle, LXII, 35 : *Hespere, mutato... nomine*, soit explicitement, en des termes qui rappellent souvent ceux de Vitruve :

Cicéron, *N.D.* II, 53 : *Stella Veneris, quae* Φωσφόρος *graece, Lucifer latine dicitur cum antegreditur solem, cum subsequitur autem Hesperos.*

Cf. Pline *N.H.* II, 36 ; Manilius, I, 177 sq. ; Sénèque, *Apocol.* IV, 1.

37. *nonnumquam... commorantur... alias celerius ingrediuntur :* La vitesse irrégulière des planètes, leurs stations et leurs rétrogradations sont dues, on le sait, à la composition très complexe de leur mouvement avec celui de la terre (L. Rudaux-G. de Vaucouleurs, *Astronomie*, p. 68-71). Mais pour les Anciens, qui supposaient la terre

immobile, ces fantaisies restaient mystérieuses malgré les systèmes complexes (épicycles et excentriques) par lesquels leurs savants tentaient d'en rendre compte. D'où l'étonnement admiratif du public cultivé devant ces mouvements irréguliers en apparence, et réguliers au fond. Du passage de Vitruve, on peut rapprocher Cicéron, *N.D.* II, 50 sq., 103 ; Macrobe, *Somn. Scip.* I, 21, 10 ; Martianus Capella, VIII, 854, 887.

Tous ces auteurs attribuent aux cinq planètes (au sens moderne du terme) les ralentissements, accélérations, stations et rétrogradations — et ils ont raison. Vitruve, lui, ne les mentionne que pour Mercure et Vénus ; pour Mars, il ne parle que des stations (IX, 1, 10). Quant à Jupiter et Saturne, on peut déduire de son silence qu'il leur prête une marche régulière, ce qui est contraire à la vérité.

Du reste, ni lui ni tous ceux dont on vient de lire les noms n'approfondissent la question : des généralités, un vague lyrisme leur suffisent. La théorie mathématique de ces mouvements était l'affaire des vrais savants, et Pline, qui s'y risque après eux, n'évite ni obscurités, ni erreurs (*N.H.* II, 61 et 72-76 ; cf. J. Beaujeu, *o. c.*, p. 159 sqq.). Sur ce point, cf. W. et H. Gundel, s. u. *Planeten*, P.W. XX, 1, 2082-2085, avec références à Ptolémée, Théon de Smyrne, Proclus, Geminus, etc.

38. *iustum cursum... celeriter consequantur :* Sur le texte de ce passage, cf. Ruffel-Soubiran, Pallas IX, p. 73 sq.

39. *iustam circumitionem :* Ici et dans tout le développement qui va suivre, Vitruve laisse entendre que les irrégularités dans la marche des planètes finissent par se compenser et aboutissent à une durée de révolution toujours constante (chiffres cités plus bas pour chacune d'elles). Nous sommes, nous modernes, d'autant plus tentés d'accepter cette interprétation que nous connaissons, effectivement, la durée toujours immuable des révolutions planétaires. Mais il s'agit pour nous de révolutions autour du soleil, tandis que les Anciens supposaient des révolutions autour de la terre immobile. Or la composition du mouvement de celle-ci avec le déplacement des autres donne lieu, nous l'avons dit, à des apparences très compliquées, et surtout irrégulières. Si bien que la révolution apparente (retour au même point du ciel) de telle planète n'a pas de valeur fixe : elle varie suivant le point de départ choisi, et cela explique la grande diversité des valeurs fixées par les Anciens aux durées des révolutions (cf. J. Beaujeu, *o. c.*, p. 135, n. 3).

I, 8. 40. *trecentesimo et sexagensimo die :* La plupart des témoignages anciens se contentent, pour Mercure comme pour Vénus, d'évaluer à un an la durée de leur révolution, semblable par conséquent à celle du soleil. Ainsi

Platon, *Tim.* 38 d ; Achilles, *isag. exc.* 18 (p. 44 Maass) ; Apulée, *De mundo*, 29 ; Macrobe, *Somn. Scip.* I, 19, 4. V. d'autres références dans Gundel, P.W. XX, 1, 2092.

Certains auteurs toutefois, dissociant Vénus et Mercure, attribuent à ce dernier en particulier une révolution voisine d'un an (Cicéron *N.D.* II, 53 ; Martianus Capella, VIII, 879).

D'autres enfin, tel Vitruve, chiffrent avec plus de précision la révolution de Mercure :

Pline, *N.H.* II, 39 : *Mercurii sidus... inferiore circulo fertur VIIII diebus ociore ambitu* (scil. *quam Veneris*)... ce qui donne 339 jours (mais cf. J. Beaujeu, *o. c.*, p. 135, n. 3).

Schol. Aratos, 455 (Ald.) : ὁ δὲ Ἑρμῆς εἰς ἓξ μῆνας καὶ ἡμέρας ἓξ τὸν ἴδιον κύκλον ἀπαρτίζει.

Ces données, nous l'avons dit, ne peuvent être rapprochées d'une valeur moderne fixe (Mercure tourne autour du soleil en 88 jours !). Néanmoins, du fait que Mercure ne s'écarte guère du soleil, les révolutions apparentes des deux astres sont à peu près isochrones : la valeur d'un an environ — mais pourquoi Vitruve précise-t-il 360 jours, et Pline 339 ? — est donc la plus satisfaisante.

I, 9. 41. *liberata ab impeditione radiorum solis :* Cf. *infra*, comment. IX, 1, 12 sq., sur le rôle des rayons solaires dans le déplacement des planètes.

42. *totam circinationem quadringentesimo et octogesimo et quinto die :* Valeur fort précise, en contraste avec le vague des auteurs qui assignent à Mercure et Vénus une révolution d'un an (cf. *supra*, comment. IX, 1, 8). Certains même, parmi ceux qui dissocient les deux planètes, ne sont pas plus méticuleux (Cicéron, *N.D.* II, 53 ; Geminus, *isag.* I, 28) :

Schol. Aratos, 455 (Ald) : ἡ δὲ Ἀφροδίτη κατά τινας μὲν ἐνιαυσιαίαν, κατὰ δὲ ἐνίους ὀκτωμηνιαίαν τὴν περίοδον ποιεῖ.

Martianus Capella, VIII, 882 : *At Venus... diebus trecentis et aliquot... peruagatur.*

Mais on trouve ailleurs plus de précision :

— 336 j. : Schol. Aratos, 455 (p. 428 Maass) ;

— 348 j. : Anonyme, *in Arat.* (p. 601 Maass) ;

Pline, *N.H.* II, 38 : *signiferi autem ambitum peragit trecenis et duodequinquagenis diebus* (cf. comment. J. Beaujeu, p. 135 et n. 3).

Vitruve, toutefois, est seul à fournir un chiffre aussi élevé, et nettement excessif. Où l'a-t-il trouvé ? Ou bien doit-on suspecter la tradition manuscrite ?

I, 10. 43. *Martis uero...:* Ici encore, Vitruve est remarquablement soucieux de précision. Beaucoup d'auteurs se contentent d'assigner à Mars une révolution de deux ans :

Nonnos, *Dion.* XXXVIII, 231 sq. ; Achilles, *isag. exc.* 18 (p. 44 Maass) ; Ps.-Aristote, περὶ κόσμου VI, 21 ; Apulée, *De mundo*, 29 ; Macrobe, *Somn. Scip.* I, 19, 3. D'autres marquent qu'il s'agit là d'une approximation :

Pline, *N.H.* II, 34 ; Martianus Capella, VIII, 884. (références supplémentaires chez Gundel, *o. c.*, P.W. XX, 1, 2091).

On rencontre enfin des estimations précises :

— 1 an 4 mois : Schol. Aratos, p. 427 Maass ;

— 24 mois moins 6 jours : Cicéron, *N.D.* II, 53 (cf. A. St. Pease, comment. *ad loc.*).

Deux ans 4 mois (Schol. Aratos, 455 Ald.), 2 ans 5 mois (Cléomède, *De motu...* I, 3, 17), 2 ans 6 mois (Geminus, *isag.* I, 26) et même 9 ans (Censorinus, *fr.* III, 4) ont également été proposés, mais tous ces chiffres sont trop forts.

En fait, la révolution réelle de Mars autour du soleil est de 687 jours, et c'est — si la rétrogradation est tout entière située loin du point de repère choisi — à peu près le temps que met cet astre à revenir au même point du ciel. Le chiffre donné par Vitruve est donc exceptionnellement précis. Seul Ptolémée, avec 1 an 321 j 23 h, fera mieux que lui.

44. *cum stationem fecit :* Cf. comment. IX, 1, 7. Mars a aussi des rétrogradations, au voisinage de chacune de ses oppositions, les stations se produisant au moment approximatif des quadratures (L. Rudaux-G. de Vaucouleurs, *Astronomie*, p. 70).

45. *placidioribus gradibus scandens :* Cf. comment. IX, 1, 5 *ut per graduum ascensionem percurrentes.*

46. *consistit post annos XI et dies CCCXIII :* La rédaction est maladroite : Jupiter ne s'arrête pas, comme Vitruve paraît le suggérer, après un tour complet ; ses stations et rétrogradations ont lieu pour lui aussi au voisinage de chaque opposition, c'est-à-dire tous les 398 jours environ (L. Rudaux-G. de Vaucouleurs, *o. c.*, p. 212). Mais cela n'est pas bien grave. Sachons plutôt gré à Vitruve de nous donner pour la révolution de Jupiter un chiffre aussi précis. Car bien des textes anciens se bornent à l'arrondir à 12 ans :

Schol. Aratos, 455 (p. 427 Maass) ; Achilles, *isag. exc.* 18 (p. 44 Maass) ; Nonnos, *Dion.* XXXVIII, 229 sq. ; Ps.-Aristote, περὶ κόσμου, VI, 21 ; Apulée, *De mundo* 29 ; Cicéron, *N.D.* II, 52 ; Pline, *N.H.* II, 34 ; Macrobe, *Somn. Scip.* I, 19, 3 ; Martianus Capella, VIII, 885.

Seul avec Ptolémée, qui, avec ses 11 ans 314 j 7 h, s'approche très près de la valeur admise aujourd'hui (11 ans, 314,84 j), Vitruve ne se contente pas de 12 ans. Mais les mss ont *dies CCCXXIII* (d. *CCCXXIIII* V), et la correction qui supprime un *X* est de Marini (erreur de Gundel, P.W. XX, 1, 2091, qui attribue aux mss de Vitruve 11 ans 223 j). Elle est raisonnable, car pour Mars et Saturne aussi Vitruve se rapproche plus qu'aucun autre des chiffres modernes. Mais même si on ne l'admettait pas, Vitruve serait encore plus voisin de la vérité que l'immense majorité des auteurs anciens.

47. *Saturni uero... :* C'est encore d'une valeur arrondie, 30 ans, que se contentent les traités antiques pour évaluer la révolution de Saturne :

Schol. Aratos, 455 ; Achilles, *isag. exc.* 18 (p. 44 Maass) ;

Nonnos, *Dion.* XXXVIII, 226 sq. ; Ps.-Aristote, περὶ
κόσμου, VI, 21 ; Cicéron, *N.D.* II, 52 ; Pline, *N.H.* II, 32 ;
Macrobe, *Somn. Scip.* I, 19, 3.

Martianus Capella, lui, se rapproche un peu plus de la
vérité en notant (VIII, 886) : *Phaenonis autem, hoc est
Saturni, praelatius omnibus sidus, modico minus annis
triginta circulum suum per longitudinem circumcurrit.*

Mais Vitruve, avec 29 ans 160 j, serre de plus près la
valeur moderne (29 ans 167 j) que Ptolémée lui-même
(29 ans 182 j). La comparaison, ici, est licite, car la
différence entre la révolution apparente dans le ciel et la
révolution réelle autour du soleil est négligeable, vu la
distance qui sépare la terre de Saturne. On se demandera
seulement, une fois encore, d'où Vitruve a tiré les éléments
de sa notice.

48. *circinationem rotae :* Le second mot est suspect :
circinationem suffit bien, et il n'est pas question de roue
dans les textes concernant les orbites planétaires. Par
contre, en IX, 1, 15, apparaîtra une comparaison qui,
pour expliquer le mouvement des planètes, fait appel
précisément à une roue de potier *(Quemadmodum si in
rota qua figuli utuntur...).* Il y a dès lors bien des chances
que le *rotae* de notre passage soit une glose intempestive
déduite du développement qui suit, une page plus loin.
Aussi l'avons-nous placé entre crochets droits, comme
une addition inauthentique.

I, 11. 49. *ei autem qui supra solis iter... :* A. Choisy corrige
supra en *circa* et applique tout le passage à Mercure et
à Vénus, planètes inférieures (cf. son analyse, t. I, p. 347,
et la figure du t. IV, pl. 91, fig. 8). Il n'a pas vu que Vitruve
exposait ici une théorie radio-solaire, connue par ailleurs
(Pline, *N.H.* II, 68-71) et appliquée aux planètes
supérieures.

En effet, les « Chaldéens », probablement à l'époque
hellénistique (J. Beaujeu, *o. c.*, p. 158, n. 1) avaient
remarqué que stations et rétrogradations planétaires
étaient en rapport avec les mouvements du soleil, observation que n'expliquaient pas les théories classiques des
excentriques et des épicycles. D'où l'idée que le soleil
jouait dans l'univers un rôle plus éminent que celui d'une

simple « planète », et exerçait une sorte d'hégémonie sur les autres astres errants :

Cicéron, *Diu.* II, 42 : *cum caeli conuersiones commuta-tionesque tantae fiant accessu stellarum et recessu, cumque ea ui solis efficiantur...*

Somn. Scip. IV, 19 : *mediam fere regionem Sol obtinet, dux et princeps et moderator luminum reliquorum, mens mundi et temperatio, tanta magnitudine ut cuncta sua luce lustret et compleat.*

(Cf. les commentaires de P. Boyancé, *Études sur le Songe de Scipion*, Paris, 1936, p. 78-104, qui montre que cette doctrine de l'hegemonikon solaire, déjà en germe chez les Présocratiques, remonte au stoïcien Cléanthe).

Lucain, *Ph.* X, 201 sqq.

Sol tempora diuidit aeui,
Mutat nocte diem, radiisque potentibus astra
Ire uetat, cursusque uagos statione moratur.

Cf. encore les textes de Censorinus cités par J. Beaujeu, *l. c.,* et W. et H. Gundel, s. u. *Planeten*, P.W. XX, 1, 2131 sqq.

Tout cela aurait pu mener à l'héliocentrisme (Bouché-Leclercq, *Astrologie grecque*, p. 117 sq.). En fait, tout l'effort de bien des « savants » anciens n'aboutit qu'à décrire exactement les rapports entre le mouvement du soleil et ceux des autres astres, puis à échafauder une explication pseudo-scientifique de ceux-ci, par le recours à une puissance soit attractive, soit répulsive des rayons solaires.

50. *maxime cum in trigono fuerint quod is inierit:* Lorsqu'une planète et le soleil sont éloignés d'un tiers de la circonférence céleste, soit 120° de longitude ou d'ascension droite, les astrologues disent que les deux astres sont en trigone. Le trigone, de même que la conjonction, l'opposition et la quadrature (respectivement écarts en longitude de 0°, 180° et 90°), est une des positions privilégiées qu'observent de préférence les faiseurs d'horoscopes. De fait, le rôle que joue le trigone dans la théorie radio-solaire s'explique par l'influence de l'astrologie chaldéenne (Bouché-Leclercq, *o. c.,* p. 117 sq. ; cf. p. 81, n. 3 ; J. Beaujeu, *o. c.,* p. 148 ; 158, n. 1 ; 159, n. 2) : il est étranger à l'astronomie scientifique d'un Eudoxe ou

d'un Hipparque. Se reporter à la figure, *infra*, comment. IX, 1, 13.

Du reste, Vitruve, ici, simplifie beaucoup. Il est exact que pour Jupiter et Saturne les stations se produisent lorsque ces planètes sont approximativement en trigone avec le soleil. Mais dans le cas de Mars, elles ont lieu dès le moment des quadratures (Pline, *N.H.* II, 59 ; cf. Martianus Capella, VIII, 887, qui reprend presque textuellement le passage de Pline, mais — comme Vitruve — sans parler du cas particulier de Mars). On se reportera à l'excellent commentaire de J. Beaujeu, *ad loc.* p. 148 sq., 158 sq., qui montre notamment que cette valeur de 120° est une approximation : en réalité, les stations se produisent en moyenne pour Mars à 136°, pour Jupiter à 115°, pour Saturne à 108° du soleil. Cf. encore W. et H. Gundel, s. u. *Planeten*, P.W. XX, 1, 2084 sq., qui donne d'autres références.

51. *nonnullis sic fieri placet :* On ignore à qui Vitruve fait ici allusion. L'addition proposée par O. Westerwick (*Zu Vitruv*, B. Ph. W., LV, 1935, 367) : *solem... abstantia quadam <non lucere et> non lucidis... impediri*, ne s'impose nullement.

52. *errantia per eam sidera :* Les mss écrivent *per ea*, que Wistrand (*De Vitruuii sermone...* p. 41 sq.) propose de conserver. *Errantia* désignerait les planètes (neutre à valeur générale, comme en VI, 1, 8 *grauiora, acutiora*), et *per ea sidera* le Zodiaque.

Deux difficultés pourtant : l'obscurité de l'expression, où le lecteur groupera instinctivement tous les mots au neutre pluriel (il est vrai qu'un mauvais écrivain comme Pline n'hésite pas à écrire de même *cetera oua parientia* « tous les autres ovipares ») ; et la désignation du Zodiaque — dont Vitruve n'a pas parlé depuis fort longtemps — par l'expression *ea sidera*, où le démonstratif est bien étrange ; sans parler de la curieuse — et inconnue par ailleurs — désignation des planètes par *errantia* (Cicéron, *Tusc.* I, 62 et Pline, *N.H.* II, 58 sq., disent *errantes stellae ;* Nigidius Figulus *ap.* Gell., III, 10, 2 *errones*).

D'où la correction de Schneider, adoptée par Krohn et Granger : *errantia per eam sidera. Eam* renvoie à *abstantia*

tout proche ; *errantia sidera* désigne, explicitement cette
fois, les planètes. Objection de Wistrand *(l. c.) :* Vitruve
n'appelle jamais les planètes *sidera.* Soit ; mais cela se
rencontre chez d'autres auteurs (Manilius, I, 814 *Sunt
alia aduerso pugnantia sidera caelo;* Pline, *N.H.* II, 32
Saturni sidus..., 36 *ingens sidus appellatum Veneris...,* 39
Mercurii sidus; même la lune, en II, 41 sq., est un *sidus*),
et n'a donc rien d'insolite. Paléographiquement enfin,
l'omission d'un tilde dans une série de mots à -*a* final
est toute naturelle.

53. *nobis uero id non uidetur :* Sur cette formule, où
uidetur = placet, gr. δοκεῖ, cf. M. H. Morgan, *On the
Language of Vitruvius,* Addresses and Essays, p. 172 ;
L. Sontheimer, *Vitruvius und seine Zeit,* diss. in. Tübingen,
1908, p. 9. Pour exprimer une opinion philosophique ou
scientifique, elle est cicéronienne (*Off.* III, 11 ; *Tusc.* V,
12). Du reste, l'hypothèse que Vitruve expose ici, pour
la réfuter, est d'une naïveté qui se passe de commentaire.

54. *solis enim splendor perspicibilis et patens... per omnem
mundum :* Même idée chez Cicéron, *Somn. Scip.* IV, 19 :
tanta magnitudine ut cuncta sua luce lustret et compleat;
N. D. II, 119 : *ipse sol mundum omnem sua luce compleat.*

55. *ut etiam nobis appareat, cum faciant eae stellae
regressus et morationes :* Un délicat problème de critique
textuelle se pose ici, qui engage l'intelligence du passage
entier. Tous les mss donnent *appareant,* à l'exception de
P (1ʳᵉ main) et de *h* (correction) qui portent *appareat.*
Dans le premier cas, le sujet ne peut être que *(errantes)
stellae;* dans le second, il sera obligatoirement *sol,* ou
solis splendor.

Le pluriel *appareant* suppose que les planètes reçoivent
leur lumière du soleil — ce qui est, on le sait, la vérité
scientifique. Car alors, l'argumentation est la suivante :
si ces planètes nous apparaissent, c'est-à-dire nous
renvoient la lumière qu'elles tiennent du soleil, même
lors de leurs stations et rétrogradations, c'est qu'elles ne
cessent jamais d'être éclairées par lui, et, par conséquent,
que leurs routes ne sont jamais obscures. Donc, conclut
Vitruve, la théorie qui explique par cette obscurité le
ralentissement des planètes est controuvée. C'est ainsi
qu'a compris Granger, qui traduit : « so that these stars

appear to us even when they retrograde or are stationary »,
et qui explique laconiquement (t. II, p. 221, n. 2) : « The
planets even at night draw their light from the sun. »
Oui, mais les Anciens savaient-ils que les planètes
brillaient d'une lumière empruntée ? Pour la lune, c'est
certain (cf. comment. IX, 2, 3). Mais ce n'est pas elle qui
est en question ici, puisque jamais elle ne rétrograde.
En fait, les deux théories, lumière propre et lumière du
soleil réfléchie ont coexisté, avec toutefois une grande
prédilection pour la première (qui était entre autres celle
de Platon : cf. Th. H. Martin, *Mémoire sur les hypothèses...*,
Mém. Institut, XXX, 100). Bouché-Leclercq (*o. c.*, p. 89,
n. 2) cite les deux affirmations, tardives et contradictoires,
de Probus *(ad Virg. G.* I, 336 : *omnibus stellis sol dat
lumen et calorem)* et de Sisebut (*P.L.M.* Bährens, V,
p. 360 ; — v. maintenant J. Fontaine, *Isidore de Séville,
Traité de la Nature, suivi de l'Epître en vers du roi Sisebut
à Isidore*, Bibl. de l'Éc. des Htes Ét. Hispan., XXVIII,
Bordeaux, 1960. — : *Et proprium cunctis iubar est nec
sole rubescunt).* Cf. aussi W. et H. Gundel, s. u. *Planeten*,
P.W. XX, 1, 2109 sq., qui attribuent l'opinion que les
planètes brillent d'une lumière réfléchie aux Néo-Chal-
déens et à Vitruve, sur la foi de ce passage, bien douteux,
on le voit.

Car *appareat* donne une suite des idées tout aussi
satisfaisante, sans qu'on doive prêter à Vitruve une
théorie qu'il avait bien des chances d'ignorer. On la
restituera ainsi : Certains supposent que l'obscurité produite par l'éloignement du soleil empêche les planètes
d'avancer. — Non, répond Vitruve, car la lumière du
soleil est visible dans tout l'univers : et la preuve *(ut...)*,
c'est que même nous, pauvres hommes *(etiam nobis)*,
nous l'apercevons au moment où, si l'on en croit les
nonnulli en question, ces planètes ne la recevant plus
s'arrêteraient et reviendraient en arrière. Or ce que nous
apercevons, nous humains, comment des astres divins
(diuinitatibus) et pourvus de leur lumière propre *(splen-
doribusque)* ne l'apercevraient-ils pas ? Il n'y a donc
jamais, ni pour eux, ni même pour nous, d'obscurité
causée par l'éloignement du soleil.

Le dernier argument qui a fait pencher notre jugement
en faveur de cette interprétation est l'expression *splendoribus astrorum*, qui répond tout à fait à *solis splendor*,

et suggère, ici et là, une lumière propre (au contraire de
ce que supposait Gundel). Le contexte, d'ailleurs,
confirme : *splendoribus astrorum obscuritates obici posse*
s'applique à une obscurité ambiante (cf. *supra, non lucidis
itineribus errantia)* et non à un obscurcissement de l'astre
lui-même. Du reste, l'idée que les astres sont des corps
à la fois divins et ignés est stoïcienne, et spécialement
posidonienne (Sénèque, *N.Q.* VII, 1, 6 et note de
P. Oltramare, éd. Belles-Lettres, t. II, p. 302, n. 1).

Conclusion : Vitruve attribuait aux planètes une
lumière propre. La leçon *appareant* est donc impossible,
et il faut lire *appareat*, même si l'autorité de *P h²* est
faible en face des autres mss.

I, 12. 56. *per arcus :* Ce passage pose deux problèmes, l'un
paléographique, et l'autre, qui du reste lui est connexe,
exégétique.

Les mss donnent tous *per arcus* (*arcum* b c h). Toutefois,
S présente sous le *c* un grattage qui dissimule, selon
Rose² (app. crit. *ad loc.*), la leçon *artus*, à partir de laquelle
l'éditeur restitue *ortus*. Il pourrait s'agir, dès lors, de
l'évaporation matinale de la rosée, et cette interprétation
se trouverait confirmée par un autre passage du *De
Architectura* (VIII, 2, 1) : *umores ex terra matutino solis
ortu moti cum sint egressi, in quamcumque partem caeli
sunt proclinati, trudunt aera.* Toutefois, malgré leur similitude apparente, les deux notices ne coïncident pas. Si au
livre VIII c'est bien la rosée qui est en question, au
livre IX il s'agit en réalité de sources *(a fontibus)* dont
l'eau s'élève, sous forme de vapeur, jusqu'aux nuages.
Or cette évaporation est sans doute bien plus intense au
milieu du jour qu'au lever du soleil. *Per ortus,* donc, ne
convient pas : *per aestus* serait acceptable pour le sens,
mais totalement gratuit.

On voit mal, du reste, pourquoi Rose ne s'est pas
contenté de l'unanime *per arcus,* car la croyance qui
attribue à l'arc-en-ciel le pouvoir d'aspirer jusqu'au ciel
les eaux terrestres est connue par des textes dont l'un
au moins est célèbre, celui de Virgile :

Plaute, *Cu.* 131,

    ... *Ecce autem bibit arcus : pluet, credo, hercle hodie.*

Virgile, *G.* I, 380 sq.   *Et bibit ingens*
                                            Arcus.
                              (cité par Sénèque, *N.Q.* I, 8, 8).

Cf. Ovide, *Met.* I, 270 sq. ; Lucain, *Ph.* IV, 79 sqq. ;
Stace, *Th.* IX, 404 sq.

Textes tous poétiques, on l'aura remarqué, mais celui de
Plaute en tout cas est ancien. Aussi admet-on généralement le caractère populaire de cette croyance. Celle-ci,
née peut-être de l'observation directe (un arc-en-ciel
s'élevant au-dessus d'un plan d'eau semble surgir de
l'élément liquide), figure, avec de menues variantes
(serpent céleste qui descend vers la terre pour se désal-
térer ; cf. Homère, *Il.* XI, 26 sq., qui compare serpents
et arc-en-ciel ?), dans le folklore de bien des peuples,
sauvages ou civilisés : cf. sur tout cela Ch. Renel, *L'arc-en-
ciel dans la tradition religieuse de l'Antiquité*, R.H.R.,
XLVI, 1902, p. 62-70.

L'histoire des religions suggère encore un rapprochement, fort troublant celui-ci, avec un mythe indien.
Suivant ce dernier, le soleil serait formé de deux parties,
l'une lumineuse qui nous éclaire, l'autre obscure que l'on
appelle son pied. Au moyen de ce pied, il pompe l'eau
pendant huit mois, et la fait ensuite retomber en pluie
pendant quatre mois (R. Goossens, *Un mythe solaire :
Aja Ekapād et les Unipèdes*, Annales de l'Institut de
Philol. et d'Hist. orient., III, 1935, Bruxelles, p. 616-621).
Or ce « pied noir » du soleil, nous allons le retrouver
chez Vitruve même, à propos de la citation d'Euripide
qui suit presque immédiatement ce passage (cf. comment.
IX, 1, 13).

Quoi qu'il en soit de ces curieuses similitudes, la
conception vitruvienne de l'arc buveur d'eau paraît, dans
l'Antiquité, spécifiquement romaine. Certes, Ch. Renel
(*o. c.*, p. 72 sqq.) essaie d'en retrouver la trace dans la
mythologie hellénique (mythe hésiodique — *Théog.*
783 sqq. — d'Iris envoyée par Zeus pour puiser l'eau du
Styx ; représentations figurées d'Iris tenant une aiguière ;
généalogie mythique d'Iris, fille de l'Océanide Electra et,
par son père Thaumas, petite-fille de Pontos). Mais les
textes explicites sont rares : un vers (peu convaincant)
d'Empédocle (ἶρις δ' ἐκ πελάγους ἄνεμον φέρει ἢ μέγαν
ὄμβρον), et une notice doxographique à propos d'Homère

(*Il.* XVII, 547) : Diels, *Doxogr.* p. 372, 8-13 a = Aet., III, 5, 2, Plutarque, *Placit.* 894 b ἐμυθεύσαντό τινες αὐτὴν (= ἴριν) ταύρου κεφαλὴν ἔχουσαν ἀναρροφεῖν τοὺς ποταμούς. C'est peu en regard des textes latins, nombreux et explicites.

Il y a, il est vrai, bien d'autres auteurs anciens qui traitent de l'arc-en-ciel : ils donnent du phénomène une explication scientifique qui est, sinon correcte dans tous ses détails, du moins exacte en son principe et fort proche de nos conceptions modernes. Aristote déjà (*Météor.* III, 2, 5) n'ignorait pas que l'arc était un effet purement optique produit par la réflexion — nous dirions plutôt la réfraction — de la lumière solaire sur les goutte-lettes d'eau en suspension dans l'atmosphère. Telle est l'explication qu'après le Stagyrite reproduisent Sénèque (*N.Q.* I, 3-8), Pline (*N.H.* II, 150 sq. ; cf. comment. J. Beaujeu *ad loc.*, p. 220 sq.), et jusqu'à Ammien Marcellin (XX, 11, 26-29).

S'il faut donc, chez Vitruve, lire *per arcus* dans le passage qui nous occupe — et tout paraît y inviter — nous reconnaîtrons dans cette conception naïve une trace de ces croyances populaires dont l'auteur du *De Archi-tectura*, si féru qu'il fût de vraie science, n'a pas toujours su se dégager (cf. comment. IX, 1, 3 *excelsius habeat altitudinem centrum*). De plus, la mention de l'arc-en-ciel est ici insolite. Vitruve prétend avec elle illustrer la puissance attractive de la chaleur. Mais aucun texte ancien sur l'arc buveur d'eau ne précise que sa formation est limitée aux périodes chaudes de la journée ou de l'année. On croirait volontiers que Vitruve a plus ou moins confondu ici deux conceptions : celle, pseudo-scientifique, qu'attestent Plaute et Virgile *(ll. cc.)*, et celle, scientifique et exacte, d'Aristote et de ses succes-seurs, qui donne au soleil un rôle fondamental (par sa lumière il est vrai, non par sa chaleur) dans la formation du phénomène.

57. *radiis trigoni forma porrectis :* Cf. comment. IX, 1, 11 *(maxime cum in trigono)* et IX, 1, 13 *(quinto a se signo)*.

58. *insequentes stellas ad se perducit :* L'influence de l'énergie solaire (si l'on peut traduire par cette expression moderne, qui désigne tout autre chose mais demeure tout de même assez vague, le *solis impetus* de Vitruve) s'exerce

donc toujours dans le même sens : elle est, si l'on en croit
Vitruve, constamment attractive (singulière préfiguration
de la mécanique céleste moderne !). Ici encore, c'est une
simplification en regard des théories de Pline, pour qui
le soleil tantôt attire, tantôt repousse les planètes, selon
que ses rayons les frappent par-dessus ou par-dessous
(*N.H.* II, 69-71 ; cf. J. Beaujeu, comment. *ad loc.*,
p. 158 sq.).

59. *progredi in alterius trigoni signum, sed ad se regredi :*
Encore un passage où l'établissement du texte et l'interprétation astronomique sont indissociables. Les mss
n'offrent qu'un texte incohérent (que Granger s'obstine
pourtant à conserver) : *non patitur progredi, sed ad* (om.
S V ; *a* S²) *se regredi in alterius trigoni signum esse* (*quam
in ulterius trigono signo esse* f² p). Le sens à restituer est
clair : le soleil, exerçant son freinage, empêche les planètes
de trop s'éloigner de lui. Mais les restitutions possibles
sont nombreuses. Celle de Rose : *sed ad se <cogit>
regredi <dum> in alterius trigoni signum exeat* (d'après
Giocondo pour *cogit*, Marini pour *exeat*) est trop loin du
texte des mss. (J. Praun, *Bemerkungen zur Syntax des
Vitruv...*, diss. in. Münich, 1885, p. 107). O. Westerwick,
pour une fois heureux dans ses conjectures, suggère
(*Zu Vitruv*, B. Ph. W., LV, 1935, 176) : *non patitur
progredi in alterius trigoni signum, sed regredi <et> ad
se esse.*

Sur un point pourtant, il a tort en s'obstinant à conserver le *esse* final, qui est, comme souvent ailleurs, sûrement
inauthentique ici (cf. comment. IX, pr. 16 *praesentem*),
et pourrait bien signaler précisément l'altération du
passage. Krohn, lui, l'a inséré entre crochets droits, mais
là s'est bornée son intervention. Or le texte *non patitur
progredi, sed ad se regredi in alterius trigoni signum* dit
tout juste le contraire de ce que Vitruve veut faire
entendre : car la rétrogradation est subie par une planète
qui aurait tendance à sortir du trigone solaire pour entrer
dans un autre, et elle a pour effet de l'y ramener. Tout
s'arrange au prix d'une transposition, proposée par
Reber, qui rapportera *in alterius signum* à *progredi* —
transposition facile pour la paléographie (membre de
phrase omis, rajouté en marge puis mal inséré), et
élégante pour la syntaxe (chaque verbe a ainsi son
propre complément de lieu : *progredi in... signum/ad se*

regredi). Sans doute, si l'on voulait à tout prix conserver l'ordre des mots attesté par la tradition ms., on pourrait songer à écrire : *non patitur progredi, sed ad se regredi in anterius trigoni signum:* la correction *alt-/ant-* est minime : mais *anterior* (cf. *Thes. L. L.*, s. u.) est mal attesté avant l'époque chrétienne (un seul ex. chez Celse : Vitruve, en pareil cas, emploie *prior:* IX, 3, 1 *dimidia pars prior Tauri*), donc assez risqué ici. Aussi avons-nous préféré la transposition.

Un dernier problème, mineur celui-là : Giocondo, suivi par Rose, s'était cru obligé, nous l'avons dit, d'insérer un *cogit* avant *regredi*, car *non patitur* ne lui semblait pouvoir s'appliquer qu'à *progredi:* après l'expression négative, le tour positif devait être explicite. Nous croyons, avec Wistrand (*De Vitruuii sermone...* p. 50), qui cite d'autres exemples, qu'il n'est besoin de rien ajouter : *non patitur* commande à la fois les deux verbes, par un zeugma qui ne surprend pas chez un écrivain dont la syntaxe est souvent peu cohérente.

I, 13. 60. *quinto a se signo:* Cf. comment. IX, 1, 11. Le texte de Vitruve devient parfaitement clair si l'on considère la figure de la p. 108. Elle représente, simplifié, le système géocentrique admis par les Anciens. Autour de la terre, l'orbite du soleil et celle de la planète supérieure exposée aux rétrogradations sont à leur tour comprises à l'intérieur de la sphère des fixes que le Zodiaque découpe en douze parties égales (numérotation du cercle extérieur). Le soleil, en S, et la planète, en P, sont, vus de la terre, à 120° l'un de l'autre (trigone). Mais, depuis la terre, les deux astres paraissent, non point décalés dans l'espace sur des orbites de rayons différents, mais bien projetés sur la sphère des fixes : par rapport au Zodiaque qui sert de repère, le soleil est vu en S', la planète en P', c'est-à-dire au cinquième signe en partant de celui qu'occupe le soleil. Ainsi s'explique ce que dit Vitruve des rayons solaires.

61. *uti trigoni paribus lateribus... lineationibus extenduntur:* Il se représente le soleil en S' et suppose que ses rayons, au lieu de suivre la courbure de l'univers, coupent au plus court, en ligne droite, et forment le triangle équilatéral représenté en trait plein sur la figure. Ces rayons vont ainsi frapper la planète en trigone, ou plus

exactement sa projection sur le Zodiaque, et ils exercent
sur elle leur action attractive.

Il est facile de montrer l'absurdité de ces théories.
D'une part, la « forme » des rayons solaires, divergeant
de 60° à partir de l'astre du jour de manière à former
deux côtés d'un triangle équilatéral, est tout à fait
arbitraire et choisie pour les besoins de la cause (Bouché-
Leclercq, *Astrologie grecque*, p. 81, n. 3). D'autre part et
surtout, Vitruve raisonne comme si les deux astres

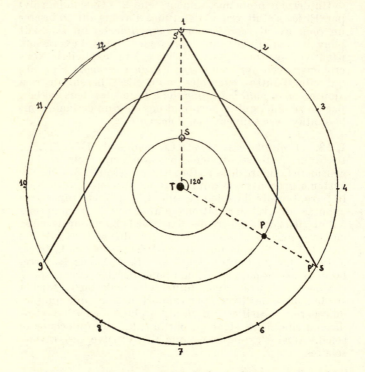

considérés, soleil et planète, étaient situés sur la même
sphère qui serait aussi la sphère des fixes, celle du
Zodiaque. C'est bien, nous l'avons dit, ce que suggère
l'observation du ciel sans connaissances préalables, mais
cela ne correspond pas du tout à l'enseignement de
l'antiquité — et de Vitruve lui-même — sur la profondeur

du système planétaire, complètement ignorée ici. Encore une fois, Vitruve est pris en flagrant délit de contradiction implicite, pour ne s'être pas représenté lui-même, avec toute la clarté nécessaire, les systèmes qu'il exposait.

62. *Euripides... in fabula Phaethonte :* Sur le sujet de cette pièce perdue, cf. A. Nauck, *Tragicorum graecorum fragmenta*[2], Leipzig, 1889, p. 599 sqq. Le vers cité par Vitruve, dont le premier hémistiche a été reconstitué par Dindorf, le second par Valckenaer (*Diatr.* p. 32), pourrait appartenir au prologue prononcé par Phaéthon. Il a du reste été rattaché par Barnes à un autre trimètre, cité par Stobée (*Ecl.* I, 25, 6), les deux vers formant le fragment 772 Nauck :

> Θερμὴ δ' ἄνακτος φλὸξ ὑπερτέλλουσα γῆς
> Καίει τὰ πόρρω, τἀγγύθεν δ' εὔκρατ' ἔχει.

La pensée paraît bien être la même que celle dont Vitruve se fait en latin l'interprète, mais l'absence du contexte euripidéen doit inciter à la prudence. En outre, à supposer que la théorie des deux écrivains ait bien été semblable, on se demandera à qui Euripide la devait : *animaduertisse uidetur*, dit Vitruve. Mais cela ne signifie pas que le poète lui-même ait eu l'honneur de cette découverte. Toutefois, comme son goût pour la philosophie et les sciences était notoire (cf. Vitruve, VIII, pr. 1), il est possible que nous ayons dans ce vers le reflet d'un enseignement digne d'intérêt, sinon de créance — ce qui expliquerait le respect de Vitruve pour ce *testimonium poetae ueteris*, qui lui paraît trancher la question.

Le certain, c'est qu'on ignore tout des origines de cette théorie. Toutefois, R. Goossens (*Un mythe solaire...*, Ann. Instit. Philol. et Hist. orient., III, Bruxelles, 1935, p. 619 sq.) a remarqué qu'elle s'accordait assez bien avec le mythe indien de l'*Asita pāda*, rayon noir de direction verticale qui sert de support au soleil ; et, citant le « commentaire pseudo-scientifique » de Vitruve, il inclinerait à faire dériver « cette astronomie bizarre » d'une très vieille conception folklorique.

Ce qui demeure tout à fait frappant, en tout cas — et ce que R. Goossens n'a pas vu faute d'avoir eu sous les yeux une édition portant *per arcus* en IX, 1, 12 —, c'est que les deux seules traces que le mythe indien du pied noir du soleil paraît avoir laissées dans l'astronomie gréco-latine — à savoir l'arc-en-ciel buveur d'eau et la répartition de la chaleur solaire — sont toutes deux attestées, à quelques lignes à peine de distance, dans le texte du *De Architectura*. N'est-ce qu'une coïncidence ? Ce serait bien surprenant. Vitruve, nous l'avons montré ailleurs (introd. p. LIV sq.), est féru de théories orientales, admirateur de Bérose et des Chaldéens. Ne serait-ce pas à eux que, par l'intermédiaire peut-être de Nigidius Figulus, remontent ces étranges enseignements ?

I, 14. 63. *celerius <peruagari> uidentur:* Tous les mss omettent ici l'infinitif, qui semble cependant indispensable à la syntaxe et au sens (mais Granger, dans sa fidélité aveugle au Harleianus, se contente de *celerius uidentur!*). Il faut suppléer un verbe de mouvement : mieux que les anciennes éditions, qui conjecturent *percurrere,* Rose et Krohn choisissent *peruagari,* d'après IX, 1, 15 *celerius peruagari.*

Du reste, le passage de Vitruve laisse entendre, sans l'affirmer explicitement, (cf. pourtant *infra,* IX, 1, 15 *etiamsi aeque celeriter ambulet* dans la comparaison avec les sept fourmis) que toutes les planètes se meuvent à la même vitesse, et que seule la différence de longueur de leurs orbites explique la différence des durées de révolution. Telle était, en effet, l'*opinio communis* des Anciens ; ainsi Macrobe, *Somn. Scip.* I, 21, 6 *Constat enim nullas inter eas* (scil. *errantes stellas*) *celerius ceteris tardiusue procedere; sed cum sit omnibus idem modus meandi, tantum eis diuersitatem temporis sola spatiorum diuersitas facit.*

L'Antiquité, pourtant, s'était posé le problème : Platon l'aurait formulé le premier, si l'on en croit Simplicius (*De caelo* II, 12, p. 448, 21 sqq. Heib. ; — mais selon Geminus, *isag.* I, 19, ce mérite reviendrait aux Pythagoriciens), et il lui donnait la solution exacte que confirme la science moderne (*Tim.* 39 a). Car nous savons (conséquence de la deuxième loi de Képler ou loi des aires) que les planètes sont d'autant plus lentes qu'elles sont plus éloignées du soleil : Mercure se déplace sur son orbite à une vitesse qui varie entre 57 (périhélie) et 39 (aphélie) km/s, Vénus à 35 km/s, la terre à 29,76 km/s, Mars à 24,11 km/s, Jupiter à 13 km/s, Saturne à 9,64 km/s seulement. Mais il était beaucoup plus simple, pour les

Anciens, d'admettre le postulat, sans doute imaginé par les Chaldéens, d'une vitesse uniforme (cf. Bouché-Leclercq, *Astrologie grecque*, p. 105 sq. ; W. et H. Gundel, s. u. *Planeten*, P.W. XX, 1, 2052 sq.).

I, 15. 64. *quemadmodum si in rota...* : La comparaison du système planétaire avec sept fourmis se déplaçant dans des rainures concentriques sur une roue de potier est classique et se retrouve dans de nombreux manuels : ainsi Cléomède, *De motu circulari...* I, 3, 16 (p. 30, 13 sqq. Ziegler) ; Achilles, *isag. exc.* 20 (p. 48 Maass) ; Anonyme, I (p. 97 sq. Maass).

Ce genre de comparaison (d'autres références dans Gundel, P.W. XX, 1, 2082), inspiré peut-être par Platon (*Leg.* VII, 822 b, qui rapproche le mouvement des planètes d'une course de chars ou d'athlètes à Olympie), doit remonter à une autorité célèbre : Gundel *(l. c.)* la situe à l'époque alexandrine ; d'autres (cf. introd. p. xlviii et n. 5) l'identifient avec Posidonius. Au même Posidonius les Anciens seraient redevables d'autres analogies du même genre : celle d'un bateau qui descend un fleuve moins vite que le courant et qui paraît donc, puisque celui-ci le dépasse, aller à contre-courant ; celle encore d'un bateau dont les passagers se promènent de la proue vers la poupe, en sens inverse du mouvement plus rapide par lequel ils sont cependant entraînés (Cléomède, *De motu circulari...* I, 3, 16, p. 30, 8-13 Ziegler ; Anonyme, I, p. 98 Maass).

De telles métaphores, fait remarquer Gundel *(l. c.)*, sont simplistes en ce qu'elles ne rendent pas directement compte des stations et des rétrogradations. Ajoutons que, dans le cas particulier du *De Architectura*, la roue du potier contredit le système planétaire que Vitruve vient de nous proposer (cf. introd. p. xliii ; comment. IX, 1, 6 *Mercurii autem et Veneris stellae*).

65. <*a m*>*inimo* : Les mss ont *in imo*, inacceptable (sauf pour Granger). Ni *ab imo* de Schneider, ni *imo* de Rose et Krohn ne valent mieux. *Ab intimo* serait séduisant pour le sens (opposition *intimo/extremum*), mais la paléographie n'est guère favorable : on ne s'explique pas la chute de *ab*, et encore moins celle du *t* intérieur de *intimo*. *A minimo* au contraire, acceptable pour le sens

(opposition *minimo/adcrescentes*), est excellent pour la paléographie : en minuscule, la finale -*um* du mot qui précède et l'initiale *am-*, très semblables, ont pu subir une haplographie. D'où le texte que nous avons adopté.

66. *uerseturque rota in alteram partem :* Pour l'idée que Vitruve prétend illustrer (IX, 1, 14), à savoir la différence des durées de révolution liée à l'inégale longueur des orbites, ce détail est superflu. Mais il est essentiel dans la comparaison traditionnelle, dont le but est précisément d'expliquer le double mouvement des planètes. Vitruve, du reste, l'a bien compris, qui va revenir par ce biais au *contrarius cursus* (cf. IX, 1, 5 et comment. *ad loc.*) des *errantes stellae*.

67. *astra nitentia contra mundi cursum :* M. H. Morgan (*Notes on Vitruvius*, Harv. St., XVII, 1906, p. 8) a fait justice d'une erreur de H. Nohl *(Index Vitruuianus)* qui place ce *nitentia* s. u. *niteo*. Il s'agit en fait du verbe *nitor*, qui traduit cette sorte de lutte (cf. IX, 1, 5 *contrario cursu*, 16 *contrario opere ac cursu*, et Manilius I, 814), qu'illustre bien la comparaison des fourmis *(contra rotae uersationem... aduersus)*, entre le mouvement général de l'univers et celui des planètes. De même, Ovide fait dire au Soleil, s'adressant à Phaéthon :

Met. II, 70 sqq.

> *Adde quod adsidua rapitur uertigine caelum,*
> *Sideraque alta trahit celerique uolumine torquet.*
> *Nitor in aduersum, nec me, qui cetera, uincit*
> *Impetus et rapido contrarius euehor orbi.*

68. *redundationibus referuntur... :* L'expression est lourde et embarrassée. Il ne s'agit plus des rétrogradations dont Vitruve a parlé jusqu'ici, mais d'apparences plus banales. Quoique les planètes arrivent à accomplir leur révolution contre le mouvement du ciel — donc d'ouest en est —, la rotation quotidienne de la sphère céleste les entraîne avec elle d'est en ouest : διπλῆν κίνησιν, disait l'Anonyme (p. 97 sq. Maass), τὴν μὲν ἐρχομένων *(= suis itineribus perficiunt circumitum)*, τὴν δὲ φερομένων *(= caeli uersatione referuntur)*. Cf. aussi le texte cité au comment. IX, 1, 5 *contrario cursu*.

I, 16. 69. *omnis ignis in superiora loca habet scandentem flammam :* Théorie simpliste née de l'observation directe la plus banale. Mais Vitruve aurait pu songer aussi, par exemple, à un lingot de métal porté à l'incandescence qui ne comporte aucune flamme et rayonne sa chaleur non pas au-dessus, mais tout autour de lui.

70. *ergo sol aethera qui est supra se radiis exurens :* Encore une conséquence qui ne découle pas nécessairement des prémisses. D'une part, si le soleil est igné, on n'a jamais vu que des flammes s'en élèvent dans une direction privilégiée (et que devient, dans cette perspective, la théorie radio-solaire qui faisait partir les rayons du soleil dans une direction déterminée ? Cf. comment. IX, 1, 13). D'autre part, encore une fois, Vitruve se représente mal le système planétaire et se laisse abuser par sa terminologie. Mars n'est point au-dessus du soleil, comme un objet quelconque pourrait être placé au-dessus de la flamme d'un foyer : il est au-delà, mais à peu près sur le même plan. Du reste, si l'on prenait à la lettre les explications de Vitruve, il n'y aurait pas de raison, puisque la flamme monte toujours (on sait que le feu est le plus léger des quatre éléments : cf. Ovide, *Met.* I, 26 sq., *F.* I, 109), pour qu'elle n'atteignît et ne réchauffât pas aussi Jupiter et Saturne !

En somme, s'il est légitime d'expliquer la température des planètes par l'influence du soleil, il suffit d'invoquer le voisinage de celui-ci (c'est ce que fait correctement Pline, *N.H.* II, 34 *tertium Martis... igne ardens solis uicinitate*), au lieu de recourir à des considérations sur les propriétés ascendantes du feu. On reconnaîtra toutefois que Pline lui-même, ailleurs (*N.H.* II, 69 sq. ; cf. J. Beaujeu, *o. c.*, p. 159 et n. 2), ne les ignore pas.

71. *feruens ab ardore solis efficitur :* Si l'astronomie antique demeure en général muette sur les températures de la lune, de Mercure et de Vénus, elle se complaît à souligner la gradation qui, sur ce point, relie les trois planètes supérieures : Mars est chaud, Jupiter tempéré et Saturne froid. C'est que dans cette observation le principe stoïcien de la κρᾶσις, celui de la συμπάθεια τῶν ὅλων se trouvaient en quelque sorte vérifiés.

Sur la température brûlante de Mars, les textes ne manquent pas (W. et H. Gundel, s. u. *Planeten*, P.W. XX, 1, 2111). Outre celui de Pline (*N.H.* II, 34), déjà cité, on peut relever Cicéron (*N.D.* II, 119 : *media Martis incendat;* cf. *Somn. Scip.* IV, 19), Vitruve lui-même (VI, 1, 11 : *Martis (stellam) feruentissimam*), Lucain (*Ph.* I, 658-660), etc.

Le silence de Vitruve sur la couleur de cette planète, par contre, surprend un peu. Beaucoup d'auteurs anciens, en effet, insistent sur l'éclat rougeâtre de Mars, si évident à l'œil nu, et le mettent en relation avec sa température élevée, et son nom grec de Πυροείς (Ps.-Aristote, περὶ κόσμου, VI, 21 ; Cicéron, *N.D.* II, 53 ; Apulée, *De mundo* 29 ; Martianus Capella, VIII, 884). Ainsi Pline, *N.H.* II, 79 : *Colores ratio altitudinum temperat... Circulus frigidior in pallorem, ardentior in ruborem... Suus quidem cuique color est: Saturno candidus, Ioui clarus, Marti igneus* (cf. comment. J. Beaujeu, *o. c.*, p. 166 sq. ; F. Boll, *Antike Beobachtungen farbiger Sterne*, Abh. d. kön. bayer. Akad. d. Wiss., Phil.-Hist. Kl., XXX, 1, Münich, 1916, p. 19-26).

72. *Saturni autem... uehementer est frigida:* Encore une remarque très banale, reproduite chez Vitruve lui-même (VI, 1, 11 *Saturni (stellam) frigidissimam*), Cicéron *(N.D.* II, 119 *summa Saturni refrigeret),* Pline *(N.H.* II, 34 *rigore Saturni),* sans parler des poètes comme

Virgile, *G.* I, 336
> *Frigida Saturni sese quo stella receptet*

Lucain, *Ph.* I, 651 sq.
> *Summo si frigida caelo*
> *Stella nocens nigros Saturni accenderet ignis.*

J. Beaujeu (*o. c.*, p. 136, n. 4) remarque que « la science moderne apporte une confirmation surprenante aux conjectures des Anciens : la température du globe de Saturne serait si basse (— 145°) que l'ammoniaque qui s'y trouve en abondance serait presque entièrement solidifié ». C'est tout à fait exact, et les modernes expliquent le fait comme les Anciens, par l'éloignement du soleil source de toute chaleur. Mais la science contemporaine se sépare de l'antique à propos de Mars et de Jupiter, qui, loin d'être brûlant ou tempéré, sont tous deux très froids. La température moyenne de Mars est de l'ordre de — 20° à — 30° (nous sommes loin du

feruens de Vitruve !) ; celle de Jupiter (— 135° à — 155°)
ne diffère guère de celle de Saturne (L. Rudaux-G. de
Vaucouleurs, *Astronomie*, p. 200 sq. et 216). La belle
gradation des Anciens n'a pas résisté à l'application du
couple thermo-électrique !

73. *congelatas caeli regiones :* On se demandera s'il n'y a
pas, dans la pensée de Vitruve comme dans celle de tous
les Anciens, une contradiction entre cette idée — très
moderne, nous le savons — que sur les confins de l'univers
règne un froid extrême, et la répartition des quatre
éléments suivant laquelle le feu gagne les hauteurs de
l'espace pour former les astres visibles.

74. *Iouis... a refrigeratione caloreque earum... :* A Jupiter,
l'astre du roi des dieux — que le stoïcisme tend à identifier
avec la divinité suprême (cf. l'hymne à Zeus de Cléanthe ;
Sénèque, *N.Q.* II, 45 ; Lucain, *Ph.* IX, 580) — convenait
aussi l'état physique le plus satisfaisant, sorte d'équilibre
entre les deux extrêmes que représentent la chaleur
torride de Mars et le froid glacial de Saturne. Aussi tous
les textes insistent-ils sur cette situation privilégiée :

Vitruve, VI, 1, 11 *Iouis stella inter Martis feruentissimam et Saturni frigidissimam media currens temperatur.*

Cicéron, *N.D.* II, 119 *...ut, cum summa Saturni refrigeret, media Martis incendat, his interiecta Iouis inlustret
et temperet...* (cf. A. St. Pease, comment. *ad loc.*).

Pline, *N.H.* II, 34 *ideoque huius* (scil. *Martis*) *ardore
nimio et rigore Saturni, interiectum ambobus, ex utroque
temperari Iouem salutaremque fieri* (cf. comment.
J. Beaujeu, *o. c.*, p. 137, n. 2).

75. *a praeceptoribus... a maioribus :* Cf. introd. p. xlvii.
A en croire L. Sontheimer (*Vitruvius und seine Zeit*, diss.
in. Tübingen, 1908, p. 37), les *praeceptores* ou les *praecepta*
qu'invoque Vitruve seraient en réalité des manuels
élémentaires, extraits de l'abondante littérature technique
des Alexandrins (cf. Vitruve, X, 13, 8 qui parle de
praeceptores = Athénée, 15, 9 Wescher qui nomme Philon
d'Athènes). En tout cas, la transition vitruvienne semble
indiquer (introd. *l. c.*) un changement de sources.

76. *de crescenti lumine lunae deminutioneque :* L'exposé
de Vitruve sur les phases de la lune est construit en deux

parties symétriques comme deux volets d'un diptyque.
La première présente la théorie du Chaldéen Bérose, qui
voulait que la lune fût un globe mi-brillant, mi-obscur :
la succession des phases s'expliquait dès lors par l'orientation variable des deux hémisphères de ce globe par
rapport à la terre. La seconde, que Vitruve attribue — à
tort — à Aristarque de Samos (cf. introd. p. XLIV et
comment. IX, 2, 3), n'est autre que l'exposé de nos idées
modernes sur la question.

On sera surpris que Vitruve présente ainsi côte à côte
deux hypothèses de valeur très inégale et de fortune très
diverse (celle de Bérose n'eut aucune influence profonde :
W. Gundel, s. u. *Mond*, P.W. XVI, 84 et 96), sans donner
lui-même son opinion ni même suggérer sa préférence :
il semble trouver les deux solutions également satisfaisantes ; mais A. Bouché-Leclercq (*Astrologie grecque*,
p. 43, n. 2) lui pardonne, non sans humour, cette absence
de jugement, en faisant observer que la théorie de
Bérose, si rudimentaire qu'elle fût, représentait « un
progrès sur l'explication enfantine des astres dérobés par
des magiciens ou avalés par des dragons ». Nous ajou-
terons que Lucrèce lui-même, reproduisant l'enseignement
d'Épicure (*Lettre à Pythoclès*, 94), n'hésitait pas à se faire
l'écho d'hypothèses aussi fantaisistes que celle d'une
double lune, globe brillant doublé d'un globe obscur
(V, 715-719), ou celle d'une lune renaissant à chaque
lunaison (V, 731-736) !

Du reste, cette incertitude de Vitruve, ainsi que le
plan général et, souvent, les termes mêmes de l'exposé,
se retrouvent dans plusieurs textes postérieurs, qui,
plutôt que dans le *De Architectura*, auront puisé leur
science à quelque source commune, peut-être Varron
(cf. introd. p. XLIX). On lira, dans le commentaire des lignes
qui suivent, le détail des rapprochements. Pour l'instant,
citons seulement le début de l'exposé augustinien (*Enarr.
in Psalm.* X, 3) : *Duae sunt de luna opiniones probabiles.
Harum autem quae uera sit aut non omnino aut difficillime
arbitror posse hominem scire:* aveu qui renchérit encore
sur le silence embarrassé de Vitruve.

II, 1. 1. *Berosus :* Prêtre de Bel à Babylone, Bérose vécut
dans le courant du IIIᵉ siècle av. J.-C. Il écrivit en grec
une histoire de la Chaldée dédiée à Antiochus I Soter

(281-262 av. J.-C.), qui est sans doute une œuvre d'âge mûr. Elle est surtout remarquable par sa chronologie — qui ne supplanta pourtant pas celle de Ctésias — établie grâce aux observations astronomiques poursuivies en Chaldée depuis des millénaires. D'où la place importante qu'occupait l'astronomie dans cet ouvrage, au point que Bérose passait auprès des Grecs (Josèphe, *Contre Apion*, I, 129) pour initié aux secrets de la science chaldéenne. Pratiquement, c'est lui qui introduisit l'astrologie orientale dans le monde grec (sur Bérose, on se reportera à Schwartz, s. u., P.W. III, 309-316 ; Bouché-Leclercq, *Astrologie grecque*, p. 36 sq. ; J. Bidez, *Les écoles chaldéennes sous Alexandre et les Séleucides*, Ann. Instit. de Philol. et d'Hist. orient., III, Bruxelles, 1935, p. 41-89 ; et surtout Schnabel, *Berossos und die babylonisch-hellenistische Literatur*, Leipzig-Berlin, 1920).

Si la biographie du personnage est évidemment mal connue, nous sommes redevables à Vitruve d'une intéressante précision : IX, 6, 2 *Berosus in insula et ciuitate Coo consedit, ibique aperuit disciplinam.* Malgré les doutes de Schwartz (*o. c.*, 316), cette notice est tout à fait vraisemblable, et le choix de Cos s'explique par la notoriété de cette île comme centre médical où affluaient les disciples. — Une autre anecdote, sans grande portée, chez Pline, *N.H.* VII, 123.

Mal connues aussi demeurent les théories de Bérose. La plupart des fragments que nous possédons des Βαϐυλωνιακά (*F.H.G.* Müller, II, 495-510) se rapportent bien aux idées scientifiques des Chaldéens, mais ils sont peu nombreux et peu étendus. Les écrivains romains en particulier se sont montrés fort discrets sur le compte de Bérose : Vitruve mis à part, son nom n'est cité, dans la littérature classique, qu'une fois chez Sénèque (*N.Q.* III, 29, 1, à propos de la conflagration et du déluge universels), trois fois chez Pline (*N.H.* VII, 123, 160, 193), une fois chez Censorinus (*De die natali*, XVII), puis, isolément, chez Tertullien, Saint-Jérôme, etc. (v. *Thes. L. L.*, *Onomasticon*, s. u.).

Vitruve, au contraire, manifeste un intérêt tout particulier pour ce « fascinant » personnage (Bouché-Leclercq, *o. c.*, p. 37, n. 2). Dans le seul livre IX, il ne le cite pas moins de trois fois : ici, pour lui attribuer une théorie destinée à rendre compte des phases de la lune ;

en IX, 6, 2, pour le ranger au nombre des grands astrologues ; en IX, 8, 1, pour lui prêter — à tort, semble-t-il
(cf. comment. *ad loc.*) — l'invention d'un type de cadran
solaire. Mais il y a de fortes chances qu'il le connaisse
seulement à travers Varron (H. Diels, *Doxographi Graeci*,
Berlin, 1879, p. 200 ; cf. introd. p. xlix), ou quelque
autre compilateur.

2. *ita est professus pilam esse ex dimidia parte candentem...* :
Cette théorie est expressément attribuée à Bérose par
Stobée (*Ecl.* I, 26, 1 = Diels, *Doxogr. Gr.* 356 b, 23 sq.) :
Βήρωσος ἡμιπύρωτον σφαῖραν τὴν σελήνην (cf. l'explication
des éclipses, *ibid.*, 359 ab, 15 sq. : Βήρωσος κατὰ τὴν πρὸς
ἡμᾶς ἐπιστροφὴν τοῦ ἀπυρώτου μέρους). Mais il semble qu'il
n'ait pas été seul à la professer : c'était aussi celle
des Pythagoriciens Alcméon et Parménide (P. Tannery,
Pour l'histoire de la science hellène[2], Paris, 1930, p. 287),
et peut-être celle de Thalès lui-même (Th. H. Martin,
Mémoire sur les hypothèses astronomiques.., Mém. Institut,
XXIX, p. 52 et n. 4). Elle a en outre quelque rapport
avec la cosmologie védique, qui attribue au soleil deux
faces, l'une blanche avec laquelle il fait le jour, l'autre
noire avec laquelle il fait la nuit (A. Bouché-Leclercq,
Astrologie grecque, p. 43, n. 2, qui suppose un emprunt
de l'Inde à la Chaldée).

Le premier exposé de la théorie « bérosienne » dans la
littérature latine est dû à Lucrèce, qui lui fait une place
parmi les différentes explications possibles des phases de
la lune (V, 705-750) :

V 720 *Versarique potest, globus ut, si forte, pilai*
        Dimidia ex parti candenti lumine tinctus,
        Versandoque globum uariantis edere formas,
        Donique eam partem, quaecumque est ignibus aucta,
        Ad speciem uertit nobis oculosque patentis;
   725 *Inde minutatim retro contorquet, et aufert*
        Luciferam partem glomeraminis atque pilai,
        Vt Babylonica Chaldaeum doctrina refutans
        Astrologorum artem contra conuincere tendit...

Il s'agit bien de la même théorie que chez Vitruve. Mais
Lucrèce l'attribue aux Chaldéens en général — divergence
mineure. Plus saisissantes sont les rencontres textuelles
entre les deux auteurs : Vitr. *pilam esse ex dimidia parte*

candentem = Lucr. *pilai dimidia ex parti candenti lumine;*
cf. aussi introd., p. xxxiii, n. 4 sur *donique* et *species*. Du
reste, Lucrèce est plus bref et uniquement descriptif, alors
que Vitruve (cf. *infra*) cherche une explication à la
rotation lunaire.

Après Vitruve, Cléomède (*De motu circulari...* II, 4),
Censorinus (*fr.* III, p. 80, 6 Jahn), et Apulée *(De deo
Socratis,* I) connaissent la théorie de Bérose, ainsi que
Suétone (*fr.* 131 Reiff.) : *Lunam quidam philosophorum
dicunt proprium lumen habere, globique eius unam partem
esse lucifluam, aliam uero obscuram, et paulatim se uertendo
diuersas formas efficere* = Anonyme II *(rec. int.),* p. 290
Maass ; Isidore, *Orig.* III, 53, 1 (*de quo* cf. J. Fontaine,
Isidore de Séville..., thèse Paris, 1959, t. II, p. 497 sq.) ;
Schol. Germanicus, p. 197 sq. Breysig. Mais deux textes
dominent par leur étendue — comparable à la page de
Vitruve — ces trop rapides allusions. Les voici :

Isidore, *Nat. rer.* XVIII, 1-4	Saint Augustin, *Enarr. in Psalm.* X, 3
Alii namque dicunt pro-priam eam habere lumen, globique eius unam partem esse lucifluam, alteram obs-curam et, dum moueatur in circulo suo, eandem partem qua lucet paulatim ad terras conuerti ut uideri a nobis possit, et ideo prius quasi corniculato lumine fulget. Nam et si formes pilam ex parte media candidam et ex parte obscuram, tunc eam partem quae obscura est si coram oculis habeas, nihil candoris aspicies; cum coe-peris illam candidam partem paulatim ad oculos conuer-tere, primum ueluti cornua candoris uidebis, dehinc sen-sim crescit, donec tota pars candens opponatur oculis et nihil obscurum alterius par-	*Alii dicunt suum* (scil. *lu-men) habere, sed globum eius dimidium lucere, dimidium autem obscurum esse; dum autem mouetur in circulo suo, eandem partem qua lucet paulatim ad terras conuerti ut uideri a nobis possit, et ideo prius quasi corniculatam apparere. Nam et si facias pilam ex dimidia parte candidam et ex dimidia obscuram, si eam partem quae obscura est ante oculos habeas, nihil candoris uides; et cum coeperis illam candi-dam partem paulatim ad oculos conuertere, si paula-tim facias primo cornua candoris uidebis, deinde paulatim crescit, donec tota pars candens opponatur ocu-lis et nihil obscurae alterius*

tis uideatur ; quam si denuo paulatim conuerteris, incipit obscuritas apparere et candor minui, donec iterum ad cornua redeat ac si totus candor ab oculis auertatur et sola iterum obscura pars possit uideri. Quod fieri dicunt, cum lumen lunae uidetur crescere usque ad quintam decimam et rursus usque ad tricesimam minui et redire ad cornua, donec penitus nihil in ea lucis appareat.

partis uideatur ; quodsi perseueres adhuc paulatim conuertere, incipit obscuritas apparere et candor minui, donec iterum ad cornua redeat et postremo totus ab oculis auertatur ac rursus obscura illa pars possit uideri. Quod fieri dicunt, cum lumen lunae uidetur crescere usque ad quintam decimam lunam et rursus usque ad tricesimam minui et redire ad cornua, donec penitus nihil in ea lucis appareat.

Sur ces deux textes, la supériorité de Vitruve éclate de plusieurs façons. D'une part, saint Augustin et Isidore développent complaisamment l'image de la boule mi-brillante, mi-obscure que l'on tourne de manière à en apercevoir successivement tous les aspects. Mais si cette comparaison peut être utile (cf. en IX, 1, 15 celle des sept fourmis), elle devient vite puérile, à moins de s'adresser à un public tout à fait inculte. Vitruve, au contraire, se borne à prononcer le mot *pilam*, puis il replace les phénomènes qu'il décrit dans le domaine de l'astronomie : très vite, il ne s'agit plus chez lui d'une boule, mais de la lune dans ses positions relatives avec la terre et le soleil, dans la succession mensuelle des phases : exposé plus difficile, certes, mais aussi plus scientifique.

3. *eam radiis et impetu caloris corripi :* Deuxième supériorité — même si elle n'est que relative — du *De Architectura* sur tous les textes cités plus haut, celui de Lucrèce compris : Vitruve essaie d'expliquer cette lente rotation du globe lunaire, que les autres auteurs admettent comme un postulat (Lucrèce, V, 720 *Versarique potest ;* Suétone, *l. c. : paulatim se uertendo,* etc.). Selon lui, la lumière attire la lumière — c'est du moins ainsi que nous comprenons l'expression : *conuerti... propter proprietatem luminis ad lumen,* encore que *proprietas* puisse s'entendre de deux manières, « caractère particulier » ou « appartenance ». Donc, l'hémisphère brillant de la lune sera toujours tourné vers le soleil. Ce qu'il y a de remarquable dans cette

explication, c'est d'une part qu'elle rend parfaitement
compte des apparences ; d'autre part, qu'elle s'accorde,
dans le rôle éminent et l'influence attractive qu'elle prête
au soleil, avec la théorie radio-solaire des planètes : il y
a donc chez Vitruve une certaine unité de doctrine, voulue
ou non ; enfin — et le paradoxe est assez piquant — on
notera qu'elle ressemble à l'explication d'Aristarque plus
que ne le laisseraient croire les textes antithétiques du
De Architectura : car si la lune tourne toujours vers le
soleil son hémisphère brillant, comme le veut Vitruve,
il n'y a qu'un pas à franchir pour supposer que cet
hémisphère tient sa lumière du soleil, et parvenir ainsi
à l'explication moderne des phases.

4. *ea uocata ad solis orbem superiora spectent :* Le texte
des mss ne diffère de celui que nous adoptons que sur
un mot : *orbis* au lieu de *orbem.* Mais la plupart des
éditeurs précédents ont cru bon de le remanier plus
profondément. Krohn écrit *ab solis orbi,* et Rose *euocata
ab solis orbi superiora spectet.* A moins qu'ils ne donnent
à *ab* la fonction, bien improbable, d'introduire le complément d'agent de *(e)uocata,* ils suggèrent une idée
d'éloignement tout à fait contraire à ce que veut faire
entendre Vitruve. Dans le texte des mss, un seul mot est
inacceptable : *orbis,* qu'on en fasse un gén. sg. ou un
acc. pl. Mais il est facile de le corriger en *orbem,* la faute
ayant son origine dans la désinence *-is* du mot précédent,
si semblable au suivant par sa dimension et sa conso-
nance : un transfert avait dès lors bien des chances de se
produire. Quant à *ea uocata,* on en fera soit un ablatif
absolu, « la lune étant (ainsi) attirée », soit — mais c'est
moins vraisemblable — un neutre pluriel précisé ensuite
par *superiora* (cf. plus haut *reliqua habere caeruleo colore*).

5. *propter aeris similitudinem obscuram uideri :* L'expression est énigmatique et maladroite à force de concision.
On vient de voir que la face obscure de la lune était
caeruleo colore. Or la couleur azurée est aussi celle du ciel :
cette similitude rend l'astre indiscernable. C'est ce que
veut faire entendre *propter aeris similitudinem.* Quant à
obscuram uideri, on jugera peu heureux un tour où le
verbe *uideri* « être vu » est employé contre son sens propre,
puisque la lune est invisible !

6. *eam uocari primam:* La désignation des différentes phases de la lune est assez variée. Pour la nouvelle lune, si l'on retrouve *prima* chez Varron (*R.R.* I, 37) et Pline (*N.H.* II, 78), on connaît aussi *noua* (Cicéron, *Att.* X, 5, 1), que Vitruve lui-même emploie à côté de *prima* (IX, 2, 3 *noua uocatur*).

II, 2. 7. *oppido quam tenui linea:* Noter le tour archaïque. Vingt-quatre heures après la nouvelle lune, on n'aperçoit, dans la clarté du couchant, qu'un croissant très délié.

8. *eam secundam uocari... tertiam, quartam in dies nume-rari:* Même terminologie, usitée surtout dans les calendriers agricoles et les prédictions météorologiques, chez Columelle (*R.R.* II, 10) et Pline (*N.H.* XVIII, 347 sqq.). D'autres termes étaient plus descriptifs : en grec, μηνοειδής pour le croissant, διχόμηνις (-τομος) pour les premier et dernier quartiers, ἀμφίκυρτος pour la gibbeuse, πληροσέληνος ou πανσέληνος pour la pleine lune (cf. Schol. Aratos, 733, p. 472 Maass ; 735, p. 473 sq. Maass ; Achilles, *isag. exc.* 21, p. 49 Maass ; Ammien Marcellin, XX, 3, 9-11). Les Latins parlent de *luna caua* (Pline, *N.H.* VIII, 215), *dimidia* (Pline, *N.H.* XVIII, 322) ou *dimidiata* (Caton, *Agr.* 337) ; Apulée (*De deo Socr.*, 1) distingue, comme les Grecs, quatre états pour une demi-lunaison : *corniculata, diuidua, protumida, plena.* Seul le terme *plena luna* paraît banal et constant (Cicéron, *Rep.* I, 23 ; Pline, *N.H.* XI, 109, etc.), quoique Vitruve ne l'emploie pas sous cette forme (IX, 2, 2 *plena rota;* 2, 4 *perficitur plena*).

Sur cette terminologie, cf. W. Gundel, s. u. *Mond*, P.W. XVI, 98.

Du reste, la description des phases est parfaitement correcte, et peut être illustrée par la figure classique de n'importe quel manuel moderne (ainsi L. Rudaux-G. de Vaucouleurs, *Astronomie*, p. 117), quoique la théorie en soit radicalement fausse (cf. comment. IX, 2, 1 *eam radiis et impetu caloris corripi*).

9. *septimo die:* Là est le point faible du développement. La nouvelle lune étant à l'origine de la lunaison, le premier quartier se situerait le septième jour, la pleine lune le quatorzième (IX, 2, 2 et 4), le dernier quartier le vingt-et-

unième (*uicensimo et altero die*, IX, 2, 4), et la nouvelle
lune suivante le vingt-huitième *(circiter octauo et uicensimo die)*. Ceci est très approximatif, car la durée d'une
lunaison est en fait de 29 j 12 h 44 m 3 s — et les Anciens
ne l'ignoraient pas (29 j 1/2 disent Censorinus, *De die nat.*
XXII, 5 et Martianus Capella, VIII, 865 : cf. comment.
IX, 1, 5 *Luna die octauo et uicesimo*). Dans la pratique,
toutefois, bien des auteurs se contentaient, pour la durée
du cycle des phases, d'une valeur arrondie à 30 jours, ce
qui plaçait la pleine lune le 15e jour : Achilles, *isag. exc.*
21, p. 49 Maass : πεντεκαιδεκαταία γάρ ἐστιν, ὅτε πληροῦται,
ὅ ἐστιν ἥμισυ μηνὸς διχαζομένων τῶν λ' ἡμερῶν. De même
saint Augustin et Isidore, textes cités *supra*.

10. *ad perfectionem lunaris mensis :* On sait qu'à l'origine
le mois était déterminé par la lunaison, et qu'il tire
même son nom de celui de la lune : σελήνη, comme *luna*
en latin, n'est qu'un dérivé du nom de la lumière (σέλας,
lux) et signifie proprement « la brillante ». Cf. Schol.
Aratos, 735, p. 473 Maass : Μῆνα κυρίως ἔλεγον οἱ Ἕλληνες
τὸν χρόνον τὸν ἀπὸ τῆς σεληνιακῆς συνόδου, παρὰ τὴν μήνην
μῆνα ὀνομάσαντες · ἐμέτρουν γὰρ οἱ Ἕλληνες πρὸς τὸν τῆς
σελήνης δρόμον τοὺς μῆνας.

11. *et ita menstruas dierum efficere rationes :* Mais ce
principe, qui liait la longueur du mois au cours de la
lune, tandis que celle de l'année était définie par la révolution apparente du soleil, devait créer les plus grandes
difficultés dans l'établissement du calendrier, car la
révolution du soleil n'est pas un multiple exact de celle
de la lune (cf. comment. IX, 1, 6 *luna terdecies*). Il y
avait donc, en gros, deux solutions : ou bien conserver
aux mois leur durée normale (29 ou 30 jours), et ajouter
périodiquement un mois intercalaire pour rattraper le
déficit causé par 12 mois trop courts par rapport à la
révolution solaire (solution athénienne) ; ou bien donner
aux mois une durée accrue (et ne correspondant plus,
dès lors, aux lunaisons), soit 30 ou 31 jours, de manière
que 12 mois aboutissent à un total de 365 jours, le quart
de jour restant étant rattrapé, tous les quatre ans, par
une année bissextile. On reconnaît là le calendrier julien,
instauré par César en 45 av. J.-C., et qui ne diffère du
nôtre (calendrier grégorien) que par des aménagements
de détail portant sur de longues périodes. Donc, au

moment où Vitruve écrivait ces lignes, les mois avaient la même longueur qu'aujourd'hui et ne correspondaient plus, de ce fait, aux lunaisons. Vitruve s'est inspiré de textes qui parlaient du mois lunaire théorique (W. Gundel, s. u. *Mond*, P.W. XVI, 98), sans s'apercevoir qu'il y avait contradiction entre les douze mois de l'année et les treize tours accomplis par la lune dans le ciel (IX, 1, 6), sans s'apercevoir non plus — ou sans préciser — que la réforme récente de César introduisait des solutions tout à fait nouvelles et ne permettait plus de définir à partir du cours de la lune le nombre des jours du mois (sur le calendrier romain avant la réforme de César, cf. W. Sontheimer, s. u. *Monat*, P.W. XVI, 57-62). Mais s'il est vrai que Vitruve n'a pas su saisir ou expliquer le rapport liant le cours de la lune à l'ancien, puis au nouveau calendrier, on se fera une bien fâcheuse idée de sa formation scientifique.

II, 3. 12. *Aristarchus Samius mathematicus :* Ἀρίσταρχος Σάμιος μαθηματικός (Diels, *Doxogr. Gr.* 313 b, 16) fut l'élève de Straton de Lampsaque (ἀκουστὴς Στράτωνος *l. c.*). Sa biographie est mal connue (on ne sait s'il a vécu temporairement ou constamment à Alexandrie), ainsi que les dates principales de sa vie (début du IIIe siècle av. J.-C.) ; mais par ses travaux et ses hypothèses scientifiques, il demeure un des plus grands génies de l'Antiquité. En astronomie, il fit en 280, sur la demande d'Hipparque, une observation concernant le solstice d'été. On connaît aussi de lui un traité, célèbre de son temps, sur les dimensions et les distances du soleil et de la lune. Il détermina en outre avec précision la longueur de l'année solaire $(365 + \dfrac{1}{8} + \dfrac{1}{1623}$ j) et celle de la grande année (2484 ans) ; il s'occupa également de gnomonique (cf. *infra*, IX, 8, 1). Mais c'est son hypothèse héliocentrique, exposée dans un écrit perdu, qui lui vaut une place éminente dans l'histoire de la science : Aristarque professait que le soleil était une étoile comme les autres, qu'autour de lui gravitaient les planètes et la terre, dont l'orbite était infime par rapport aux dimensions de l'univers, et que ce système rendait compte des apparences observées (cf. Plutarque, *Placit.* 891 a = Diels, *Doxogr. Gr.*, 355 ab, 1-5). Mais après sa condamnation par Cléanthe, alors à la tête du Portique (donc après 264), ce système tomba dans l'oubli, et l'humanité dut attendre près de 2000 ans avant que Copernic en redécouvrît la valeur. C'est donc un juste hommage, plus juste assurément qu'il ne le croyait lui-même, que Vitruve décerne à Aristarque, « une étoile de toute première grandeur au firmament de la science hellène » (A. Rey, *L'apogée de la science technique grecque*, Paris, 1946, p. 75), en le qualifiant de *malhematicus uigore magno*.

Hommage d'autant plus méritoire que le nom d'Aristarque de Samos est fort rarement cité dans la littérature latine. A part trois passages de Vitruve (I, 1, 17 aux côtés de Philolaos, Archytas, Eratosthène et Archimède ; IX, 2, 3 et IX, 8, 1), seules deux notices de Censorinus (*De die nat.*, XVIII, 11 pour la grande année ; XIX, 2 pour la durée de l'année solaire, cf. *supra*) se rapportent sûrement à lui.

Sur Aristarque en général, on verra Hultsch, s. u., P.W. II, 873 sq. ; Brunet-Miéli, *Histoire des Sciences*, p. 454-460 ; et surtout Th. Heath, *Aristarchus of Samos*, Oxford, 1913.

13. *...disciplinis de eadem re reliquit:* Il est infiniment probable, en effet, qu'Aristarque a connu et professé la théorie des phases que Vitruve va maintenant exposer (cf. son traité sur les dimensions et distances de la lune et du soleil). Mais ce dernier a tort, dans la mesure où il donne à entendre qu'Aristarque en est l'inventeur.

En fait, l'explication correcte des phases est beaucoup plus ancienne. Sans doute ne remonte-t-elle pas jusqu'à Thalès, comme l'assurent certains témoignages (Θαλῆς πρῶτος ἔφη ὑπὸ τοῦ ἡλίου φωτίζεσθαι, Diels, *Doxogr. Gr.* 358 b, 18 sqq. ; cf. Apulée, *Flor.* XVIII, 31) ; mais il n'y a point de raison de récuser la suite de cette notice, qui l'attribue à Parménide, Empédocle, Anaxagore et Métrodore (Diels, *l. c.*). Du reste, Platon (*Crat.* 409 a) confirme : ἐκεῖνος (*sc.* Anaxagore) νεωστὶ ἔλεγεν ὅτι ἡ σελήνη ἀπὸ τοῦ ἡλίου ἔχει τὸ φῶς. C'est donc, en gros, depuis le deuxième quart du vᵉ siècle av. J.-C. (A. Rey, *La jeunesse de la sc. grecque*, p. 422), soit deux cents ans avant Aristarque, que l'Antiquité connaît le mécanisme véritable des phases. Sur ce problème, cf. W. Gundel, s. u. *Mond*, P.W. XVI, 98 sq.

14. *non enim latet lunam* <*non*> *suum propriumque habere lumen:* L'établissement du texte fait ici quelque difficulté. L'ordre des mots du groupe *suum propriumque lumen,* d'abord, est très variable suivant les mss. Mais surtout, la deuxième négation, absolument indispensable au sens (antithèse avec la théorie de Bérose qui prête à la lune une lumière propre ; confirmation par le membre de phrase qui suit), est omise par tous les mss, sauf *f² p,* réviseurs toujours soigneux du texte vitruvien, qui la rajoutent après *propriumque* (de même Giocondo et Granger). Rose, lui, pour des raisons paléographiques sans doute (chute de *non,* peut-être abrégé $\bar{n}$, plus facile à expliquer après une finale en *-m* ; influence possible, également, du *non* qui commence la phrase), l'insère après *lunam* — texte que nous adoptons après Krohn.

Il y a pourtant au moins une autre solution, plus originale mais plus hasardeuse. Elle consiste, non pas à rajouter un *non* à la proposition infinitive, mais à retoucher la principale de manière qu'une nouvelle négation devienne inutile : *Non ei placet lunam suum propriumque habere lumen, sed esse uti speculum...* La correction serait minime, et très facile à expliquer *(enim* se déduirait de *ei* grâce à l'abréviation *ēī).* Le sens en serait amélioré *(placet* convient très bien pour introduire l'exposé d'une opinion, cf. IX, 1, 11 *nonnullis... placet*+prop. inf.), car le tour négatif *non latet* est assez surprenant. La seule objection viendrait de la syntaxe : *non ei placet lunam habere..., sed esse...,* car la négation initiale ne vaudrait que pour la première infinitive. Mais nous connaissons bien, justement, cette tendance de Vitruve à l'anticipation des négations lorsqu'il s'agit d'un verbe de sentiment (IX, 1, 14 *non puto aliter oportere iudicari,* et d'autres ex. dans E. Hruby, *De Vitruuii genere dicendi,* diss. in. Vienne, 1935, p. 21 sq.), ce qui donne lieu à un type de zeugma dont le livre IX nous a déjà fourni un exemple (pr. 3 *non solum arbitror palmas et coronas his tribui oportere, sed etiam decerni triumphos;* cf. aussi IX, 1, 12 *non patitur progredi in alterius trigoni signum, sed ad se regredi).* En somme, notre correction serait plus vitruvienne que le texte même des mss. !

Quel que soit du reste le texte adopté, le sens demeure clair : la lune n'a pas de lumière propre et reçoit du soleil son éclat : *ab solis impetu recipere splendorem.* Ces deux propositions, qui nous paraissent presque pléonastiques, ne l'étaient point pour les Anciens. Certes, ils savaient que la lune brillait d'une lumière empruntée au soleil (cf. le texte de Platon, *Crat.* 409 a, cité *supra*). Ainsi :

Schol. Aratos, 455 (p. 428 Maass) : ὑπὸ δὲ τοῦ ἡλίου φωτιζομένη φανερὰ ἡμῖν γίγνεται... διὸ καὶ παρὰ τραγικοῖς [Esch. *fr.* 457 N²; Eur., *Pho.* 175] Ἡλίου θυγάτηρ λέγεται, διότι τὸ φῶς ἀπ' αὐτοῦ ἔχει.

Cf. Lucrèce, V, 705 ; Hyginus, *Astr.* IV, 14 ; Pline, *N.H.* II, 45.

Même les poètes reprennent cette idée avec un vocabulaire plus recherché et plus orné :

Lucrèce, V, 575 ; Catulle, XXXIV, 15 sq. ; Lucain, *Ph.* I, 538.

Toutefois, les tenants de cette hypothèse n'excluaient pas forcément l'éventualité d'une lumière propre à la lune ; seulement celle-ci, si elle existait, devait être beaucoup plus faible, et, mêlée à l'apport solaire, devenir imperceptible. Cela semble, à quelques nuances près, avoir été l'opinion d'Empédocle (Diels, *Fragm. d. Vorsokr*⁴. 21 B, 40 et 42), celle d'Aristote (*Probl.* XXIV, 14 = 937 b, 3 ; *gener. anim.* IV, 10 γίνεται γὰρ ὥσπερ ἄλλος ἥλιος ἐλάττων), d'Aratos (*Ph.* 734), et des Stoïciens en général (cf. Cicéron, *N.D.* II, 50 ; Plutarque, *Is. et Os.* 41 ; comment. J. Beaujeu *ad* Pline, *N.H.* II, 45, *o. c.*, p. 139). Posidonius en particulier expliquait que la lumière solaire, au lieu d'être réfléchie par la surface de la lune, s'enfonçait profondément dans la substance lunaire et en sortait modifiée, mêlée cette fois à la lumière propre de la lune (Plutarque, *Fac. in orbe lun.* 929 d ; Cléomède, *De motu circulari...* IX, 4, p. 182, 21 Z). Sur tout cela, cf. W. Gundel, s. u. *Mond,* P.W. XVI, 87 sq.

Tel n'est pas, nous l'avons vu, l'avis que Vitruve prête à Aristarque, pour qui la lune est un corps obscur : cf. Schol. Aratos, *l. c.,* ἡ σελήνη αὐτὴ καθ' ἑαυτὴν ἀφανὴς ἡμῖν ἐστιν.

15. *sed esse uti speculum:* Même comparaison chez Achilles, *isag. exc.* 21 (p. 50 Maass) : οἱ δὲ λέγοντες αὐτὴν (= τὴν σελήνην) κατόπτρῳ παραπλησίαν εἶναι. Pline, lui (*N.H.* II, 45), compare la lune au reflet du soleil dans l'eau : *qualem in repercussu aquae uolitare conspicimus —*

de même que Cléomède (*De motu circulari...*, IX, 4,
p. 182, 16 ; 184, 9 Z). Cf. J. Beaujeu, *o. c.*, p. 139, n. 3.

16. *luna de septem astris... minimum peruagatur :* Cf.
supra, IX, 1, 5 ; et Pline, *N.H.* II, 44 : *proxima ergo
cardini, ideoque minimo ambitu.*

17. *uno die antequam praeterit... obscuratur :* C'est en effet
pendant un laps de temps d'un jour environ, avant et
après la nouvelle lune, que l'astre devient invisible.
Achilles (*isag. exc.* 21, p. 49 Maass) exagère en assignant
à la lune une invisibilité de trois ou quatre jours.
Ammien Marcellin (XX, 3, 10) fixe son apparition au
moment où un signe (soit 30º) la sépare du soleil : *exortus
uero eius adhuc gracilescens primitus mortalitati uidetur,
cum ad secundum relicto sole migrauerit signum.* En fait,
on peut l'apercevoir un peu auparavant.

La description des phases, dans son principe comme
dans ses détails, doit être rapprochée de celle de Lucrèce
(V, 705-714).

Mais surtout, ici encore, les deux textes de saint
Augustin et d'Isidore suivent au plus près celui de
Vitruve ; les voici :

Isidore, *Nat. rer.* XVIII, 3-4	Saint Augustin, *Enarr. in Psalm.* X, 3
At contra alii dicunt lunam non suo fulgere lumine, sed a sole accipere lumen. Sol enim illi loco superior est. Hinc euenit ut quando sub illo est, parte superiore luceat, inferiore uero quam habet ad terras obscura sit. Cum uero ab illo decedere coeperit, illustretur etiam ex ea parte quam habet ad terras, incipiens a cornibus. Sicque paulatim sole longius recedente pars omnis subterior illuminatur, donec efficiatur quinta decima luna. Post dimidium autem men-	*Alii autem dicunt non habere lunam lumen proprium, sed a sole illustrari.* 　　　*Sed quando cum illo est, eam partem ad nos habere qua non illustratur, et ideo lucis nihil in ea uideri.* *Cum autem incipit ab illo recedere, illustrari ab ea etiam parte quam habet ad terram, et necessario incipere a cornibus,* 　　　　*donec fiat quinta decima contra solem. Tunc enim sole occidente oritur, ut quisquis*

sem, cum coeperit ex alio semicirculo propinquare soli, quanto magis ab ea parte quam terris auertit non potest excipere radios solis, et propterea uidetur decrescere. Illud manifestum est et cuilibet aduertenti facile cognitum, quod luna non augeatur ad oculos nostros nisi a sole recedendo, neque minuatur nisi ad solem ex parte alia propinquando. Ab illo ergo accipit lumen et, cum sub illo est, semper exigua est ; cum uero ab illo longius abscesserit, fit ampla suoque ambitu plena. Si enim suo lumine uteretur, necesse erat semper eam esse aequalem nec die tricensima exilem fieri, et si suo lumine uteretur, huius numquam eclipsis fieret.

occidentem solem obseruauerit, cum eum coeperit non uidere conuersus ad orientem lunam surgere uideat. Atque inde ex alia parte cum ei coeperit propinquare, illam partem ad nos conuertere qua non illustratur, donec ad cornua redeat atque inde omnino non appareat, quia tunc pars illa quae illustratur sursum est ad caelum, ad terram autem illa quam radiare sol non potest.

Hyginus, *Astr*. IV, 14

Si enim suo lumine uteretur, illud quoque sequebatur eam semper aequalem esse oportere, nec die tricesimo tam exilem aut omnino nullam uideri.

Les deux textes sont moins exactement semblables, entre eux et à celui de Vitruve, que ne l'étaient ceux qui exposaient la théorie de Bérose. En particulier, la preuve finale en faveur de l'hypothèse d'une lumière empruntée n'est ni chez Vitruve, ni chez saint Augustin : Isidore l'a-t-il prise à Hyginus ? D'autre part, une fois encore, saint Augustin et Isidore se laissent aller à une verbosité qui, sans être chez Vitruve tout à fait absente, demeure cependant bien plus discrète.

Un point commun intéressant rapproche les trois auteurs. Pour Vitruve, la nouvelle lune se trouve *sub rotam solis radiosque eius*, et plus loin *sub radios solis* (IX, 2, 4) ; de même, saint Augustin *(pars illa quae illustratur sursum est ad caelum, ad terram autem illa quam radiare sol non potest)* et Isidore *(pars omnis subterior illuminatur... cum sub illo est, semper exigua est)* situent la nouvelle lune *sous* le soleil. Cette assertion a son origine dans la traditionnelle division de l'espace en zone sublunaire, théâtre de l'agitation atmosphérique, et

zone supralunaire, où le soleil et les autres astres se
meuvent dans le calme (cf. Pline, *N.H.* II, 102). Cf.
IX, 1, 11 *ei qui supra solis iter circinationes peragunt;*
IX, 1, 16 *aethera qui est supra se,* et comment. *ad loc.*

Outre Lucrèce, saint Augustin et Isidore, on connaît
d'autres textes antiques qui décrivent, plus ou moins
succinctement, les phases de la lune ; ainsi Achilles, *isag.
exc.* 21 (p. 49 Maass) et Ammien Marcellin (XX, 3, 9-11)
déjà mentionnés. Ils ne diffèrent pas fondamentalement
de ceux qu'on vient de lire.

II, 4. 18. *reliqua sunt obscura :* Les mss anciens écrivent
reliquus obscura, corrigé sur certains exemplaires (première
ou seconde main, cf. app. crit.), en *reliquis,* que la plupart
des éditeurs adoptent. Mais cette syntaxe nous semble
un peu abrupte chez un auteur plutôt prolixe d'ordinaire,
et nous préférons lire *reliqua sunt obscura* (cf. IX, 2, 1
reliqua habere caeruleo colore), qui explique bien la faute
reliquus (confusion *a/u* normale en minuscule avec
certaines formes de *a* (ɑ) ; abréviation ſ̄ de *sunt*) et
procure une syntaxe plus aisée. Le sens, du reste, ne
souffre pas de cette légère incertitude textuelle.

III, 1. 1. *auget et minuit dierum et horarum spatia :*
Semble justifier le développement qui va suivre en
montrant son importance pour la gnomonique proprement dite. Mais cette page ne contiendra aucune donnée
précise, directement utilisable dans la construction des
horloges, et sera suivie d'une description de la sphère
céleste qui n'aura rien à voir avec la mesure du temps.

En somme, nous avons affaire à un tableau complet du
ciel ordonné en trois parties : constellations zodiacales
(IX, 3), boréales (IX, 4), australes (IX, 5). Ce plan, nous
l'avons dit (introd. p. L), est celui d'Hipparque, de
Ptolémée, de Manilius et d'Hyginus. Aratos au contraire
— à la suite d'Eudoxe — décrit d'une part les constellations dans leurs positions respectives (*Phaen.* 19-453),
d'autre part les cercles fondamentaux, parmi lesquels le
Zodiaque (*Phaen.* 525-558).

2. *cum Arietis signum iniit :* Alors qu'Aratos commence
par le Cancer (signe le plus voisin du pôle céleste, signe
occupé par le soleil lors du solstice d'été), et Q. Cicéron

(*Anthologie* nᵒ 642 Riese) par les Poissons, Vitruve, suivant un usage prépondérant de son temps (G. F. Unger, *Frühlingsanfang*, N. Jhbb. f. Philol. u. Pädag., 1890, p. 487), fait partir du Bélier la ronde du soleil le long du Zodiaque (cf. Sénèque, *Thy.* 844 sqq.). Ce point de départ, adopté également par Posidonius, est d'origine égyptienne (Schol. Aratos, 545, p. 446 sq. Maass) : les Égyptiens assimilaient le Zodiaque à un corps, dont le Bélier serait la tête (car cet animal marche à la tête du troupeau), le Taureau le cou, et ainsi de suite jusqu'aux pieds, constitués par les Poissons. En outre, l'année chaldéenne et l'ancienne année romaine commençant au printemps ont contribué à donner au Bélier sa prééminence. Il en résulte, pour désigner ce signe, une série de périphrases comme κεφαλὴ τοῦ κόσμου (Macrobe, *Somn. Scip.* I, 21, 23), *primus Aries, signorum princeps, astrorum dux, ductor gregis*, etc., et l'habitude de placer le Bélier en tête des listes mnémoniques réunissant les noms des douze signes *(Sunt Aries, Taurus, Gemini, Cancer, Leo, Virgo, Libraque, Scorpius, Arcitenens, Caper, Amphora, Pisces)*. Sur tout cela, cf. Bouché-Leclercq, *Astrologie Grecque*, p. 129, n. 1, p. 131 et n. 1 ; Gundel, s. u. Κριός, P.W. XI, 1877. On se reportera à cet article fondamental (P.W. XI, 1869-1886) pour tout ce qui concerne le Bélier (origine du signe, position et astres composants, levers et couchers, légendes et représentations figurées, météorologie, astrologie).

3. *partem octauam peruagatur :* Sur cette bizarrerie, de tradition dans la littérature latine (cf. Pline, *N.H.* II, 81 *octauis in partibus Arietis ac Librae... octaua in parte Capricorni... totidem in partibus Cancri*), on ne peut mieux faire que de renvoyer à la note exhaustive de J. Beaujeu (*o. c.*, p. 169, n. 2). Quoique Hipparque (et avant lui Euclide et Aratos) ait correctement situé les points équinoctiaux et solsticiaux à l'entrée du soleil dans les signes correspondants, une tradition plus ancienne, due à Méton (cf. comment. IX, 6, 3), les situait arbitrairement au 8ᵉ degré de ces signes. Eudoxe suivit cet enseignement, et après lui César lorsqu'il réforma le calendrier romain. Quelles qu'en soient l'origine première (tradition égyptienne ?) et l'utilité (désir de faire coïncider les signes du Zodiaque avec les constellations du même nom ?), on retrouve la trace de cet enseignement dans de nombreux

textes (références de J. Beaujeu à Columelle, *R.R.* IX,
34 ; cf. Varron, *R.R.* I, 28, 23 ; Pline, *N.H.* XVIII, 246,
264 ; Achilles, *isag. exc.* 23, p. 54 Maass ; Schol. Aratos,
499, p. 438 Maass ; on ajoutera Schol. Germanicus,
p. 105 sq. Breysig).

Du reste, quelques auteurs hésitaient entre les diverses
positions proposées : outre Achilles *(l. c.)* : βούλονται δὲ
τροπὴν αὐτὸν (= τὸν ἥλιον) ποιεῖσθαι οἱ μὲν περὶ τὰς ἀρχάς, οἱ δὲ
περὶ ὀγδόην μοῖραν, οἱ δὲ περὶ δωδεκάτην, οἱ δὲ περὶ πεντε-
καιδεκάτην τοῦ Καρκίνου, que cite J. Beaujeu *(l. c.)*, mentionnons Manilius :

> III, 680 sqq.

> *Has quidam uires octaua in parte reponunt ;*
> *Sunt quibus esse placet decimas ; nec defuit auctor*
> *Qui primae momenta daret frenosque dierum.*

Sur cette question, cf. encore Bouché-Leclercq, *o. c.*,
p. 129, n. 1 ; Gundel, P.W. XI, 1871 et 1877.

4. *perficit aequinoctium uernum* : Cf. Pline, *N.H.* II, 81
*bis aequata nocte diei, uere et autumno... octauis in partibus
Arietis ac Librae ;* Q. Cicéron, *Anth.* n° 642 Riese, 2
Curriculumque Aries aequat noctisque dieque ; etc.

5. *ad caudam Tauri* : Contrairement au Bélier, que
l'astronomie antique représente tourné vers l'ouest, le
Taureau est tourné vers l'est, et s'oppose au mouvement
diurne. Il est donc dos à dos avec le Bélier, son voisin,
et c'est sa partie postérieure qu'aborde le soleil (Manilius, I, 263 sq., II, 153, IV, 521). Ovide, par conséquent,
se trompe lorsqu'il fait dire au Soleil, s'adressant à
Phaéthon :

> *Met.* II, 80 *Per tamen aduersi gradieris cornua Tauri*
(faut-il lire *auersi* ?)

Mais Vitruve, lui, connaît la disposition classique du
Taureau.

Sur un autre point, toutefois, il s'écarte de la vulgate
astronomique. Mentionnant en effet la queue du Taureau,
il paraît admettre que la figure de l'animal tout entier
peut être repérée dans le ciel. C'est là une tradition égyptienne (Firmicus Maternus, *Math.* VIII, 3 ; cf. Hyginus,

Astr. II, 21), mais ce n'est pas la plus courante. D'ordinaire, seule la partie antérieure du Taureau était considérée comme visible :

Ovide, *F.* IV, 717 sq.,

> *Vacca sit an taurus non est cognoscere promptum:*
> *Pars prior apparet, posteriora latent*

(cf. Aratos, *Phaen.* 322 ; Eratosthène, *Catast.* 23 ; Schol. *Iliade*, XVIII, 486, p. 388 Maass).

Conséquence inattendue de cette mutilation : à côté du Bélier, signe masculin, les astrologues faisaient du Taureau un signe féminin (d'où l'humoristique *Vacca sit an taurus* d'Ovide) ! Sur tout cela, cf. Bouché-Leclercq, *o. c.*, p. 132 sqq. ; Gundel, s. u. *Tauros*, P.W., IIte R., V, 53-58.

6. *sidusque Vergiliarum:* Sur le nom même de ce groupe d'étoiles, cf. Gundel, s. u. *Pleiades*, P.W. XXI, 2487 ; s. u. *Vergiliae*, P.W., IIte R., VIII A 1, 1014 sq. Anciennement attesté en latin depuis Plaute (*Am.* 275), le nom de *Vergiliae* demeure vivace (Cicéron, *Phaen.* 28 ; *Bellum Africanum*, XLVII ; Pline, *N.H.* II, 110, 123, 125, etc.), malgré l'obscurité de son étymologie (P.W., IIte R., VIII A 1, 1014) et la concurrence — surtout en poésie — du terme grec *Pleiades* (Virgile, *G.* I, 138 ; Horace, *Od.* IV, 14, 21 ; Ovide, *A.a.* I, 407, *F.* III, 105, IV, 169... ; Stace, *S.* I, 3, 95), parfois même employé au singulier (Lucain, *Ph.* II, 722, VIII, 852).

Sur le groupe d'étoiles lui-même, il n'y a rien à ajouter à l'imposante monographie de H. Gundel, s. u. *Pleiades*, P.W. XXI, 2485-2523, à laquelle on se reportera.

Les Pléiades sont une des constellations les plus anciennement connues du monde antique, avec leur compagne les Hyades, puis la Grande Ourse et Orion (Homère, *Il.* XVIII, 486, les fait figurer sur le bouclier d'Achille). Elles sont en effet très remarquables, formant un groupe serré de six ou sept étoiles faibles (il s'agit, disent les astronomes modernes — L. Rudaux-G. de Vaucouleurs, *Astronomie*, p. 376 sq. — d'un amas ouvert contenant au moins 250 étoiles supérieures à la 17e grandeur, et sans doute 500 en tout). Sur ce nombre de 6 ou 7 (étoiles η, 16, 17, 19, 20, 23, 27 Tau des catalogues modernes), l'antiquité a brodé de charmantes légendes (Aratos, *Phaen.* 257 sqq.

= Cicéron, *Phaen.* 27 sqq. ; Germanicus, *Phaen.* 259 sqq. ;
Ovide, *F.* IV, 170 ; Hyginus, *Astr.* II, 21) : de ces sept
étoiles, on n'aperçoit que les six (Alcyone, Celaeno,
Sterope, Maia, Electre, Taygete) dont les éponymes se
sont unies à des dieux ; la septième, Mérope, est cachée,
coupable de n'avoir épousé qu'un mortel, Sisyphe —
autre version chez Ovide *(l. c.):* la septième serait
Électre, qui se voile la face pour ne point apercevoir les
ruines de Troie.

Ce groupe d'étoiles — car ce n'est pas à proprement
parler une constellation autonome — appartient comme
les Hyades au Taureau. Une tradition assez peu attestée
(Nicandre, *Ther.* 122 sq. ; Hyginus, *l. c.: nonnullis
astrologis caudam Tauri appellatas*) voulait qu'elles en
représentassent la queue. Mais Vitruve n'apparaît pas
de cet avis. Sa notice, très claire, montre qu'il se range à
l'opinion de ceux pour qui les Pléiades se situent au
voisinage de la coupure qui sépare les deux parties du
Taureau, la visible et l'invisible (ou plutôt, pour lui qui
semble donner à l'animal sa forme entière, vers le milieu
du corps). Cette astrothésie est bien attestée : Eratosthène,
Catast. 14 πρὸς δὲ τῇ ἀποτομῇ τῆς ῥάχεως ; Schol. *Iliade*,
XVIII, 486, p. 389 Maass : ἐπὶ τῆς ἡμιτόμου πλευρᾶς ;
Schol. Aratos, 137 ἐπὶ ... τομήν, 172 παρὰ τὸ διχότομον, etc.

7. *dimidia pars prior Tauri:* C'est donc la partie qui
comprend les étoiles les plus brillantes, la rouge Aldébaran
(α Tau), œil du Taureau, l'amas des Hyades, ainsi que
β et ζ, cornes de l'animal (cf. comment. IX, 4, 2).

8. *in maius spatium mundi quam dimidium procurrit:*
Lorsque le soleil a dépassé le point vernal (équinoxe
de printemps) pour se diriger vers le point solsticial situé
dans le Cancer, la course apparente qu'il décrit chaque
jour dans le ciel est supérieure à la moitié d'un grand
cercle céleste. Au lieu de se lever exactement à l'est et
de se coucher exactement à l'ouest, comme au jour de
l'équinoxe, il gagne chaque jour un peu plus vers le nord
(procedens ad septentrionalem partem).

9. *exorientibus Vergiliis:* Les levers et couchers des
Pléiades ont été parmi les plus observés et les plus
fréquemment notés : on a même conçu une année fondée
sur leurs apparitions (Censorinus, *De die nat.* XXI, 13 :

quibusdam ob ortu Vergiliarum, nonnullis ab eorum occasu... incipere annus naturalis uidetur), et certains cadrans solaires les mentionnent (A. Rehm, s. u. *Horologium*, P.W. VIII, 2425 sq.). Ils servaient en effet de bases pour les prescriptions agricoles (Hésiode, *Op.* 383 sq., 614 sqq. ; Aratos, *Phaen.* 265 sqq. ; Varron, *R.R.* II, 11, 4 ; Virgile, *G.* I, 219 sq. ; Pline, *N.H.* XVIII, 201, 223, etc.) et la navigation (Homère, *Od.* V, 272 ; Hésiode, *Op.* 619 sqq. ; Horace, *Od.* IV, 14, 20 sq. ; Properce, I, 8, 10 ; III, 8, 51 ; IV, 5, 36 ; Ovide, *A.a.* I, 409, *Tr.* I, 11, 14 ; Valerius Flaccus, *Arg.* II, 357 ; V, 415, etc.).

Vitruve fait ici allusion au lever héliaque matinal, ἐπιτολὴ ἑῴα φαινομένη, c'est-à-dire ὅταν πρὶν τὸν ἥλιον ἀνατεῖλαι ἄστρον τι πρώτως φανῇ ἀνάτελλον, lorsque l'astre, après quarante jours de disparition (conjonction avec le soleil), se dégage pour la première fois distinctement de celui-ci (F. Boll, s. u. *Fixsterne*, P.W. VI, 2424 sq.).

La coïncidence de ce lever avec la position du soleil dans les Gémeaux est confirmée par le Scholiaste de l'*Iliade* XVIII, 486 (p. 390 Maass) : Πλειάδων δὲ ἀνατολὴ ἑῴα ἡλίου ὄντος ἐν Διδύμοις. Mais d'autres auteurs tentent de préciser davantage, et de fixer le jour exact où les Pléiades émergent pour la première fois de la clarté solaire. H. Gundel (s. u. *Pleiaden*, P.W. XXI, 2511 sq.) a dressé un tableau détaillé de ces dates, du reste fort variables (elles s'échelonnent dans l'ensemble entre le 15 avril et le 15 mai). En fait, elles variaient réellement suivant l'époque, et la latitude du lieu. H. Gundel encore (*o. c.* 2503 sq.) a rassemblé dans un tableau les dates que reconstitue pour l'Antiquité la science moderne (entre le 12 et le 26 mai). D'après les calculs de G. Hofmann (cité par F. Boll, s. u. *Fixsterne*, P.W. VI, 2427 sq., 2429 sq.), en 430 av. J.-C. à Athènes, le lever des Pléiades avait lieu le 19 mai ; en 45 av. J.-C. à Rome, le 27 mai. Ce lever marquait traditionnellement le début de l'été (Pline, *N.H.* II, 123 et comment. *ad loc.* ; G. F. Unger, *Frühlingsanfang*, N. Jhbb. f. Philol. u. Pädag., CXLI, 1890, p. 153) : car pour les Anciens, équinoxes et solstices ne limitaient pas, comme pour nous, les saisons ; ils se situaient en leur milieu (J. Beaujeu, *o. c.*, p. 201, n. 5, et notre figure, comment. IX, 3, 2).

10. *ad Cancrum... perficit solstitiale tempus :*Cf. Aratos, *Phaen.* 499 ; Cicéron, *Phaen.* 320 ; Manilius, IV, 162 sqq. ; Pline, *N.H.* II, 81 ; Ovide, *F.* VI, 727.

Idée un peu différente dans Q. Cicéron (*Anth.* n° 642 Riese, v. 4 sq.) :

> *Aridaque aestatis Gemini primordia pandunt,*
> *Longaque iam minuit praeclarus lumina Cancer.*

11. *qui breuissimum tenet caeli spatium :* On a longtemps cru que ce membre de phrase était symétrique de celui qui qualifie plus loin le Capricorne (IX, 3, 3 *(sol) breuissimum caeli percurrit spatium*), et devait donc s'appliquer au cours du soleil : d'où les corrections *longissimum* de Barbaro, *quo* de Reber, pour aboutir au texte de Rose, *quo longissimum tenet caeli spatium.*

Corrections totalement arbitraires et inutiles, comme l'a montré M. H. Morgan (*Notes on Vitruvius*, Harv. St., XVII, 1906, p. 6 sq.). Il ne s'agit pas, en fait, du cours du soleil (l'antithèse avec le Capricorne est fallacieuse), mais des dimensions propres de la constellation du Cancer. On a signalé ailleurs (comment. IX, 1, 3 *XII partibus peraequatis*) qu'il fallait distinguer l'étendue théorique de chaque signe (30°), et les dimensions réelles de la constellation correspondante. Or il se trouve que la constellation du Cancer est fort exiguë (les cartes célestes modernes ne lui laissent couvrir que 18° de l'écliptique, au lieu de 30°), et les Anciens lui en accordaient moins encore : Hipparque (p. 126, 12 Manitius) : ὁ μὲν Καρκίνος οὐδὲ τὸ τρίτον μέρος ἐπέχει τοῦ δωδεκατημορίου ; cf. Eudoxe (p. 18, col. IX, Blass) : ὅταν μὲν ὦσι (οἱ πλανηταί) ἐν τῷ Καρκίνῳ, ἐν τῇ ἐλαχίστῃ διαστάσει εἰσίν ; et Schol. Aratos cité plus haut (comment. IX, 1, 3). C'est leur enseignement que reproduit ici Vitruve, et la suite le confirme.

12. *quod eae partes Cancro sunt attributae :* Au contraire du Cancer, en effet, le Lion est une constellation très étendue (Manilius, IV, 176 *uasti... natura Leonis*) qui occupe plus d'un douzième du Zodiaque. D'après Ptolémée (*Synt.* VII, 5, p. 96, 17 sqq. Heib.), elle s'étend du 18° 20′ du Cancer au 27° 30′ du Lion, soit 39° 10′ (32° seulement sur les cartes modernes), l'étoile la plus occidentale étant celle des naseaux (λ Leo), la plus

orientale celle de l'ongle postérieur (υ Leo ?). D'où l'idée de rattraper le déficit du Cancer en attribuant à ce signe une partie du Lion. C'est ce que veut dire également un passage de Lucain

> *Ph.* X, 210 sq.
>
> > *Hunc ubi pars caeli tenuit qua mixta Leonis*
> > *Sidera sunt Cancro...*

jugé inintelligible par Scaliger (Bouché-Leclercq, *o. c.*, p. 139, n. 1).

Sur le Lion en général, cf. Gundel, s. u. *Leo*, P.W. XII, 1973-1992.

13. *ad caput et pectus Leonis :* La région du Lion marquée par les étoiles les plus brillantes : ε et ζ pour la tête, γ, η, et surtout α (Regulus) pour la poitrine.

III, 2. 14. *E pectore... Leonis :* D'après une tradition vulgaire qui remonte à Euctemon (cf. comment. IX, 6, 3), le soleil entre dans le signe du Lion le 27 juillet, et le parcourt en 30 ou 31 jours. Identifié avec le mois d'août, le Lion est le symbole de la chaleur (Q. Cicéron, *Anth.* 642, 6 Riese : *Languificosque Leo proflat ferus ore calores*), et il est qualifié de *uesanus, furibundus, siccus, terribilis, acer*, etc. Cf. Gundel, *o. c.*, 1981 sq.

15. *reditque in Geminorum aequalem cursum :* La symétrie qui s'établit, pour la durée des jours, entre les signes du Zodiaque, peut être illustrée par un schéma simple :

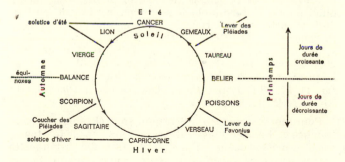

16. *transiens in Virginem :* La Vierge aussi est une constellation très étendue (*ingens Virgo*, dit Aviénus, *Arat.*

895 ; cf. Schol. Arat. 545, cité *ad* IX, 1, 3), qui dépasse
le douzième du Zodiaque par sa tête et ses pieds (la figure
étant représentée dans une position allongée le long de
l'écliptique). La tête pénètre dans la constellation du
Lion, les pieds envahissent celle de la Balance (Hipparque,
p. 126, 19 Man.). Sur cette constellation, cf. W. Gundel,
s. u. *Parthenos*, P.W. XVIII, 2, 1936-1957.

17. *Librae partes habet primas:* La constellation de la
Balance occupe dans le Zodiaque une place à part. Sa
création est relativement récente, et elle serait loin
d'occuper le douzième du Zodiaque qui lui est imparti,
si on ne l'avait accrue au détriment de la Vierge et du
Scorpion (Martianus Capella, VIII, 839 : *(Zodiacus)*
quidem aequales duodecim signa integrat portiones, sed
undecim habet signa. Scorpius enim tam suum spatium
corpore quam chelis occupat Librae, cuius superiorem
partem pedes Virginis occupant, maiorem uero Scorpius;
denique Chelas, quam Libram dicimus, quidam dixere
Graii), mais surtout de ce dernier (Anonyme III, p. 311
Maass : *bracchia uero Scorpionis locum obtinent quem*
Libram dicunt), dont les pinces volumineuses s'étendaient
en direction de la Vierge.

De fait, pour les plus anciens astronomes grecs (Eudoxe,
Aratos, Eratosthène, Hipparque), ce groupe d'étoiles
porte le nom de Χηλαί, « les pinces ». Le terme de Ζυγός
est bien plus récent (peut-être connu dès Hipparque, sa
première attestation est dans Ptolémée, *Synt.* IX, 7,
p. 267, 14 Heib. ἐπάνω τοῦ νοτίου ζυγοῦ). La même
dualité dans la terminologie se retrouve en latin, où l'on
désigne cette constellation soit par son nom grec de *Chelae*
(Virgile, *G.* I, 33 ; Cicéron, *Phaen.* 3, 210, etc. : d'autres
références dans le *Thes. L. L.*, s. u., ainsi Manilius, IV,
203, Lucain, *Ph.* II, 692), soit, plus usuellement, par
l'équivalent de Ζυγός, *Libra* (Virgile, *G.* I, 208 ; Horace,
Od. II, 17, 17 ; Ovide, *F.* IV, 386 ; Lucain, *Ph.* IV, 58 ;
Pline, *N.H.* II, 81 ; etc.).

Pourquoi les pinces du Scorpion sont-elles devenues la
Balance ? Le Scholiaste d'Aratos, 88 (p. 355 Maass)
suggère deux raisons : l'une, toute formelle, est que les
pinces arrondies ressemblent assez — avec quelque bonne
volonté, ajouterons-nous — aux plateaux d'une balance ;
l'autre, symbolique, fait de cette balance un accessoire

de la figure de la Vierge, qui, comme on sait (Aratos, *Phaen.* 98-136 = Germanicus, *Phaen.* 103-139 exposent en détail le mythe), représente la Justice. Une troisième raison semble avoir eu une fortune plus grande, au moins dans la poésie latine : la Balance symbolise l'égalité des nuits et des jours à l'équinoxe (Virgile, *G.* I, 208 ; Manilius, I, 267 sq. ; IV, 203 ; Lucain, *Ph.* VIII, 467 ; X, 227).

Cf. Gundel, s. u. *Libra*, P.W. XIII, 116-118.

18. *perficit aequinoctium autumnale :* Par suite de la précession des équinoxes (découverte par Hipparque), ce n'est plus dans la Balance que le soleil se trouve de nos jours, au moment de l'équinoxe, mais dans la Vierge. De même, il est dans les Gémeaux (non dans le Cancer) au solstice d'été, dans les Poissons (non dans le Bélier) à l'équinoxe de printemps, dans le Sagittaire (non dans le Capricorne) au solstice d'hiver. Ce décalage entre les signes du Zodiaque et les constellations n'était qu'à peine amorcé à l'époque de Vitruve, postérieur d'un siècle seulement à Hipparque : à raison de 50″ 26 par an, il n'atteignait qu'un degré et demi environ.

III, 3. 19. *occidentibus Vergiliis :* Cf. comment. IX, 3, 1. Il s'agit ici du coucher apparent lorsque le soleil se lève : δύσις ἐῴα φαινομένη · ὅταν πρὶν τὸν ἥλιον ἀνατεῖλαι ἄστρον τι πρώτως φανῇ δῦνον (F. Boll, s. u. *Fixsterne*, P. W. VI, 2425). Pour les Pléiades, ce coucher se produisait d'après G. Hofmann, le 8 novembre à Athènes en 430 av. J.-C., le 13 à Rome en 45 av. J.-C.. Gundel (s. u. *Pleiaden*, P.W. XXI, 2503 sq.) donne des chiffres plus détaillés pour diverses latitudes et diverses époques (entre le 4 et le 12 nov.). Il donne également (*o. c.*, 2511-2514) les dates — fort variables (entre le 20 oct. et le 15 nov. en général) — proposées pour ce phénomène par les calendriers antiques, qui en font le signe du début de l'hiver (Pline, *N.H.* II, 125 *Vergiliarum occasus hiemem inchoat;* cf. comment. J. Beaujeu, *o. c.*, p. 204 sq.).

Mais alors, la notice de Vitruve concernant ce coucher des Pléiades est mal placée : si chacune des saisons s'étend sur trois signes, celui qui précède et celui qui suit le solstice ou l'équinoxe, le début de l'hiver et le coucher des Pléiades se situent lorsque le soleil entre dans le

Sagittaire, non le Scorpion (cf. figure en IX, 3, 2). Entre le début de l'hiver et ce coucher des Pléiades d'une part, les premiers souffles du Favonius annonciateurs du printemps d'autre part (cf. comment. IX, 3, 3 *Fauonio flante*), il ne faut que trois signes ; or le texte de Vitruve en comporte quatre : Scorpion, Sagittaire, Capricorne et Verseau.

Occidentibus Vergiliis devrait donc se trouver dans la phrase *E Scorpione cum percurrendo init in Sagittarium...* Son anticipation peut avoir deux causes : il n'est pas interdit de l'imputer à la tradition manuscrite (membre de phrase rajouté en marge, puis inséré dans le texte à une place qui n'est pas la sienne : cf. IX, 8, 13 *minoris*). Mais l'erreur pourrait bien provenir aussi de Vitruve lui-même, qui ne se reconnaissait peut-être pas très bien dans ce dédale de signes et de constellations dont les limites ne coïncidaient pas.

20. *a feminibus Sagittarii, quae pars est attributa Capricorno :* Ni Haebler (s. u. *Capricornus*, P.W. III, 1550 sq.), ni Rehm (s. u. *Sagittarius*, P.W. IIte R., I, 1746-1751), à qui l'on se reportera pour ce qui concerne ces constellations, ne signalent les cuisses du Sagittaire, et ce chevauchement entre les deux signes. Toutefois, Vitruve fait sans doute allusion ici à une tradition qui représentait le Sagittaire sous la forme, non d'un bipède, mais d'un quadrupède, d'un Centaure (*mixtus equo*, dit Manilius, I, 270 ; cf. Bouché-Leclercq, *Astrologie grecque*, p. 143). Et comme son arrière-train est contigu au Capricorne, constellation d'étendue réduite (*angusto Capricornus sidere*, Manilius, I, 271), il était facile de reporter sur cette dernière une partie de la croupe du Sagittaire.

21. *a breuitate diurna bruma... :* Cette étymologie est tout à fait classique : Varron, *L.L.* VI, 8 *dicta bruma, quia breuissimus tunc dies est* (cf. Pline, *N.H.* II, 151 ; P. Festus, p. 31 ; Macrobe, *Sat.* I, 21, 15 ; — variante fantaisiste chez Servius, *ad Aen.* II, 472 *dicta... bruma quasi* βραχὺ ἧμαρ, *id est breuis dies ;* Isidore, *Etym.* V, 35, 6 rapproche plaisamment avec gr. βρῶμα). Elle est acceptée par la philologie moderne (*bruma* est le féminin d'un ancien superlatif **breuimus* de *breuis* : Ernout-Meillet, *Dict. étym.*[4], Paris, 1959, s. u.).

Conformément à l'étymologie, *bruma* désigne propre-
ment le jour le plus court de l'année (9 h 5/6 d'après
Martianus Capella, VIII, 846 ; mais H. Blümner, *Röm.
Privat-Altertümer*³, II, 4, p. 375, donne 8 h 54 m, et
W. Kubitschek, *Grundriss der antiken Zeitrechnung*,
Münich, 1928, p. 183, donne 8 h 53 m 1/3, pour Rome
s'entend). C'est également le « tournant » de l'année
(Varron, *l. c.: tempus a bruma ad brumam uocatur annus:*
cf. Ovide, *F.* I, 163 sq. ; Censorinus, *De die nat.* XXI, 13 ;
Servius, *ad Aen*, VII, 720), — au prix d'une légère
approximation, puisque le solstice se situe pour les
Anciens le 25 décembre (Pline, *N.H.* XVIII, 221), non
le 1er janvier. Mais cette approximation devait être
courante : Vitruve parle de *dies brumales*, et elle paraît
même s'être étendue sur un mois entier (*bruma* désignerait, selon Lydus, *De ost.* p. 151, 154 Wachsm., et Servius,
ad G. I, 211, tout l'espace compris entre le 24 novembre
et le jour le plus court ; cf. Mommsen, *C.I.L.* I², p. 287,
n. 1). Sur tout cela, cf. Haebler, s. u. *bruma*, P.W. III,
901 sq.

22. *Fauonio flante:* Cette notation introduit dans l'exposé
un jalon semblable à *exorientibus (occidentibus) Vergiliis.*
De même que les Pléiades, par leur lever et leur coucher,
annoncent l'été et l'hiver, de même les premiers souffles
du Zéphyr (léger vent d'ouest) sont le signe traditionnel
de l'arrivée du printemps (cf. Vitruve, II, 9, 1 : *materies
caedenda est a primo autumno ad id tempus quod erit antequam flare incipiat Fauonius. Vere enim omnes arbores
fiunt praegnates...*). On remarquera que pour l'automne
seul, Vitruve ne donne aucun indice ; pourtant Pline
parle à cette occasion, soit du lever d'Arcturus et des
premiers souffles du Corus (*N.H.* II, 124 ; cf. J. Beaujeu,
o. c., p. 204 et n. 5, 6), soit du coucher matinal de la
Lyre (*N.H.* XVIII, 222).

Sur le début du printemps et le Favonius, le travail
fondamental demeure celui de G. F. Unger, *Frühlingsanfang*, N. Jhbb. f. Philol. u. Pädag., CXLI, 1890, p. 153-
183, 377-404, 473-512. On consultera aussi K. Nielsen,
Remarques sur les noms des vents et des régions du ciel,
Classica et Mediaeualia, VII, 1945, p. 1-113.

Pour établir un repère commode au commencement du
printemps, les Anciens ont songé à divers phénomènes
naturels (G. F. Unger, *o. c.*, p. 153), mais aucun n'a eu

plus de vogue que l'apparition du zéphyr ou *fauonius*.
Cette apparition, malaisée à dater exactement d'après le
texte de Vitruve (G. F. Unger, *o. c.*, p. 486, la situe —
mais on ne voit pas pourquoi — le 14 février), est fixée
explicitement par Columelle au 7 février (*R.R.* XI, 2, 15 ;
cf. *infra* Ptolémée), par Pline au 8 (*N.H.* II, 122). C'est
évidemment un peu tôt pour faire commencer le printemps
en Italie ; aussi Ovide remarque-t-il,

> *F.* II, 150 sqq. (sous la rubrique 6-10 févr.),

> *... et primi tempora ueris erunt.*
> *Ne fallare tamen : restant tibi frigora, restant ;*
> *Magnaque discedens signa reliquit hiems.*

C'est que la tradition qui fait des premiers souffles du
zéphyr le commencement du printemps correspond en
fait au climat égyptien (G. F. Unger, *o. c.*, p. 155), non
au climat grec ou italien.

Malgré cela, les textes anciens lient traditionnellement
les deux phénomènes : Hippocrate, *Epid.* I, 2 (p. 387
Kühn) ; Ptolémée, φάσ. ἀπλ. Mechir 13 (= 7 févr.) ;
Lucien, *Tragodopodagra*, 43 sqq. La littérature latine
en particulier fournit d'innombrables attestations, rele-
vées par Unger (*o. c.*, p. 482-509) : Varron, *R.R.*
I, 28 ; Cicéron, *Verr.* V, 26 ; Lucrèce, I, 11, V, 737 ;
Catulle, XLVI, 1 sqq. ; Virgile, *G.* II, 328 sqq. ;
Horace, *Ep.* I, 7, 23 ; *Od.* I, 4, 1 ; III, 7, 1 sq. ; Ovide,
Tr. III, 12, 1 sq. ; Sénèque, *Thy.* 848 ; Stace, *Th.*
IV, 1 sqq. ; Pline, *N.H.* II, 122 ; XVI, 93 ; XVIII, 222 ;
Peruigilium Veneris, 14. Voir aussi le *Thes. L.L.*, s. u.
fauonius, en particulier VI, 1, 382, 62-66, qui groupe les
textes où le *fauonius* est lié au début du printemps.

23. *auget aut minuit dierum et horarum spatia :* Malheureusement, si Vitruve donne quelque idée à son lecteur du
déplacement du soleil à travers le Zodiaque et de la
succession des saisons, il s'abstient de toute donnée
précise sur cette variation dans la longueur des jours et
des heures : quelques chiffres eussent été les bienvenus
dans un livre consacré précisément à la construction des
horloges. Les savants modernes ont comblé cette lacune,
et W. Kubitschek (*Grundriss der antiken Zeitrechnung*,

p. 183) dresse un tableau détaillé dont nous extrayons
les données qui concernent Rome :

Dates	Signes	En heures équinoxiales (ou modernes)	
		Longueur du jour	Longueur de l'heure
Mi-juin-mi juil.	Cancer	15 h 6 m 2/9	1 h 15 m 5/9
Mi juil.-mi août	Lion	14 h 35 m 5/9	1 h 13 m
Mi mai-mi juin	Gémeaux		
Mi août-mi sept.	Vierge	13 h 33 m 1/3	1 h 07 m 7/9
Mi-avril-mi mai	Taureau		
Mi-sept.-mi oct.	Balance	12 h 00	1 h 00
Mi mars-mi avr.	Bélier		
Mi oct.-mi nov.	Scorpion	10 h 26 m 2/3	52 m 2/9
Mi fév.-mi mars	Poissons		
Mi nov.-mi déc.	Sagittaire	9 h 24 m 4/9	47 m
Mi janv.-mi fév.	Verseau		
Mi déc.-mi janv.	Capricorne	8 h 53 m 1/3	44 m 4/9

IV, 1. 1. *dextra ac sinistra zonam signorum:* Il peut
sembler étrange d'appliquer aux phénomènes célestes les
concepts de droite et de gauche, qui dépendent essentiellement de la position de l'observateur : ainsi l'est est à
gauche pour qui regarde le sud, à droite pour qui regarde
le nord. Les Anciens ne se sont pourtant pas arrêtés à
cette difficulté, et dans les textes astronomiques la droite
et la gauche sont souvent mentionnées — avec, il faut
le dire, bien des flottements.

Dans certains cas, il est vrai, c'est d'une manière tout
à fait vague :

Cicéron, *Ac.* II, 125 :

innumerabilis supra infra, dextra sinistra, ante post...
mundos esse...

Q. Cicéron, *Anth.* 642 Riese, 15 sq.

At dextra laeuaque ciet rota fulgida Solis
Mobile curriculum, et Lunae simulacra feruntur.

(cf. Germanicus, *Phaen.* 24, 586, qui situe les Ourses « à
droite et à gauche » du pôle).

Par rapport au premier passage cité, celui de Q. Cicéron
apporte tout de même une précision : s'agissant des

déplacements du soleil et de la lune à travers le Zodiaque, droite et gauche doivent s'entendre de l'orient et de l'occident (axe « horizontal »), non du nord et du sud (axe « vertical »). De fait, il ne manque pas de textes, depuis Homère, qui font de l'orient la droite du monde, et de l'occident la gauche :

Achilles, *isag. exc.* 28 (p. 62 Maass) : Ὅμηρος δεξιὰ μὲν καλεῖ τὰ ἀνατολικά, ἀριστερὰ δὲ τὰ δυτικὰ διὰ τούτων (*Il.* XII, 239 sq.)

Εἴτ' ἐπὶ δεξί' ἴωσι πρὸς ἠῶ τ' ἠέλιόν τε
Εἴτ' ἐπ' ἀριστερὰ τοί γε ποτὶ ζόφον ἠερόεντα.

Cf. Diels, *Doxogr. gr.* p. 339 : Πυθαγόρας, Πλάτων, Ἀριστοτέλης δεξιὰ τοῦ κόσμου τὰ ἀνατολικὰ μέρη, ἀφ' ὧν ἡ ἀρχὴ τῆς κινήσεως, ... ἀριστερὰ δὲ τὰ δυτικά. ; v. aussi J. Cuillandre, *La droite et la gauche dans les poèmes homériques*, Paris, 1944, p. 185-228.

Une autre conception, cependant, était connue des Anciens, qui repérait la droite et la gauche du monde par rapport à l'axe nord-sud. Ainsi, les zones polaires et les pôles se situent « à droite et à gauche » pour Virgile, *G.* I, 233 sqq. ; Ovide, *Met.* I, 45 sq. ; Manilius, III, 184 sq.

C'est également la conception vitruvienne, pour qui la droite et la gauche du Zodiaque désignent les constellations boréales et australes. Mais où est la droite, où la gauche ? La question ne laissait pas d'être obscure, pour les Anciens eux-mêmes.

Dans les rites auguraux, en géométrie plane, le Nord est à gauche, le Sud à droite, pour l'officiant qui regarde vers l'est (Tite-Live, I, 18 ; cf. J. Cuillandre, *o. c.*, pp. 326-335). Mais en astronomie, Empédocle (Diels, *Doxogr. gr.*, *l. c.*) et les Pythagoriciens (cf. Achilles, *isag. exc.*, *l. c.*) soutenaient que le Nord était en haut à droite, le Sud en bas à gauche. Malgré les objections d'Aristote (περὶ οὐρανοῦ, 285 b), cette théorie est la plus logique, car elle se fonde sur la position des deux hémisphères par rapport à la course du soleil (J. Cuillandre, *o. c.*, p. 416 sqq.). C'est à elle que Vitruve se range explicitement, un peu plus loin : IX, 4, 6 *quae sunt ad dextram orientis inter zonam signorum et septentrionum sidera in caelo disposita dixi. Nunc explicabo quae ad sinistram orientis meridianisque partibus ab natura sunt distributa.*

Cette conception du nord représentant la droite du monde, peut-être d'origine égyptienne (Plutarque, *Is. et Osir.*, 32), a connu, à Rome (par l'intermédiaire des sectes pythagoriciennes ?), une certaine fortune (outre les textes déjà allégués, cf. Macrobe, *Sat.* I, 21, 18 ; Servius, *ad Aen.* II, 693), même dans la littérature technique de l'arpentage (Varron *ap.* Frontin, p. 27, 13 sqq. ; Hyginus, p. 116, 11 sq. ; Nipsus, p. 294, 13 sqq. des *Gromatici ueteres*, ed. Blume-Lachmann-Rudorff, Berlin, 1848). Cf. Th. H. Martin, *Mémoire sur l'histoire des hypothèses astronomiques...*, Mém. Institut, XXX, p. 146 sq.

2. *meridiana septentrionalique parte mundi :* Expression maladroite : Vitruve, comme tous les auteurs d'une description de la sphère céleste, va commencer par l'hémisphère boréal, entièrement visible, et ne traitera qu'ensuite l'hémisphère austral, partiellement caché. Cf. Eudoxe, *fr.* 19 Maass : πρῶτον ἀναγράφει τὰ βορειότερα ἄστρα τοῦ ζῳδιακοῦ, ἔπειθ' οὕτως τὰ νοτιώτερα.

3. *Septentrio :* Pour désigner la constellation, le mot s'emploie d'ordinaire au pluriel, *Septemtriones*, conformément à l'étymologie (« les sept bœufs de labour » : Varron, *L.L.* VII, 74 sq. ; Aulu-Gelle, *N.A.* II, 21 ; cf. Ernout-Meillet, *Dict. étym.*[4], s. u. *septem* et *trio*) ; mais cf. Virgile, *G.* III, 381 *septem subiecta trioni*.

Du reste, le nom de *Septentrio(nes)* désigne indifféremment la Petite ou la Grande Ourse (cf. Virgile, *Aen.* I, 744 *geminos... triones*) : *bis septentriones* (Martianus Capella, VIII, 808, 5), *utraque septentrio* (id., VIII, 838). Pour préciser, on oppose *maior* et *minor* (Varron *ap.* Gell., III, 10, 2) ; d'où, par exemple, *minor septentrio* chez Cicéron (*N.D.* II, 111) et Vitruve lui-même (IX, 4, 6). Sur tout cela, cf. H. Gundel, s. u. *Vrsa*, P.W., IIte R., IX A 1, 1035 sq., 1051 sq.

4. *Arctum siue Helicen :* Il s'agit donc ici, comme souvent lorsque *Septentrio(nes)* est employé sans qualificatif, de la Grande Ourse, bien plus spectaculaire que son homologue. Mais précisément pour éviter toute équivoque, Vitruve donne l'équivalent grec, de plus en plus employé du reste, surtout en poésie où il remplaçait presque obligatoirement la vieille (déjà chez Plaute, *Am.* 273) et pittoresque dénomination *Septentriones*.

En grec (ainsi Aratos, *Phaen.* 27) Ἄρκτοι, en latin
(ainsi Virgile, *Aen.* VI, 16 ; Ovide, *F.* III, 107 ; Manilius
I, 283, etc.) *Arcti* désignent les deux Ourses. Sans épi-
thète, Ἄρκτος (Homère, *Il.* XVIII, 487 = *Od.* V, 273)
ou *Arctus* (Cicéron, *Phaen. fr.* XVI, 2 ; XXIII, 1) désignent comme ici la Grande Ourse (mais la Petite chez
Ovide, *Her.* XVIII, 149). Pour plus de détails, cf.
Thesaurus L.L., s. u. *Arctos;* Wagner, s. u. *Arktos*, P.W.
II, 1172 sq.

Toutefois, pour éviter les confusions presque imman-
quables si l'on persistait à donner le même nom à deux
constellations différentes, les Grecs ont très vite pourvu
chacune des Ourses d'une appellation propre : pour la
Grande Ἑλίκη, pour la Petite Κυνόσουρα.

Ἑλίκη (la constellation « qui tourne en cercle autour
du pôle ») est attesté chez Aratos (*Phaen.* 37, 83, 91, etc.)
et dans la poésie grecque hellénistique (Apollonios de
Rhodes, III, 1195). Passé en latin grâce aux traducteurs
d'Aratos (Cicéron, *Phaen. fr.* VI, 2 ; cf. *Ac.* II, 66), le
mot y a rencontré une certaine fortune, surtout dans la
poésie dactylique, à laquelle sa forme prosodique s'adap-
tait bien (Ovide, *Met.* VIII, 207, *Her.* XVIII, 149, *F.*
III, 108 ; Manilius, I, 295 ; Lucain, *Ph.* II, 237, etc.).

Sur la constellation elle-même, cf. *infra*, comment. IX,
4, 5 sq.

5. *Custodem:* Désigne le gardien de l'Ourse (gr. Ἀρκτοφύλαξ) ou Bouvier (Βοώτης). Cf. des périphrases comme :
Ovide, *Tr.* I, 4, 1 *custos Erymanthidos ursae;* I, 11, 15
custos Atlantidos ursae; Sénèque, *Thy.* 873 *custosque sui
tardus plaustri*. Mais cette désignation du Bouvier, du
reste équivoque (*custos* désigne l'Aigle chez Germanicus,
Phaen. 319, le Dragon chez Manilius, V, 16), est bien plus
rare en latin que les calques des termes grecs, introduits
sans doute, une fois encore, par les traducteurs d'Aratos
(Cicéron, *Phaen. fr.* XVI, 1 *Arctophylax, uulgo qui dicitur
esse Bootes*).

D'où — *Arctophylax:* Ovide, *Her.* XVIII, 188, *F.* II,
190, III, 405 ; Sénèque, *Thy.* 874 ; Lucain, *Ph.* VIII,
180, etc.

— *Bootes:* Ovide, *Met.* II, 176, VIII, 206, X, 447, *A.a.*
II, 55, *F.* III, 405, V, 733 ; Lucain, *Ph.* II, 722, III,
252, etc.

La constellation du Bouvier est connue depuis Homère (*Od.* V, 272) et dès lors traditionnellement associée à la Grande Ourse (d'où le nom d'"Ἀρκτοφύλαξ qu'elle prit par la suite). Par exemple :

Eudoxe, *fr.* 9 Maass :

ὄπισθεν δὲ τῆς μεγάλης Ἄρκτου ἐστὶν ὁ Ἀρκτοφύλαξ.

Aratos, *Phaen.* 91 sq.

Ἐξόπιθεν δ᾿ Ἑλίκης φέρεται ἐλάοντι ἐοικώς
Ἀρκτοφύλαξ, τόν ῥ᾿ ἄνδρες ἐπικλείουσι Βοώτην

(= Cicéron, *Phaen. fr.* XVI).

Association que le poète explique ainsi :

Οὕνεχ᾿ ἁμαξαίης ἐπαφώμενος εἴδεται Ἄρκτου.

(Cicéron, *Phaen. fr.* XVI, 2 ; *Sph. Emp.* 8 sq. ; Manilius, I, 316 sq.).

Cette idée d'un attelage s'accorde, il va sans dire, beaucoup mieux avec les dénominations de *Plaustra* ou de *Septentriones* qu'avec les termes d'*Vrsa* ou d'*Arctos*.

Sur la constellation, outre les articles *Arctophylax, Bootes, Custos* du *Thes. L.L.*, on verra Häbler, s. u. *Bootes*, P.W. III, 717 sq.

6. *ab eo non longe conformata est Virgo :* Vitruve est moins précis sur ce point que ses prédécesseurs, qui placent la Vierge — et avec raison — sous les pieds du Bouvier :

Eudoxe, *fr.* 10 Maass ; Aratos, *Phaen.* 96 sq. = Cicéron, *Phaen. fr.* XVIII, 1 ; *Sph. Emp.* 9 ; Anonyme, III, p. 310 Maass.

Sur la constellation, cf. W. Gundel, s. u. *Parthenos*, P.W. XVIII, 2, 1936-1957.

7. *Prouindemiatorem,* Προτρυγητήν *:* Il s'agit de l'étoile ε Vir, qui marque traditionnellement l'épaule droite *(supra umerum dextrum)* de la figure ; chez Aratos toutefois, l'astre est encore anonyme et situé au-dessus des deux épaules :

Phaen. 137 sq.

Τῆς ὑπὲρ ἀμφοτέρων ὤμων εἰλίσσεται ἀστὴρ
[Δεξιτερῇ πτέρυγι · Προτρυγητὴρ δ᾿ αὖτε καλεῖται]

17

Le vers entre crochets, que ne traduisent ni Cicéron, ni Germanicus, ni Aviénus, est apocryphe (J. Martin, comment. *ad loc.*, p. 30), et a été inséré pour confirmer la nouvelle astrothésie, telle que l'attestent, outre Vitruve, Schol. Aratos, 137, p. 361 Maass ; Anonyme, II, p. 202 b Maass ; Geminus, *isag.* 2 (p. 768 Migne = p. xxvi Maass) ; Hyginus, *Astr.* III, 24 *(quarum una quae in dextra penna ad umerum defixa* προτρυγητήρ *uocatur).*

Vitruve qualifie cette étoile de *lucidissima.* C'est une tradition inexacte, dont l'origine est postérieure à Aratos, qui l'assimile, pour l'éclat, aux étoiles de la queue de la Grande Ourse (*Phaen.* 139 sq.)

Ptolémée en fait un astre de 3e grandeur, tandis que les étoiles de la Grande Ourse sont pour lui de 2e grandeur. La science moderne leur assigne les magnitudes suivantes : ε Vir : 3, 0 ; α UMa : 2 ,0 ; β UMa : 2, 4 ; γ UMa : 2, 5 ; ε UMa : 1, 7 ; ζ UMa : 2, 4 ; η UMa : 1, 9.

Au mépris donc de la réalité, certains textes anciens exagèrent beaucoup sa brillance. Outre Vitruve, citons le Scholiaste d'Aratos *(l. c.) :* σφόδρα ἐστὶ λαμπρός ; Germanicus, *Phaen.* 140 ...*praestanti lumine signat Stella umeros.* Aviénus (*Arat.* 353 sq.) lui attribue une couleur rouge qui n'est pas non plus tout à fait exacte (type spectral G 8/K O, donc jaune orangée).

L'étoile ε Vir a enfin été dotée de noms variables. En grec, Προτρυγητήρ (cf. les textes cités *supra*) est le plus usuel ; on trouve aussi la forme Τρυγητήρ chez Columelle (*R.R.* XI, 2). Quant à la restitution Προτρυγητήν dans le texte de Vitruve — qui suppose un nominatif en -τής —, elle est confirmée par la papyrologie (Hibeh Pap. I, 27, 130, vers 300 av. J.-C.) et la tradition ms. de nombreux calendriers grecs (cf. aussi Τρυγητής, Schol. Aratos, 91, p. 356 Maass).

En latin, *Prouindemiator* (restitué à partir du *prouidentiam maiores* des mss !) est un hapax ; mais on connaît les formes *Vindemiator* (Columelle, *R.R.* XI, 2, 24), *Vindemitor* (Ovide, *F.* III, 407 ; Pline, *N.H.* XVIII, 309), *Anteuindemiator* (Schol. Germanicus, Strozz. p. 208).

Tous ces noms, grecs et latins, s'expliquent par le fait que le lever de l'astre passait pour annoncer le moment des vendanges : Schol. Aratos *(l. c.) :* πρὸ γὰρ τῆς τοῦ τρυγήτου ὥρας ὀλίγον προανατέλλει ; Pline *(l. c.)* : *exoriri mane incipit, uindemiae maturitatem promittens*, — sur quoi Ovide (*F.* III, 407-414) a brodé un récit étiologique. L'astronomie populaire, aujourd'hui encore, appelle cette étoile « la Vendangeuse ».

Sur tout cela, cf. Gundel, s. u. *Parthenos*, P.W. XVIII, 2, 1938 sq. ; s. u. *Prouindemitor*, P.W. XXIII, 1, 1029 ; s. u. *Protrygeter*, P.W. XXIII, 1, 988-994 ; s. u. *Vindemitor*, P.W., IIte R., IX A 1, 24.

8. *candens magis Spica eius est* : Il s'agit de l'étoile α Vir, la plus brillante de la constellation (magn. : 1, 2 ; blanc bleuâtre). Elle est signalée par Aratos

Phaen. 97 ῝Η ῥ᾽ ἐν χερσὶ φέρει στάχυν αἰγλήεντα

(= Cicéron, *Phaen. fr.* XVIII, 2 *Spicum illustre tenens...*)

et les Scholiastes précisent sa position :

Schol. Aratos, 97, p. 357 Maass : Οὐ διεσάφησε ποίᾳ χειρί, ἴσως διὰ τὸ μέτρον ἐμποδιζόμενος · θεωρεῖται δὲ ἐν τῇ ἀριστερᾷ. Cf. aussi *Sph. Emp.* 10 ; Geminus, *isag.* 2 (p. 768 Migne = p. xxvi Maass).

L'astre tire son nom du fait qu'il était considéré comme un repère pour la moisson à venir (cf. Schol. Aratos, 97, p. 356 Maass : διὰ τί στάχυν φέρει ; ἐπεὶ εὐσεβεστάτη ἐστὶν ἡ γεωργική). C'est en observant sa position que Hipparque découvrit la précession des équinoxes (Gundel, s. u. *Parthenos*, P.W. XVIII, 2, 1937).

9. *colorata item* : Il y a ici une double difficulté, de texte et de ponctuation. Tous les mss (sauf *V*, inconnu des précédents éditeurs) écrivent *colorata*, que l'on corrige parfois (Rose) en *collocata* (texte de *V*). D'autre part, la ponctuation peut se situer aussi bien avant qu'après le participe : dans le premier cas, celui-ci se rattache à *alia stella ;* dans le second, à *Spica*.

Premier principe : ne toucher au texte des mss qu'en cas d'absolue nécessité. Or la mention d'une étoile colorée n'a rien d'insolite : il faut donc garder *colorata*. Et cela nous permet de ponctuer notre texte avec certitude : en effet, *colorata* ne peut s'appliquer à *Spica*, qui est d'un blanc bleuâtre. Au contraire, l'autre étoile dont il va être question, Arcturus, présente une nette coloration rougeâtre (type spectral K O/K 2, donc jaune d'or ou jaune orangé).

Dans le travail fondamental de F. Boll (*Antike Beobachtungen farbiger Sterne*, mit einem Beitrag von C. Bezold, Abh. d. k. Bayer. Akad. d. Wiss., Phil.-Hist. Kl., XXX, 1, München, 1916, p. 1-164), ne manquent pas les textes qui attestent cette observation dans l'Antiquité (mais celui de Vitruve n'y figure pas, l'auteur ayant sans doute utilisé l'édition Rose où il lisait *collocata*). Ainsi :

Ptolémée, *Synt.* I, 9 : ὁ δὲ λαμπρὸς καὶ ὑπόκιρρος... Ἀρκτοῦρος (or ὑπόκιρρος, « jaunâtre », s'applique aussi — cf. Boll, *o. c.*, p. 18 — entre autres à Aldébaran, Antarès et Bételgeuse, notoirement orangées ou rougeâtres).

Anonyme (Sitzber. Wien. Akad., CXVII) *fr.* I, 7 Wessely : ὁ δὲ τοῦ Ἀρεώς ἐστιν ἐρυθρὸς καὶ ... παραπλήσιος τῷ Ἀρκτούρῳ.

Le rapprochement d'Arcturus avec Jupiter (jaune) et Mars (rouge) figure aussi dans Ptolémée *(l. c.)* et les inscriptions cunéiformes babyloniennes (C. Bezold, *o. c.*, p. 136).

Anonyme (Vindob. Phil. 108, cap. ρνζʹ, f. 283) : τὸ εἶδος αὐτοῦ ... αἱματῶδες.

Aviénus, *Arat.* 272 :

> *Ebria flammanti consurgit stella rubore.*

(mais ceci est moins probant, car chez Aviénus — cf. Boll, *o. c.*, p. 18 — les mentions très fréquentes *rubor, rutilus*, traduisent souvent l'éclat, non la couleur. De même, lorsque Plaute, *Rd.* 1, qualifie Arcturus de *stella candida*, il traduit seulement le grec λαμπρὸς ἀστήρ, sans faire allusion à la coloration propre de l'astre).

Le texte : *Colorata item alia... stella* est donc tout à fait satisfaisant.

10. *stella media genuorum Custodis Arcti: qui Arcturus dicitur...* : Arcturus est l'étoile principale, très brillante (α Boo, magn. : 0, 2) de la constellation du Bouvier, déjà mentionnée. Sur sa position dans la constellation, l'accord n'est pas fait chez les auteurs anciens. Les uns, comme Vitruve, la situent entre les genoux du personnage :

Anonyme, II (p. 199 b Maass) = Eratosthène, *catast.*

p. 80 Robert : ἀνὰ μέσον τῶν γονάτων α' λαμπρότατον, ὃς δὴ 'Αρκτοῦρος καλεῖται.

D'autres, plus nombreux et plus illustres, lui assignent la ceinture :

Aratos, *Phaen.* 94 sq.   ὑπὸ ζώνῃ δέ οἱ αὐτός
          Ἐξ ἄλλων 'Αρκτοῦρος ἐλίσσεται ἀμφαδὸν ἀστήρ.

(= Cicéron, *Phaen. fr.* XVII) ; cf. Schol. Aratos, 94 (p. 356 Maass) ; Manilius, I, 318.

Signalons pour finir que l'éclat de cette étoile lui a valu de donner parfois son nom à la constellation tout entière (ainsi Varron, *R.R.* III, 16, 34 ; Virgile, *G.* I, 204), et que dans les textes tardifs *Arcturus* peut désigner l'une ou l'autre des Ourses (ainsi Anonyme, III, p. 309 Maass ; cf. H. Gundel, s. u. *Vrsa*, P.W., IIte R., IX A 1, 1036). On se reportera sur ces points à l'excellent article de Dittmann, s. u. *Arcturus*, dans le *Thes. L.L.*

11. *est ibi dedicatus :* Ces trois mots ont posé des problèmes aux éditeurs, qui n'ont pas su à quoi les rattacher. Rose supprime *est* et rapporte *ibi dedicatus* à *Arcturus*. Thiele (*Antike Himmelsbilder*, Berlin, 1898, p. 49) leur donne pour sujet *Auriga*, ce qui l'oblige à corriger plus loin *stat* en *stans*. Il nous a paru, après Krohn, que l'on pouvait ne rien changer au texte des mss, et sauvegarder malgré tout la syntaxe par le choix d'une ponctuation adéquate.

IV, 2. 12. *e regione capitis Septentrionis :* Cette notice sur la position du Cocher reproduit presque textuellement le *fr.* 14 d'Eudoxe : κατέναντι δὲ τῆς κεφαλῆς τῆς μεγάλης Ἄρκτου ὁ Ἡνίοχος ἔχει τοὺς ὤμους λοξὸς ὢν ὑπὲρ τοὺς πόδας τῶν Διδύμων.

13. *Auriga :* Sur les identifications mythiques du Cocher (Bellérophon, Trochilos, Myrtilos, Cillas cocher de Pélops, Oenomaos), cf. Schol. Aratos, 161, p. 368 Maass. On y ajoutera Hippolyte, suivant une légende de Trézène (L. Méridier, Euripide, t. II, éd. Belles-Lettres, p. 12).

14. *in summo cornu Tauri... partem stella :* Le texte de cette phrase est gravement altéré dans les mss : chaque éditeur propose des corrections différentes. Seul le sens général est certain, parce que les autres descriptions de la sphère céleste sont toutes unanimes : le pied droit du

Cocher et la corne gauche du Taureau sont désignés par la même étoile, qui est β Tau (magn. : 1, 8). C'est ce qu'enseigne, outre Hipparque (p. 268, 15 Manitius) et Ptolémée (*Synt.* VII, 5, p. 88, 9 Heiberg),

Eudoxe, *fr.* 14 : (ὁ Ἡνίοχος) ἔχων τὸν δεξίον πόδα (que Kaibel, *Aratea*, Hermes, XXIX, p. 94, voudrait corriger en ἀστέρα) κοινὸν τῷ ἐν ἄκρῳ τῷ ἀριστερῷ κέρατι τοῦ Ταύρου.

De même, Aratos, *Phaen.* 174 sq. (cf. Cicéron, *Phaen. fr.* XXX ; Aviénus, *Arat.* 437 sq.) ; Schol. Aratos, 174, p. 370 Maass ; *Sph. Emp.* 18 sq. ; Anonyme, III, p. 310 Maass.

On remarquera toutefois que les mss du *De Architectura* (l'addition *dextri* est de Rose) ne précisent pas quel pied du Cocher est en contact avec la corne gauche du Taureau : il n'est pas exclu que l'omission soit due à Vitruve lui-même.

Sur la constellation du Taureau, cf. Gundel, s. u. *Tauros*, P.W., IIte R., V, 53-58.

15. *Et appellantur Aurigae manus Haedi :* Tel est le texte des mss, que nous avons cru pouvoir conserver, quoiqu'il soit étrange de faire dire à Vitruve que les mains du Cocher s'appellent les Chevreaux. Mais certaines notices, dans des textes grecs, semblent autoriser cette hardiesse ou justifier cette maladresse :

Schol. Aratos, 156, p. 367 Maass : τρεῖς γὰρ ἔχει (scil. ἀστέρας ὁ Ἡνίοχος) ἐν τῇ χειρί, ὧν ὁ μὲν ... οἱ δὲ ἄλλοι δύο ἑξῆς ἀμαυρότεροι, οἳ καλοῦνται Ἔριφοι.

Anonyme II, p. 210 Maass : Ἔχει (scil. ὁ Ἡνίοχος) ἀστέρας ... ἐπ' ... ἀριστερᾶς χειρὸς β', οἳ δὴ καλοῦνται Ἔριφοι.

Schol. Germanicus, p. 74, 4 Breysig : *Qui Haedi dicuntur in sinistra manu eius sitae stellae sunt duae.*

Aratos, sur ce point, n'est pas suffisamment explicite :

Phaen. 165

Οἱ δέ οἱ αὐτοῦ
Λεπτὰ φαείνονται Ἔριφοι καρπὸν κάτα χειρός.

(cf. *Sph. Emp.* 23 sq.)

Ἔριφοι δὲ ... εἴληχαν τόπον
Καρπὸν κατ' ἄκρας χειρὸς Ἡνιοστρόφου)

Mais, un peu plus haut, en parlant de la Chèvre située
sur l'épaule du Cocher, il avait employé le verbe ἐπελή-
λαται (« est poussé sur »), ce qui a incité Rose et Krohn
à corriger le texte de Vitruve en *adplicantur manui Haedi,*
Granger en *appelluntur manui Haedi,* plus ingénieux (cf.
Martianus Capella, VIII, 838 : *Capra quae Heniocho
superposita, aut Haedos qui eius umeris sustinentur).*
L'hésitation sur le texte (d'autres restitutions encore dans
Kaibel, *Aratea,* Hermes, XXIX, p. 94 ; G. Thiele, *Antike
Himmelsbilder,* p. 51) demeure donc permise.

Son contenu astronomique, de toute façon, ne fait
aucune difficulté. Les étoiles que les modernes continuent
d'appeler les Chevreaux (ε, ζ, η Aur) forment un petit
triangle aisément reconnaissable, près de la brillante
étoile α Aur (cf. comment. *infra, Capra).* Attestés chez
Aratos, les Chevreaux (Ἔριφοι) le sont aussi chez
Théocrite (VII, 53), puis souvent en latin sous le nom de
Haedi (Varron, *R.R.* II, 1, 8 ; Virgile, *G.* I, 205, *Aen.* IX,
668 ; Ovide, *Met.* XIV, 711), plus rarement *Haedus*
(Horace, *Od.* III, 1, 28 ; Properce, II, 26, 56). Leur
coucher (décembre) était annonciateur de mauvais temps
(Théocrite, Ovide, *ll. cc.*), leur lever également (Horace,
l. c.).

16. *Capra laeuo umero :* En corrigeant *appellantur* en
applicantur ou *appelluntur,* la construction de ces trois
mots va de soi. Elle est plus malaisée si l'on conserve,
comme nous l'avons fait, le *appellantur* des mss. On peut
toutefois faire de *Capra laeuo umero* soit un ablatif
absolu (« tandis que la Chèvre (constitue) son épaule
gauche »), soit plutôt une phrase nominale, où *Capra* est
nominatif, *laeuo umero* ablatif de lieu sans préposition.

Rien à reprendre, du reste, sur cette astrothésie de la
Chèvre, généralement admise :

Aratos, *Phaen.* 162   σκαιῷ δ'ἐπελήλαται ὤμῳ
    Αἴξ ἱερή.

(Cicéron, *Phaen. fr.* XXVI, 3 ; *Sph. Emp.* 20).

Il s'agit de la brillante étoile α Aur (la Chèvre, Capella ;
magn. : 0, 2), qui brille dans les nuits d'hiver au voisinage
du zénith (cf. Horace, *Od.* III, 7, 6). A l'origine de son
nom, on trouve la chèvre Amalthée, nourrice de Zeus
(*Sph. Emp.* 21 sq. ; cf. Schol. Aratos, 161, p. 368 Maass).

17. *Tauri quidem et Arietis insuper Perseus :* Pour la syntaxe, l'emploi de *insuper* postposé à un régime au génitif est très insolite. Pour l'astronomie, la notice est tout à fait exacte, quoique Persée soit situé d'ordinaire, dans les textes anciens, par rapport à d'autres constellations (cf. *infra*).

18. *dexteriore ut supercurrens basi Vergilias :* La tradition ms. est ici dans un état déplorable : elle donne, à peu près unanimement, *Perseus dexterioribus subtercurrens basem Vergilias, (a) sinisterioris caput Arietis,* qui ne veut rien dire.

Une première correction s'impose : *subtercurrens,* contredit par les données de l'astronomie (à moins qu'on n'écrive, comme Rose, *subtercurrentis... Vergilias*), doit se changer en *supercurrens* (Thiele, *Antike Himmelsbilder,* p. 51). D'autre part, *dexterioribus* et *sinisteriori,* qui ont bien l'air d'être antithétiques, sont à des cas différents et ne se rapportent à aucun substantif. Mais il y a un *basem* qui, dans la phrase, reste sans fonction définie : il s'agit, à n'en pas douter, du soubassement, de la partie inférieure de la constellation de Persée ; on lira donc : *dexteriore... basi... sinisteriore.* Enfin, on fera un sort à la désinence *-bus* de *dexterioribus* en y reconnaissant un *ut* que, comme *basi,* recommandent explicitement les textes grecs :

Schol. Aratos, 252, p. 385 Maass : Τὰ δὲ ἐν τοῖς ποσὶν ἴχνη καὶ τὰς τῶν ποδῶν βάσεις ὥσπερ διώκων καὶ ἐπαίρων προσδρομὴν μηκύνει καὶ ἐκτείνει · ἔστι δὲ κατανοήσαντα ἰδεῖν ὡς ἀληθῶς ἐπὶ δρόμον σπεύδοντα αὐτόν.

Sph. Emp. 33 Περσεὺς ὠκύς (cf. Cicéron, *Phaen.* 24 sq.)

Manethon, II (I), 127 Περσῆος ... ὥστε θέοντος

Hyginus, *Astr.* III, 12 <*Perseus*> *dextro pede caput Aurigae premere uelut currens uidetur.*

On voit par ces notices, qui peignent toutes en mouvement la figure de Persée, combien est malheureux le texte de Rose, qui rapporte le verbe « courir » aux Pléiades !

Mais si Vitruve a tout à fait raison d'écrire *Perseus... ut supercurrens,* il se trompe lorsqu'il situe au-dessus des Pléiades le pied droit de Persée (Thiele, *l. c. ;* Gundel, s. u. *Pleiaden,* P.W. XXI, 2500). C'est en réalité le pied —

ou plutôt le genou — gauche qui s'appuie sur ce groupe d'étoiles : la tradition est formelle sur ce point :

Eudoxe, *fr.* 17 τὸ δὲ ἀριστερὸν γόνυ πρὸς τὰς Πλειάδας.

Cf. Aratos, *Phaen.* 254 sq. ; Cicéron, *Phaen.* 27 sq. ; Schol. Aratos, 254, p. 385 Maass ; p. 387 Maass.

Ce pied, ou ce genou gauche, est représenté par l'étoile ζ Per, située à 7° environ au-dessus des Pléiades.

19. *sinisteriore caput Aurigae :* La mention *caput Arietis* des mss, même si l'on inverse les indications de droite et de gauche, demeure inexacte : le pied de Persée qui ne s'appuie pas sur les Pléiades s'appuie en effet, traditionnellement, sur le Cocher (étoiles λ, μ, 43, 48, 53, 58, 59 Per) :

Sph. Emp. 34 Πόδας τιθεὶς νώτοισιν Ἁρματηλάτου

Hyginus, *Astr.* III, 12 *dextro pede caput Aurigae premere... uidetur.*

Il faudra donc corriger, dans le texte de Vitruve, *Arietis* en *Aurigae* (cf. *infra*, comment. *supra Arietem*).

20. *manu dextra innitens Cassiepiae simulacro :* Confirmation chez

Eudoxe, *fr.* 17 τὴν δεξιὰν χεῖρα πρὸς τὴν Κασσιέπειαν ἀποτείνων.

(Cf. Aratos, *Phaen.* 251 ; Schol. Aratos, 251, p. 384 Maass).

Ce sont les étoiles γ, τ, η Per.

21. *supra Arietem :* Tous les mss ont *supra Aurigam*, qui pour l'astrothésie ne convient pas : c'est au-dessus du Bélier qu'est située la tête de la Gorgone ; d'où la correction de Rose[2]. Mais si nous nous souvenons qu'un peu plus haut nous trouvions au contraire *Arietis* là où il fallait *Aurigae*, tout s'éclaire : des corrections marginales mal interprétées et mal insérées ont abouti à ce chassé-croisé.

22. *Gorgoneum... caput :* Les deux mots sont séparés dans les mss par *ad summum* (v. menues variantes dans l'app. crit.), que Rose corrige en *ab summo*, et que conservent Krohn et Granger. Insérés entre *Gorgoneum* et *caput*, étant donné les habitudes stylistiques de Vitruve, surtout

dans un passage technique comme celui-ci, ils sont tout à fait insolites, et de surcroît inexacts, puisque la tête de la Gorgone se place à la partie inférieure de la constellation. Nous les considérons comme inauthentiques, sans pour autant nous prononcer sur leur origine.

La tête de la Gorgone représente, dans la constellation de Persée, un attribut récent : ni Eudoxe, ni Aratos ne le connaissent. Il leur est donc postérieur, mais antérieur à Hipparque (W. Rathmann, s. u. *Perseus*, P.W. XIX, 993).

Schol. Aratos, 251, p. 385 Maass : θεωρεῖται δὲ (ὁ Περσεὺς) ἐν τοῖς ἄστροις τὴν Γοργόνος κατέχων κεφαλήν.

Anonyme II, p. 227 Maass :

habere uidetur et	ἔχων θεωρεῖται καὶ τὴν
Gorgonis caput.	Γοργόνος κεφαλήν.

Manilius, I, 359 sq.

(Ni) ...*fugiendaque Gorgonis ora*
Sustineat, spoliumque sibi pestemque uidenti.

Cette tête de la Gorgone, ainsi que la main qui la soutient, est représentée par la brillante étoile variable β Per (Algol), et les étoiles plus faibles qui l'avoisinent (ω, ρ, π, 16, 12, 20, 24, 17 Per). Sur tout cela, et d'autres attributs de Persée dont Vitruve ne dit rien, cf. W. Rathmann, *l. c.*

23. *subiciensque Andromedae pedibus:* La construction de la phrase ne laisse aucun doute : c'est la tête de la Gorgone qui, pour Vitruve, est placée par Persée sous les pieds d'Andromède. Cela n'est pas inexact, du strict point de vue de l'astronomie : un des pieds d'Andromède est représenté par l'étoile γ And, peu éloignée de β Per et de son cortège d'étoiles faibles (cf. comment. *supra*). Toutefois, l'astrothésie antique est quelque peu différente :

Eudoxe, *fr.* 17 παρὰ δὲ τοὺς πόδας τῆς Ἀνδρομέδης ὁ Περσεὺς ἔχει τοὺς ὤμους. (cf. Rathmann, *l. c.*).

On se demandera donc si, après *subiciens*, il ne conviendrait pas de restituer un mot comme *umeros* ou *scapulas*, peut-être même un simple *se*. Mais c'est pure conjecture...

IV, 3. 24. *Pisces supra Andromeda est:* C'est une restitution nécessaire, en face de *Pisces supra Andromedam* des mss, qui, plaçant les Poissons au-dessus d'Andromède, prêtaient à Vitruve une erreur par trop grossière. Notre texte, astronomiquement satisfaisant (mais sa syntaxe est bien singulière), se recommande d'une notice d'Eudoxe plus explicite et plus exacte, il est vrai : *fr.* 16 ἡ Ἀνδρομέδη τὸν μὲν ἀριστερὸν ὦμον ἔχουσα τῶν Ἰχθύων ὑπὲρ τοῦ πρὸς βορρᾶν, τὴν δὲ ζώνην ὑπὲρ τοῦ Κρίου (l'inversion *Pisces supra* de Vitruve n'est-elle pas due à une mauvaise intelligence du grec τῶν Ἰχθύων ὑπὲρ ?).

25. *Equi quae sunt supra spinam :* Ici encore, le texte est malaisé à établir, encombré qu'il est dans les mss de répétitions intempestives : *et eius uentris et equi qu(a)e sunt supra spinam equi, cuius uentris lucidissima stella finit uentrem equi...* (cf. app. crit.). Lourdeurs et répétitions ne sont jamais chez Vitruve aussi intolérables : l'éditeur a le droit d'élaguer — avec prudence.

L'astrothésie, du reste, est correcte : il s'agit de la constellation moderne de Pégase (gr. Ἵππος, Eudoxe, *fr.* 16 ; Aratos, *Phaen.* 205, etc.), identification mythique que du reste les Anciens n'ignoraient pas (Schol. Aratos, 205, p. 376 Maass). Vitruve omet de signaler que ce Cheval, tout comme le Taureau (cf. comment. IX, 3, 1), ne possède que la partie antérieure du corps :

Schol. Aratos, *l. c.* : ἡμιτελὴς δέ ἐστιν, αὐτὰ τὰ ἐμπρόσθια φαίνων ἄχρι τοῦ ὀμφαλοῦ.

(Cf. Aviénus, *Arat.* 485 sqq.).

En revanche, sans le dire explicitement, Vitruve laisse supposer — ce qui est juste — que le Cheval se présente la tête en bas (puisque son ventre touche la tête d'Andromède, située au-dessus de lui).

Sur la constellation de Pégase, cf. W. Rathmann, s. u. *Pegasos*, P.W. XIX, 62-64.

26. *lucidissima stella finit uentrem Equi et caput Andromedae :* Ce détail, traditionnel, est chez

Eudoxe, *fr.* 16 ; Aratos, *Phaen.* 205 sq. ; Cicéron, *Phaen. fr.* XXXII, 4 ; *Sph. Emp.* 35 sq.

Il s'agit de l'étoile α And (magn. : 2, 2), que Vitruve qualifie un peu généreusement de *lucidissima*.

27. *manus Andromedae dextra supra Cassiepiae simulacrum :* Cette précision est originale (G. Thiele, *Antike Himmelsbilder*, p. 51, suggère qu'elle pourrait remonter à Hipparque). D'ordinaire, Andromède est simplement représentée les mains tendues, dans l'attitude d'une suppliante :

> Aratos, *Phaen.* 202 Ἀλλ᾽ ἔμπης κἀκεῖθι διωλενίη τετάνυσται

(Cf. Schol. Aratos, *ad loc.*, p. 376 Maass ; Avienus, *Arat.* 467).

Ce sont sans doute les étoiles ι, κ, λ, ψ de la constellation.

28. *laeua <supra> aquilonalem Piscem :* Contre l'addition de *supra*, absent des mss., on verra W. A. Bährens, *Beiträge zur lat. Syntax* (*I. Ueber einige Verbindungen ἀπὸ κοινοῦ und Verwandtes*), Philologus, Suppl. XII, 2, 1912, p. 295 : ce savant ne la juge pas nécessaire, l'opposition *dextra... laeua* adoucissant l'ellipse, et il renvoie à Florus I, 3, 6 ; Velleius Paterculus, II, 84. Quoi qu'il en soit, le sens demeure clair.

Du reste, Vitruve s'écarte un peu de la tradition astronomique. Ce n'est pas, d'ordinaire, la main gauche, mais l'épaule gauche d'Andromède qui est voisine du plus septentrional des Poissons : cf., outre Eudoxe, *fr.* 16, cité plus haut,

> Aratos, *Phaen.* 246
>
> Ἀνδρομέδης δέ τοι ὦμος ἀριστερὸς Ἰχθύος ἔστω
> Σῆμα βορειοτέρου.

On sait en effet que la constellation zodiacale des Poissons, sur laquelle Vitruve ne donnera aucune autre précision ici (mais cf. comment. IX, 5, 3), se compose de deux Poissons, l'un situé aux environs de l'équateur céleste, sous la crinière de Pégase (étoiles β, γ, θ, ι, κ, λ, ω) — l'autre, nettement plus au nord (entre +20° et +30° N), voisin d'Andromède (étoiles ρ, τ, υ, φ, χ, ψ). Ils sont reliés par un long cordon sinueux (δ, ε, ζ, μ, ν, ξ, α, ο, π, η, dont la plus brillante, α, est appelée le Nœud : cf. IX, 5, 3 *tenuis fusio stellarum*). Sur tout cela, cf. Aratos, *Phaen.* 239-246 = Cicéron, *Phaen.* 12-19 ; en outre, Anonyme III (p. 310 sq. Maass) : *Pisces duo, quorum alter in aquilonem erectus, alter in austrum pronus, caudis tamen uinculo quodam conexis colligati sunt. Aquilonius ad Andromedam extenditur, austrinus ad Aquarium.* Voir aussi W. Gundel, s. u. *Pisces*, P.W. XX, 2, 1775-1783.

29. *Aquarii supra Equi caput est :* Pour plus de précisions, cf.

> Aratos, *Phaen.* 283 ... πὰρ' δ' ἄρα οἱ κεφαλῇ χεὶρ Ὑδροχόοιο Δεξιτερή.

L'astronomie moderne confirme : les étoiles, ε, ν, θ, qui marquent la tête de Pégase, sont situées juste au-dessus des principales étoiles (β, α, γ, ζ, η) du Verseau.

30. *Equi ungulae attingunt Aquarii genua:* Notice tout à fait inexacte. Nous avons vu plus haut que le Cheval (Pégase) se présente la tête en bas : ses sabots doivent donc être tournés vers le nord (de fait, Eudoxe les fait s'appuyer sur le tropique nord ; cf. G. Thiele, *o. c.*, p. 54), et ne peuvent par conséquent toucher une constellation nettement australe. Aussi Philander et Perrault ont-ils proposé de remplacer *Aquarii genua* par *Auis pennas:* mais la correction est forcée et arbitraire. Plus habile, Galiani suggère de corriger *ungulae* en *auriculae.* L'astrothésie, cette fois, serait passable (à condition de donner à *attingunt* le sens de « se diriger vers » plutôt que celui de « toucher » ; car les genoux du Verseau sont assez éloignés de Pégase) : mais malgré Hyginus (III, 17) qui mentionne les oreilles de Pégase (dans un contexte tout différent), nous préférons, avec G. Thiele *(l. c.),* conserver tel quel le texte des mss., en rendant Vitruve responsable de son erreur (cf. introd. p. XLIV et LII).

31. *Cassiepia media est dedicata:* Encore une notice qui trahit, soit une profonde altération du texte (par rapport à quoi faut-il comprendre *media?*), soit une grave bévue de l'auteur. G. Thiele *(l. c.)* suggère : *<supra Equi caput> Cassiepia... est dedicata;* mais si cette correction a quelque fondement paléographique (chute, la seconde fois, d'un membre de phrase répété à quelques mots de distance), elle n'améliore guère le sens : Cassiopée est fort loin de la tête de Pégase, par rapport à laquelle il est tout à fait inusuel de la situer. La correction de Krohn est plus ingénieuse, en ce qu'elle améliore l'ensemble du passage : *Equi ungulae attingunt Aquarii <e regione Volucrem. Inter Cepheum et Andromedae> genua Cassiepia media est dedicata.* Astronomiquement, c'est tout à fait exact ; mais pour le texte, c'est du Krohn — et du meilleur —, non du Vitruve.

32. *Capricorni supra...* Aquila *et* Delphinus : Astrothésie correcte, attestée notamment chez

Aratos, *Phaen.* 316 sq. (cf. Cicéron, *Phaen.* 91 sqq.), *Sph. Emp.* 41 sqq.

33. *secundum eos est* Sagitta : La Flèche se trouve plutôt au-dessus de l'Aigle qu'au-dessus du Dauphin :

Aratos, *Phaen.* 311 sq. Ἔστι δέ τοι προτέρω βεϐλημένος ἄλλος Οἰστός ... (Cf. Cicéron, *Phaen.* 84 sq.) ... ὁ δέ οἱ παραπέπταται Ὄρνις.

Constellation très discrète du reste (*fulgens... Sagitta* est une exagération de Cicéron, *l. c.*), avec ses trois étoiles principales (γ, δ, α) alignées (4e grandeur).

34. *Volucris :* Il s'agit de la constellation moderne du Cygne, que les Anciens connaissaient également sous le nom de *Auis* (cf. Vitruve, *infra*) ou de *Ales* (Cicéron, *Phaen.* 85), dénominations fâcheuses, car le Cygne est le voisin céleste d'un autre oiseau, l'Aigle (cf. *supra*). Pour celui-ci, il est vrai, *Aquila* semble seul usité.

Le Cygne est une constellation dont le dessin général reproduit très nettement celui d'une croix : pareille disposition se prêtait à l'identification du long cou et de la queue de l'Oiseau, d'une part, de ses deux ailes ensuite. Mais on va voir que l'astrothésie de Vitruve est incorrecte.

35. *cuius pinna dextra Cephei manum attingit* [*et sceptrum*] : C'est l'enseignement unanime des Anciens :

Eudoxe, *fr.* 18 παρὰ δὲ τὴν δεξιὰν χεῖρα τοῦ Κηφέως ἡ δεξιὰ πτέρυξ ἐστὶ τοῦ Ὄρνιθος.

Cf. Aratos, *Phaen.* 279 sq. = Cicéron, *Phaen.* 52 ; *Sph. Emp.* 26 sq. ; Anonyme III, p. 311 Maass *Cygnus expansis alis uolitanti similis ad dextram Cephei manum dextram alam, sinistram ad pedes Equi porrigit.*

(On se demandera, sur cet exemple, si Vitruve n'avait pas écrit *pinna dextra* <*dextram*> *Cephei manum attingit*).

Il ne peut s'agir (cf. figure ci-après) que de la branche δθιϰ. Quant au sceptre de Céphée, inconnu d'Eudoxe, et même de Ptolémée, c'est un de ces attributs qui, comme

CÉPHÉE

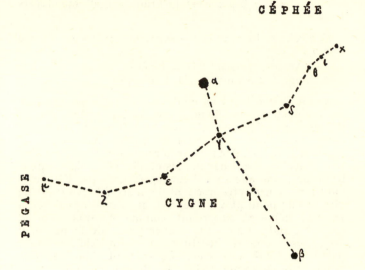

FLÈCHE

la tête de Gorgone pour Persée, se sont joints relativement tard à la figure des constellations (G. Thiele, *o. c.*, p. 54). L'astrothésie moderne situe ce sceptre dans la main gauche de Céphée, au contact de Cassiopée. Mais c'est bien la main droite qui touche l'aile du Cygne, et c'est donc à cette main droite que les Anciens, semble-t-il, reconnaissaient le sceptre, composé du reste d'étoiles très faibles.

Toutefois cette contradiction, jointe au silence de Ptolémée, pourtant postérieur à Vitruve, et à l'ordre des mots inusuel (disjonction *dextram Cephei manum... et sceptrum*), laisse soupçonner que les deux mots *et sceptrum* pourraient n'être pas authentiques, mais reproduire l'addition marginale d'un lecteur plus tardif. Aussi nous risquons-nous à les placer entre crochets droits (cf. IX, 4, 6 *insuper Arietis signum*).

36. *laeua supra Cassiepiae innititur:* De ce qui précède, on déduit immédiatement que l'aile gauche est constituée

par les étoiles ε ζ μ : c'est la branche qui s'étend vers Pégase :

Eudoxe, *fr.* 18 παρὰ δὲ τὴν ἀριστερὰν πτέρυγα οἱ πόδες τοῦ Ἵππου.

(Cf. Aratos, *Phaen.* 281 = Cicéron, *Phaen.* 53 sq. ; *Sph. Emp.* 28 ; Anonyme III, cité *supra*).

Enfin, le Cygne étant vu de dessous, sa tête est marquée par l'étoile β, voisine de la Flèche (Hyginus, *Astr.* III, 7), sa queue par l'étoile α. Telle est l'astrothésie traditionnelle, dont Vitruve est seul à s'écarter (Gundel, s. u. *Kyknos*, P.W. XI, 2444) pour la remplacer par une disposition incohérente. Chez lui, les étoiles ε ζ μ représentent la queue : une aile sera donc représentée par l'étoile α, l'autre ne pourra être que η et β ; mais Vitruve vient de dire qu'elle pointait vers Céphée, alors que β avoisine la Flèche ! Même en supposant, comme Maufras (note *ad loc.*) et Gundel *(l. c.)*, un renversement de la figure, il est impossible de reconstituer une astrothésie correcte à partir du texte vitruvien. Mieux vaut admettre une erreur pure et simple de l'auteur dans la compilation de ses sources.

IV, 4. 37. *Sagittarii, Scorpionis, Librae insuper:* La constellation du Serpent (à ne pas confondre avec l'Hydre, cf. IX, 5, 1, ou le Dragon, cf. IX, 4, 6) s'étend ainsi sur près de 60°. Mais les cartes célestes modernes la divisent en deux parties non contiguës : l'une, la Queue, est située au-dessus du Sagittaire (étoiles ζ, η, θ, ο, ν, ξ) ; l'autre, la Tête, où brille l'étoile la plus importante de la constellation, α (magn. : 2, 8), est au-dessus du Scorpion et de la Balance. Entre ces deux parties, Ophiuchus ou le Serpentaire est censé tenir le reptile en son milieu (cf. comment. *infra*, et Aratos, *Phaen.* 86 sq.).

38. *Serpens summo rostro Coronam tangit:* Astrothésie exacte, quoiqu'on la trouve rarement dans les textes anciens. Outre Vitruve, mentionnons

Schol. Aratos, 88, p. 355 Maass : ἔχει ὁ Ὄφις τὴν κεφαλὴν συνάπτουσαν τῷ Στεφάνῳ.

Hyginus, *Astr.* III, 13 *Anguis autem... prope extremo ore Coronam contingit.*

Cf. *Sph. Emp.* 44 sq. (texte corrompu) ?

Le groupe d'étoiles du Serpent le plus voisin de la Couronne est formé de π, ρ, ι, κ, β, γ Ser (toutes de 4ᵉ grandeur environ).

39. *eam mediam Ophiuchos in manibus tenet Serpentem :* On préférera *eam mediam* de Rose au *eum medium* des mss, car *Serpens*, épicène en latin, est féminin chez Vitruve (IX, 4, 6).

Cf. Aratos, *Phaen.* 82 sq. = Cicéron, *Phaen. fr.* XV, 1 sqq. ; Anonyme III, p. 311 Maass ; *Sph. Emp.* 44 ; Manilius, I, 331-336. Vitruve, on l'aura remarqué, ne précise pas l'enroulement du Serpent autour du corps de l'homme.

40. *laeuo pede calcans mediam frontem Scorpionis :* L'astrothésie, ici, est discutée par les Anciens eux-mêmes. Pour Aratos,

Phaen. 84 sqq.

> Ποσσὶν ἐπιθλίβει μέγα θηρίον ἀμφοτέροισιν
> Σκορπίον, ὀφθαλμοῖς τε καὶ ἐν θώρηκι βεβηκώς
> Ὀρθός.

Mais Hipparque, à la suite d'Eudoxe, blâme cette notice (p. 72 VIII Maass) : τῇ δὲ ἀριστερᾷ μόνον κνήμῃ βέβηκεν ἀποτετμημένη, μεταξὺ κειμένῃ τοῦ τε μετώπου καὶ τοῦ στήθους τοῦ Σκορπίου. C'est la version adoptée par Vitruve, ainsi que par la *Sph. Emp.* 6 Ὅς ἐν μετώπῳ Σκορπίου βαίνει ποδί (scil. λαιῷ ; cf. Wieck, *o. c.,* p. 7, n. 11). Quant au pied droit d'Ophiuchus, il s'appuie, toujours d'après Eudoxe et Hipparque *(l. c.),* ὑπὲρ τὸ σῶμα ... τοῦ Σκορπίου.

Sur la constellation d'Ophiuchus, relativement récente (Eudoxe), cf. W. Gundel, s. u. *Ophiuchus,* P.W. XVIII, 1, 659-663.

41. *a parte Ophiuchi capitis... caput eius qui dicitur Nisus in genibus :* Deux mots d'abord sur cette constellation de l'« Agenouillé » et ses appellations antiques. Le *Nisus in genibus* de Vitruve est une correction due à Philander : les mss ont *Nessus,* G. Thiele propose *Nixus.* Le nom grec de la constellation, qui est Ὁ ἐν γόνασιν (Aratos, *Phaen.* 66) ou ὁ γνύξ (*ibid.,* 591), est passé en latin soit par calque morphologique *(Engonasin,* Cicéron, *Phaen. fr.* XII, 1, etc. ; tardivement *Engonasis,* Martianus Capella, VIII, 827), soit par calque sémantique *(Nisus, Nixus, Innixus, Nixus genu, Nixa genu species, Nixa*

genibus species, etc. ; *(In)geniculatus*, que connaît également Vitruve, IX, 4, 5 ; *Ingeniculus).* Sur cette terminologie, cf. A. Rehm, s. u. *Engonasin*, P.W., V, 2563.

La constellation anonyme de l'Agenouillé a suscité l'imagination des mythographes, qui ont voulu reconnaître en elle divers personnages : Hercule, Prométhée, Tantale, Thamyris, Thésée, Ixion (Schol. Aratos, 75, p. 353 Maass). La première de ces identifications a triomphé à la fin de l'Antiquité (cf. Anonyme III, p. 309 Maass), et les cartes célestes modernes désignent toutes par Hercule ce groupe d'étoiles.

Hercule est ainsi représenté dans le ciel à genoux, dans une position pénible (Aratos, *Phaen.* 63), les jambes tournées vers le pôle, la tête en bas. Cette tête est donc, comme le précise Vitruve (au prix d'une correction de Rose : *a parte* au lieu de *partem* des mss), voisine de celle d'Ophiuchus. C'est l'enseignement d'Eudoxe, *fr.* 12 : πλησίον δ' ἐστὶ τῆς τούτου (= τοῦ Ἐνγόνασιν) κεφαλῆς ἡ τοῦ Ὀφιούχου κεφαλή. Cf. Aratos, *Phaen.* 74 sq. = Germanicus, *Phaen.* 73 sqq. ; *Sph. Emp.* 5.

42. *faciliores sunt capitum uertices ad cognoscendum :* La tradition antique attribue aux épaules d'Hercule un éclat exceptionnel : Aratos, *Phaen.* 77 sqq. = Germanicus, *Phaen.* 75 sq. ; Schol. Aratos 77, p. 354 Maass. Mais il y a dans tous ces textes une exagération incontestable. L'étoile α d'Ophiuchus, qui marque la tête du personnage, est de magnitude 2, 1. L'étoile α d'Hercule, très voisine de la précédente (5° environ), qui figure la tête de l'Agenouillé, est une variable oscillant entre les magnitudes 3, 1 et 3, 9. Enfin, les épaules d'Hercule sont indiquées d'une part par β (magn. : 2, 8) et γ (magn. : 3, 6), d'autre part par δ (magn. : 3, 2). Aucune d'elles n'est donc particulièrement spectaculaire : elles sont toutes surpassées en éclat par des dizaines d'autres étoiles.

IV, 5. 43. *pes Ingeniculati ad eius fulcitur capitis tempus Serpentis...:* Il s'agit cette fois, comme Vitruve va le préciser en une notice dont le texte est d'ailleurs peu sûr, du point de contact entre Hercule et le Dragon qui serpente entre les Ourses (à ne pas confondre avec le Serpent que tient Ophiuchus).

Vitruve, du reste, se montre plus prudent que ses devanciers, qui se risquent à préciser qu'il s'agit du pied droit de l'Agenouillé : Eudoxe, *fr.* 11 παρὰ δὲ τὴν κεφαλὴν τοῦ Ὄφεως ὁ ἐν γόνασίν ἐστιν, ὑπὲρ τῆς κεφαλῆς τὸν δεξιὸν πόδα ἔχων. (Cf. Aratos, *Phaen.* 69 sq. ; *Sph. Emp.* 4 ; Schol. Aratos, 49, p. 350 Maass). Mais Hipparque (I, 2, 6), suivi par Germanicus (*Phaen.* 69), a contesté cette astrothésie et affirmé qu'il s'agissait en réalité du pied gauche. Cela dépend en fait de la façon dont on se représente la figure, de face ou (plus correctement) de dos (cf. J. Martin, comment. *ad* Aratos, *Phaen.* 70 ; A. Rehm, P.W. V, 2565). Quoi qu'il en soit, ce pied d'Hercule est représenté par l'étoile ι Her (3e grandeur).

44. *cuius Arctorum...* <*minor flexibus*> *implicatur:* On comprend que Vitruve anticipe ici sur sa description du Dragon (IX, 4, 6) pour prévenir toute confusion avec le Serpent d'Ophiuchus dont il vient d'être question. Mais le texte des mss : *cuius Arcturum, qui Septentriones dicuntur, implicatus,* est inintelligible. Rose corrige en : *cui Arctoe... sunt implicati;* Kaibel (*Aratea,* Hermes, XXIX, p. 95, n. 1) suggère : *cui est Arctorum... implicatum par* (en utilisant une partie de la notice suivante, corrompue elle aussi) ; Thiele (*o. c.,* p. 52) propose : *cui Arctoe ...implicantur.* Quant à Krohn, il remanie profondément le passage entier avec sa virtuosité habituelle : *cuius per uipereos flexus minor Arctorum... implicatur.* Nous nous sommes inspiré de son texte sans aller aussi loin dans la hardiesse. Mais qui pourra jamais se flatter d'avoir retrouvé pour ce passage les termes mêmes de Vitruve ?
     Sur l'astrothésie, cf. *infra,* comment. IX, 4, 6.

45. *contra Volucris rostrum* [*est*] *proposita Lyra:* Sur l'insertion de *est,* que les mss *E G* sont seuls à porter, entre crochets droits, cf. Ruffel-Soubiran, A.F.L.T., Pallas IX, p. 77.

Du reste, cette phrase et la suivante se présentent, dans les mss, dans l'ordre inverse de celui où, après G. Thiele (*o. c.,* p. 52), nous les avons disposées. L'interversion se justifie d'une manière satisfaisante pour la paléographie (deux phrases très courtes dont l'une a pu être omise, rajoutée en marge et mal insérée dans le texte) ; pour le sens, elle est presque nécessaire, car le *per eos* (ou *eas*) de *parue per eos flectitur Delphinus* s'applique assez bien au Cygne et à la Lyre, mais ne conviendrait pas du tout s'il renvoyait aux Ourses, dont Vitruve vient de parler, et avec lesquelles le Dauphin, qui en est fort éloigné, n'a rien à faire.

La constellation de la Lyre, située entre le Dragon (N), le Cygne (E), Hercule (W) et la Voie Lactée (S), est, malgré ses petites dimensions, aisée à reconnaître à cause de la très brillante étoile α Lyr (Véga ; magn. : 0, 1, soit la plus éclatante du ciel boréal). Les Grecs, qui reconnaissaient en elle l'œuvre du jeune Mercure (Aratos, *Phaen.* 268 sq. = Cicéron, *Phaen.* 42 sqq.), l'appelaient Λύρα (Aratos, *Phaen.* 269, etc.) ou Χέλυς *(ibid.)* ; les Romains ont, soit emprunté le terme grec, *Lyra* (Varron, *R.R.* II, 5, 12, etc.), soit plutôt recouru à son équivalent latin, *Fides* (Cicéron, *Phaen.* 42, etc. ; *Fidicula* chez Pline, *N.H.* XVIII, 222, 234).

La position de la constellation n'est fixée ici par Vitruve que d'après son voisinage avec le Cygne. Sur ce point, il s'accorde avec la tradition antique (Aratos, *Phaen.* 273 sq. = Cicéron, *Phaen.* 46). Mais d'ordinaire cette tradition situe la Lyre entre la tête du Cygne et un genou d'Hercule (texte d'Aratos cité *supra*, et *Sph. Emp.* 37 sq. ; cf. Schol. Aratos, 272) — ce qui est nettement plus précis et plus exact. On remarquera que cette astrothésie assigne à la tête du Cygne l'étoile β, selon la tradition ordinaire (cf. comment. IX, 4, 3 *Volucris*).

Pour plus de précisions sur la Lyre, cf. Gundel, s. u. *Lyra*, P.W. XIII, 2489-2498.

46. *parue per eas flectitur Delphinus:* Le texte est ici encore très incertain. Les mss ont *per eos*, qui est inacceptable de toute façon. Rose, qui conserve l'ordre des phrases donné par les mss (cf. comment. *contra Volucris rostrum...*), corrige *per eos* en *prae equo*. La correction est admissible, tant pour la paléographie que pour l'astrothésie ; une objection pourtant : le Dauphin n'est jamais situé, dans les textes anciens, par rapport à Pégase, mais plutôt par rapport au Capricorne (Aratos, *Phaen.* 316, cf. Schol. *ad loc.*, p. 402 Maass ; *Sph. Emp.* 43 ; Vitruve, IX, 4, 3). Krohn, qui a modifié profondément tout le passage (cf. comment. IX, 4, 5 *cuius Arctorum...*), écrit : *Delphinum contra Volucris rostro est proposita Lyra*, ce qui, pour l'astronomie, est également satisfaisant.

Au contraire, on ne suivra pas H. Degering (*Wann schrieb Vitruv...*, B. Ph. W., 1907, 1567 sq.), qui propose de corriger *per* en *super :* il est faux, malgré son affirmation, que le Dauphin soit au-dessus du Cygne et de la Lyre ; c'est tout juste le contraire.

Notre texte *per eas* (renvoyant au Cygne et à la Lyre) paraît plus satisfaisant, encore que ces deux constellations soient relativement éloignées du Dauphin, qu'on associe plutôt (Aratos, *Phaen.* 311, 318 ; *Sph. Emp.* 43 ; Martianus Capella, VIII, 838) à l'Aigle et à la Flèche, ses plus proches voisins. Mais Aratos (*Phaen.* 597 sqq. = Cicéron, *Phaen.* 381 sq.) réunit pour le coucher la Lyre, le Dauphin et la Flèche.

Le *parue* des mss fait également difficulté : on a vu (comment. IX, 4, 5 *cuius Arctorum...*) comment Kaibel et Krohn le font disparaître. Degering aussi *(l. c.)* verrait volontiers en lui un mot « fantôme », issu d'une fausse interprétation de la correction IMPLICATISᵛPEOS. Mais il y a la notice d'Aratos (*Phaen.* 316) : Δελφὶς δ' οὐ μάλα πολλός (= Cicéron, *Phaen.* 92 *Delphinus iacet haud nimio lustratus nitore*), tout à fait conforme à la vérité (le Dauphin est composé d'étoiles de 3ᵉ et 4ᵉ grandeur, très rapprochées), qu'il est bien tentant de vouloir retrouver dans le texte de Vitruve. C'est pourquoi Rose (approuvé avec réserve par Degering, *l. c.*) corrige en *paruus*. Mais un adverbe *parue* — quasi-hapax, du reste — ne nous paraît pas intolérable, au sens de « discrètement, modestement, humblement » (erreur de Gaffiot qui traduit par « peu »). L'expression serait même assez vivante et pittoresque.

47. *inter umeros Custodis et Geniculati :* Quelle que soit la lecture adoptée pour les mots suivants *(Corona est ordinata* ou *coronata est Ariadna,* cf. comment. *ad loc.),* il s'agit de la position de la Couronne boréale (à distinguer d'une Couronne australe, Germanicus, *Phaen.* 72, 391).

L'astrothésie de Vitruve est d'une exactitude absolue : le demi-cercle d'étoiles qui constitue la partie la mieux visible de la Couronne (étoiles ε, δ, γ, α, β, θ) est compris entre β et γ d'Hercule d'une part (cf. comment. IX, 4, 4 *faciliores sunt...*), δ Bouvier de l'autre. Et pourtant cette astrothésie est inconnue par ailleurs (G. Thiele, *Antike Himmelsbilder*, p. 52, propose de l'attribuer à Hipparque) :

Eudoxe, *fr.* 12, et Aratos, *Phaen.* 73, situent simplement la Couronne dans le dos d'Hercule ; la *Sph. Emp.*, 12, au contraire, près de l'épaule du Bouvier. Ovide, *Met.* VIII, 182, est moins exact que Vitruve. D'autres placent la Couronne au-dessus du Serpent ou d'Ophiuchus (*Sph. Emp.* 13, 43 ; cf. comment. IX, 4, 4 *Serpens summo rostro...*).

48. *coronata est Ariadna:* Les mss sont ici à peu près unanimes à porter *coronatam est orinata*, qui n'a aucun sens. Seuls *E G W P²* *v* corrigent *orinata* en *ornata*, tandis que *f²* *p*, précurseurs des éditeurs modernes, pour une fois d'accord, écrivent *corona est ordinata*.

Ce texte n'est pas satisfaisant, à notre gré. Pour rendre compte de la leçon *coronatam*, il faudrait suppléer au moins *corona <to>ta* (cf. IX, 1, 9 où *totam* est devenu *tam* dans un grand nombre de mss), ou *corona <i>tem*. Mais cela n'expliquerait toujours pas l'étrange *orinata*.

Aussi avons-nous cru pouvoir être plus hardi, et découvrir dans cet *orinata* une déformation du nom d'Ariane, *Ariadna* ou mieux *Ariatna* (cf. *Thes. L.L.*, II, 561) : les lettres sont les mêmes, à l'exception de l'initiale (mais *a* et *o* en minuscule peuvent se confondre), et les exemples de noms propres grecs défigurés dans le *De Architectura* sont innombrables (cf. Ruffel-Soubiran, A.F.L.T., Pallas IX, p. 19).

On sait en effet que cette Couronne n'est autre que la Couronne d'Ariane (cf. l'adjectif *Ariadneus* appliqué à la constellation : Catulle, LXVI, 59 ; Ovide, *F.* V, 346 ; Germanicus, *Phaen.* 71 ; Manilius, V, 21 ; cf. encore Ovide, *Met.* VIII, 179, *F.* III, 514 ; Hyginus, *Astr.* II, 5 etc.). Bacchus, devenu l'époux d'Ariane, plaça dans le ciel la couronne de celle-ci, don de Vulcain.

Mais, dira-t-on, la couronne d'Ariane n'est pas Ariane elle-même — et notre correction suppose que c'est la jeune femme tout entière que l'on reconnaissait dans le ciel. Or précisément cette variante de la légende est loin d'être inconnue des Anciens : Properce, III, 17, 7 sq. ; Ovide, *Her.* VI, 115 sq. ; *A.a.* I, 554 sqq. ; Sénèque, *Pha.* 663 sq. ; cf. Tertullien, *Scorp.* 10 : *Aratus Persea et Cephea et Erigonam et Ariadnam inter sidera deliniabit.*

Il n'est donc pas téméraire de vouloir reconnaître dans

le texte de Vitruve un témoignage supplémentaire de cette variante du mythe.

Sur la constellation, cf. Haebler, s. u. *Corona*, P.W. IV, 1643.

49. *in septentrionali uero circulo:* Les Anciens distinguaient sur la sphère céleste cinq cercles qui limitaient autant de zones. Outre l'équateur et les deux tropiques, deux cercles étaient plus voisins des pôles (seul était visible celui qui entourait le pôle boréal) : le cercle arctique, si l'on admet la valeur de 23° 30' comme obliquité de l'écliptique, se trouve à 66° 30' de latitude N. Il passe par Cassiopée, la Grande Ourse, le Dragon, Céphée : toutes ces constellations circumpolaires demeurent perpétuellement visibles (cf. Homère, *Il.* XVIII, 489 ; Virgile, *G.* I, 246 *Arctos Oceani metuentes aequore tingi*).

50. *duae positae sunt Arctoe:* En réalité, la Grande Ourse se trouve plutôt au-dessous du cercle arctique : ses sept étoiles principales *(septem triones)* sont comprises entre 62° et 49° 33' N (cinq sont voisines de 55°). La Petite Ourse au contraire est nettement au-dessus : la plus basse de ses étoiles, γ, est à 72° N. Mais l'approximation était commode.

Sur les noms des Ourses, cf. comment. IX, 4, 1.

51. *scapularum dorsis inter se compositae et pectoribus auersae:* Aratos, *Phaen.* 28 sqq.

> Αἱ δ' ἤτοι κεφαλὰς μὲν ἐπ' ἰξύας αἰὲν ἔχουσιν
> Ἀλλήλων, αἰεὶ δὲ κατωμάδιαι φορέονται,
> Ἔμπαλιν εἰς ὤμους τετραμμέναι...

Le commentaire de J. Martin *(ad loc.)* éclaire ce texte, aussi obscur que la description de Vitruve. Les traducteurs latins d'Aratos, Germanicus et Aviénus (Cicéron manque pour ce passage), comprenaient simplement que les Ourses étaient couchées sur le dos, et regardaient dans des directions opposées (Germanicus, *Phaen.* 28-31 ; Aviénus, *Arat.* 116-120). En réalité, Aratos veut dire qu'elles sont dos à dos, orientées dans deux sens opposés, leurs épaules seules étant au même niveau (cf. *Sph. Emp.* 2 Ἄρκτους διπλᾶς πρὸς νῶτα νευούσας τύποις). La figure ci-après éclaire cette disposition : on y voit que les Ourses se tournent le dos *(scapularum dorsis inter se*

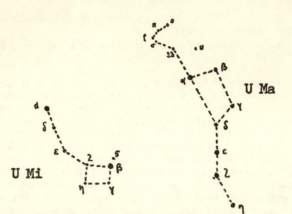

compositae), et que par conséquent leur poitrail fait face à des directions opposées *(pectoribus auersae)*. D'autre part, toujours par une conséquence naturelle de cette symétrie, la tête de l'une est à la hauteur de la queue de l'autre *(caudae capitibus earum aduersae)* : cf. Germanicus, *Phaen.* 29 sq. *caput alterius super horrida terga Alterius lucet;* Manilius, I, 303 sq. *utraque caudam Vergit in alterius rostro;* cf. encore Hyginus, *Astr.* III, 1. Enfin, les deux queues s'élèvent dans des directions opposées *(caudae... contra dispositae figurantur);* cf. *Sph. Emp.* 3 Ἀντιστρόφοις οὐραῖσιν ἀλλήλων...

Seule la phrase *utrarumque enim superando eminent in summo* reste obscure. Vitruve veut-il faire entendre simplement que chacune des Ourses a la queue levée — ce qui est la vérité (cf. figure), mais n'a guère d'intérêt et surtout ne justifie pas le *enim* introducteur ? Ou bien déduit-il des dispositions précédemment décrites que chacune des deux Ourses, alternativement, a la queue dirigée vers le sommet du monde, le pôle ? Mais alors sa phrase est maladroite (*utrarumque* ne convient pas pour exprimer cette alternance).

52. *minor Cynosura, maior Helice...:* De même Aratos, *Phaen.* 36 sq. = Cicéron, *Phaen. fr.* VI ; Ovide, *F.* III, 107 sq. Cf. Gundel, s. u. *Kynosura,* P.W. XII, 37-41 ; s. u. *Helice, ibid.,* VII, 2858-2862 ; et surtout H. Gundel, s. u.

Vrsa, ibid., IIte R., IX A 1, 1034-1050 *(V Ma)*, 1051-1054 *(V Mi)*.

Cynosura désigne la Petite Ourse, inconnue d'Homère, et dont la tradition attribue l'identification à Thalès. Son principal intérêt était d'indiquer la direction du nord aux navigateurs phéniciens (Aratos, *Phaen.* 39 sqq. = Cicéron, *Phaen. fr.* VII, 1), d'où le nom de *Phoenice* qu'elle porte parfois (Eratosthène, *Catast.* 2, p. 56 Robert ; Hyginus, *Astr.* II, 2). Du reste, ses appellations sont variées (cf. H. Gundel, *o. c.*, 1051 sq.) : d'abord μικρὰ Ἄρκτος (Hipparque, Strabon) ou μικρὰ Ἄμαξα (Callimaque, *fr.* 94), d'où le latin *minor Arctos* (Cicéron, *Phaen.* 79) ou *minor Vrsa* (Martianus Capella, VIII, 833) ; puis, à l'époque hellénistique, Κυνόσουρα « la queue du chien » (le chien de Callisto, nymphe aimée de Jupiter et transformée en Ourse — la Grande !). Le terme est passé en latin (Cicéron, *Phaen. fr.* VI ; *Ac.* II, 66 ; Ovide, *F.* III, 107 ; Sénèque, *Thy.* 872 ; Lucain, *Ph.* III, 219, etc.) — non sans variantes (*Cynosuris Vrsa*, Ovide, *Tr.* V, 3, 7, d'après Aratos, *Phaen.* 182, 227 Κυνοσουρὶς Ἄρκτος).

Sur *Helice*, la Grande Ourse, cf. comment. IX, 4, 1. Elle aussi servait de repère, moins exact mais plus spectaculaire, pour trouver la direction du nord (Hérodote, I, 148 ; Platon, *Crit.* 118 a, etc.), donc se diriger en mer (Homère, *Od.* V, 272 ; Aratos, *Phaen.* 37 sq.).

IV, 6. 53. *per caudas earum... Serpens exporrecta :* Il s'agit, cette fois, du Dragon, dont les replis enveloppent les deux Ourses suivant une disposition que Vitruve va préciser bientôt. Pour l'instant, la mention importante est celle qui concerne l'étoile polaire :

54. *e qua stella quae dicitur polus elucet :* Malgré quelques erreurs de la tradition ms. (cf. app. crit. *ad loc.*), le texte de cette phrase peut être considéré comme correctement établi et offrant au commentaire une prise solide.

Dès la plus haute Antiquité, lorsque fut repérée et étudiée l'incessante rotation des étoiles et du ciel d'est en ouest, il devint tentant de rechercher si une étoile fixe, autour de laquelle toutes les autres parussent tourner, ne se trouvait pas au voisinage ou à l'endroit même du pôle. Pourtant, les textes anciens ne donnent là-dessus que des renseignements rares, généralement imprécis et

contradictoires. C'est que, contrairement à l'apparence,
le pôle céleste n'est pas un point fixe et immuable : en
vertu de la précession des équinoxes (irrégularité de la
rotation terrestre qui fait engendrer à l'axe de la terre,
en 26.000 ans, une surface conique) le pôle céleste décrit
dans le ciel un petit cercle autour du pôle de l'écliptique
(L. Rudaux-G. de Vaucouleurs, *Astronomie*, p. 39 sq.).
Il est facile aux astronomes modernes de retrouver par
le calcul les diverses positions du pôle céleste au long des
siècles et des millénaires écoulés, et d'en dresser la carte.
On trouvera celle-ci, entre bien d'autres ouvrages, dans
H. Gundel, s. u. *Vrsa*, P.W., IIte R., IX A 1, 1051 sq.
Pour plus de clarté, nous la reproduisons ci-dessous :

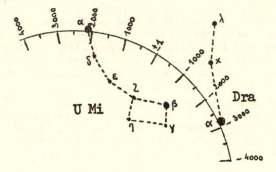

Il apparaît qu'au cours des cinq derniers siècles qui
précédèrent l'ère chrétienne, aucune étoile ne marquait
aussi exactement le pôle boréal que α U Mi à notre
époque. Tel est bien l'enseignement d'Hipparque (p. 31
Man.) : il n'y a pas d'étoile au pôle, mais un espace vide
au voisinage duquel se trouvent trois étoiles (ϰ et λ Dra,
β U Mi), avec lesquelles le point même du pôle forme un
quadrilatère. On pourra constater sur la figure l'exactitude
de cette assertion, pour laquelle Hipparque invoque
l'autorité de Pythéas.

Il était tentant, malgré cela, de désigner l'emplacement
approximatif du pôle nord (cf. de nos jours, dans l'hémisphère austral, la Croix du Sud) par une étoile déterminée.
Ainsi Eudoxe, *fr.* 20 ἔστι δέ τις ἀστὴρ μένων ἀεὶ κατὰ τὸν
αὐτὸν τόπον · οὗτος δ' ὁ ἀστὴρ πόλος ἐστὶ τοῦ κόσμου. Cet
astre — on le sait par Hipparque (p. 30 Man.) — était
β U Mi, commode parce que relativement brillant

(magn. : 2, 2 — comme notre Polaire actuelle, de magn.
2, 1) et facile à repérer.

Mais Vitruve ne semble pas suivre cette tradition, à
moins qu'il l'ait mal comprise. Car d'après son texte la
Polaire ne peut être qu'une étoile du Dragon. Ce pourrait
être ϰ ou λ, voisines du pôle réel (v. figure) ; ce pourrait
être aussi α Dra, plus brillante (3ᵉ grandeur), qui était
Polaire au temps des premiers astronomes chinois et
égyptiens, vers 3000 av. J.-C. Ce ne serait point la première notice d'origine orientale que nous rencontrerions
dans le *De Architectura...* Toutefois, Vitruve précise :
circum caput maioris Septentrionis, ce qui s'accorde mal
avec α Dra, situé à la hauteur de la queue de la Grande
Ourse, mais un peu mieux avec ϰ et surtout λ Dra. Il
resterait à se demander si la lecture *maioris* est bien
authentique : elle surprend en tout cas à propos d'une
étoile traditionnellement rattachée à la Petite Ourse
(cf. *infra*) ; *minoris* serait plus satisfaisant, et nous
laisserait le choix entre ϰ et α Dra.

Quoi qu'il en soit, répétons-le, tous les textes de
l'Antiquité finissante qui mentionnent ensuite l'étoile
polaire le font à propos de la Petite Ourse, lorsqu'ils
précisent la constellation. Mais ils se contredisent sur
l'éclat de cet astre, très brillant pour les uns (Schol.
Germanicus, pp. 60, 115, 233 Breysig), très faible pour
les autres (Anonyme II, p. 186 Maass ; Schol. Germanicus,
p. 116 Br.).

Tout cela atteste que si les astronomes se sont souciés
de préciser aussi exactement que possible l'emplacement
du pôle boréal, on se contentait, dans la pratique, de la
Petite Ourse pour désigner le nord (cf. Gundel, s. u.
Kynosura, P.W. XII, 39).

55. *per caudas earum:* La précision est, semble-t-il,
unique dans la littérature astronomique ancienne, unanime à affirmer que le Dragon sépare les deux Ourses
tout entières, et pas seulement leurs queues : Aratos,
Phaen. 45 ; Eudoxe, *fr.* 21 ; Cicéron, *Phaen. fr.* VIII, 1 ;
Germanicus, *Phaen.* 48 ; Aviénus, *Arat.* 138 ; *Sph. Emp.*
2 sq. ; Manilius, I, 305 ; Virgile, *G.* I, 245 ; Martianus
Capella, VIII, 838 ; Anonyme III, p. 309 Maass... C'est
d'ailleurs ce qui résulte aussi du texte de Vitruve qui va
suivre. Comme, d'autre part, c'est la queue du Dragon

qui sépare les deux Ourses (cf. comm. *infra*), on supposerait assez volontiers que Vitruve a ici confondu queue du Dragon et queues des Ourses.

56. *quae est proxume Draconem, circum caput eius inuoluitur :* Il faut entendre que le Dragon s'enroule autour de la tête de l'Ourse qui est le plus près de lui, c'est-à-dire la Grande : cf. Eudoxe, *fr.* 21 ; Aratos, *Phaen.* 50 sq. et Schol. Aratos *ad loc.*, p. 350 Maass ; Anonyme III, p. 309 Maass. Il s'agit des étoiles λ et κ Dra, situées au voisinage de la tête de la Grande Ourse, qu'elles dominent plus qu'elles ne l'enveloppent.

57. *circum Cynosurae caput iniecta est flexu :* La description de Vitruve se poursuit, passant en revue, comme tous les textes anciens, le Dragon de la queue à la tête. Sur ce repli qui enveloppe la tête de la Petite Ourse, cf. Eudoxe, *fr.* 21 ; Aratos, *Phaen.* 52 ; Schol. Aratos *ad loc.*, p. 350 Maass ; Anonyme III, *l. c.* Ce repli est marqué par l'étoile α Dra.

58. *porrectaque proxime eius pedes :* Vitruve suit toujours pas à pas l'enseignement de ses devanciers :

Eudoxe, *fr.* 21 ... καὶ παρατέταται ὑπὸ τοὺς πόδας

(Cf. Aratos, *Phaen.* 53 ; Schol. Aratos, *l. c.*). Ce sont les étoiles ι, θ, η, ζ Dra qui passent au voisinage des pattes de la Petite Ourse.

59. *intorta replicataque :* Les auteurs anciens — surtout les poètes, par goût du pittoresque — insistent volontiers sur le tracé très sinueux de la constellation :

Aratos, *Phaen.* 45 sq.   οἵη ποταμοῖο ἀπορρώξ
    Εἰλεῖται, μέγα θαῦμα, Δράκων περί τ' ἀμφί τ' ἐαγώς
    Μυρίος.

(= Cicéron, *Phaen. fr.* VIII ; cf. Virgile, *G.* I, 244 sq. ; Firmicus Maternus, *Math.* VIII, 17 ; Anonyme III, p. 309 Maass).

60. *se attollens reflectitur :* Eudoxe, *fr.* 21 ἑτέραν δὲ καμπὴν ἐνταῦθα ποιησάμενος, πάλιν ἀνανεύων ἔμπροσθεν ἔχει τὴν κεφαλήν (cf. Aratos, *Phaen.* 54 et Schol. *ad loc.*). En effet, après avoir longé la Petite Ourse (étoiles 27, ω, ψ, φ, χ, υ, τ), le Dragon change brusquement de direction,

revenant presque sur lui-même (étoiles ε, σ, δ), et sa tête va se retourner, en quelque sorte, vers la Grande Ourse (cf. comment. *infra*).

61. *ad maiorem :* Tel est du moins l'enseignement traditionnel :

Aratos, *Phaen.* 57 sq.

Λοξὸν δ' ἐστὶ κάρη, νεύοντι δὲ πάμπαν ἔοικεν
Ἄκρην εἰς Ἑλίκης οὐρήν.

Il n'est pas absolument inexact ; mais il est beaucoup plus conforme à la vérité de situer la tête du Dragon par rapport aux pieds d'Hercule, comme le font

Schol. Aratos, *l. c.* τὴν κεφαλὴν ἔχει ὑπὸ τὸν πόδα τοῦ Ἐνγούνασιν.

Sph. Emp. 4 Τοῦ δ' ἀμφὶ χάσμ' Ἐγγόνασι δεξιὸν πόδα
Ἔχει.

Anonyme III, p. 309 Maass : *cuius caput ad dextrum pedem eius qui in geniculo stat uidetur extensum.* — et comme l'a fait ailleurs (IX, 4, 5 *Pes Ingeniculati...*) Vitruve lui-même.

62. *circa rostrum et capitis tempus dextrum :* Il s'agit — la syntaxe de Vitruve n'est pas absolument limpide — de la gueule et de la tempe du Dragon : Aratos est tout à fait explicite sur ce point (*Phaen.* 59 sq.) ; mais Hipparque (I, 4, 4, p. 32 Man.) conteste : οὐ γὰρ ὁ δεξιὸς κρόταφος τοῦ Ὄφεως, ἀλλ' ὁ ἀριστερὸς ἐπ' εὐθείας ἐστὶ τῇ γλώσσῃ καὶ τῇ ἄκρᾳ οὐρᾷ τῆς μεγάλης Ἄρκτου. — tandis que le Scholiaste d'Aratos (60, p. 351 Maass), qui connaît les deux opinions, cherche à les concilier : ἀπολογητέον δὲ ὅτι τοῦ ἀριστεροῦ κροτάφου τοῦ Δράκοντος τὸ δεξιὸν μέρος οὗτος (= Aratos) εἶπεν. L'astrothésie moderne (atlas de Bode, début du xixe s.) donne raison à Hipparque (C. Flammarion, *Les étoiles et les curiosités du ciel*, Paris, 1882, p. 9). Quoi qu'il en soit, il s'agit des quatre étoiles relativement brillantes (cf. Aratos, *Phaen.* 55 sq.) qui marquent la tête du Dragon : β (magn. : 3, 0), γ (magn. : 2, 4), ν et ξ.

63. *supra caudam minoris pedes sunt Cephei :* Vitruve n'est pas seul à situer les pieds de Céphée par rapport à la Petite Ourse :

Eudoxe, *fr.* 15 ὑπὸ δὲ τὴν οὐρὰν τῆς μικρᾶς Ἄρκτου τοὺς πόδας ὁ Κηφεὺς ἔχει.

Aratos, *Phaen.* 182 sq.

Αὐτὸς μὲν κατόπισθεν ἐὼν Κυνοσουρίδος "Αρκτου
Κηφεύς...

(= Cicéron, *Phaen. fr.* XXXI ; Anonyme III, p. 310
Maass). Mais Eudoxe dit « sous la queue », Aratos
« derrière », ce qui est plus exact que le *supra caudam* de
Vitruve : faut-il lire *subter caudam?*

64. *ad summum cacumen :* Expression peu claire : G. Thiele
(*Antike Himmelsbilder*, p. 52) la fait suivre d'un point
d'interrogation entre parenthèses. On ne peut songer,
étant donné la construction, à voir dans *cacumen* le
sommet d'un triangle dont il va être question, comme
c'était le cas en IX, pr. 6 *(regulae... tangant alia aliam
suis cacuminibus extremis, schema habentes trigoni).* Dès
lors, *cacumen* ne peut désigner que le sommet de la voûte
céleste, le voisinage du pôle. Mais il n'est pas exclu que
le texte soit gravement altéré : l'ordre des mots *facientes
stellae sunt trigonum* est suspect — Vitruve n'est point
coutumier de disjonctions aussi hardies — et le groupe
insuper Arietis signum à coup sûr inauthentique (cf.
comment. *ad loc.*).

65. *trigonum paribus lateribus :* C'est une observation
classique dans l'Antiquité : l'étoile extrême de la queue
de la Petite Ourse (α, notre Polaire actuelle) et les deux
étoiles qui marquent les deux pieds de Céphée (γ et κ Cep)
forment un triangle équilatéral : Eudoxe, *fr.* 15 τοὺς
πόδας ὁ Κηφεὺς ἔχει πρὸς ἄκραν τὴν οὐρὰν τρίγωνον ἰσόπλευρον
ποιοῦντας (cf. Aratos, *Phaen.* 184 sq. ; Schol. Aratos,
ad loc., p. 373 Maass ; *Sph. Emp.* 25 sq.). Toutefois
Germanicus corrige cette donnée traditionnelle : il
ne s'agit pas, à la vérité, d'un triangle équilatéral, mais
d'un triangle isocèle dont la base (γ-κ Cep) est inférieure
aux côtés :

Phaen. 188 sqq.   *quantum latus a pede dextro
    Cepheos extremam tangit Cynosurida caudam,
    Tantundem ab laeuo distat ; minor utraque iungit
    Regula Cepheos uestigia.*

Une observation visuelle attentive et l'examen des cartes
célestes modernes lui donnent raison contre Eudoxe,
Aratos et Vitruve.

66. *insuper Arietis signum :* Ces trois mots recèlent une erreur si manifeste qu'il est impossible de l'imputer à l'auteur. Ils témoignent en effet d'une confusion entre le triangle dont il vient d'être question, voisin du pôle céleste, et la constellation du Triangle, située à +30° de latitude, au-dessus du Bélier (Cicéron, *Phaen.* 4 sqq., 10). Or Vitruve, comme l'auteur anonyme de la *Sphaera Empedoclis,* ne dit mot de cette constellation (cf. F. Wieck, *De Sphaera dissertatio,* p. 22, n. 57 ; et notre introd. p. XLII sq.). Quelque lecteur tardif, distrait ou ignare, trouvant ici la mention d'un triangle, se sera imaginé qu'il s'agissait de celui que décrit Aratos, et sa glose marginale sera passée dans le texte.

67. *Septentrionis... minoris et Cassiepiae simulacri complures sunt stellae confusae :* Rose corrige ici *Cassiepiae* en *Cephei,* en considération sans doute de ce qui précède. Mais le témoignage des autres textes anciens nous assure que *Cassiepiae* est correct : les étoiles nombreuses et faibles de cette constellation sont plusieurs fois mentionnées :

Aratos, *Phaen.* 188 sqq.   οὐ μάλα πολλή
    Νυκτὶ φαεινομένη παμμήνιδι Κασσιέπεια ·
    Οὐ γάρ μιν πολλοὶ καὶ ἐπημοιϐοὶ γανόωσιν
    Ἀστέρες...

(Cf. Cicéron, *Phaen. fr.* XXXII, 1 ; Germanicus, *Phaen.* 195 ; Aviénus, *Arat.* 454 sq. ; Schol. Aratos, 188, p. 374 Maass). Affirmations du reste surprenantes : la constellation de Cassiopée forme avec ses étoiles principales (magn. : 2, 5 environ) un W facile à reconnaître. Toutefois, la notice de Vitruve — dispersion d'étoiles faibles — s'applique bien, soit à la zone qui sépare Cassiopée de la Petite Ourse (une quinzaine d'étoiles de 5e à 6e grandeur l'occupent), soit à l'emplacement de la moderne (cf. C. Flammarion, *Les étoiles,* p. 44) constellation de la Girafe, située entre la Petite Ourse (N), Cassiopée (W), le Cocher (S) et la Grande Ourse (E), et dont la plus brillante étoile n'est que de 4e grandeur.

68. *Quae sunt ad dextram... dixi. Nunc explicabo quae ad sinistram... :* Sur les notions de droite et de gauche appliquées à l'espace céleste, cf. comment. IX, 4, 1.

Cette transition abrupte, qui nous fait passer dans l'hémisphère austral (dont la description sera plus brève, parce que forcément partielle), rappelle celles d'Aratos et de la *Sphaera Empedoclis* (cf. F. Wieck, *o. c.*, p. 5, n. 6) :

Phaen. 319 sqq.

Καὶ τὰ μὲν οὖν βορέω καὶ ἀλήσιος ἠελίοιο
Μεσσηγὺς κέχυται · τὰ δὲ νειόθι τέλλεται ἄλλα
Πολλὰ μεταξὺ νότοιο καὶ ἠελίοιο κελεύθου.

Sph. Emp. 47 sq. Τούτοις μὲν οὖν βόρειος ὥρισται τόπος ·
Τὰ πρὸς νότον δὲ τήνδε τάξιν ἐκπερᾷ.

V, 1. 1. *sub Capricorno subiectus Piscis austrinus :* C'est l'astrothésie classique :

Aratos, *Phaen.* 386 Νειόθι δ' Αἰγοκερῆος, ὑπὸ πνοιῇσι Νότοιο

(Cf. Cicéron, *Phaen.* 167 sq. ; Germanicus, *Phaen.* 381 ; Schol. Aratos *ad loc.*, p. 416 Maass). En réalité, sur les cartes modernes, le Poisson austral est situé au moins autant sous le Verseau (cf. Anonyme III, p. 312 Maass : *sub Aquario et Capricorno in Austrum proiectus Piscis magnus conspicitur ;* et Vitruve, IX, 5, 3) que sous le Capricorne.

2. *caudam prospiciens Ceti :* La correction *Ceti*, due à Philander, pour le *Cephei* des mss, s'impose sans discussion, ainsi que nous en assurent les textes parallèles :

Aratos, *Phaen.* 387 Ἰχθῦς ἐς Κῆτος τετραμμένος αἰωρεῖται

(Cf. Cicéron, *Phaen.* 169 ; Germanicus, *Phaen.* 381 ; Schol. Aratos, *l. c.*). La tête du Poisson austral, ainsi tourné vers la Baleine qui le suit à l'est, est marquée par la brillante étoile rouge (α PsA, magn. : 1, 3) Fomalhaut, qui s'élève au maximum à 18° au-dessus de l'horizon de Rome, à 23° au-dessus de celui d'Athènes.

Sur cette constellation, cf. W. Gundel, s. u. *Piscis*, P.W. XX, 1791 sq.

3. *ab eo ad Sagittarium locus est inanis :* Immédiatement après sa description du Poisson austral, Aratos (*Phaen.* 389-401) parle des étoiles faibles, anonymes, qui, placées sous le Verseau entre la Baleine et le Poisson, constituent l'Eau (cf. *infra* IX, 5, 3) ; puis de celles qui, près du Sagittaire (νειόθι Τοξευτῆρος) formeront plus tard (Germanicus, *Phaen.* 391) la Couronne australe.

Mais ce rapprochement ne saurait justifier la notice de Vitruve, que G. Thiele (*Antike Himmelsbilder*, p. 53) propose de faire remonter à Hipparque ou à un globe céleste. Notre texte parle en effet d'une étendue vide. Il s'agit, semble-t-il, de la région située sous le Capricorne, entre le Poisson austral et le Sagittaire, qu'occupent sur les cartes modernes les très discrètes constellations du Microscope et de l'Aérostat. Comme elles s'élèvent fort peu au-dessus de l'horizon, l'éclat de leurs étoiles déjà peu brillantes, est si fortement affaibli par l'absorption atmosphérique (L. Rudaux-G. de Vaucouleurs, *Astronomie*, p. 305) qu'il devient imperceptible : d'où l'expression *locus inanis*.

4. *Turibulum sub Scorpionis aculeo :* Il s'agit de la constellation moderne de l'Autel, qui est en grec et en latin diversement nommée. Si le terme de Βωμός est rare en grec (*Sph. Emp.* 49), ses correspondants latins *Altarium* (Germanicus, *Phaen.* 691 ; Martianus Capella, VIII, 843) et surtout *Ara* (Cicéron, *Phaen.* 184 ; Ovide, *Met.* II, 139 ; Manilius, V, 340, etc.) sont de loin les plus usuels. Au contraire, Θυτήριον (Aratos, Ps.-Eratosthène, Hipparque) et Θυμιατήριον (Eudoxe, Hipparque, Geminus, Ptolémée), plus fréquents en grec, n'ont en latin que des correspondants peu souvent attestés : le *Turibulum* de Vitruve ne se retrouve que chez Germanicus (*Phaen.* 394, 397, 707). Certains auteurs semblent du reste vouloir concilier les deux appellations (Manilius, V, 340 *Ara ferens turis stellis imitantibus ignem*) ou les distinguer (Hyginus, *Astr.* III, 38, isole dans l'Autel deux étoiles pour le *Turibulum*, ou Brûle-Parfums).

L'astrothésie de l'Autel n'est pas contestée :

Aratos, *Phaen.* 402 sq.

> Αὐτὰρ ὑπ' αἰθομένῳ κέντρῳ τέραος μεγάλοιο
> Σκορπίου, ἄγχι νότοιο, Θυτήριον αἰωρεῖται

(Cf. Cicéron, *Phaen.* 183 sq. ; Schol. Aratos *ad loc.*, p. 418 Maass ; *Sph. Emp.* 49 ; Schol. Germanicus, p. 108 Br.). Aratos (*Phaen.* 402-430) consacre à cette modeste constellation un développement copieux où la météorologie occupe la plus grande place : l'apparition de l'Autel alors que le reste du ciel est nuageux passait pour annoncer la tempête aux navires.

Du reste, cette constellation est si australe (entre — 45° et — 60° de lat. S) qu'elle demeure pratiquement invisible de Rome et d'Athènes — du moins de nos jours. Car la précession des équinoxes a pour conséquence un

lent mouvement de bascule, par suite duquel des constellations invisibles d'un lieu donné à une certaine
époque se montrent peu à peu au-dessus de l'horizon,
tandis que d'autres, dans la direction opposée, disparaissent. Dans le cas qui nous occupe, toutefois, cette
circonstance n'a pu jouer suffisamment, et il faut admettre
en outre que l'Autel était connu à la fois par les navigateurs qui longeaient les rivages méridionaux de la
Méditerranée, et surtout par les savants d'Alexandrie,
d'où l'Autel était visible.

Sur la question des « variations d'horizon » suivant les
siècles, cf. C. Flammarion, *les Étoiles*, p. 554-562. Sur la
constellation de l'Autel, excellente monographie de
W. Gundel, s. u. *Thyterion*, P.W., IIte R., VI, 757-760.

5. *Centauri priores partes:* D'ordinaire, le Centaure n'est
situé que par rapport au Scorpion :

Aratos, *Phaen.* 436 sqq.

Δήεις δ' ἄστρον ἐκεῖνο δύω ὑποκείμενον ἄλλοις.
Τοῦ γάρ τοι τὰ μὲν ἀνδρὶ ἐοικότα νειόθι κεῖται
Σκορπίου, ἱππούραια δ' ὑπὸ σφίσι Χηλαὶ ἔχουσιν.

Hipparque toutefois, reproduisant sans doute l'enseignement d'Eudoxe (F. Wieck, *De Sph. diss.*, p. 7), blâme
l'astrothésie d'Aratos (E. Maass, *Aratea*, p. 98) : ... ὁλοσ-
χερῶς ἀγνοεῖ λέγων τὸν Κένταυρον ὑπὸ τῷ Σκορπίῳ καὶ ταῖς
Χηλαῖς κεῖσθαι · ὅλος γὰρ σχεδὸν ὑπὸ τῇ Παρθένῳ κεῖται, πλὴν
ὅσον ὁ δεξιὸς ὦμος καὶ ἡ δεξιὰ χεὶρ καὶ τὰ ἐμπρόσθια σκέλη
τοῦ ἵππου ὑπὸ τὰς Χηλὰς τέτανται.

De même, *Sph. Emp.* 50 sq.

Χηλαῖς δ' ὑπ' αὐταῖς Σκορπίου τε σώματι
Τὰ πρόσθε Κενταύροιο φαίνεται μέλη.

Les cartes modernes font arriver le Centaure jusqu'à
XV heures d'ascension droite, c'est-à-dire au-dessous de
la Balance (Χηλαί). La partie postérieure de cette constellation est bien au-dessous de la Vierge, comme le dit
Hipparque : d'accord avec lui, Vitruve et la *Sphaera
Empedoclis* ont raison contre Aratos (on notera qu'ils ne
disent rien de la partie postérieure du Centaure).

Le Centaure est une constellation très australe, comprise entre — 30° et — 65° de lat. S. A ce titre, seule une
petite partie est visible aujourd'hui de Rome ou d'Athènes,
les plus brillantes étoiles (α et β, de 1re grandeur) demeu-

rant cachées. Mais, par suite de la précession des équinoxes, les astronomes antiques étaient plus favorisés que
les modernes. Car le Centaure est précisément une des
constellations les plus affectées par ce mouvement, vu
sa position par rapport au pôle (C. Flammarion, *o. c.*,
p. 558).

6. *tenet in manibus... Bestiam:* Il s'agit de la moderne
constellation du Loup, avec lequel le Centaure est censé
lutter. Les Grecs l'appellent Θηρίον, d'où le latin *Bestia*,
qui est du reste fort rare : outre Vitruve, seuls des
Scholiastes tardifs d'Aratos (p. 264 sq. et 311 Maass)
connaissent ce nom.

Eudoxe, *fr.* 28 τὸ Θηρίον... ἔχει ὁ Κένταυρος

Aratos, *Phaen.* 440 sqq.

> ᾿Εν δέ οἱ ἀπρίξ
> ῎Αλλο μάλ' ἐσφήκωται, ἐληλαμένον διὰ χειρός
> Θηρίον · ὡς γάρ μιν πρότεροι ἐπεφημίξαντο.

mais cf. Cicéron, *Phaen.* 211 sq.

> *Hic dextram porgens, quadrupes qua uasta tenetur,*
> *Quam nemo certo donauit nomine Graium.*

On remarquera combien le texte de Vitruve démarque
de près celui d'Aratos. Cf. encore *Sph. Emp.* 52 ; Aratos
lat., p. 264 Maass ; Anonyme III, p. 311 Maass. Ce Loup,
situé entre le Centaure et le Scorpion, est peu spectaculaire : ses plus brillantes étoiles n'excèdent pas la
3e grandeur.

7. *ad Virginem et Leonem et Cancrum, Anguis...:* Après
le Dragon, voisin des Ourses, et le Serpent tenu par
Ophiuchus, voici avec l'Hydre le troisième reptile céleste.
On remarquera que les Anciens n'ont eu nul souci de les
différencier par une terminologie stricte. Vitruve appelle
Serpens les deux premiers, et *Anguis* le troisième. Mais
chez Cicéron, *Anguis* peut être le Serpent (*Phaen. fr.* XV,
1), tandis que l'Hydre est nommée *Hydra* (*Phaen.* 214).
De même, Aratos emploie Δράκων pour le Dragon
(*Phaen.* 46), mais la *Sph. Emp.* (v. 44) pour le Serpent.

Aux dires des mythographes, il s'agit de l'Hydre de
Lerne tuée par Héraklès (cf. Sittig, s. u. *Hydra*, P.W.
IX, 48) : mais cf. *infra* IX, 5, 1 *Coruus.* D'autre part, le
Scholiaste d'Aratos (443, p. 424 sq. Maass) dit que les
Égyptiens l'identifient avec le Nil : mais cf. *infra* IX,
5, 3 *Fumen.*

8. *porrigens agmen stellarum:* Cf. Aviénus, *Arat.* 891
Desuper ingenti sese agmine porrigit Hydra.

9. *intortus:* Cf. Cicéron, *Phaen.* 215 *Praecipiti lapsu flexo
cum corpore serpens.* C'est une constellation très étendue :
ses étoiles les plus septentrionales sont au-dessus de
l'équateur (+7° lat. N.), tandis que les plus basses sont
à — 35° de lat. S. Mais c'est surtout la longueur qui est
démesurée (Schol. Aratos, 443, p. 424 Maass ; Anonyme
III, p. 311 Maass) : de VIII à XV heures d'ascension
droite, l'Hydre couvre entre le quart et le tiers de la
circonférence céleste. Aussi Vitruve, après avoir annoncé
au début de sa notice les constellations qui vont lui servir
de repère, va-t-il suivre en quelque sorte l'animal de la
tête à la queue (cf. le Dragon de la queue à la tête, en
IX, 4, 6), non sans flottements d'ailleurs.

10. *e regione Cancri erigens rostrum :* Astrothésie classique :

Aratos, *Phaen.* 445 sq. καί οἱ κεφαλὴ ὑπὸ μέσσον
Καρκίνον ἱκνεῖται.

(Cicéron, *Phaen.* 216 *Haec caput atque oculos torquens
ad terga Nepai*) ; *Sph. Emp.* 58 ; Germanicus, *Phaen.* 428 ;
Anonyme III, p. 311 Maass — et correcte : la tête de
l'Hydre (étoiles ζ, ε, δ, ρ, η, σ, de 3e et 4e grandeur) est
exactement sous la constellation du Cancer, avec qui elle
est presque en contact.

11. *ad Leonem medioque corpore sustinens Craterem :*

Aratos, *Phaen.* 446 ... σπείρη δ' ὑπὸ σῶμα Λέοντος

(= Cicéron, *Phaen.* 217 ; Germanicus, *Phaen.* 427 ;
Anonyme III, p. 311 Maass). C'est l'étoile α (Alphard,
magn. : 2, 2), la plus brillante de cette constellation, qui
marque la partie médiane de l'Hydre, escortée de quelques
autres plus discrètes (κ, υ₁, υ₂, λ, μ). Mais entre le Lion
et l'Hydre, avant la Coupe, les cartes modernes (depuis
Hévélius, 1680) distinguent une constellation du Sextant,
du reste bien modeste (étoiles de 5e grandeur).

Le Cratère, il est vrai, pour être ancien, n'est guère
plus spectaculaire, quoi qu'en dise Cicéron (cf. *infra*).
Il est associé d'ordinaire à l'Hydre par l'astrothésie et
la mythographie (cf. *infra* comment. *Coruus*). En général

situé sur le dos de l'Hydre (Aratos, *Phaen.* 448 Μέσσῃ
δὲ σπείρῃ Κρητήρ... ; cf. Cicéron, *Phaen.* 219 et *Sph.
Emp.* 60 sq., qui exagèrent beaucoup l'éclat des étoiles
faibles — 4e et 5e grandeur ! — de la Coupe) — il est
plus rarement placé au voisinage de la tête, à l'emplacement du Sextant actuel (Germanicus, *Phaen.* 429 *Huic
primos tortus Crater premit ;* Hyginus, *Astr.* III, 39). Sur
cette constellation (nombre d'étoiles, calendrier des levers
et couchers, mythographie, astrologie, représentations
figurées), cf. Gundel, s. u. *Krater*, P.W. XI, 1612-1616.

12. *ad manumque Virginis caudam subiciens :* Cette
précision manque chez Aratos (*Phaen.* 448 sq.). Elle est
donnée, assez vaguement, dans la *Sph. Emp.* 57 sq.
(cf. Schol. Aratos, 443) et, plus explicitement, dans
l'Anonyme III, p. 311 Maass : *Hydra... caudā Virgini
subiecta.* Quoiqu'il paraisse plus usuel (cf. comment. IX,
5, 2) de situer la queue de l'Hydre par rapport au
Centaure, la précision que donne ici Vitruve n'est pas
inexacte. L'étoile γ Hya, relativement brillante, est à
peu près exactement à 12° au-dessous de l'Épi (α Vir)
tenu par la main gauche de la Vierge. Toutefois, sur les
cartes modernes, la queue de l'Hydre se prolonge un peu
au-delà de la Vierge, jusque sous la Balance ; mais il s'agit
d'étoiles très faibles.

13. *in qua inest Coruus :* La mention de cette constellation
au voisinage de l'Hydre est habituelle :

Aratos, *Phaen.*448 ... πυμάτῃ δ' ἐπίκειται
    Εἴδωλον Κόρακος, σπείρην κόπτοντι ἐοικός.

(= Cicéron, *Phaen.* 220 sq. ; Germanicus, *Phaen.*
429 sq.). Cf. encore *Sph. Emp.*, 61 ; Manilius, I, 422 sqq.

La légende est bien connue par Ovide (*F.* II, 243-266 ;
cf. aussi Suppl. *ad* Anonyme II, p. 580 Maass ; Schol.
Aratos, 499).

Cette constellation du Corbeau, mentionnée pour la
première fois par Eudoxe, est située entre la main gauche
de la Vierge et la Coupe, mais légèrement au-dessous.
Elle surmonte le début de la queue de l'Hydre, à un
endroit où celle-ci n'a aucune étoile brillante. Le Corbeau
lui-même en comprend sept principales (Ptolémée) :
α marque le bec, ε l'œil (magn. : 3, 2), β l'extrémité des
pattes (magn. : 2, 8), γ (magn. : 2, 8), δ (magn. : 3, 1)
et η les ailes. Cf. Haebler, s. u. *Coruus*, P.W. IV, 1665 sq.

14. *quae sunt... supra scapulas peraeque sunt lucentia :*
Cette notice étonne G. Thiele (*Antike Himmelsbilder*,
p. 53), qui propose, au prix d'une interversion avec la
phrase suivante, de l'appliquer au Centaure. Il est vrai
que rien chez Aratos ne paraît y correspondre. Mais
Germanicus, après avoir traduit exactement les vers de
son modèle (*Phaen.* 443-449 = German., 426-430), ajoute
ceci :

omnia lucent,

Et Coruus pennis et paruo pondere Crater, ⟩ omis par les
Et spatio triplicis formatus sideris Hydros ⟩ mss. *A P*

Cette notice, inconnue de Cicéron et d'Avienus, semble
bien correspondre à ce que dit Vitruve *(omnia lucent*
= *peraeque sunt lucentia)*. Les deux passages voudraient
donc faire entendre que tout ce qui est posé sur l'Hydre,
et le reptile lui-même, sont d'éclat à peu près équivalent.
A vrai dire, il s'en faut ; mais pour la brillance des
étoiles, les Anciens n'en sont pas à une approximation
près. Une autre interprétation possible restreindrait
scapulas au Corbeau : il s'agirait alors des étoiles des
ailes, opposées à celles de la tête, du bec et des pattes.
Mais si l'exactitude scientifique y gagnerait un peu, le
rapprochement avec Germanicus tomberait ; aussi nous
en tiendrons-nous à l'interprétation proposée en premier
lieu.

V, 2. **15.** *ad Anguis inferius uentris... subiectus est
Centaurus :* Après les constellations qui surmontent
l'Hydre (Cancer, Lion, Vierge, Coupe, Corbeau), celle-ci
est située pour finir par rapport à la constellation qui est
placée sous elle :

Aratos, *Phaen.* 447 Οὐρὴ δὲ κρέμαται ὑπὲρ αὐτοῦ Κενταύροιο

(= Cicéron, *Phaen.* 218 ; Germanicus, *Phaen.* 426 sq. ;
Sph. Emp. 59). Cette astrothésie est tout à fait exacte
(celle de la *Sph. Emp.* seule est erronée dans le détail :
cf. F. Wieck, *Sph. Emp. rec.*, p. XXII) : sur un sixième de
la circonférence céleste (de XI à XV heures d'ascension
droite), la queue de l'Hydre (étoiles principales ξ, β, γ, π)
est en contact avec le Centaure, entre — 30° et — 35°
de lat. S.

16. *iuxta Cratera et Leonem Nauis est :* Cette astrothésie
du Navire Argo est à la fois inusuelle et fausse. Inusuelle,

parce que, comme va le faire Vitruve lui-même *(puppis...
Cani iungitur,* cf. comment. *ad loc.),* le Navire est d'ordinaire situé par rapport au Grand Chien (Aratos, *Phaen.*
342 sq. et ses traducteurs romains ; *Sph. Emp.* 65 sq. ;
Anonyme III, p. 312 Maass). Fausse, parce que le Navire
est séparé de la Coupe et du Lion par toute la longueur
de l'Hydre.

17. *quae nominatur Argo :* L'identification du Navire
avec le vaisseau des Argonautes est constante dans
l'Antiquité comme de nos jours (Aratos, *Phaen.* 342
ἕλκεται Ἀργώ ; 348 Ἰησονὶς ἕλκεται Ἀργώ = Cicéron,
Phaen. 126 *prolabitur Argo,* 133 *uertitur Argo ;* cf. Anonyme III, p. 312 Maass *nauis quam Argo dicunt).*

18. *cuius prora obscuratur :* Le Navire n'est visible en
effet que par sa moitié arrière (Aratos, *Phaen.* 349 sq. ;
= Cicéron, *Phaen.* 135 sq. ; Germanicus, *Phaen.* 352 sqq. ;
Aviénus, *Arat.* 765 sq.). Le Scholiaste d'Aratos (342,
p. 410 Maass), l'appelle ἡμίτομος (comme le Taureau,
cf. IX, 3, 1). D'autre part, comme la Poupe est la partie
de la constellation la plus occidentale, le Navire, sous
l'effet du mouvement diurne, semble avancer à reculons :
circonstance anormale sur laquelle Aratos (*Phaen.*
343 sqq.) insiste beaucoup, et qu'il compare aux évolu-
tions d'un esquif pénétrant au port (cf. Cicéron, *Phaen.*
127 sqq.). Vitruve, lui, ne dit rien de tout cela.

19. *malus et quae sunt circa gubernacula :* La constellation
du Navire est au demeurant fort complexe (cf. C. Flammarion, *les Étoiles,* p. 545 sq.). Les cartes modernes
distinguent quatre parties : la Carène, avec l'étoile
Canopus (cf. *infra* IX, 5, 4), la plus australe ; les Voiles ;
le Mât ; la Poupe — subdivisions nécessaires, car c'est
la constellation la plus vaste du ciel entier.

Les deux premières ne sont généralement pas mentionnées dans les descriptions antiques, sans doute parce
qu'elles étaient à peine visibles, ou même toujours
dissimulées sous l'horizon (elles sont comprises entre
— 40° et — 65° de lat. S. ; cf. comment. IX, 5, 4 *stella
Canopi*). Au contraire, le Mât et la Poupe sont bien
attestés.

Le Mât est connu d'Aratos (*Phaen.* 350, cité *supra*).
Il part de l'étoile γ (magn. : 1, 9), et se prolonge en s'éle-

vant droit vers le nord (*eminentia uidentur*, dit très
justement Vitruve) par les étoiles, β, α et γ de la Boussole
(constellation évidemment inconnue des Anciens, qui
rattachaient ces étoiles au Navire) : cf. C. Flammarion,
les Étoiles, p. 547 (mais la planche de la p. 517 suggère
une astrothésie différente, où le Mât, plus incliné, se
confondrait partiellement avec les Voiles).

La Poupe, et plus précisément le Gouvernail *(quae sunt
circa gubernacula)*, font également l'objet de mentions
explicites (Aratos, *Phaen.* 351 = Cicéron, *Phaen.* 137 ;
Sph. Emp. 66). Comme le Mât, la Poupe du Navire est
presque orientée nord-sud. Ses étoiles les plus hautes,
celles par conséquent qui signalent le Gouvernail, sont ρ
Pup (magn. : 2, 9), à — 24° de lat. S., et ξ Pup, voisine
de la précédente — sans parler d'autres plus faibles.
Puis, entre le Gouvernail et la base du Mât, l'étoile ζ
(magn. : 2, 3 ; lat. — 40°) précise la position du pont,
tandis que π et ν dessinent le tracé de la quille jusqu'à
Canopus. Mais l'horizon de Rome, même celui d'Athènes,
ne permettaient déjà point d'apercevoir la Poupe entière.

20. *ipsaque Nauiculae puppis... Cani iungitur:* Le texte
de cette phrase a été reconstitué par Marini. L'unanimité
des mss porte en effet : *ipsaque Nauicula et puppis*, qu'il
est bien difficile d'accepter sans retouche (coordination
insolite entre deux éléments qui ne sont pas sur le même
plan, le second étant partie du premier).

Et la correction de Marini est-elle même suffisante ?
Elle conserve l'énigmatique *Nauicula*, diminutif rare dont
le moins qu'on puisse dire est qu'il ne convient guère ici.
La constellation du Navire est en effet « la plus vaste du
ciel entier : elle s'étend de VI h à XI h d'ascension
droite... et de 25° à 70° de déclinaison australe ».
(C. Flammarion, *o. c.*, p. 544). On sait d'autre part qu'elle
est identifiée avec le vaisseau des Argonautes, dont les
Anciens soulignaient volontiers les dimensions colossales
(Accius, *Médée, fr.* IX, v. 391-405 Ribb. : *Tanta moles
labitur...*). De fait, si l'on excepte un compilateur tardif
(Anonyme II, p. 255 Maass), le diminutif *Nauicula* ne
semble jamais s'appliquer au Navire dans la littérature
classique.

Or il existe une correction facile, suggérée par Germanicus (*Phaen.* 355) et Aviénus (*Arat.* 768), qui désignent
le Gouvernail du Navire sous le nom, très classique, de

clauus. De là à supposer que dans le suffixe *-cula* qui nous choque il faut retrouver le nom du Gouvernail, il n'y a qu'un pas : au lieu de *ipsaque Nauicula et puppis...* *iungitur*, on lirait *ipsaque Nauis clauo et puppi... iungitur*, qui serait très satisfaisant pour le sens, et suffisamment proche du texte des mss. Nous avons toutefois, par prudence, conservé le texte de Marini.

Quoi qu'il en soit de ce problème, l'astrothésie du Navire par rapport au Grand Chien demeure claire et ne manque pas de répondants :

Aratos, *Phaen.*

342 Ἡ δὲ Κυνὸς μεγάλοιο κατ' οὐρὴν ἕλκεται Ἀργώ
352 Ποσσὶν ὑπ' οὐραίοισι Κυνὸς προπάροιθεν ἰόντος

(= Cicéron, *Phaen.* 126, 137 ; cf. Anonyme III, p. 312 Maass).

Si l'on excepte la notice de la *Sphaera Empedoclis* (v. 65 sqq.), qui semble se représenter le Chien faisant face au Navire, alors qu'il lui tourne ordinairement le dos, la conjonction du Gouvernail et de la queue est partout soulignée. Or cette queue, notée par l'étoile η CMa (magn. : 2, 4 ; lat. — 29° S.) est fort voisine des étoiles ρ et ξ Pup qui signalent le Gouvernail. L'astrothésie d'Aratos et de Vitruve est donc correcte.

21. *Geminos autem minusculus Canis sequitur :* Quoique la constellation du Petit Chien soit tout entière comprise au-dessus de l'équateur céleste, elle est traditionnellement (Eudoxe, Aratos, Hipparque, Ptolémée) décrite parmi les constellations australes, dans un contexte où figurent aussi le Grand Chien, Orion et le Lièvre (H. Gundel, s. u. *Prokyon*, P.W. XXIII, 1, 617).

Que le Petit Chien, identifié depuis Eudoxe, soit en étroit rapport de dépendance avec le Grand Chien, c'est ce qu'indique son nom même, Προκύων « la constellation qui précède le Chien », ou, plus rarement, μικρὸς κύων (Schol. Aratos, p. 410 Maass). Les Latins ont calqué le terme grec, soit morphologiquement — *Procyon* (Cicéron, *Phaen.* 222 ; Horace, *Od.* III, 29, 18 ; Manilius, I, 412 ; Columelle, *R.R.* IX, 14, 52 ; Pline, *N.H.* XVIII, 269...) —, soit sémantiquement — *Antecanem* invariable (Cicéron, *l. c.*), d'où *Antecanis* (Schol. Germanicus, p. 181 Br.), *Anticanus* (Bède, *Sign. cael.*, p. 594 M...). La locution

vitruvienne, *minusculus Canis,* ne se retrouve nulle part
ailleurs, quoique Kaibel propose d'en faire remonter
l'équivalent à Eudoxe (R. Haebler, s. u. *Canis minor,*
P.W. III, 1482) ; c'est elle en tout cas qui a suggéré la
désignation moderne, *Canis minor* (abrégé *C Mi*).

L'astrothésie du Petit Chien se fonde parfois sur le
voisinage du Cancer (Eudoxe), plus souvent sur celui des
Gémeaux :

Aratos, *Phaen.* 450.

Ναὶ μὴν καὶ Προκύων Διδύμοις ὕπο καλὰ φαείνει

(= **Cicéron,** *Phaen.* 221 sq.). La notice de la *Sph. Emp.*
71 Προκύων δὲ χειρὸς δεξιᾶς ἐστιν πέλας est peu claire :
il peut s'agir — d'après le contexte et l'astronomie —
de la main d'un des Gémeaux ou de celle d'Orion. Mais
Anonyme III, p. 312 Maass, reproduit clairement la
notice d'Aratos.

On notera la différence entre Vitruve, pour qui le
Petit Chien suit les Gémeaux, et les autres auteurs
(Germanicus, *Phaen.* 433 ; Aviénus, *Arat.* 902 ; Schol.
Aratos, p. 426 Maass), pour qui il est situé au-dessous.
Malgré l'apparence, les deux opinions sont justes. Il y a,
entre la limite W des Gémeaux et la limite W du Petit
Chien, un décalage d'une heure environ d'ascension droite
(soit 30°), ce qui donne raison à Vitruve. Mais la limite N
du Petit Chien coïncide avec la limite S des Gémeaux,
d'où l'affirmation d'Aratos et de ses successeurs.

Vitruve ajoute encore une précision : *contra Anguis
caput* (tête de l'Hydre : cf. IX, 5, 1 *e regione Cancri
erigens rostrum*). Elle est exacte, puisque les deux groupes
d'étoiles, également situés entre 0° et +10° de lat. N.,
se suivent à une heure de distance à peu près et sont
d'ailleurs limitrophes. Mais elle ne paraît pas se retrouver
ailleurs.

Sur la constellation du Petit Chien, cf. H. Gundel-
R. Böker, s. u. *Prokyon,* P.W. XXIII, 1, 613-624 et 624-
630 ; R. Haebler, s. u. *Canis minor,* P.W. III, 1481 sq.

22. *maior item sequitur minorem:* Quoique Aratos (*Phaen.*
326 sq.) situe le Grand Chien par rapport à Orion, d'une
manière à la fois précise et exacte — c'est d'ailleurs ce
que va faire Vitruve un peu plus loin —, il ne manque pas

de textes, généralement tardifs, pour mettre en relation les deux Chiens, comme le suggère la terminologie : Schol. Aratos, 450, p. 426 Maass οὗτος δὲ (Procyon) πρὸ τοῦ μεγάλου Κυνός ἐστιν. (cf. Anonyme II, p. 270 Maass ; Anonyme III, p. 312 Maass). Mais tous ces auteurs, et surtout Vitruve lui-même, emploient à tort et à travers des locutions comme πρὸ τοῦ μεγάλου Κυνός ou *sequitur minorem*. Car, à lire notamment le *De Architectura*, on s'imaginerait, vu la succession : *Geminos minusculus Canis sequitur... Maior item sequitur minorem,* que les trois constellations sont rangées dans le ciel à peu près dans l'ordre : Gémeaux, Petit Chien, Grand Chien. Or il n'en est rien. Le Petit Chien et le Grand Chien sont très décalés en latitude, et, en longitude, c'est le Grand qui précède plutôt le Petit !

En fait, le nom de Procyon appliqué au Petit Chien ne se justifie que par la position relative des deux constellations *à leur lever :* c'est Procyon qui précède Sirius, quoique plus en arrière sur la carte céleste, parce que sa latitude est plus boréale (cf. H. Gundel, *o. c.*, P.W. XXIII, 1, 614). Au contraire, lorsque les deux astérismes sont voisins du méridien, Sirius précède Procyon et se couchera avant lui. Vitruve concevait-il clairement la complexité de ces apparences, lorsqu'il écrivait : *maior... sequitur minorem ?* Il est permis d'en douter.

Sur la constellation du Grand Chien, cf. Haebler, s. u. *Canis maior,* P.W. III, 1480 sq. ; Gundel, s. u. *Sirius,* P.W., IIte R., III, 314-351. On s'étonnera (cf. introd. p. XLII) que Vitruve garde le silence sur la principale étoile de la constellation — la plus brillante du ciel entier —, Sirius, si connue de toute l'antiquité (rôle prépondérant dans l'astronomie égyptienne), et qui, par la date de son lever héliaque, passait pour annoncer la canicule (Virgile, *G.* IV, 425 sq., etc.).

23. *Orion uero transuersus est subiectus :* La constellation d'Orion est une des plus anciennement connues (Homère, *Il.* XVIII, 485 sq.), ce qui s'explique par le fait que, dans tout le ciel, elle est sans doute la plus spectaculaire (excellente description de Manilius, I, 387 sqq.) : cf. Wehrli, s. u. *Orion,* P.W. XVIII, 1, 1065-1082.

La notice de Vitruve est du reste maladroite : *subiectus*

doit s'entendre par rapport au Gémeaux — *maior item
sequitur minorem* est à considérer comme une parenthèse,
puisque Vitruve va plus loin mentionner à nouveau le
Grand Chien. Cette astrothésie — pour l'ensemble de la
figure s'entend, car cf. *infra alteram ad Geminos tollens* —
est rare : seul, semble-t-il, Manilius la fait sienne :

> I, 387   *Cernere uicinum Geminis licet Oriona.*

24. *pressus ungula Tauri :* Correction nécessaire et indis-
cutable de *f² p*, au lieu du *Centauri* des autres mss.

En effet, la plupart des textes anciens situent Orion
par rapport au Taureau :

Aratos, *Phaen.* 322 sq.

> Λοξὸς μὲν Ταύροιο τομῇ ὑποκέκλιται αὐτός ('Ωρίων.)

(= Cicéron, *Phaen.* 102 sq. ; cf. Anonyme III, p. 311
Maass).

Sph. Emp., 68 sq., précise davantage :

> Ταύρου δὲ δεινὸν πρὸς πόδ' ἐντείνων χέρα
> Λαμπροῖς ἐν ἄστροις λαμπρὸς 'Ωρίων μέγας.

Si le *transuersus* de Vitruve s'explique bien à partir du
λοξός d'Aratos (cf. *obliquo corpore* de Cicéron) — quoique
Aratos se place au point de vue du Taureau, Vitruve à
celui des Gémeaux (?) — le Ταύροιο τομῇ des *Phaenomena*
fait difficulté (cf. Kaibel, *Aratea*, Hermes, XXIX,
p. 98, n. 2) : si on ne le corrige pas (Kaibel, *l. c.*, propose
ταυρείῳ ὁπλῇ), il faut admettre avec les Scholiastes (*ad
loc.*, p. 405 Maass) que τομῇ désigne ici, non la coupure
qui sépare les deux parties du Taureau, la visible et
l'invisible, et qui tombe au voisinage des Pléiades (cf.
comment. IX, 3, 1), mais la séparation entre le Taureau
et les Gémeaux.

La correspondance avec les cartes célestes modernes
est au demeurant facile à établir, quoique le sabot du
Taureau ne soit signalé par aucune étoile brillante :
μ et ν Tau marquent l'emplacement d'une des pattes de
devant, 90 et 88 Tau celui de l'autre — la plus proche
d'Orion. En fait, c'est toute la tête du Taureau qui
paraît peser au-dessus d'Orion.

25. *manu laeua tenens clauam :* La massue est, dès
Homère, un attribut du géant Orion (*Od.* XI, 575). Mais
l'astrothésie hésite sur cet accessoire. Dans le texte de

Vitruve, étant donné la suite *(alteram ad Geminos tollens)*, la massue doit être voisine du Taureau, et par conséquent s'identifier avec les deux étoiles o₁ et o₂, elles-mêmes soutenues en quelque sorte par la cascade d'étoiles π₁ à π₆ qui matérialisent le bras levé du géant. Si la figure d'Orion est vue de face, ce bras doit être le bras gauche, et c'est bien ainsi que l'entend Vitruve. Mais le Scholiaste d'Aratos, 322, p. 405 Maass, dit : ἔχει γὰρ τὴν δεξιὰν ὥσπερ ῥόπαλον ἐπιφέρουσαν. De trois choses l'une : ou bien le Scholiaste s'est purement et simplement trompé ; ou bien il songeait à une figure vue de dos ; ou bien, comme certains atlas modernes (C. Flammarion, *les Étoiles*, p. 281), il se représentait la massue dans la main qui se tend vers les Gémeaux.

26. *alteram ad Geminos tollens :* Ce détail est précisé dans la *Sphaera Empedoclis*, qui ne dit pas — et c'est dommage — de quelle main il s'agit :

> 70   Διδύμοις προτείνει χεῖρα δεξιούμενος.

On reconnaîtra dans ce bras levé les étoiles μ, ν, ξ, 64, χ₁, χ₂ d'Orion, dont les dernières sont en contact immédiat avec μ et ν Gem (pied gauche de l'un des Gémeaux).

Pas plus qu'Aratos et Cicéron (cf. comment. J. Martin, *ad Phaen.* 322), Vitruve ne dit mot du Baudrier d'Orion (étoiles ζ, ε, δ), que connaissent Germanicus (*Phaen.* 329 sq.) et Aviénus (*Arat.* 723), et que Manilius (I, 391) mentionne avec l'épée.

V, 3. 27. *apud eius uero basim Canis :* Astrothésie bien attestée :

Aratos, *Phaen.* 326 sq.

> Τοῖός οἱ (= Orion) καὶ φρουρὸς ἀειρομένῳ ὑπὸ νώτῳ
> Φαίνεται ἀμφοτέροισι Κύων ἐπὶ ποσσὶ βεβηκώς.

(= Cicéron, *Phaen.* 107). A vrai dire, c'est plutôt le Lièvre que le Chien qui se trouve sous les pieds d'Orion — et Vitruve a raison contre Aratos en écrivant *apud* au lieu du *subter* de Cicéron : cf. Manilius, I, 396 *Subsequitur rapido contenta Canicula cursu.*

On sait du reste que, pour les mythographes, cette région du ciel est le théâtre d'une véritable scène de chasse : Orion est le chasseur, avec son chien sur les talons, tandis que s'enfuit le lièvre qu'ils pourchassent

(Eratosthène, *Catast.*, p. 172 Robert ; Hyginus, *Astr.* II, 33 ; Schol. Aratos, 338, p. 409 Maass).

28. *insequens Leporem:* Cette constellation du Lièvre, inconnue avant Eudoxe, se trouve, elle, exactement au-dessous d'Orion :

Aratos, *Phaen.* 338

Ποσσὶν δ' Ὠρίωνος ὑπ' ἀμφοτέροισι Λαγωός

(= Cicéron, *Phaen.* 120 sq. ; cf. Anonyme III, p. 311 Maass ; *Sph. Emp.* 62 sqq.). Et aucun auteur ancien n'omet de signaler sa fuite devant le Chien menaçant (Aratos, *Phaen.* 339 sqq. ; = Cicéron, *Phaen.* 121 sqq. ; *Sph. Emp.* 64 ; cf. encore Germanicus, *Phaen.* 341 ; Aviénus, *Arat.* 747 sqq. ; Manilius, V, 233 ; Nonnos, *Dion.* XVI, 205 ; XXXVIII, 366).

Constellation au demeurant modeste (οὐ πάνυ εὐάστερον ὄντα, dit le Scholiaste d'Aratos, 367, p. 414 Maass ; le *fulgentem Leporem* de Cicéron, *Phaen.* 276 est excessif), puisque sa plus brillante étoile, α, n'est que de magnitude 2, 7 ; puis β, ε, ζ, μ arrivent à la troisième grandeur.

Sur le Lièvre, cf. Gundel, s. u. *Lagoos*, P.W. XII, 458-461.

29. *Arieti et Piscibus Cetus est subiectus:* Sur la constellation de la Baleine, voir l'article de Gundel, s. u. *Ketos*, P.W. XI, 364-372.

Ce vaste groupe d'étoiles a reçu le nom de Κῆτος (d'où latin *cetus* et *cetum*, Manilius, I, 612 ; V, 15 — mais le latin connaît aussi *pistrix*, Cicéron, *Phaen.* 140, etc. avec variantes *pistris* et *pristis;* en outre, *belua*, Germanicus, *Phaen.* 367, Aviénus, *Arat.* 772, etc.) en souvenir du mythe d'Andromède : on a vu là le monstre marin qui menaçait la jeune fille captive. D'où :

Aratos, *Phaen.* 354

Ἀνδρομέδην μέγα Κῆτος ἐπερχόμενον κατεπείγει

(= Cicéron, *Phaen.* 140 sq.) — ce qui, pour l'astronomie, n'est guère exact, puisque entre Andromède et la Baleine s'interposent le Triangle, le Bélier et les Poissons. C'est donc une astrothésie plus satisfaisante qui place la Baleine sous ces deux constellations zodiacales. Aratos, du reste, ne l'ignore pas :

Phaen. 357 Κῆτος ὑπὸ Κριῷ τε καὶ Ἰχθύσιν ἀμφοτέροισιν

(= Cicéron, *Phaen.* 143 ; cf. *Sph. Emp.* 72 sq. ; Anonyme III, p. 312 Maass).

30. *a cuius crista :* L'expression rappelle celle de Cicéron :

Phaen. 153 sq. *Hac una stella nectuntur, quam iacit ex se*
             Pistricis spina...
Cf. comment. *infra, attingit summam Ceti cristam.*

31. *tenuis fusio stellarum :* Dès l'origine, les deux Poissons (l'un, au nord, touche presque Andromède : cf. IX, 4, 3 *supra Aquilonalem Piscem ;* l'autre, au sud, est voisin de Pégase et du Verseau : v. comment. *ad loc.*) sont réunis par un long cordon sinueux, que les Grecs appellent Λίνος ou Λίνοι, ou encore Δεσμός : Aratos, *Phaen.* 362 sq. = Cicéron, *Phaen.* 150 sq. ; cf. Aratos, *Phaen.* 242 sq. = Cicéron, *Phaen.* 14 sqq. ; Anonyme III, p. 310 Maass.

Le nom de ἀρπεδόναι (restitution quasi-certaine de Turnèbe d'après le *hermedonae* des mss, où l'on devine toutefois une latinisation du mot : *harpedonae*), qui chez Vitruve désigne ce cordon, ne semble pas attesté ailleurs que chez Hésychius, s. u. ἀρπεδόναι · τῶν ἀμαυρῶν ἀστέρων σύγχυσις — mais le glossateur n'a-t-il pas tiré de Vitruve, qu'il semble traduire littéralement (ἀμαυρῶν ἀστέρων σύγχυσις = *tenuis fusio stellarum*), la matière de sa notice ?

32. *pressus nodus serpentium :* Le texte des mss a paru ici énigmatique aux éditeurs. Tout d'abord, *nodus* est omis partout ailleurs que dans *E G :* mais il paraît impossible de faire l'économie de ce mot, qui désigne précisément l'étoile principale de ces ἀρπεδόναι, celle qui est en contact avec la Baleine (cf. *infra*). D'autre part, *serpentium* a déplu aux éditeurs, qui ont diversement corrigé : *haerentium* (Rose), *serentium* (Krohn), *coeuntium* (Thiele) ; Kaibel même (Hermes, XXIX, p. 99, n. 1) suggère de supprimer le mot. Mais il ne nous paraît pas que celui-ci soit beaucoup plus insupportable que les autres participes proposés pour le remplacer : *serpentium* (s. ent. *stellarum* exprimé à la ligne précédente) est peut-être d'une syntaxe un peu abrupte (à laquelle Vitruve nous a habitués), mais le sens est limpide, et le verbe même, *serpere,* peut se recommander du passage

parallèle de Cicéron *(Phaen.* 15, *per lumina serpunt).*
Aussi avons-nous conservé le *serpentium* des mss.

33. *attingit summam Ceti cristam:* Nous avons énuméré
ailleurs (comment. IX, 4, 3 *aquilonalem Piscem)* les étoiles,
faibles pour la plupart, qui composent ce lien sinueux.
L'une d'elles, au contact de la Baleine, a retenu l'attention des astronomes anciens, qui y ont reconnu le départ
des deux cordons divergents : c'est le Nœud, σύνδεσμος
ὑπουραῖος (Aratos, *Phaen.* 245), *Nodus caelestis* (Cicéron,
Phaen. 17, qui a lu à tort ὑπουράνιος — cf. W. Gundel,
P.W. XX, 1776), désigné par α Psc dans les catalogues
modernes. Cf. encore Aratos, *Phaen.* 364 sqq. = Cicéron,
Phaen. 152 sqq. ; Germanicus, *Phaen.* 369 sqq. ; Aviénus,
Arat. 802 sqq. (qui tous deux emploient comme Vitruve
le mot *crista*) ; *Sph. Emp.* 73 sq. L'étoile du Nœud se
trouve juste derrière le groupe d'astres (α, γ, δ, ζ, μ, ξ
Cet) qu'on identifie avec la tête de la Baleine.

34. *per speciem stellarum Flumen profluit:* Le texte de
ce début de phrase se présente très diversement suivant
les éditeurs. Car entre *cristam* et *per speciem,* les mss
insèrent deux mots, *esse fuit,* qui ne peuvent évidemment
être acceptés tels quels. Nous avons dit ailleurs (Ruffel-
Soubiran, A.F.L.T., Pallas IX, p. 28 ; cf. *supra* comment.
IX, pr. 17 *praesentem)* qu'à la suite de Rose et de Krohn
nous considérions comme inauthentiques ces formes de
esse qui apparaissent sporadiquement en fin de phrase.
Mais des philologues, mieux avertis de l'astronomie
antique que de la tradition manuscrite du *De Architectura,*
ont voulu à tout prix retrouver dans ces mots dénués de
sens le nom de telle ou telle constellation : Kaibel *(Aratea,*
Hermes, XXIX, p. 99, n. 2) propose *sub Ceto ;* Thiele :
ex Ceti... (avec lacune d'un mot). Giocondo, plus ingénieux, avait conjecturé *Eridani,* puisque le fleuve en
question est en effet l'Eridan. Mais c'est virtuosité
inutile : derrière *esse fuit,* il n'y a rien à chercher.

La constellation de l'Eridan (fleuve mythique de
l'Ouest lointain, aux confins du monde) est liée à la
légende de Phaéthon : lorsque l'imprudent conducteur
du char de Phébus s'y fut englouti, foudroyé par Zeus
(Ovide, *Met.* II, 319-324), le fleuve fut transporté au ciel
et y devint une constellation (cf. Aratos, *Phaen.* 360 et
Schol. 355 ; Cicéron, *Phaen.* 147 sq. ; Eratosthène,

Catast. 37, etc.). Toutefois, d'autres exégètes voyaient
dans ce fleuve céleste soit l'Océan (Hyginus, *Astr.* II, 32),
soit le Nil (Eratosthène, *l. c.;* Schol. Aratos, 359 ; Anonyme II, p. 259 Maass ; Schol. Germanicus, 366). Sur
tout cela, cf. Escher, s. u. *Eridanos,* P.W. VI, 446 sq.

L'Eridan est très étendu dans l'hémisphère austral,
puisqu'il part de l'équateur céleste, à la hauteur d'Orion
(cf. comment. *infra*), pour se terminer, avec la brillante
étoile α, à près de — 60° de lat. S. Grecs et Romains n'en
pouvaient donc apercevoir qu'une partie, et le décri-
vaient par rapport à Orion et à la Baleine (cf. Eudoxe,
fr. 7 ὑπὸ δὲ τὸ Κῆτος ὁ Ποταμὸς κεῖται ; Cicéron, *Phaen.*
144 *Fluminis inlustri tangentem pectore ripas;* Anonyme
III, p. 312 Maass *Fluuius, quem Heridanum uocant,
flexuoso cursu perlabitur usque ad Cetum*).

35. *initium fontis capiens a laeuo pede Orionis:* Vitruve
suit ici l'enseignement d'Eudoxe :

fr. 7 ... ἀρξάμενος ἀπὸ τοῦ ἀριστεροῦ ποδὸς τοῦ Ὠρίωνος,
reproduit encore par *Sph. Emp.* 62 sq. ; Ps.-Eratosthène,
Catast. p. 259 Robert ; cf. Martianus Capella, VIII, 838 ;
Anonyme II, p. 259 Maass. Aratos, lui, présente les choses
un peu différemment :

Phaen. 359 sqq.

Οἷον γὰρ κἀκεῖνο θεῶν ὑπὸ ποσσὶ φορεῖται
Λείψανον Ἠριδανοῖο, πολυκλαύτου ποταμοῖο.
Καὶ τὸ μὲν Ὠρίωνος ὑπὸ σκαιὸν πόδα τείνει.

(= Cicéron, *Phaen.* 149 sq. ; cf. Anonyme III, p. 312
Maass). Le pied gauche d'Orion étant représenté par la
brillante (magn. : 0,3) étoile Rigel (β Ori), les premières
étoiles de l'Eridan sont β (magn. : 2,9), λ, ω, μ, ν, ξ,
o₁, o₂, δ, etc. Elles forment une série dirigée vers la
Baleine, qu'elles atteignent avec les étoiles η et τ₁. Mais
là ne s'arrête pas le Fleuve, qui s'infléchit ensuite vers le
sud, où l'étoile Achernar (α Eri ; magn. : 0,6) marquera
sa fin (— 57° 29′ lat. S.).

36. *quae uero ab Aquario fundi memoratur Aqua...:* Même
type de transition, destiné à prévenir une confusion entre
deux figures de nature semblable, le Fleuve et l'Eau,
chez Martianus Capella, VIII, 838 : *Nam et Aquam, quae
ex cratere Aquarii fluit...* Vitruve et lui terminent donc
par l'Eau, et, un peu plus loin, par une notice sur l'étoile

Canopus. On peut se demander si cette coïncidence n'est pas l'effet d'une imitation commune de Varron, qui est, selon Eyssenhardt, la source principale des *Noces de Mercure...* (préf. éd. Teubner, Leipzig, 1866, p. LVI sqq.).

37. *profluit inter Piscis austrini caput et caudam Ceti :* Aratos s'étend longuement sur une série d'étoiles faibles, aux confins du Verseau, de la Baleine et du Poisson austral (*Phaen.* 389 sqq.), — étoiles auxquelles il donne le nom collectif de ῞Υδωρ (*Phaen.* 399) ; cf. Cicéron, *Phaen.* 173-179. Germanicus, toutefois, est plus proche de l'astrothésie vitruvienne :

Phaen. 383 sq. *Sunt aliae stellae, qua caudam Belua flectit,*
  Quaque caput Piscis, media regione locatae.

Mais, pour lui, les étoiles qu'il désigne ainsi ne sont pas l'Eau du Verseau, car il poursuit

385 *Nullum nomen habent, nec causa est nominis ulla...*
387 sq. *Nec procul hinc dextra defundit Aquarius undas,*
  Atque imitata cadunt errantis signa liquoris.

L'astrothésie moderne semble avoir, comme Vitruve lui-même, simplifié les choses : elle fait partir l'Eau de l'urne tenue par le Verseau (étoiles η, ζ, γ) ; le flot est donc jalonné d'abord par les étoiles φ, χ, ψ₁, ψ₂, ψ₃ ; puis ω₁, ω₂, A 1, A 2, I 1, I 2, I 3 sont en contact avec la queue de la Baleine ; enfin, le courant s'infléchit, et, avec les étoiles b 1, b 2, b 3, c 1, c 2, c 3 — toutes à la limite de la visibilité — il va aboutir à la tête du Poisson austral (cf. Anonyme III, p. 312 Maass : *Piscis magnus conspicitur... effusionem Vrnae Aquarii, qui ad ipsum usque decurrit, accipiens*). Deux groupes d'étoiles distincts pour Aratos et ses traducteurs n'en font qu'un pour Vitruve et les modernes.

V, 4. 38. *simulacra... ut Democrito physico placuit :* Quoique Vitruve emploie plusieurs fois *simulacrum* pour désigner la forme apparente d'une constellation (IX, 4, 2 ; 4, 3 ; 4, 6 ; 5, 1), Cassiopée ou le Fauve, le rapprochement de ce mot et du nom de Démocrite invite à se demander si Vitruve ne fait point ici allusion — une allusion malencontreuse, bien entendu, et propre à révéler son ignorance de la philosophie — aux εἴδωλα chers au philosophe d'Abdère. On le supposerait d'autant plus volontiers qu'une troublante analogie se révèle entre Vitruve et Cicéron :

Vitruve : *siderum... simulacra, natura diuinaque mente designata...*

Cicéron, *N.D.* I, 29 : *Democritus, qui tum imagines eorumque circumitus in deorum numero refert, tum illam naturam quae imagines fundat ac mittat...*

Ibid. 120 : *Democritus... censet imagines diuinitate praeditas inesse in uniuersitate rerum* (cf. comment. A. Stanley Pease, *ad loc.*).

Sur la nature de ces εἴδωλα *(imagines — et peut-être simulacra?)*, êtres flottants dans les airs, semblables aux hommes pour la forme, mais supérieurs pour la taille et la durée, cf. Éd. Zeller, *Philosophie des Grecs*, II, p. 352 sq.

Mais si Vitruve n'a pas commis la confusion que nous soupçonnons, la parenthèse *ut Democrito physico placuit* ne porte plus que sur le membre de phrase qui la précède immédiatement, soit *natura diuinaque mente designata*. Il résulte des fragments du philosophe (H. Diels, *Fragm. d. Vorsokr.*[2], Berlin, 1906, I, p. 365 sqq.) que, si Démocrite considérait peut-être les astres comme des dieux (cf. Tertullien, *ad nat.* II, 2), « le divin au sens vrai du mot, l'être éternel dont tout dépend est, à ses yeux, la nature ou, pour parler plus exactement, l'ensemble des atomes se mouvant en vertu de leur pesanteur et formant le monde ». (Éd. Zeller, *o. c.*, II, p. 350). Mais Démocrite « n'admettait ni un esprit organisateur du monde, ni une divinité qui gouverne le monde. » (*o. c.*, p. 329 sq.). Vitruve semble donc bien avoir cédé ici au désir d'étaler une érudition de mauvais aloi ; au lieu de Démocrite, un Stoïcien (cf. IX, 1, 1) ou un Péripatéticien (cf. IX, 1, 2) eussent été mieux à leur place.

39. *namque uti Septentriones...* : Ce lieu commun, déjà connu des Ioniens (cf. J. Beaujeu, *o. c.*, p. 232 sq.) se retrouve chez Pline l'Ancien en des termes presque identiques à ceux de Vitruve : *N.H.* II, 177 : *Sic enim fit haud dubie ut nobis septentrionalis plagae sidera numquam occidant, contra meridianae numquam oriantur, rursusque haec illis non cernantur...* cf. Martianus Capella, VI, 593.

40. *propter inclinationem mundi :* Alors que Pline l'Ancien explique correctement et clairement ces apparences par la forme sphérique de la terre, et en particulier l'invisibilité des astres de l'hémisphère sud, *attollente se contra medios uisus terrarum globo (l. c.),* Vitruve emploie une expression assez obscure. Il faut se rappeler que dans le vocabulaire de l'astronomie, *inclinatio,* avec ou sans *caeli (mundi)* a le sens du grec κλίμα (Vitr., I, 1, 10 ; 6,9 ; VI, 1, 2 ; 1, 12 *bis ;* VIII, 3, 13 ; 27). Mais si, dans tous les passages cités, la traduction « latitude » (terrestre) convient, il faut remonter ici au sens premier de l'expression : *inclinatio mundi* désigne l'inclinaison de l'axe du monde, c'est-à-dire, très précisément, l'angle que fait cet axe avec le plan horizontal du lieu. Cet angle est celui même qui exprime la latitude, et l'on comprend dès lors que κλίμα et *inclinatio mundi* aient pu désigner à la fois les deux notions. Sauf à l'équateur terrestre, où les deux pôles coïncident, à l'horizon, avec les directions N et S, un seul pôle est visible de chaque hémisphère : le pôle S, pour un observateur de l'hémisphère boréal, se trouve (*propter obstantiam terrae,* dit Vitruve) « ramené sous » la terre. On notera que l'expression *inclinatio mundi* ainsi entendue (inclinaison de l'axe du monde variable suivant les latitudes) suppose la sphéricité de la terre (mais cf. comment. IX, 1, 3).

41. *stella Canopi :* La mention de l'étoile Canopus (α Carène), la plus brillante du ciel (magn. : — 0,9) après Sirius, est un lieu commun de l'astronomie antique. Certains textes, en poésie surtout, se bornent à souligner sa position australe et son invisibilité depuis la côte nord de la Méditerranée (Lucain, *Ph.* VIII, 181 sq. ; Martianus Capella, VIII, 808). D'autres auteurs, plus précis, font commencer son apparition en Égypte, vers Alexandrie : Eudoxe (*ap.* Hipparque, I, 11, 7 sq.) ; Manilius, I, 216 sq. ; Martianus Capella, VIII, 838.

Vitruve renchérit encore sur l'enseignement d'Eudoxe, puisque, à l'en croire, il faudrait, pour bien observer Canopus, arriver aux confins de l'Éthiopie (cf. Schol. Aratos, 351, p. 363 Maass).

À quel point cela est exagéré, c'est ce que montre Hipparque qui, critiquant l'affirmation d'Eudoxe, soutient que Canopus émerge au ras de l'horizon dès l'île de Rhodes ; témoignages identiques de Posidonius (*ap.*

Strabon, II, 119 ; Cléomède, *De motu circulari...* I, 10, p. 92 sqq. Ziegler) — que Vitruve n'a donc pas suivi ici —, de Pline l'Ancien (*N.H.* II, 178; cf. J. Beaujeu, comment. *ad loc.*, p. 233 et n. 7), de Geminus (*isag.* 2,3 a, p. xxviii Maass), du Scholiaste d'Aratos *(l. c.)*. Cf. sur tout cela G. Kaibel, *Aratea*, Hermes, XXIX, 1894, p. 100 sq.

Étant donné l'ascension droite de Canopus, la visibilité de l'astre subit très peu l'influence de la précession des équinoxes (cf. comment. IX, 5, 1 *Turibulum...;* C. Flammarion, *les Étoiles*, p. 552), si bien que les observations modernes confirment celles des Anciens : Canopus (— 52° 40′ lat. S.) apparaît théoriquement à l'horizon marin à partir de la latitude+37° 20′ N, c'est-à-dire, en gros, du sud de l'Espagne (Gadès : cf. J. Beaujeu, *l. c.*), de la Sicile, du Péloponnèse, à Rhodes et sur la côte sud de l'Asie mineure, ainsi, bien entendu, qu'en Crète et à Chypre. A Rhodes (lat. +36° 25′), elle ne s'élève guère que d'un degré au-dessus de l'horizon ; à Alexandrie (lat. +31°), de 6° 20′ ; à Syène, en Haute-Égypte (lat. +24° environ), de 13°.

42. *proximasque ultimis finibus terrae terminationes:* Vitruve révèle ici une erreur — ou plus exactement une ignorance — commune à tous les géographes de l'Antiquité, qui ont grandement sous-estimé l'étendue de l'Afrique en latitude. Déjà Homère situait les Éthiopiens aux confins de l'Océan extérieur (*Il.* XXIII, 205 sq.) et les appelait (*Od.* I, 23) ἔσχατοι ἀνδρῶν. Les traités techniques de l'époque romaine ratifient à peu près cette vue du monde : les cartes dressées par C. Müller (*Strabonis Geogr.*, Paris, 1858, tab. I et II) d'après Strabon (contemporain de Vitruve) montrent une Afrique qui ne descend même pas jusqu'à l'équateur (lat. +10° environ) : la Haute-Égypte était déjà le bout du monde, et les nègres qui venaient ensuite n'étaient connus que par des récits hautement fantaisistes (Pomponius Méla, III, 9, 91 sqq. ; Pline, *N.H.* VI, 187 sqq.).

VI, 1. 1. *contrario solis per signa cursu:* Cf. IX, 1, 5 *per ea signa contrario cursu*, et comment. *ad loc.*

2. *gnomonumque aequinoctialibus umbris:* Reprend presque textuellement IX, 1, 1 *umbrarum enim aequinoctialium magnitudinibus designantur analemmatorum formae..,*

et laisse supposer que la vaste digression cosmographique est achevée, pour céder la place à la gnomonique. Mais c'est un faux espoir : Vitruve va parler auparavant de l'astrologie et de la météorologie.

VI, 2. 3. *ex astrologia quos effectus habeant...* : Cf. Achilles, *isag. exc.* 23 (p. 53 Maass) : οἱ γενεσιαλόγοι τὰς γενέσεις τῶν ἀνθρώπων καὶ περὶ ζωῆς καὶ θανάτου πρὸς ταῦτα σκοποῦσι καὶ τοὺς περὶ αὐτὰ τὰ ζῴδια πλάνητας ἀστέρας.

Sur la vogue croissante de l'astrologie sous Auguste, cf. Bouché-Leclercq, *Astrologie grecque*, p. 550-554. Subissant l'influence de Posidonius (on sait que les Stoïciens admettaient la divination) et de Nigidius Figulus (cf. Lucain, *Ph.* I, 639-672 ; Suétone, *Aug.* XCIV), la société romaine du temps s'adonne à toutes les pratiques capables, croit-elle, de révéler l'avenir. Ces préoccupations s'expriment chez Horace — malgré le scepticisme du poète — (*Od.* I, 11, 2 sq. ; II, 17, 17-20), Properce (IV, 1, 71-150 : prédictions de l'astrologue Horus), Ovide (*Ibis*, 209-216), Manilius, auteur d'un poème didactique où l'astrologie reçoit une place éminente, Sénèque (*N.Q.* II, 32, 7 sq.) et Lucain *(l. c.)*. Il ne faut donc pas s'étonner si « Vitruve ne peut pas écrire un traité d'architecture sans y mêler... une déclaration de foi à l'astrologie ». (Bouché-Leclercq, *o. c.*, p. 551, n. 1). Cf. encore Riess, s. u. *Astrologie*, P.W. II, 1805 sqq. ; Baumstark, s. u. *Chaldaioi*, P.W. III, 2059 sq. On trouvera en outre de nombreux textes sur l'astrologie à Rome rassemblés par J. E. B. Mayor, *Thirteen Satires of Juvenal*, Londres, 1888, t. II, p. 329 sqq. (comment. *ad* XIV, 248).

On remarquera d'autre part que, si le contexte invite à traduire ici *astrologia* par « astrologie », c'est une tentation à laquelle il faut résister : *astrologia* (cf. *Thes. L.L.*, s. u.) est le terme classique (Varron, Cicéron, Vitruve, I, 1, 3 ; 1, 10 ; 1, 16) pour désigner l'astronomie ; *astronomia* n'apparaît que deux fois (Sénèque, *Ep.* XCV, 10 ; Pétrone, *Sat.* LXXXVIII) dans la littérature classique. Seuls les auteurs chrétiens distinguent *astronomia* et *astrologia* avec le sens que nous donnons en français à ces mots.

4. *Chaldaeorum ratiocinationibus... quod propria est eorum...* : L'origine de l'astrologie est controversée. Riess (s. u., P.W. II, 1805) hésite entre l'Égypte et la Chaldée,

avec toutefois certaines présomptions en faveur de la
seconde (A. Stanley Pease, comment. Cicéron, *Diu.* I, 2,
p. 41 sqq.). Mais l'astrologie chaldéenne proprement dite
annonçait surtout des événements d'intérêt collectif,
famines, épidémies, inondations, guerres. La généthlialogie
(prédiction des péripéties d'une vie humaine) apparaît
à peu près en même temps en Mésopotamie perse, vers
410 av. J.-C. (*La Science antique et médiévale*, P.U.F.,
1957, pp. 81 et 360) et en Grèce (cf. Euripide, *fr.* 452 N² ;
Bouché-Leclercq, *o. c.*, p. 49 et 50, n. 1).

Quoi qu'il en soit, l'idée que Babylone était le pays
d'origine de l'astronomie et de ses applications prophétiques était si répandue dans le monde romain (cf.
Baumstark, s. u. *Chaldaioi*, P.W. III, 2059, avec nombreuses références) que l'astrologie elle-même en vint à
s'appeler Χαλδαϊκή (Riess, *o. c.* ,P.W. II, 1807), et que ses
spécialistes, quelle que fût du reste leur nationalité, se
présentaient sous le nom de *Chaldaei* (cf. Baumstark, *o. c.*,
2059 sq. ; *Thes. L.L., Onomast.*, s. u. *Chaldaei :* « inuentores
et cultores scientiarum, in primis astrologiae ; inde trans-
late omnes astrologi et harioli »). Vitruve semble bien
distinguer deux espèces de Chaldéens : *Chaldaeorum
ratiocinationibus* désigne les astrologues en général (cf.
Cicéron, *Diu.* II, 109 *haruspices et fulguratores et interpretes
ostentorum et augures et sortilegos et Chaldaeos;* Caton,
Agr. 5, 4 *haruspicem, augurem, hariolum, Chaldaeum
nequem consuluisse uelit;* d'autres textes analogues dans
le *Thes. L.L., l. c.*), tandis qu'un peu plus bas, *qui ab
ipsa natione Chaldaeorum profluxerunt* s'applique aux
Chaldéens d'origine, notamment Bérose (cf. IX, 2, 1).

5. *genethlialogiae ratio :* A partir du *gentililogiae* des mss,
Giocondo (précédé par une glose marginale du ms. *h* :
cf. app. crit.) a restitué un *genethlialogiae* qui est un hapax
en latin, et dont la forme même est incertaine. Le grec
hésite entre γενεθλιαλογία (Josèphe, *Ant. J.* XVIII, 6,
9, etc.) et -θλιο- (cf. Liddell-Scott, s. u.) ; le latin, outre
Vitruve IX, 6, 2, ne connaît qu'un exemple de *genethlio-
logia* (Gennadius, *Vir. ill.* 22), selon le *Thes. L.L.* Ce
passage de Vitruve est donc, de loin, le premier où le mot
soit attesté, en grec ou en latin. Par contre, *genethliaci*
(sing. inusité) est connu de Varron, Aulu-Gelle, Censorinus, Suétone, etc. (*Thes. L.L.*, s. u.) ; de même l'adjectif
neutre *genethliacon* (Stace, *S.* II, pr. 24) et la périphrase

ratio... genethliaca (Arnobe, *Nat.* II, 69), synonyme de *genethlialogia.*

Du reste, la généthlialogie se définit comme « la prédiction d'une destinée individuelle d'après la position des astres lors de la naissance ». (Bouché-Leclercq, *o. c.,* p. 49). Cette pratique, refusée aux Chaldéens authentiques par le savant historien de l'astrologie (cf. comment. IX, 6, 2 *Chaldaeorum...*), a été connue de bonne heure en Grèce : Théophraste y fait allusion, et c'est la seule qui ait intéressé les philosophes (Bouché-Leclercq, *o. c.,* p. 27, n. 2, 83, n. 1). Pour le détail des procédés employés, que nous livre surtout Ptolémée *(Tétrabible),* cf. Bouché-Leclercq, *o. c.,* chap. XII « Apotélesmatique individuelle ou généthlialogie » (p. 372-457).

6. *uti possint ante facta et futura... explicare :* La crédulité de Vitruve, si conforme qu'elle soit aux idées de son temps, témoigne d'une absence d'esprit critique qui n'atteignait point à ce degré — tant s'en faut — les grands esprits de Rome. On rapprochera seulement ces lignes admiratives du *De Architectura* et la réfutation fougueuse que fait Cicéron *(Diu.* II, 87-99) des prophéties astrologiques, pour conclure, au nom du bon sens : ... *ut mihi permirum uideatur quemquam exstare qui etiamnunc credat iis quorum praedicta cotidie uideat re et euentis refelli.* De même, plus tard, Tacite exhalera son amertume contre cette race *potentibus infidum, sperantibus fallax, quod in ciuitate nostra et uetabitur semper et retinebitur* (cf. le scepticisme de *Ann.* VI, 22) *(Hist.* I, 22, 2). Mais ces propos ne sont-ils pas aujourd'hui encore d'actualité, après vingt siècles de civilisation ?

7. *ante facta et futura... explicare :* Cette symétrie passé/ avenir, qui paraît dans l'expression toute naturelle, choque un peu à la réflexion. Car enfin, ce qu'on attend de l'astrologie, c'est la révélation de l'avenir : du passé, on n'a que faire. En fait, cette mention des événements déjà survenus n'est ni une étourderie ni une absurdité ; elle peut s'expliquer de deux manières.

D'une part, les astrologues « prenaient pour sujets d'expériences des existences déjà écoulées au besoin, celles des héros légendaires (voy. les horoscopes d'Œdipe, de Pâris, de Thersite, etc. dans Firmic., VI, 26, 31), » et cherchaient à restituer « l'horoscope de chacune d'elles, pour trouver ensuite dans la disposition des planètes et des signes les causes dont ils connaissaient déjà les effets » (Bouché-Leclercq, s. u. *Diuinatio*, Dar.-Sagl., II, 304 ; cf. *Astrologie grecque*, p. 368-371).

D'autre part, « l'astrologie avait la prétention d'être en pleine possession du trépied divinatoire, le passé, le présent, l'avenir. Selon que l'on remonte ou que l'on descend l'enchaînement immuable des causes et des effets, on peut conclure également bien d'une donnée présente à l'avenir ou au passé. La destinée des parents conditionne et contient virtuellement celle de leur postérité ; de même, le thème de nativité d'un enfant peut renseigner sur la destinée passée, présente, future, de ceux qui l'ont engendré ». (Bouché-Leclercq, *Astrologie grecque*, p. 392). On se rappellera que dans l'*Iliade* déjà (I, 70), le devin Calchas ἤδη τά τ' ἐόντα τά τ' ἐσσόμενα πρό τ' ἐόντα.

8. *Berosus in insula et ciuitate Coo...:* Cf. comment. IX, 2, 1 *Berosus.*

9. *ibique aperuit disciplinam:* Il semble que ce soit là le premier enseignement de l'astrologie qui ait été répandu en Grèce : cf. J. Bidez, *Les écoles chaldéennes sous Alexandre et les Séleucides*, Ann. Instit. Phil. et Hist. orient., III, Bruxelles, 1935, p. 41-89.

10. *Antipater:* Astrologue inconnu par ailleurs (erreur de Riess, s. u. *Antipatros* 34, P.W. I, 2517, qui lui prête le calcul de l'horoscope d'après le moment de la conception), à moins qu'on l'identifie, comme H. Markowski (*Zu Antipater von Tarsus*, Ph. W., 1938, 560), avec Antipater de Tarse, stoïcien, élève et continuateur de Diogène de Babylone, contemporain de Carnéade (IIe s. av. J.-C.) et maître de Panétius. Cf. von Arnim, *Stoic. uet. fragm.*, III, 244-258.

11. *Achinapolus:* Personnage aussi énigmatique que le précédent. Les mss hésitent entre *Achi-* et *Archi-*, mais ce nom ne se retrouve nulle part ailleurs (Riess, s. u. *Achinapolus*, P.W. I, 248). Aussi a-t-on songé à le corriger. E. Maass (*Aratea*, p. 328) propose de lire *Anchimolus*, qu'il identifie avec le Molon des *Thalysies* de Théocrite

(VII, 125), hypothèse à la fois gratuite (Théocrite ne dit pas que Molon soit astrologue) et peu fructueuse (ce Molon est tout aussi inconnu que le personnage de Vitruve). V. Rose (*Die Lücke im Diogenes Laertius und der alte Uebersetzer*, Hermes, I, 1866, p. 371 sq.), remarquant dans la table des matières de Diogène Laerce, conservée dans le Laurentianus 69. 35, les noms de deux Athénodore de Tarse après celui d'Antipater (de Tarse et de Tyr, le second maître de Caton d'Utique), propose de corriger *A(r)chinapolus* en *Athenodorus*. De ces deux Athénodore, un seul, surnommé Kordylion (le plus ancien), pourrait convenir : car le second, maître d'Auguste, était contemporain de Vitruve (von Arnim, s. u. *Athenodoros* 19, P.W. II, 2045). Kordylion, lui, était un philosophe stoïcien préposé à la bibliothèque de Pergame, qui vint sur le tard (70 av. J.-C.) s'installer à Rome, où il mourut (von Arnim, s.u. *Athenodoros* 18, *ibid.*). On remarquera que nous ignorons tout des préoccupations de ce personnage, et notamment d'éventuelles recherches astrologiques.

Aussi avons-nous préféré conserver le nom d'*Achinapolus*, si mystérieux qu'il demeure.

12. *non e nascentia, sed ex conceptione:* Sur ces termes abstraits, cf. M. H. Morgan, *On the Language of Vitruuius*, Addresses and Essays, New-York, 1910, p. 164 sqq. Ils correspondent au grec γένεσις ou ἔκτεξις, en face de σύλληψις (cf. Sextus Empiricus, p. 737, 18 Bk). Sur le problème astrologique ainsi posé, v. Bouché-Leclercq, *o. c.*, p. 373-383. Sans doute cette idée que le moment de la conception était le plus important dans la détermination de l'horoscope avait-elle été émise par les philosophes. Mais il était fort malaisé de préciser ce moment, à cause de la durée variable de la gestation ; aussi ce type d'horoscope fut-il peu répandu, et réservé à des cas royaux (peut-être Antiochus I Epiphane, plus vraisemblablement l'empereur Auguste — discussion dans Bouché-Leclercq, *o. c.*, p. 373 sq., n. 2). La plupart des astrologues rejetaient ce raffinement, et se tiraient d'affaire au prix d'un postulat énorme : conception et naissance, phénomènes liés par une cause commune, se produisent nécessairement dans les mêmes circonstances, donc sous des influences astrales analogues ! L'horoscope à la naissance, dès lors, suffisait.

VI, 3. 13. *de naturalibus autem rebus...:* Passage à rapprocher de VII, pr. 2 et VIII, pr. 1. On reconnaît dans toutes ces notices la propension de Vitruve à étaler une science acquise à peu de frais chez quelque compilateur.

Ici, la suite des idées semble la suivante : l'astronomie permet, par ses applications, la connaissance de l'avenir :

a) avenir individuel, par l'établissement des horoscopes (IX, 6, 2) ;

b) avenir « météorologique », par l'étude des astres (levers et couchers) et des phénomènes physiques (IX, 6, 3).

14. *Thales Milesius :* Sur Thalès de Milet, cf. par exemple Th. H. Martin, *Mémoire sur les hypothèses astronomiques des plus anciens philosophes de la Grèce*, Mém. Institut, XXIX, p. 46-62 ; W. Nestle, s. u. *Thales* 1, P.W., IIte R., V, 1210 sqq. ; E. Zeller, *La Philosophie des Grecs*, I, p. 197-210 ; P. Tannery, *Pour l'histoire de la science hellène*[2], Paris, 1930, p. 54-83. On attribue à Thalès un certain nombre de découvertes astronomiques : l'idée que la Petite Ourse indique le nord (Pline, *N.H.* XXXVI, 82), l'étude des phases de la lune, celle des constellations, la prédiction des éclipses de soleil (cycle du Saros), la détermination du diamètre solaire, la division de l'année en 365 jours et l'inégalité des saisons. Dans sa physique enfin, il attribuait à l'eau un rôle essentiel (cf. Vitruve, VIII, pr. 1).

15. *Anaxagoras Clazomenius :* Sur ce philosophe, maître d'Euripide et de Périclès, cf. Th. H. Martin, *o. c.*, p. 174-197 ; E. Zeller, *o. c.*, II, p. 382-441 (en particulier 410-418, sur sa conception du monde) ; P. Tannery, *o. c.*, p. 284-312. En astronomie, il fut le premier à expliquer correctement phases et éclipses de la lune (cf. comment. IX, 2, 3 *disciplinis de eadem re reliquit*), et il s'interrogea sur la nature de la Voie Lactée ; mais il croyait la terre plate ou concave. On connaît sa théorie physique de l'homéomérie (la matière est constituée d'une infinité de particules élémentaires semblables, dont le mélange donne naissance aux divers corps), et le rôle du νοῦς, extérieur à la matière, qui s'oppose à elle pour la dominer et la mouvoir.

16. *Pythagoras Samius:* Voir surtout E. Zeller, *o. c.*, I, p. 280-463 (p. 295-325, biographie : l'origine samienne du philosophe est quasi-unanimement attestée ; p. 391-421, le système du monde selon les Pythagoriciens).

Les Pythagoriciens se représentaient le monde organisé à partir du feu central, autour duquel gravitaient dix sphères de cristal séparées par des intervalles harmonieux et portant, outre les étoiles fixes, les sept « planètes », la Terre et l'Antiterre toujours invisible. Les astres eux-mêmes sont des sphères vitreuses qui renvoient la lumière du feu central ; la terre elle-même est un globe (cf. comment. IX, 1, 3). Au-delà de la sphère des fixes, un feu périphérique (la Voie Lactée, pour certains) enveloppe le monde et s'oppose ainsi au feu central. Au-delà encore, règne l'air illimité (πνεῦμα). Des découvertes de détail sont encore mises à l'actif de Pythagore et de ses disciples : l'obliquité de l'écliptique (cf. comment. IX, 7, 4), la détermination de l'ordre des planètes (cf. comment. IX, 1, 5), l'identification *Vesper = Lucifer* (cf. comment. IX, 1, 7), etc., sans parler d'hypothèses plus étranges, comme la distinction entre la droite et la gauche de l'univers (cf. comment. IX, 4, 1), ou l'idée que la lune est habitée...

17. *Xenophanes Colophonius:* Sur ce philosophe du VIᵉ s. av. J.-C., auteur d'un poème *Sur la Nature*, cf. Th. H. Martin, *o. c.*, p. 132-174 ; E. Zeller, *o. c.*, II, p. 21-42 ; P. Tannery, *o. c.*, p. 123-149. Le système du monde de Xénophane était fort primitif par rapport à celui des Pythagoriciens. Le sage de Colophon le réduisait à la terre, plate, illimitée, au-dessus de laquelle régnait l'air, également illimité. Les astres n'étaient que des nuées incandescentes à mouvement rectiligne, qui se renouvelaient constamment. Quant aux êtres vivants, ils naissaient tous de la terre et de l'eau : cosmologie et physique simplistes qui se déduisent de l'organisation schématique des quatre éléments.

18. *Democritus Abderites:* Monographie commode, quoi-que brève et un peu vieillie (1905), par Wellmann, s. u. *Demokritos*, P.W. V, 135-140 ; E. Zeller, *o. c.*, II, p. 279-374, ne distingue pas Démocrite de l'atomisme en général. On sait que pour Démocrite c'est un tourbillon d'atomes qui, se répartissant en masses plus ou moins denses, engendre le système du monde. Celui-ci est constitué

d'une enveloppe sphérique d'atomes agglomérés, sus-
pendus dans le vide infini. La terre, cylindre plat suspendu
dans l'air, occupe le centre de l'univers où gravitent les
astres, corps terreux enflammés par le mouvement rapide
du ciel.

19. *tempestatumque significatus :* Les substantifs *significatus* (Pline, *N.H.* XVIII, 221, 310) ou *significatio* (*ibid.*
359, 360), adaptations du grec ἐπισημασία (usité à l'époque
hellénistique et romaine), désignent les données météorologiques liées aux dates des calendriers (ou parapegmes,
cf. comment. *infra, parapegmatorum*). Les Anciens
admettaient en effet une liaison de cause à effet entre
un phénomène stellaire (lever ou coucher de tel ou tel
astre) et un changement de temps, soit que le changement
de temps fût l'indice du phénomène, comme certains
textes, paradoxalement, le laisseraient croire (Apollonios
de Rhodes, *Arg.* II, 1098 ; Ovide, *F.* I, 315 sq. ; Pline,
N.H. II, 108 ; XVIII, 231), soit plutôt que le phénomène
stellaire permît des prévisions météorologiques. De fait,
celui-ci pouvait s'accompagner des perturbations atmos-
phériques (vent, pluie, grêle, neige) que mentionnent les
parapegmatistes — du reste fort divergents dans leurs
notices ! Cf. sur tout cela A. Rehm, s. u. *Episemasiai,*
P.W., Suppl. VII, 175-198.

20. *Eudoxus :* Ici commence une série dont le moins
qu'on puisse dire est qu'elle n'est pas chronologique
(cf. d'ailleurs la précédente sur les physiciens), et à propos
de laquelle on peut se demander si l'auteur se représentait
clairement l'enchaînement des découvertes dans ce
domaine (W. Kubitschek, s. u. *Meton,* P.W. XV, 1464).

Sur Eudoxe, on se reportera par exemple à Th. H. Martin, *Mémoire sur l'histoire des hypothèses astronomiques...,*
Mém. Institut, XXX, p. 163-241 ; Brunet-Miéli, *Histoire
des sciences : Antiquité,* p. 433-438 ; F. Hultsch, s. u.
Eudoxos 8, P.W. VI, 930-950.

Élève d'Archytas et de Platon, Eudoxe, dont l'ἀκμή
se situe autour de 365 av. J.-C., eut la réputation d'un
philosophe et d'un savant presque universel : platonicien
en philosophie, mais personnel par bien des aspects
(E. Zeller, *Philosophie des Grecs*, II⁴, 1, p. 1039 sq.), il
s'occupa également de mathématiques, de musique, de

médecine, de géographie (un traité utilisé par Strabon), et surtout d'astronomie. Il a inventé ou perfectionné les instruments de cette science (dioptre, arachné — cf. comment. IX, 8, 1 —, sphère céleste), il a procédé à des observations et déterminé les dimensions et la forme du soleil et de la lune, et il a adopté, pour rendre compte des mouvements planétaires apparents, le système des sphères concentriques tournant à des vitesses différentes. Tout cela était sans doute exposé dans des œuvres perdues, dont l'adaptation d'Aratos ne nous donne qu'une idée imparfaite.

Eudoxe était également l'auteur d'un calendrier, influencé à la fois par la science égyptienne (Eudoxe s'était instruit dans ce pays) et par l'enseignement de Platon (une certaine tendance à la symétrie). Ce parapegme, qui date de 370 environ, nous est connu presque intégralement par Géminus et Ptolémée : il jouit dans l'antiquité (chez Columelle et Pline surtout) d'une grande autorité, sans que nous discernions très bien pourquoi (A. Rehm, s. u. *Parapegma*, P.W. XVIII, 2, 1343 sq.).

21. *Euctemon:* Les mss ont *Euchemon*, que Giocondo corrigeait en *Eudemon*, et Granger en *Eudemus* (mathématicien de Pergame). En fait, la restitution *Euctemon* de Rode (suivi par Rose et Krohn) s'impose : Euctemon est connu comme parapegmatiste, et son nom presque toujours associé à celui de Méton (A. Rehm, *o. c.*, 1340).

Euctemon d'Athènes était en effet le collaborateur de Méton : il travailla avec ce dernier, en 432 av. J.-C., à la révision du calendrier qui aboutit à l'établissement du cycle de 19 ans (sur la durée des saisons pour Eudoxe, Euctemon et Méton, cf. Th. H. Martin, *o. c.*, XXX, p. 208 sqq. ; Brunet-Miéli, *o. c.*, p. 435 sqq.). On a longtemps admis que Méton et Euctemon s'étaient réparti la besogne de manière qu'au premier revînt surtout l'organisation du calendrier, au second les observations d'étoiles et les données météorologiques ; mais cette vue est maintenant jugée trop schématique (W. Kubitschek, P.W. XV, 1464 ; A. Rehm, *o. c.*, 1340 sq.).

Quoi qu'il en soit, la tradition attribue à Euctemon et à Méton un parapegme, peut-être le premier (A. Rehm, s. u. *Episemasiai*, P.W., Suppl. VII, 187), le premier en tout cas dont on puisse se faire une idée précise —

parapegme très apprécié, du reste, presque autant que celui d'Eudoxe (A. Rehm, s. u. *Parapegma*, P.W. XVIII, 2, 1340 sq.).

Sur Euctemon en général, cf. A. Rehm, s. u. *Euktemon* 10, P.W. VI, 1060 sq.

22. *Callippus :* Callippe de Cyzique, élève de Polemarchos, né vers 370 av. J.-C., s'installa à Athènes en 334, et il y fut en rapports étroits avec Aristote. Son apport principal dans le domaine de l'astronomie consiste en une modification du système planétaire d'Eudoxe, qui ne tenait pas compte de l'inégalité des saisons. Callippe assigna à celles-ci des valeurs très voisines de la vérité (printemps : 94 j ; été : 92 j ; automne : 89 j ; hiver : 90 j). Par l'adjonction de quelques sphères homocentriques au système de son devancier, il arriva au total de 34 sphères (Th. H. Martin, Mém. Institut, XXX, p. 242-252 ; Brunet-Miéli, *o. c.*, p. 437 sq.). Il modifia également le calendrier de Méton, substituant au cycle de 19 ans une période de 76 ans (940 mois dont 28 intercalaires = 27.759 j ; cf. Geminus, *isag.* 8, cité par Brunet-Miéli, *o. c.*, p. 448 sq.), dont on ne sait si elle fut effectivement utilisée dans l'établissement du calendrier athénien (Brunet-Miéli, *l. c.*). Cf. encore, sur tout cela, Ginzel, s. u. *Kallippische Periode*, P.W. X, 1662 sq.

Callippe est également l'auteur d'un parapegme qui, selon A. Rehm (*o. c.*, 1346 sqq.), représente presque la perfection de la parapegmatique scientifique. En particulier, il estime peu les phénomènes apparents et ne catalogue que ceux qui servent de points de repère dans l'année. Autrement, il ne tient compte que des phénomènes vrais. On ne sait trop dans quelle mesure l'originalité de Callippe se traduisait également dans la météorologie, car son parapegme, trop scientifique pour être populaire, s'est vite perdu et n'a pas laissé autant de traces que celui d'Eudoxe, par exemple.

23. *Meto :* Méton, fils de Pausanias, ἄριστος ἀστρονόμος καὶ γεωμέτρης (Schol. Aristophane, *Ois.* 997), est surtout célèbre par le calendrier luni-solaire qu'il établit, avec l'aide d'Euctemon, en 432 av. J.-C. Délaissant les cycles de 8 ans et de 16 ans établis avant lui (cf. Geminus, *l. c.*), il fixa un cycle de 19 ans (235 mois, dont 7 intercalaires = 6490 j.) que Geminus *(l. c.)*, attribue à tort à Euctemon, Philippe et Callippe, et que ce dernier améliorera encore (cf. comment. *supra*). On ne sait exactement quand le calendrier de Méton est entré en usage à Athènes : pas avant 338, dit W. Kubitschek (P.W. XV, 1465) ; à partir de 342 au moins, selon Brunet-Miéli (*o. c.*, p. 448, n. 3) : de toute façon, ni ce calendrier ni ses corrections ultérieures n'entrèrent jamais dans l'usage civil.

Sur Méton en général, bonne monographie de W. Kubitschek, s. u. *Meton* 2, P.W. XV, 1458-1466. Sur le parapegme de Méton, cf. comment. *Euctemon, supra*.

24. *Philippus :* Sur Philippe d'Opunte, éditeur des *Lois* de Platon et peut-être auteur de l'*Epinomis* — car l'identification du disciple de Platon et du parapegmatiste ne doit pas faire de doute — on se reportera au bel article de K. von Fritz, s. u. *Philippos* 42, P.W. XIX, 2351-2366.

Si l'on ignore presque tout de sa vie, on connaît par Suidas une longue liste des ouvrages scientifiques de Philippe. En mathématiques, il semble, suivant la tradition pythagoricienne, s'être attaché à la mystique des nombres plutôt qu'à la science pure. En astronomie, il traitait des distances et des dimensions du soleil et de la lune, des éclipses, des planètes ; il adoptait, semble-t-il (Geminus, *isag.* 8), le cycle de 19 ans dans le calendrier luni-solaire.

Comme homme de science, Philippe est surtout connu par son parapegme. Qu'il soit antérieur ou postérieur à la mort de Platon, il se situe en tout cas entre celui d'Eudoxe et celui de Callippe (A. Rehm, P.W. XVIII, 2, 1345 sq.). Mais comme il est en général peu cité (par Ptolémée et le parapegme de pierre de Milet seulement), il est difficile de se faire une idée de son originalité. A. Rehm *(l. c.)* ne voit guère en lui qu'une nouvelle édition du parapegme d'Euctemon, qu'il semble suivre de fort près. K. von Fritz (*o. c.*, 2357), lui, réduirait volontiers l'imitation d'Euctemon aux données météorologiques, tandis que pour les phénomènes célestes Philippe aurait innové sur certains points. Mais tout cela demeure incertain.

25. *Hipparchus :* Deux monographies commodes sur Hipparque : A. Rehm, s. u. *Hipparchos* 18, P.W. VIII, 1666-1681 ; Brunet-Miéli, *o. c.*, p. 528-551.

Hipparque de Nicée (Bithynie) vécut, surtout à Rhodes semble-t-il, au milieu du IIᵉ s. av. J.-C. A laisser de côté des ouvrages mineurs sur la géographie et l'astrologie (A. Rehm, *o. c.*, 1677-1680), Hipparque n'est guère connu que comme astronome, peut-être le plus grand de l'Antiquité. Il perfectionna les instruments d'observation (dioptre, instrument méridien, astrolabe, cercle gradué en 360°, globe céleste), observa beaucoup lui-même (il dressa le premier catalogue d'étoiles connu, à l'aide d'un système de coordonnées écliptiques), et fit au moins une découverte capitale, celle de la précession des équinoxes (distinction entre année tropique et année sidérale). Du reste, il étudia les mouvements du soleil et de la lune, leurs dimensions, leur distance, et il modifia profondément le système du monde en fondant sa théorie des épicycles et des excentriques, pour rendre compte de l'irrégularité des mouvements planétaires apparents. Malheureusement, tous les ouvrages où étaient exposées ces théories sont perdus : il ne nous reste d'Hipparque qu'une œuvre de jeunesse, la moins importante, Τῶν Ἀράτου καὶ Εὐδόξου Φαινομένων ἐξηγήσεως βιβλία γʹ.

Le problème du calendrier retint également l'attention d'Hipparque. Il proposa, pour remplacer le cycle de Callippe (cf. comment. *supra*), une période de 304 ans, qui du reste ne fut jamais appliquée. Mais surtout, il établit lui aussi un parapegme, œuvre de jeunesse antérieure à 160 av. J.-C. Cet ouvrage est par malheur très mal connu, par le seul Ptolémée (une notice douteuse dans Columelle), qui n'en a retenu que la partie météorologique, à l'exclusion de la mention de tout phénomène céleste. Ce que l'on en connaît recèle peu de singularités, mais donne l'impression d'une œuvre originale. Malgré le grand nom d'Hipparque, ce parapegme n'a eu qu'un mince succès, parce que, comme celui de Callippe, il était trop scientifique. Mais c'est pourquoi précisément Ptolémée en faisait grand cas (A. Rehm, *o. c.*, P.W. XVIII, 2, 1353 sq.).

26. *Aratus :* Introduit dans cette liste d'authentiques savants, tous auteurs de parapegmes scientifiques, une note très disparate. Ce n'est pas ici le lieu de rappeler les péripéties, assez bien connues, de la vie d'Aratos, pas plus que la variété de ses dons littéraires ou ses mérites de poète. On verra sur tout cela, par exemple, Knaack,

s. u. *Aratos* 6, P.W. II, 391-399 ; Susemihl, *Geschichte der griechischen Literatur in der Alexandriner Zeit*, Leipzig, 1891, I, p. 284-299 ; A. et M. Croiset, *Histoire de la littérature grecque*, V, p. 225-228.

Le poème astronomique d'Aratos, composé, suivant la tradition, à la prière du roi Antigone Gonatas (vers 280 av. J.-C.), se divise en deux parties : les Φαινόμενα et les Προγνώσεις διὰ σημείων (ou Διοσημεῖαι). Les « Phénomènes » décrivent d'abord le système du monde et la disposition des constellations (v. 1-450), puis (v. 451-732) les levers et les couchers de celles-ci. Pour rédiger cette partie de son ouvrage, Aratos a suivi de très près, quasi-textuellement, les deux traités d'Eudoxe, Ἔνοπτρον et Φαινόμενα (cf. le commentaire, souvent critique, d'Hipparque sur Eudoxe et Aratos). Quant aux « Pronostics » (422 vers), ils rassemblent une série d'observations dont les sources sont moins connues : on y remarque des correspondances presque textuelles avec le Ps.-Théophraste (περὶ σημείων ὑδάτων καὶ πνευμάτων καὶ χειμώνων καὶ εὐδιῶν), ce qui suppose peut-être des emprunts communs à Démocrite ; à moins qu'Aratos ne se soit inspiré d'une œuvre d'Eudoxe munie d'un para-pegme (Kaibel), ou encore d'un écrit péripatéticien περὶ σημείων fourni au poète par son maître Praxiphane (Knaack, *o. c.*, 397).

On voit que, si la deuxième partie des « Phénomènes » et les « Pronostics » rassemblent à peu près les éléments d'un parapegme (astronomie et météorologie), la forme qu'Aratos a donnée à son enseignement et sa qualité de poète, non de savant, n'autorisaient pas Vitruve à mentionner l'érudit de Soles après les grands astronomes athéniens et Hipparque. C'est une inconséquence due, une fois encore, à l'insuffisante culture scientifique de l'auteur du *De Architectura*.

27. *ceterique:* S'il ne s'agit pas, sous la plume de Vitruve, d'une amplification pure et simple, on peut deviner sous ce *ceterique* plusieurs compilateurs de calendriers anté-rieurs à l'époque augustéenne (cf. Brunet-Miéli, *o. c.*, p. 445 ; A. Rehm, P.W. XVIII, 2, 1339-1360 *passim*) :

— Démocrite (cf. Diels, *Fragm. d. Vorsokr.* I², p. 390 sq. ; A. Rehm, *o. c.*, 1341 sq.), cité par Eudoxe, Geminus, Pline, Ptolémée, etc.

— Conon (A. Rehm, *o. c.*, 1349 sq. ; id., s. u. *Konon* 11, P.W. XI, 1338 sqq.), contemporain d'Archimède, mort vers 240/230, qui s'est occupé surtout d'astrométéorologie. Son parapegme, connu par Ptolémée, semble voisin de celui de Callippe.

— Dosithée (A. Rehm, *o. c.*, 1350 ; F. Hultsch, s. u. *Dositheos* 9, P.W. V, 1607 sq.), élève du précédent, et en relation avec Archimède (ἀκμή vers 229). Ses observations sur les apparitions des étoiles et la prédiction du temps nous sont connues par le parapegme de Geminus. Il s'était occupé en outre des « Phénomènes » d'Eudoxe et d'Aratos.

28. *parapegmatorum :* Sur les parapegmes, voir l'article fondamental de A. Rehm, s. u. *Parapegma*, P.W. XVIII, 2, 1295-1366, et, du même, s. u. *Episemasiai*, P.W., Suppl. VII, 176 sqq. ; W. Kubitschek, *Grundriss der antiken Zeitrechnung*, p. 173 sq.

Les parapegmes sont des calendriers grecs qui donnent, pour l'année solaire complète, la position des étoiles et les prévisions météorologiques. Gravés à l'origine sur la pierre, ils présentent, en marge, des trous ménagés en nombre égal à celui des jours ; ceux-ci sont caractérisés par la position du soleil sur le Zodiaque, les phénomènes stellaires et les ἐπισημασίαι correspondants. Une seule précision manque pour que le calendrier soit complet : la date civile, qui peut varier selon les cycles (cf. comment. *Euctemon, Callippus, Meto, Philippus, Hipparchus*) : aussi l'ajoute-t-on, inscrite sur une fiche que l'on enfonce dans le trou correspondant au jour voulu (d'où le nom de παράπηγμα). Plus tard, le mot a désigné aussi, par extension, les calendriers astronomiques en général, œuvres littéraires comprises.

En latin, il est rare : en dehors d'un passage de Cicéron (*Att.* V, 14, 1) où il conserve sa forme grecque, le mot ne se rencontre, latinisé, que chez Vitruve, ici même. Les Romains lui ont préféré le terme de *Fasti* — qui recouvre, il est vrai, à en juger par l'épigraphie et le poème d'Ovide, un calendrier d'une espèce un peu différente, où la religion et les événements historiques occupent plus de place.

On trouvera, dans l'article de A. Rehm cité plus haut, un catalogue complet et détaillé des parapegmes conservés

par l'épigraphie (*o. c.*, 1299-1302) ou la littérature
(1302-1330), suivi d'une histoire de la parapegmatique
(1330-1360).

Parmi les parapegmes gravés sur la pierre, les plus
célèbres sont ceux de Milet : l'un, fragment découvert
en 1903 (reproduit dans H. Diels, *Antike Technik*[3], Taf.
1, p. 7), remonte à 110/109 av. J.-C. ; l'autre, plus récent
(89-88 av. J.-C.), est aussi plus complet.

Dans la tradition littéraire, on connaît notamment, en
grec, le calendrier du Ps.-Geminus, influencé par
Hipparque, et celui de Ptolémée (*Phaseis*, II) ; en latin,
une série de calendriers qui amalgament les données du
calendrier de César et celles de l'ancien calendrier agricole
romain : Ovide *(Fastes)*, Columelle (*R.R.* XI, 2 — le
plus riche), Pline l'Ancien (*N.H.* XVIII, 207 sqq.) sont
les mieux connus.

29. *diuina mente :* Sur cette expression chère à Vitruve,
mais qui s'applique ici aux hommes, non à la divinité
qui régit l'univers, cf. comment. IX, 1, 1. Il y a dans le
De Architectura une sorte de religion de la science, qui
s'exprime rarement avec autant de netteté que dans la
phrase finale de ce chapitre (cf. aussi IX, pr. 3).

VII, 1. 1. *dierum breuitates itemque dilatationes :* Ce
membre de phrase met l'éditeur aux prises avec deux
problèmes :

1) L'expression est-elle au singulier ou au pluriel ? Les
mss ont en effet *separandae sunt rationes (et* E G h[2])
explicandae... breuitates... Trois solutions possibles :

a) *separandae sunt rationes explicandae... breuitatis,*
avec gén. sing. rattaché à *rationes ;*

b) *separandae sunt rationes et explicandae... breuitatis*
(Rose) : *separandae et explicandae* vont ensemble, *breuitatis* seul étant complément de *rationes ;*

c) *separandae sunt rationes et explicandae... breuitates,*
avec deux propositions indépendantes coordonnées. C'est
là, après Krohn, le texte que nous adoptons. En effet,
lorsque Vitruve parle de la durée des jours et des heures
(avec gén. plur. *dierum, horarum*), il emploie toujours le
substantif abstrait au pluriel : IX, 2, 4 *dierum et horarum
spatia ;* 3, 1 *spatia dierum* (mais 3, 2 *diei magnitudinem,*

avec deux sing.) ; 3, 3 *longitudines dierum* (mais *ibid.*, *diei spatium*), *dierum et horarum spatia ;* 8, 6 *quarum* (= *dierum*) *breuitates aut crescentias ;* 8, 7 *correptiones dierum aut crescentiae, breuitates et crescentias... horarum* (cf. IX, 8, 9, 10, 13, 15 *passim*). Il faut donc lire ici *dierum breuitates.* Dès lors, le *et* de *E G h²* s'impose, et l'on n'a plus le choix sur la syntaxe de la phrase.

2) Le substantif *dilatationes* fait difficulté : les mss ont *depala(ta)tiones (depulationes* et *explanationes* dans *V* et *W)*, qui ne veut rien dire. La correction *depalationes* ne vaut guère mieux (adoptée cependant par les anciens éditeurs — cf. Maufras, note *ad loc.* — et Granger) : *depalatio (Thes. L.L.*, s. u.) est un dérivé tardif de *depalare* (< *palam*), signifiant « indication, révélation ». On doit donc se résigner à reproduire le texte de Marini, *dilatationes*, quoique ce mot ne soit attesté (*Thes. L.L.*, s. u.), en dehors de ce passage, qu'à partir de Tertullien, avec le sens d'« extension, diffusion, propagation », et non celui d'« accroissement », requis ici. Pourquoi Vitruve n'a-t-il pas employé *crescentiae*, comme en IX, 8, 6 où il l'oppose également à *breuitates ?*

Du reste, Vitruve a abondamment expliqué, en IX, 3, l'origine de ces inégalités dans la longueur des jours par les différentes positions du soleil dans le Zodiaque. Cf. comment. *ad loc.*, et surtout IX, 3, 3 fin, pour les valeurs numériques correspondantes.

2. *aequinoctiali tempore Ariete Libraque uersando :* Expression à la fois maladroite (on attendrait *Libraue*, car le soleil n'est pas à la fois dans ces deux signes diamétralement opposés, mais dans l'un *ou* l'autre ; cf. cependant Properce, IV, 6, 51, où *et = aut*) et incomplète : il faut ajouter « à midi », lorsque le soleil passe au méridien (cf. introd., p. LXIV).

3. *quas e gnomone partes habemus nouem, eas umbrae facit VIII... Romae :* Un détail de critique textuelle d'abord, qui n'intervient pas dans l'exégèse du passage : tous les mss ont *habent*, qui se comprend fort mal (à moins qu'on n'y voie une tournure analogue à *dicunt, ferunt :* « on a » ?) ; Giocondo, suivi par les éditeurs modernes, corrige en *habet*, à peine moins gênant. Le sujet ne peut être que *sol*, en effet : or le soleil « a-t-il » neuf parties du gnomon ?

Expression quasi-absurde, qu'on hésite à prêter même à Vitruve. Aussi risquons-nous *habemus,* plus satisfaisant et pour le sens (cf. emploi analogue en III, 3, 8, avec *Romae : huius exemplar Romae nullum habemus*) et pour la paléographie (*habem'*).

On sait du reste que le gnomon était un simple piquet vertical dont on observait l'ombre sur une surface plane (cf. I, 6, 6 *gnomon indagator umbrae*). Les Anciens n'ignoraient pas que la longueur de l'ombre variait suivant la latitude du lieu (*declinatio caeli,* cf. comment. IX, 7, 1 fin).

Vitruve donne cinq exemples de valeurs numériques — fort maltraitées du reste par la tradition manuscrite — qu'il a judicieusement choisies (cf. comment. IX, 1, 1 *Placentiae ;* mais ici Plaisance ne reparaît plus, remplacée par Tarente et Rhodes). On remarque en effet que, si l'on suit la géographie de Pline (*N.H.* VI, 212 sq.) et son découpage de la Terre en zones, Alexandrie se trouve dans la première zone, Rhodes dans la troisième, Athènes dans la quatrième, Tarente dans la cinquième, Rome dans la sixième. Vitruve n'a toutefois aucun exemple de la deuxième (Arabie, Judée, Syrie, Crète, nord de l'Afrique, Numidie, où, selon Pline, le rapport gnomon/ombre est de 35/24), ni de la septième, où se trouve précisément Plaisance, et où, dit Pline (*N.H.* VI, 218) *umbilico XXXV pedum umbrae XXXVI, ut tamen in parte Venetiae exaequetur umbra gnomoni* (exact : le 45e parallèle passe à peu près aux bouches du Pô, légèrement au sud de Venise).

La valeur de 9/8 pour Rome est donnée également par Pline (*N.H.* II, 182 ; VI, 217).

La vérification de ces données est tout à fait aisée, si l'on considère la figure de la page suivante :

Sur le globe terrestre, un point A de latitude α porte un gnomon vertical AB. Frappé par un rayon solaire BC parallèle à l'équateur terrestre, par définition (nous sommes à l'équinoxe), ce gnomon produit une ombre AC sur le plan horizontal du lieu. Or, dans le triangle ABC, l'angle $\widehat{ABC} = \alpha$. Donc, dans le cercle trigonométrique de centre B et de rayon AB (longueur du gnomon prise pour unité), AC = tg α, donnée par les tables trigonométriques.

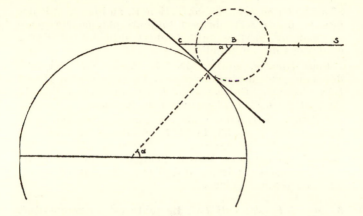

Pour Rome, tg 41° 54′ = 0,897. Ainsi, en gros : longueur du gnomon : 1 ; longueur de l'ombre : 0,9. Celle-ci n'est donc pas les 8/9 du gnomon, comme l'affirmaient les Anciens (ni non plus, a fortiori, les 7/8, comme le dit J. Beaujeu, *o. c.*, p. 236), mais plutôt les 9/10. L'erreur, il est vrai, est mince, et n'atteint pas un demi-degré de latitude.

4. *Athenis... partes quattuor, umbrae... tres :* A cette valeur, Pline l'Ancien (*N.H.* VI, 215) en substitue une autre, plus précise : *Quarto subiacent circulo... Athenae. Gnomoni XXI pedum respondent umbrae XVI pedum.*

La latitude d'Athènes étant de 37° 58′ (donnée extraite, comme la précédente et les suivantes, de H. Fullard et H. C. Darby, *The University Atlas*[8], Londres, 1958, index), pour un gnomon de 1, l'ombre doit être de 0,780. La valeur vitruvienne (= 0,750) correspond à une latitude de 36° 52′ 11″ (J. Paris, *Gnomonica...*, Mus. Belge, XVIII, 1914, p. 125 sq.), soit une erreur d'un degré. Celle de Pline (16/21 = 0,762) est sensiblement meilleure (moins d'un demi-degré d'erreur). Toutefois, un cadran solaire conique découvert au Pirée et construit vraisemblablement pour ce lieu, atteste que c'est le rapport simple 3/4 qui était normalement utilisé : on le retrouve presque exactement dans cet instrument (J. Paris, *l. c.*) : cf. comment. IX, 8, 1 *conum*.

5. *ad VII Rhodo V :* La correction *V*, au lieu du *XV* des mss, va de soi : l'ombre est toujours plus courte que le gnomon sur les rives de la Méditerranée, toutes situées au-dessous du 45e parallèle.

Pour Rhodes, au lieu de 5/7, Pline (*N.H.* VI, 214) donne une valeur plus complexe : *Tertius circulus... tendit per... Rhodum. Gnomonis C unciae umbram LXXVII* (D F R d : *LXXIIII* a) *unciarum faciunt.*

Latitude de Rhodes : 36° 15′. Pour un gnomon de 1, l'ombre sera de 0,733. Les 5/7 de Vitruve équivalent à 0,714 (soit 35° 30′ environ), les 77/100 de Pline à 0,770 (soit 37° 50′ environ). Vitruve l'emporte, mais le rapport 74/100 suggéré par le ms. *a* de l'*Histoire Naturelle* serait de beaucoup le meilleur.

6. *ad <XI> Tarenti IX :* Le texte est ici reconstitué, car les mss omettent le premier chiffre. Quant à Pline, il indique ici encore un rapport numérique voisin, mais différent :

N.H. VI, 216 *Quinto continentur segmento... Tarentum... Gnomoni septem pedes, umbris sex.*

A Tarente (lat. 40° 30′), un gnomon de 1 donne à l'équinoxe une ombre de 0,853. Le rapport vitruvien (?), 9/11, correspond à 0,818 (soit une latitude de 39° 16′ : erreur de plus d'un degré) ; celui de Pline, 6/7, à 0,857, tout proche de la réalité (erreur par excès de 8′ seulement).

7. *<ad> quinque <Alexandriae> tres :* C'est ici le nom de la ville qu'ont omis les mss. Mais il est facile à reconstituer, grâce à IX, 1, 1 où Vitruve mentionnait Alexandrie avec Athènes et Rome, grâce surtout à un passage concordant de Strabon (II, 5, 38) : ἐν δὲ τῇ Ἀλεξανδρείᾳ ὁ γνώμων λόγον ἔχει πρὸς τὴν ἰσημερινὴν σκιάν, ὃν ἔχει τὰ πέντε πρὸς τρία.

Cette valeur de 3/5 (= 0,600) est remarquablement exacte (valeur réelle : 0,605, pour la latitude d'Alexandrie : 31° 11′) ; elle ne pèche par défaut que d'une douzaine de minutes d'arc. Au contraire, celle que propose Pline est fautive :

N.H. VI, 212 *Continentur... Alexandria... In hoc caeli circumplexu aequinoctii die medio umbilicus quem gnomonem uocant VII pedes longus umbram non amplius IIII pedes longam reddit.*

Or 4/7 = 0,571 : l'erreur en latitude est de plus d'un degré par défaut (tg 30° = 0,577), ce qui surprend lorsqu'il s'agit de la capitale intellectuelle et scientifique du monde grec.

8. *celerisque omnibus locis aliae alio modo umbrae...:* Les Grecs savaient, avons-nous dit, que la longueur de l'ombre d'un gnomon variait suivant la latitude du lieu. C'est un des postulats fondamentaux de la gnomonique, dont Pline (*N.H.* II, 187) attribue la découverte à Anaximène, alors que Diogène Laerce (II, 1) la met à l'actif d'Anaximandre, maître du précédent — ce qui paraît plus vraisemblable (J. Beaujeu, *o. c.*, p. 239 ; W. Kubitschek, *Grundriss...* p. 189 et n. 1) : la gnomonique remonterait donc à la première moitié du VIe s. av. J.-C.

En conséquence de ces principes, les géographes grecs avaient dès le IIIe s. dressé des tables donnant la longueur de l'ombre en fonction de la latitude : Eratosthène d'abord, utilisé par Pline (*N.H.* II, 182 ; VI, 211-220 ; cf. J. Beaujeu, *o. c.*, p. 235), puis Hipparque, dont les tables sont plus complètes (J. Beaujeu, *l. c.;* A. Rehm, s. u. *Horologium*, P.W. VIII, 2420 ; id., s. u. *Hipparchos*, P.W. VIII, 1678). E. Ardaillon (s. u. *Horologium*, Dar.-Sagl., III, 1, 258 b-259 a) suppose qu'elles servaient usuellement à l'époque de Vitruve : il n'est pas certain que ce dernier ait pris chez Hipparque les rapports qu'il donne, car ils sont moins précis que ceux de Pline. Ce qui est sûr, c'est que le *De Architectura* et l'*Histoire Naturelle* n'ont pas eu la même source.

Du reste, Pline estime (*N.H.* II, 182) qu'au bout de 300 ou 500 stades (entre 47,250 km et 78,750 km ; cf. J. Beaujeu, *o. c.*, p. 235 et n. 4) la longueur des ombres change assez pour justifier la construction d'un nouvel instrument. Mais il s'en faut que les Romains aient toujours été si exigeants : Pline rapporte ailleurs (*N.H.* VII, 214) que le premier cadran introduit à Rome, en 263 ou 293 av J.-C. (date contestée, cf. introd. p. LIX, n. 3), avait été pris en Sicile par M'. Valerius Messalla, et donnait par conséquent des heures fausses jusqu'au jour où, en 164, Q. Marcius Philippus fit construire un cadran établi correctement pour la latitude de Rome (cf. Censorinus, *De die nat.* XXIII, 6 sq.).

VII, 2. 9. *horologia:* Sur ce substantif, qui désigne indifféremment tous les instruments propres à mesurer le temps, cf. introd. p. LIX et n. 2.

10. *umbrae octo, linea describatur :* Le texte fait difficulté : les mss ont *umbrae octogenae describantur,* qui est impossible (*octogenae* est un barbarisme) ; si l'on corrige en *umbrae octonae* (f² p ; Rose) — mais pourquoi le distributif ? — la phrase anticipe sur IX, 7, 3, et *erigatur* reste sans sujet. Or il faut suppléer quelque part *linea,* à cause du *quae dicitur gnomon* qui suit (car *gnomon* est masculin). D'où la restitution de Krohn, que nous faisons nôtre : *octo, linea describatur.*

Cette ligne est la méridienne, l'axe nord-sud projeté sur un plan horizontal. Vitruve a déjà indiqué à ses lecteurs le moyen — fort ingénieux — de la construire à l'aide du gnomon (I, 6, 6) : peut-être aurait-il pu renvoyer ici au passage en question.

Pour toute la construction de l'analemme (IX, 7, 2-6), on se reportera à la figure ci-jointe (celles de Maufras,

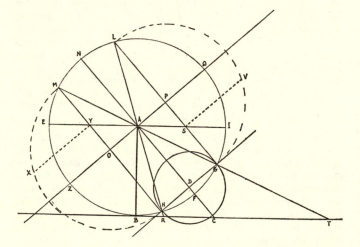

II, p. 411, fig. 103 ; de A. Choisy, IV, pl. 75, fig. 1 ; de G. Bilfinger, *Die Zeitmesser der antiken Völker,* p. 28, fig. 3, semblables à la nôtre quant au schéma d'ensemble, ne coïncident pas avec elle dans tous leurs détails, parce

qu'elles se fondent sur un texte légèrement différent, surtout dans la restitution des lettres).

11. *e media* πρὸς ὀρθὰς *erigatur:* Krohn, suivi par le *Thes. L.L.* (s. u. *gnomon*), propose d'insérer après *e media* un <*alia*> qui ne nous paraît pas s'imposer. Tel quel, le texte des mss laisse bien entendre que l'épure commence par la construction de deux droites perpendiculaires, l'une horizontale, l'autre verticale.

Du reste, l'expression πρὸς ὀρθάς, peut-être glosée indûment par *ut sit ad normam* (cf. Ruffel-Soubiran, A.F.L.T., Pallas IX, p. 32), est classique dans les traités grecs de géométrie (ἡ ὀρθή, s. ent. γωνία = « angle droit ») : τέμνειν πρὸς ὀρθάς signifie chez Euclide (*Elem.* III, 3) « couper à angle droit » (cf. Liddell-Scott, s. u. ὀρθός).

12. *gnomon:* Le mot est pris ici dans un sens un peu particulier : il s'agit, non de la tige verticale métallique, comme en I, 6, 6 ; 9, 12, mais de sa représentation figurée sur l'épure (cf. *infra, linea gnomonis*).

13. *quae dicitur meridiana:* Parce que ce cercle coïncide, par construction, avec le plan vertical orienté nord-sud (plan de l'épure).

VII, 3. 14. *aequilatatio signetur: Aequilatatio* est un hapax. Le *Thes. L.L.* (s. u.) rapproche, pour la formation, du grec ἰσοπλατής « égal en largeur » (Thucydide, III, 21 ; Aristote, *Oec.* 1345 a 33, et surtout Archimelus — épigrammatiste du iiie s. av. J.-C. — *ap.* Athénée, V, 209 c : Σέλμα ... ... τοίχοις ἀμφοτέρωθεν Ἰσοπλατές...).

L'image est en effet la même : il s'agit d'une ligne ou d'une barre horizontale qui se prolonge également de part et d'autre d'un centre.

15. *I dexteriore:* La correction de Giocondo paraît s'imposer, à partir du *inde alteriore* des mss, plutôt que celle de Krohn, *D ulteriore:* la symétrie *sinisteriore/dexteriore* est plus satisfaisante (cf. IX, 7, 6), et la lettre *D* sera mieux placée plus loin, sur la droite AC (IX, 7, 6). Car nos restitutions de lettres, aussi proches que possible du texte des mss, font apparaître certains groupements qui ne sont sûrement pas l'effet du hasard. Cf. aussi IX, 7, 4 *contra autem* <*E*> *littera I erit.*

16. *in extremis lineae circinationis:* Semble également
meilleur que *in extremis lineis circinationis* (faute très
explicable entre deux mots à désinence *-is*) ; car une
circonférence n'a pas de « lignes extrêmes ». *In extremis*
est déjà fort mal dit, mais on comprend que Vitruve
désigne ainsi les deux points de la circonférence *(lineae
circinationis)* les plus éloignés du gnomon en distance
horizontale.

17. *perducendum:* A été corrigé par Rose en *perducenda
<linea>*. Mais Krohn a raison de conserver *perducendum:*
c'est un tour impersonnel, particulier sans doute au
langage de la géométrie. On le retrouve en I, 6, 7 dans
la construction de la méridienne : *ex his duobus signis
circino decussatim describendum,* et plus loin en IX, 7, 4
signandum dextra sinistra (cf. I, 6, 7).

18. *horizon:* Le mot est pris, comme tout à l'heure
gnomon, dans un sens différent de celui qu'il a d'ordinaire :
il s'agit ici d'une droite tracée sur l'épure, non du cercle
apparent qui limite sur le terrain le champ visuel de
l'observateur. En ce sens, c'est un hapax. Au contraire,
la définition classique de l'horizon se trouve par exemple
chez Cicéron, *Diu.* II, 92 *orbes qui caelum quasi medium
diuidunt et aspectum nostrum definiunt, qui a Graecis*
ὁρίζοντες *nominantur, a nobis finientes... nominari
possunt.*

Sénèque, *N.Q.* V, 17, 3 *hanc lineam, quae inter aperta
et occulta est, id est hunc circulum, Graeci* ὁρίζοντα *uocant,
nostri finitorem dixerunt* (ainsi Lucain, *Ph.* IX, 496), *alii
finientem.* Vitruve, s'inspirant de sources helléniques,
préfère garder le terme grec (ὁ τοῦ ὁρίζοντος κύκλος,
Aristote, *Meteor.* 363 a 27 ; ὁ ὁρίζων κύκλος, Aristote,
Cael. 297 b 34, etc.) en le latinisant.

Du reste, la ligne d'horizon de l'épure représente le
trajet du premier ou du dernier rayon solaire, au moment
précis où l'astre se lève ou se couche : l'ombre produite
par le gnomon sur le plan horizontal est alors d'une
longueur infinie.

VII, 4. 19. *sumenda pars est XV :* Le rayon de soleil AC
étant celui des équinoxes, au moment où l'astre se trouve
sur l'équateur céleste, soit à la latitude 0°, Vitruve propose, pour trouver le tracé des rayons solsticiaux, de

prendre sur le cercle méridien, de part et d'autre du rayon équinoxial, un angle égal au quinzième de la circonférence, soit 360/15 = 24°. Cet angle représente l'écart entre les positions du soleil au solstice et à l'équinoxe, c'est-à-dire l'obliquité de l'écliptique.

La découverte de cette obliquité est attribuée, selon les auteurs, à plusieurs savants : Pythagore, Oenopides de Chios, Anaximandre (*Fragm. d. Vorsokr.* I³, 19, 35 est moins convaincant que ne le laisse supposer H. Diels, *Antike Technik*³, p. 158 et n. 1). Il est probable en tout cas que Platon la connaissait (Th. H. Martin, Mém. Institut, XXX, p. 23-26), et Eudoxe également (*id., ibid.*, p. 198). Un fragment d'Eudème (disciple d'Aristote ; *ap.* Théon de Smyrne, XL, p. 322 sqq. Martin) l'évalue à 24°, valeur conservée par toute l'astronomie populaire antique (Geminus, *isag.* I, 5 ; Anonyme, p. 132, 1 Maass ; Achilles, *isag. exc.* p. 59 Maass ; Manilius, I, 564 sqq.), peut-être sous l'influence de Posidonius. Même Hipparque (*in Arat.* I, 10) y recourait pour la commodité.

Eratosthène cependant (Ptolémée, *Synt.* I, 12, p. 68, 5 Heib.), suivi par Hipparque, avait poussé plus avant la précision : la valeur qu'il adoptait était de 23° 51′ 19″ (valeur réelle : 23° 45′ 19″). Plus tard, Ptolémée fixa l'obliquité entre 23° 50′ et 23° 52′ 30″ (valeur réelle de son temps : 23° 41′ 07″).

Quoique les Anciens n'aient pas soupçonné la lente variation (0,476″ par an, soit 1° tous les 7200 ans environ) de cette obliquité, qui est aujourd'hui (1er janvier 1951) de 23° 26′ 44″, et qui oscille entre 21° 59′ et 24° 36′, ils ont adopté une valeur de 24° qui était fort proche de la vérité (15′ d'erreur par excès seulement). Sur tout cela, cf. A. Rehm, s. u. *Ekliptik*, P.W. V, 2208-2213.

20. *littera F :* Tous les mss ont *littera C*, inacceptable puisque C a servi plus haut à marquer l'extrémité de l'ombre à l'équinoxe. Il faut donc corriger, et F s'impose, puisque plus loin Vitruve présente comme alignés, entre l'extrémité du gnomon et celle de son ombre, les points C F A.

21. *et per centrum :* Est une addition de Giocondo, reprise par Krohn (Rose, lui, ménage un blanc après *ab his* et n'ajoute rien). Elle paraît nécessaire, car il s'agit du tracé

des rayons solsticiaux qui passent par le sommet du gnomon, centre de la figure. Mais, peut-être, vu le contexte et pour aller plus vite (*ne multa scribendo offendam*, IX, 7, 7), Vitruve a-t-il pensé que cela allait de soi (cf. l'omission de la précision « à midi » pour l'ombre équinoxiale, en IX, 7, 1) ?

Il faut ensuite corriger en *lineae* le *lineis* des mss, qui ne veut rien dire. Mais à partir d'ici le texte est très gravement altéré, et les restitutions ne s'accordent pas dans le détail.

22. *per centrum ubi <est littera A :* Le texte des mss, *per centrum ubi erunt littera I K L M*, est intolérable : il n'y a pas quatre lettres au centre, mais une seule, et nous savons que c'est A. Le mieux, comme l'a fait Krohn, est de supposer une lacune. Et la suite des idées se rétablit ainsi : en face de E, il y a I ; en face de G (terme à suppléer), il y a... ; en face de H, il y a...

23. *contra G> erunt litterae A et M :* Même ainsi, le *I K L M* des mss est insupportable. En face de G ou d'H, diamétralement opposé, il ne peut y avoir qu'un point ; deux à la rigueur, si l'on compte le centre A. C'est sans doute ce qu'il faut faire. Là où les copistes avaient sous les yeux *A et M, A et L*, ils ont vu quatre lettres qu'ils ont défigurées de toutes les façons. On remarquera que notre restitution : *I K L M < A et M*, et *H K X I > A et L*, est très proche du texte des mss en ce que nous conservons le *M* final — lettre la plus importante — de la première série, et que le *L* final de la seconde se déduit aisément du *I*, qui n'était autre, à l'origine, qu'un *l* minuscule. D'autre part, les lettres L et M s'imposent presque, car elles sont inutilisées jusqu'ici (on est arrivé à G H I), mais leur tour est venu et elles sont associées avec N, point où le rayon équinoxial va couper pour la première fois le cercle méridien (*contra C et F et A erit littera N*, écrivent correctement les mss).

VII, 5. **24.** *diametroe :* Les mss ont *diametro*, que Krohn conserve : en lettres grecques, διαμέτρῳ sera un duel. Mais cette solution est très improbable : on lit d'ailleurs *diametros* plur. en IX, 7, 5. La désinence *-oe*, calque de *-οι*, est sûrement à restituer ici. Du reste, le sens n'en est pas modifié.

25. *ab G ad L :* Est une correction facile et sûre du *ab C ad I* des mss (confusion *G/C* aisée en majuscule, *l/I* aisée au passage d'une écriture à l'autre).

26. *ab H ad M :* De même, *ad M* est omis, mais en face de *ab H* il est nécessaire de le restituer. Du reste, la rédaction de Vitruve est un peu maladroite ici : GL et HM ne sont pas des diamètres du cercle méridien, le seul dont on ait connaissance jusqu'ici. Ce sont des cordes de ce cercle, sur lesquelles (cf. la suite) on va construire des demi-cercles.

27. *inferior... aestiuae, superior hibernae :* Tel est le texte des mss. Or on verra plus loin que la vérité exige tout juste l'inverse : c'est le demi-cercle supérieur qui vaut pour les heures d'été, le demi-cercle inférieur pour les heures d'hiver — cf. comment. IX, 7, 6 *et ab littera S.* Que s'est-il passé ? Il peut s'agir d'une erreur de copie (c'est ce que semble penser Rose, qui intervertit les termes *inferior* et *superior*), quoiqu'on ne se l'explique pas bien, car la phrase est simple et facile. Mais ce peut être aussi une erreur de l'auteur lui-même, dont nous avons eu plusieurs fois l'occasion de soupçonner l'incompétence scientifique. C'est qu'à partir d'ici la construction devient vraiment complexe — Vitruve du reste ne la terminera pas, laissant de côté la partie la plus difficile.

28. *centrum A :* S'impose encore une fois, en face du *centrum C* des mss (confusion *a/c* possible en minuscule) : C, extrémité de l'ombre équinoxiale, n'a rien à faire ici. Du reste, *centrum* est assez explicite par lui-même.

29. *lineae ad extrema lineae circinationis sunt perducendae :* Tel est le texte auquel nous aboutissons, d'après celui des mss : *lineae ad extremas lineae circinationes...* Mais, même en corrigeant *extremas* en *extrema* et *circinationes* en *-tionis,* un autre problème demeure. C'est que les trois points O, A, P, étant alignés (v. démonstration *infra*), ne forment en fait qu'une droite, et Vitruve lui-même va désigner cette droite par un singulier : *haec linea... axon.* Certains éditeurs, Rose notamment, ont donc jugé suspects ces pluriels, et les ont ramenés au singulier : *linea ad extrema lineae circinationis est perducenda,* ce qui, paléographiquement, n'est guère satisfai-

sant. Nous pensons en effet, avec Krohn, que pour le sens on peut conserver les pluriels. Vitruve parle de deux demi-cercles, ayant chacun leur centre. Il construit donc *deux demi*-droites, AOZ et APQ, quitte à s'apercevoir ensuite qu'elles ne font, en réalité, qu'une seule droite.

30. *litterae Q et Z :* Ici encore, les mss ont quatre lettres, *litterae G P T R*, trop nombreuses et inacceptables puisqu'elles ont déjà été toutes utilisées ailleurs. Suivant le même principe que tout à l'heure, nous restituons deux lettres reliées par *et* (dont le *T* subsiste ici). Au lieu de *G*, *Q* peut aller (confusion *g/q* en minuscule) ; au lieu de *R*, nous écrivons *Z*, qui voisinera — on va le voir bientôt— avec *X* et *Y*.

31. *haec erit linea...:* Que les deux demi-droites APQ et AOZ soient en prolongement l'une de l'autre, il est facile de le prouver. Elles ont en commun leur origine A. Quant aux points O et P, ils sont au milieu de cordes égales (AO = AP, puisque $\overparen{FG = FH}$, donc GL = HM) et parallèles ($\overparen{HAG} = \overparen{MAL} = 48°$), parallèles aussi avec le diamètre FN. O A P sont donc alignés.

32. πρὸς ὀρθάς *radio aequinoctiali :* Étant donné que MH et GL sont des cordes égales et parallèles, le quadrilatère inscrit HGLM ne peut être qu'un rectangle. Dès lors, la droite OP, qui joint les milieux des côtés, est perpendiculaire à ceux-ci. Mais GL et HM sont parallèles au diamètre FN. Donc, OP est perpendiculaire à FN.

33. *axon :* Or ce diamètre FN, nous l'avons vu, c'est le trajet du rayon équinoxial, qui correspond à la position du soleil sur l'équateur céleste (latitude : 0°) : cf. comment. IX, 7, 4 *sumenda pars est XV.* La perpendiculaire correspondra donc à la latitude +90°/— 90° ; c'est l'axe du monde, l'axe des pôles.

En somme, ce cercle que Vitruve a appelé méridien (IX, 7, 2) n'est autre que la projection sur un plan vertical de la sphère céleste : FN est l'équateur, MH le tropique du Capricorne (écarté de 24° de l'équateur, vers le sud) ; GL le tropique du Cancer (écarté de 24° de l'équateur, vers le nord). Reste QZ, qui représente l'axe de la sphère, d'un pôle à l'autre.

On peut s'étonner que Vitruve, ici et en IX, 7, 6, l'appelle *axon*. Certes, ἄξων est bien attesté en grec au sens d'« axe du monde » (Aristote, *Mund.* 391 b 26 ; Aratos, *Phaen.* 22, etc.), mais le latin — et Vitruve lui-même ailleurs — emploie d'ordinaire *axis* pour rendre le terme grec. Y a-t-il dans l'esprit de Vitruve une distinction entre *axis*, l'axe véritable, et *axon*, sa représentation sur l'épure ? C'est peu probable, car le *De Architectura* contient un autre exemple de *axon*, dans un sens tout différent (X, 11, 7). Le mot, rarissime du reste, a encore une autre acception : il désigne chez Porphyrion (Horace, *A.P.* 339) et Ammien Marcellin (XVI, 5, 1) les tables de lois.

VII, 6. 34. *in dexteriore parte erit littera S, in sinisteriore Y :* Ici encore, les lettres sont des restitutions, car les mss ont respectivement *E* et *T*, déjà utilisées depuis longtemps. La première correction est de Giocondo ; la seconde est originale, mais nous semble soutenable, car entre un *T* et un *Y* majuscules la confusion est à la rigueur possible. De toute façon, ces restitutions sont nécessaires, et même si la philologie moderne ne parvient pas à retrouver les lettres dont Vitruve s'est effectivement servi pour désigner tel ou tel point, le mal n'est pas grand : sa démonstration — sauf peut-être quelques erreurs de détail — était sûrement cohérente. Que la nôtre aussi le soit, et l'édition sera suffisamment fidèle à l'œuvre originale.

35. *et ab littera S ducatur linea parallelos axoni :* A partir d'ici, les éditeurs ne sont plus du tout d'accord. Rose voit dans ce passage la construction de la droite GH, diamètre (parallèle à l'axe du monde et appelé *logotomus*) du cercle mensuel, *menaeus* (cf. *infra*). Degering et Krohn sont d'un autre avis. Le texte des mss laisse entendre, malgré son altération, que l'on construit *deux* parallèles : *ducatur linea parallelos axon <i> ad extremum hemicyclium ubi erit littera V, et ab C ad sinistram hemicyclii item parallelos ducatur ad littera(m) X.* Or ces deux parallèles à l'axe du monde, nous voyons bien, en considérant l'épure déjà construite, où elles trouvent place : elles partent, l'une de S pour couper le demi-cercle supérieur en V (c'est le texte même des mss !) ; l'autre de Y pour couper en X (la lettre est attestée par la tradition ms.) le demi-cercle

inférieur. A partir de là, il suffit de corrections de détail *(axon* en *axoni, extremum* en *dextrum, sinistram hemicyclii* en *-trum... -ium)* pour obtenir un texte tout à fait satisfaisant.

Mais ces parallèles SV et YX, à quoi servent-elles ? C'est ce que ne nous dit pas Vitruve, qui se contente de qualifier — en se trompant, du reste — l'un des demi-cercles d'*aestiuus,* l'autre d'*hibernus.* En fait, — G. Bilfinger, *Die Zeitmesser...* p. 30 sq., l'a clairement montré — GL et HM représentent dans cette projection plane de la sphère céleste les cercles tropicaux vus de profil. EI étant l'horizon, LS et MY sont donc la projection du cours du soleil au-dessus de celui-ci, lors des solstices d'été et d'hiver. Or on sait que le principe fondamental de la gnomonique ancienne est de diviser en douze le temps que le soleil passe au-dessus de l'horizon. Mais cette division ne peut être faite sur une projection plane (LS, MY). Aussi construit-on sur celle-ci, de face, l'arc de cercle qu'elle suggère de profil. LVG et MHX sont les arcs semi-diurnes, divisés inégalement, aux solstices, entre le jour et la nuit : en juin, l'arc LV représente la part de jour, plus importante que la part de nuit VG. C'est l'inverse en décembre, où le jour est réduit à MX (= VG de juin), en face de la nuit XH (= LV de juin).

Dès lors, la division des heures est immédiate. Il suffit de diviser en six parties égales (l'hémicycle, rappelons-le, est *semi*-diurne) les arcs LV (heures longues d'été) et MX (heures courtes d'hiver). Ces six parties égales se projetteront en six segments inégaux sur LS et MY (cf. G. Bilfinger, *o. c.,* p. 28, fig. 3 et p. 34, fig. 5, dont nous nous sommes inspiré pour notre figure ci-après). Pour la projection sur une surface horizontale, cf. *infra,* IX, 7, 7, *in subiectionibus.*

La même opération pourrait et devrait d'ailleurs être faite à propos des équinoxes : l'hémicycle NQF (= NZF) représenterait alors l'arc semi-diurne, divisé en deux parts égales, pour le jour et la nuit, NQ et QF. Chacune d'elles pourrait indifféremment être divisée en six, la projection s'effectuant sur NA ou AF.

36. *haec autem paralleloe lineae... :* Après la description des deux parallèles à l'axe du monde dont nous venons, après Bilfinger, de reconstituer le rôle — donc après *ad*

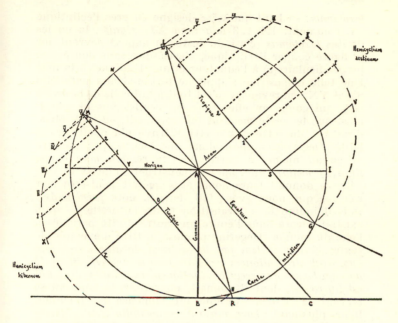

littera(m) *X* —, les mss poursuivent : *haec autem paral-lelos lineae uocitantur locothomus.* Krohn accepte ce texte (il corrige seulement *parallelos* en *paralleloe*), et il suppose donc que le terme de *locothomus*, qu'il renonce du reste à retoucher († *locothomus*, écrit-il), s'applique à ces deux parallèles. Tel n'est pas l'avis de Rose, qui voit dans ce *locothomus*, corrigé en *logotomus*, le diamètre GH du cercle *menaeus* dont la construction va suivre : d'où sa correc-tion : *haec autem parallelos linea uocitatur logotomus.*

Mais l'inconvénient du texte de Rose est qu'il fait disparaître, à force de corrections, la mention des deux parallèles SV et YX dont l'utilité est pourtant certaine. Seul H. Degering, à notre avis, apporte une solution satisfaisante (B. Ph. W., 1900, 12).

D'abord, il maintient la construction des deux paral-lèles SV et YX (seules les lettres qu'ils emploie diffèrent des nôtres), et en cela il se conforme davantage, nous l'avons vu, au texte des mss.

D'autre part, il reconnaît dans *locothomus* une forme

loxotomus : sachant que λοξός désigne en grec l'écliptique
(cf. comment. IX, 1, 3 *lata zona XII signis*), la ou les
droites *loxotomus* (c'est du reste un hapax) devront sur
la figure couper l'écliptique, c'est-à-dire sans doute être
perpendiculaire(s) à l'équateur et aux tropiques à la fois.
Une telle disposition s'applique fort mal aux parallèles
SV et YX ; en revanche, c'est tout à fait celle de la droite
GH, qui coupe en effet tous ces cercles vus de profil,
ainsi que le cercle *menaeus* (cf. comment. *ad loc.*). Mais,
dira-t-on, de cette droite GH Vitruve n'a point encore
parlé. Degering suppose donc une lacune, par saut du
même au même, à partir de l'expression *haec autem
linea(e) uocita(n)tur :* après la construction de SV et YX,
Vitruve donnait leurs noms et suggérait peut-être leur
rôle (ce que nous avons fait dans la note précédente).
Puis il indiquait — transition toute naturelle — qu'il
existait encore dans l'épure une autre droite parallèle à
l'axe du monde (Degering propose, à titre d'exemple, le
texte suivant : *Item parallelos linea ducatur ab eo loco
quo secat circinationem aestiuus radius ubi est littera H
ad eum locum quo secat circinationem hibernus radius ubi
est littera G*), dont il donnait, pour finir, le nom, en se
servant de la même formule introductrice que quelques
lignes plus haut : *haec autem linea uocitatur loxotomus,* —
formule qui allait provoquer l'altération du texte.

On ne se dissimulera pas que pareille reconstitution
est hypothétique, encore que fort vraisemblable. Mais
elle a au moins le mérite de concilier le texte des mss et
les exigences de la géométrie. C'est pourquoi, n'ayant su
trouver mieux, nous l'avons faite nôtre.

37. *et tum circini centrum... :* Avant d'en avoir fini avec
la construction — du reste incomplète — que Vitruve
donne de l'analemme, nous serons arrêtés par une dernière
difficulté : la construction du cercle mensuel (on verra
tout à l'heure son rôle).

Ce cercle, Vitruve nous le dit — et pour une fois les
mss sont corrects —, doit passer par H *(diducendum ad
eum locum quo secat circinationem aestiuus radius, ubi est
littera H)* et par conséquent par G, puisque son centre
est situé sur le rayon équinoxial *(circini centrum collocandum est eo loci quo secat... aequinoctialis radius...
E centro aequinoctiali...),* par rapport auquel G et H

sont symétriques (écart de 24°, cf. IX, 7, 4 *sumenda pars est XV*).

Mais où, sur ce rayon équinoxial ? A en croire les mss unanimes (et plutôt deux fois qu'une, puisque ces quelques mots sont répétés indûment en IX, 7, 7, entre *siue* et *per aestiuas*), le centre du cercle « mensuel » coïncide avec l'intersection du rayon équinoxial et du cercle méridien, donc avec le point F, déjà connu depuis longtemps (IX, 7, 4). Krohn admet ce texte, en supposant sans doute une erreur de l'auteur. Car pour l'exactitude géométrique, il est insoutenable : le cercle mensuel doit avoir pour diamètre GH ; son centre se situera donc à l'intersection de GH et de AC, rayon équinoxial, et on le désignera par la lettre D, jusqu'ici inutilisée (les mss ont *E*, qui, nous le savons, désigne en fait une extrémité de la ligne d'horizon).

Donc, à supposer que Vitruve vienne de nous décrire la construction du *loxotomus,* il faut, pour avoir une épure correcte, corriger *quo secat circinationem aequinoctialis radius* en *quo secat eam lineam* (le diamètre GH, *loxotomus) aequinoctialis radius.* La correction, due à Giocondo et reprise par Rose, est très raide. Car, à y bien réfléchir, elle s'unit à la restitution de Degering pour introduire dans le texte la mention d'une ligne dont les mss ne disent rien, et ne suggèrent même pas l'existence. Il y a pourtant, à notre sens, un argument qui, joint au caractère rationnel de ces reconstructions géométriques, paraît attester que *circinationem* est fautif. Les mss disent en effet : *circini centrum collocandum est eo loci quo secat circinationem aequinoctialis radius, ubi erit littera E.* Passons sur *E,* inacceptable de toute façon ; reste que le verbe est au futur, *erit* — et cette forme banale n'est pas suspecte d'altération. Or ce futur laisse penser qu'il s'agit de la détermination d'un point non encore construit. Tel est du moins, en général, l'usage — logique — de Vitruve : il dit *ubi erit* pour chaque nouveauté, *ubi est* lorsqu'il rappelle un point connu. Mais si nous conservons le *circinationem* des mss, le point ainsi défini est F, déjà connu, nous l'avons dit : comment s'expliquer alors le futur *erit?* Au contraire, l'intersection du rayon équinoxial AC et de GH définit un point nouveau, D, auquel le tour *ubi erit* s'applique parfaitement.

Cet indice grammatical s'accordant avec les exigences de la géométrie, il resterait à trouver une justification paléographique de ce *circinationem* prenant indûment la place de *eam lineam*. Il n'est pas impossible qu'il y ait eu confusion entre les deux propositions voisines : *quo secat eam lineam aequinoctialis radius* et *quo secat circinationem aestiuus radius.* Un copiste, ou plus vraisemblablement un réviseur, travaillant sur un texte déjà altéré et ne suivant pas clairement la démonstration, a pu penser que *eam lineam* était fautif et devait être remplacé par le *circinationem* que lui suggéraient à la fois tout le contexte (le cercle méridien joue un grand rôle dans l'épure) et la symétrie des deux expressions voisines, *quo secat... aequinoctialis (aestiuus) radius.* Il s'agit donc, selon nous, non d'un accident mécanique de copie, mais d'une correction voulue... et inopportune.

38. *circuli menstrui... qui menaeus dicitur:* Ce cercle mensuel, qui est en quelque sorte une projection plane de l'écliptique (d'où la pertinence du nom de *loxotomus* donné à son principal diamètre GH), doit être divisé en douze parties égales, à partir de H et de G (étant entendu — ce n'est en fait qu'une approximation ; cf. comment. IX, 1, 6 — que le soleil parcourt chaque mois une distance égale dans le ciel). Voir la figure très claire de Maufras, II, p. 411, fig. 104.

A l'aide de cette division, on obtient :

1) le tracé du rayon solaire et la longueur de l'ombre du gnomon pour chaque mois de l'année : il suffit de joindre le point A et la division voulue du cercle mensuel, en prolongeant la droite ainsi obtenue jusqu'à la *linea planitiae*. On déterminera sur celle-ci un point situé entre R et T.

2) la valeur mensuelle de l'arc diurne du soleil : par chacun des points déterminés sur le cercle mensuel, on peut construire (comme on l'a fait pour G et H) une perpendiculaire à l'axe du monde QZ. Cette perpendiculaire, qui sera forcément comprise entre GL et HM et parallèle à celles-ci, servira de diamètre à un demi-cercle représentant l'arc semi-diurne du mois considéré. Ce demi-cercle sera divisé, comme LVG et MXH, en deux parties inégales par une parallèle à l'axe du monde menée du

point où le diamètre nouvellement construit coupe l'horizon EI (G. Bilfinger, *o. c.*, p. 30).

Ce cercle mensuel pouvait être reporté de l'épure au cadran lui-même : le cadran dit des Orti Palombara (IG XIV, 1307) présente une division mensuelle établie d'après un *menaeus* nettement visible (H. Diels, *Antike Technik*[3], fig. 52, p. 169 ; cf. comment. IX, 8, 1 *hemicyclium*).

Quant au nom de *menaeus*, que Vitruve attribue au cercle, il fait quelque difficulté. D'abord, mis à part *f*[2] *p*, tous les mss écrivent *man-* au lieu de *men-*. C'est, après *f*[2] *p*, Turnèbe qui a restitué *menaeus*, à juste titre puisque jamais en grec le nom du mois ne se présente sous la forme μαν- (Liddell-Scott, s. u. μείς). Mais quel est ensuite le suffixe ? Au sens de « mensuel », le grec ne connaît que μηνιαῖος, bien attesté chez Strabon, Galien, etc. (c'est pourquoi sans doute H. Diels, *o. c.*, p. 169, appelle le cercle μηνιαῖος). Certes, μηναῖος existe, mais c'est un hapax (Oracle *ap.* Lydus, *Mens.* III, 8) qui signifie « lunaire ». En latin, aucune trace du mot (le *Thes. L.L.* ne le mentionne pas). Dès lors, doit-on écrire chez Vitruve *meniaeus*, en conformité avec l'usage grec, ou *menaeus*, plus proche de la leçon des mss ? C'est à ce dernier parti qu'avec les éditeurs antérieurs nous nous sommes arrêté. Car il n'est nullement invraisemblable que μηναῖος ait pu s'employer aussi avec le sens de « mensuel » dans la langue de la gnomonique. Si nous n'avons pas trace de cette acception, c'est tout simplement parce qu'aucun traité technique consacré à cette science n'est parvenu jusqu'à nous.

VII, 7. **39.** *in subiectionibus rationes horarum erunt... describendae :* En fait, avec le tracé de l'analemme tel que vient de l'établir Vitruve, on serait fort empêché de construire les lignes horaires d'un cadran plan horizontal. Cette construction, cependant, se déduit sans autre donnée de la figure que nous venons de dresser en suivant pas à pas le texte du *De Architectura*. G. Bilfinger (*o. c.* p. 31-35) a eu le grand mérite de la restituer, et nous ne saurions mieux faire que de reproduire ici ses figures et l'essentiel de sa démonstration. Mais il convient auparavant, nous semble-t-il, de rendre à la gnomonique ancienne un hommage que Vitruve, épris de science comme il l'était, n'eût certes pas désavoué. En effet, à partir d'un rapport extrêmement simple fondé sur la plus banale des observations — l'ombre d'un piquet vertical au jour de l'équinoxe —, les Anciens ont su construire des figures étonnamment complexes (on en trouvera ci-après des échantillons), qui rendaient compte à la fois de l'inégale longueur des jours et de l'inégale longueur des heures. Cette progression rigoureuse du plus simple au plus difficile donne une haute idée du génie scientifique grec.

Le premier problème à résoudre est la construction de la courbe décrite sur un plan horizontal par l'extrémité de l'ombre du gnomon vertical. Cette courbe, évidemment, varie chaque jour de l'année. Mais il suffit en pratique de la construire pour l'équinoxe (elle sera alors une droite), le solstice d'hiver (courbe dont la convexité regarde le gnomon) et le solstice d'été (courbe dont la concavité regarde le gnomon).

C'est à quoi répond la figure 4 de G. Bilfinger (*o. c.*, p. 32), qui représente l'épure de l'analemme vue en élévation, de profil (telle que Vitruve nous l'a fait construire), et aussi, au-dessous, vue en plan, de face ou plus exactement de dessus : la *linea planitiae* devient le plan de la figure, et le gnomon gm est réduit à un point g'.

Dans le cercle supérieur sont figurés trois arcs diurnes du soleil : am pour le jour équinoxial, Io pour un jour d'été quelconque, lp pour un jour d'hiver quelconque. En projection horizontale, il s'agit de tracer les lignes d'ombre correspondant à ces trajets du soleil ; autrement dit, pour chaque position du soleil il faut trouver l'emplacement de la pointe de l'ombre sur le plan. Celle-ci se déduit de sa longueur (qui dépend de la hauteur du soleil au-dessus de l'horizon) et de sa direction (qui dépend de l'azimut du soleil).

Ces deux facteurs, dans l'élévation, ne sont donnés immédiatement que pour midi, car alors seulement le soleil est situé dans le plan méridien où se projette notre élévation. Donc, pour les positions du soleil I, a, l, les les emplacements de la pointe d'ombre se trouvent en I', a', l', soit, en projection horizontale, en I'', a'', l'', points situés sur une ligne nord-sud ns passant par le pied g' du gnomon.

Été: Soit maintenant une autre position quelconque

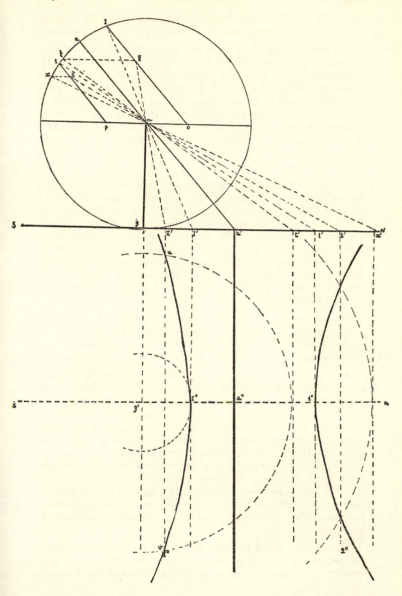

du soleil, sur l'arc diurne Io. Désignons-la par II et cherchons la hauteur et l'azimut du soleil qui y correspondent.

On joint ce point II et la pointe m du gnomon, et l'on prolonge jusqu'en II′ sur la *linea planitiae* SN. II′ représente, non l'endroit même qu'occupe la pointe de l'ombre (puisque le point II n'était pas dans le plan méridien), mais le point d'intersection de la *linea planitiae* et d'une droite perpendiculaire située sur le plan de projection, sur laquelle se trouve le point cherché, celui de l'extrémité de l'ombre. Donc, il suffit de tracer la perpendiculaire II′ II″ pour obtenir cette droite sur la projection horizontale.

Reste à trouver la longueur de l'ombre, c'est-à-dire à tracer autour de g′ un cercle qui détermine sur II′ II″ deux points répondant au problème. Or la longueur de l'ombre dépend de la hauteur du soleil, et on obtient celle-ci en traçant IIt, en joignant tm et en prolongeant jusqu'au point t′ sur la *linea planitiae*. La longueur de l'ombre est donc gt′ ; et il suffit dès lors, sur la projection horizontale, de tracer un cercle de centre g′ et de rayon gt′, cercle qui coupera II′ II″ en u et v, qui sont les deux point cherchés.

On voit que II′ II″ se trouvera d'autant plus à gauche que, sur l'arc diurne Io, le soleil s'éloigne de I pour se rapprocher de o ; par suite, le trajet de l'ombre forme une courbe qui tourne vers le gnomon son côté concave.

Hiver : On constatera une situation inverse en prenant sur l'arc diurne hivernal lp une position quelconque, 2. La droite 2x nous permet de trouver la hauteur du soleil, la droite xmx′ la longueur de l'ombre gx′. D'autre part, la droite 2′ 2″, sur laquelle doivent se trouver les deux points symétriques que l'on cherche (à l'intersection de cette droite 2′ 2″ et du cercle de centre g′ et de rayon gx′), est obtenue sur la projection horizontale grâce à la droite 2m2′ de l'élévation. On voit que cette droite 2′ 2″ sera d'autant plus décalée vers la droite que le point 2 s'éloigne de 1 pour aller vers p. Le trajet de l'extrémité de l'ombre formera donc une courbe dont la convexité regarde le gnomon.

Equinoxes : Il est évident enfin que toutes les positions du soleil sur la ligne équinoxiale am projettent leur ombre sur a′ a″, et que le trajet de l'ombre ces jours-là n'est autre, sur le plan horizontal, que cette droite a′ a″, perpendiculaire en a′ à la *linea planitiae*.

Nous avons déterminé jusqu'ici les trajets décrits par la pointe de l'ombre du gnomon sur un plan horizontal, aux solstices et aux équinoxes. Il reste maintenant — ce sera la deuxième opération — à diviser les courbes ainsi obtenues en douze parties (inégales) correspondant aux douze heures.

A cette fin (cf. G. Bilfinger, *o. c.*, p. 34, fig. 5), on divise d'abord en six parties égales l'arc diurne (ici un arc estival, à titre d'exemple), et l'on obtient par projection, sur le diamètre de ce demi-cercle, les six points inégalement espacés (cf. comment. IX, 7, 6 *et ab littera S...*, et notre figure *ad loc.*, d'après G. Bilfinger, *o. c.*, fig. 3, p. 28), que l'on désignera par 1, 2, 3, 4, 5, 6. A chacun de ces points correspondront, sur la projection horizontale, deux points pour la pointe de l'ombre, l'un pour le matin, l'autre, symétrique, pour l'après-midi. Seul le point 6, correspondant à midi, ne sera représenté que par un point médian. Quant aux levers et couchers (heures 0 et XII), ils ne pourront être figurés sur le plan horizontal, puisque le gnomon porte à ces deux instants une ombre de longueur infinie. A cela près, on obtient les points de l'extrémité de l'ombre pour chaque heure du jour, et on les relie par une courbe hyperbolique qui matérialisera le trajet de l'extrémité de l'ombre pour le jour considéré.

Ceci posé, on procède pour chacun des six points : 1, 2, 3, 4, 5, 6 aux opérations que nous avons effectuées d'après la précédente figure.

Premièrement, on joint chacun d'eux à la pointe du gnomon, et on prolonge les droites ainsi obtenues jusqu'à la *linea planitiae*. Cela nous donne six points, 1′, 2′, 3′, 4′, 5′, 6′, à partir desquels nous mènerons des perpendiculaires sur le plan horizontal : 1′ 1″, 2′ 2″, 3′ 3″, 4′ 4″... Sur chacune de ces perpendiculaires se trouveront deux heures, l'une du matin, l'autre de l'après-midi.

Deuxièmement, pour trouver la hauteur du soleil, donc la longueur de l'ombre, on mène 1I, 2II, 3III, 4IV, 5V (6VI sont confondus). De chacun de ces points : I, II, III, IV, V, VI, on fait partir une droite qui, passant par la pointe du gnomon, coupera la *linea planitiae* aux

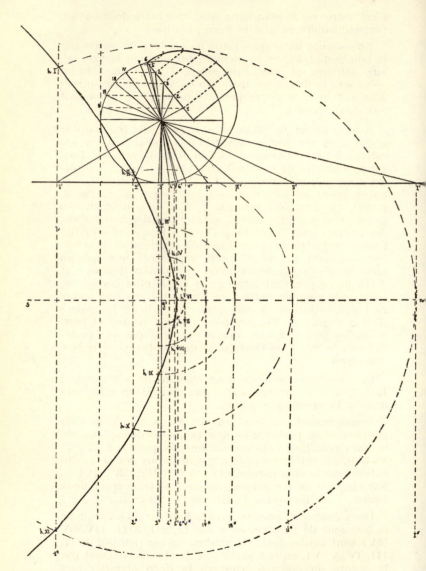

points I′, II′, III′, IV′, V′, VI′ (ce dernier confondu avec 6′). On obtient ainsi, avec gI′, gII′, gIII′..., la longueur de l'ombre du gnomon correspondant aux divisions 1, 2, 3, 4... de l'arc diurne.

Dès lors, l'emplacement, sur le plan horizontal, de l'extrémité de l'ombre du gnomon à chaque heure sera donné par l'intersection des droites 1′ 1″, 2′ 2″, 3′ 3″..., et des cercles de centre g′ et de rayon gI′, gII′, gIII′, etc. Plus précisément, les heures I et XI (erreur d'impression dans G. Bilfinger, *o. c.*, p. 35, qui dit IX) se trouvent à l'endroit où 1′ 1″ coupe le cercle de rayon gI′ ; les heures II et X à l'endroit où 2′ 2″ coupe le cercle de rayon gII′ ; les heures III et IX à l'endroit où 3′ 3″ coupe le cercle de rayon gIII′, etc. L'heure VI est à l'intersection de la droite 6′ 6″ et de la droite nord-sud (passage du soleil au méridien).

Il suffira de répéter la même opération pour les heures équinoxiales et les heures du solstice d'hiver (ou même, comme le suggère Vitruve : *aut etiam per menstruas*, pour les heures propres à chaque mois). On obtient ainsi trois courbes au moins, divisées chacune en douze parties. On joint chacun à chacun les onze points qui déterminent ces parties, et l'on obtient autant de lignes horaires grâce auxquelles on pourra lire commodément, n'importe quel jour, sur le cadran ainsi construit.

Pour reporter sur le bronze ou la pierre des constructions géométriques aussi subtiles, il fallait sans doute une grande habileté, et les erreurs n'étaient point rares, soit que le graveur se trompât carrément dans la construction de telle ou telle ligne (sur une bévue de ce genre reconnue dans un cadran trouvé au Pirée, cf. J. Paris, *Gnomonica*, Mus. Belge, XVIII, 2, 1914, p. 128 sqq.), soit que les lignes ne fussent pas tracées avec toute la précision requise. Aussi les Anciens vérifiaient-ils l'exactitude des graduations de cadrans à l'aide d'une clepsydre à écoulement constant (procédé exposé par Galien : texte dans H. Sauppe, Philologus, XXIII, p. 449).

Telles sont les opérations que Vitruve aurait dû décrire. Faute de l'avoir fait — et il s'en excuse, mais en des termes qui ne convainquent pas : *ne multa scribendo offendam* — il ne donne à son lecteur que des éléments tout à fait insuffisants pour la construction d'un cadran, l'obligeant à consulter des traités de gnomonique plus

complets ou un spécialiste de cette science. Dès lors, il
était inutile qu'il se donnât même la peine de construire
si laborieusement l'épure de l'analemme.

40. *multae uarietates et genera horologiorum :* cf. *infra*, IX,
8, 1, où sont énumérés une quinzaine de types.

41. *nec aliena pro meis praedicanda uidentur :* Vitruve est
le premier auteur technique romain qui ait affirmé si
sincèrement l'étendue de sa dette à l'égard de ses devanciers, et qui se soit défendu de leur emprunter sans le
dire des faits ou des idées. Très significative à ce sujet
est la préface du livre VII, où une anecdote moralisatrice
(le concours de poésie à Pergame) stigmatise les plagiaires,
contre lesquels Vitruve est très sévère (pr. 3), alors que
lui-même se déclare inattaquable sur ce point (pr. 10).

Cette probité intellectuelle a fait école : Pline l'Ancien,
dans sa préface à Titus, la revendiquera bientôt en termes
presque identiques (pr. 21 sqq.).

42. *quae nobis tradita sunt et a quibus sint inuenta dicam :*
Sur les caractères généraux du paragraphe ainsi introduit,
cf. introd. p. LXIII sqq. (lacunes et imprécisions), LXVIII
(mépris de la chronologie).

VIII, 1. 1. *hemicyclium excauatum... ad enclimaque
succisum :* Dès le premier mot surgit une difficulté grave,
dont la plupart des spécialistes de gnomonique ne disent
rien : que signifie *hemicyclium ?* Le sens premier du mot
est évidemment « demi-cercle », en géométrie plane
(cf. IX, 7, 3 et 5, dans l'épure de l'analemme) ; mais ici,
il s'agit de géométrie dans l'espace *(excauatum)*: hemicyclium sera-t-il une demi-sphère ou un demi-cylindre,
tous deux de section semi-circulaire ? Contre la première
interprétation, qui est — sans discussion — celle de
Ardaillon, Bilfinger, Rehm, Diels, Kubitschek, on fera
valoir d'abord qu'aucun des rares sens figurés de *hemicyclium* ne paraît se rapporter à un hémisphère : ni
l'hémicycle de la basilique de Fano (Vitruve, V, 1, 8), ni
celui des théâtres (V, 7, 1), ni le siège semi-circulaire dont
parle Cicéron (*Lael.* 2) ne peuvent représenter un volume
sphérique, mais bien plutôt une cavité cylindrique (cf.
Philon de Byzance, chez qui ἡμικύκλιον signifie « voûte

plein cintre »). D'autre part, un peu plus loin, Vitruve mentionne un *hemisphaerium* dont cette fois la forme est indiscutablement sphérique. Une opposition *hemicyclium/ hemisphaerium* paraît d'autant mieux acceptable que Vitruve va ensuite mentionner deux autres types de surfaces réceptrices, une plane *(discum in planitia)* et une conique *(conum):* le cylindre et la sphère complèteraient parfaitement cet aperçu.

Il n'y a malheureusement rien à tirer de la notice que Cetius Faventinus, puisant pour une fois à une autre source que Vitruve, consacre à l'*hemicyclium* (chap. XXIX) : ni la section circulaire de la cavité *(rotunditas ad circinum notatur),* ni les trois cercles fondamentaux de longueur inégale ne sont décisifs.

En revanche, un dernier élément joue en faveur du demi-cylindre. La plupart des commentateurs s'étonnent que Vitruve attribue à Bérose l'invention du cadran hémisphérique, connu bien avant le iiie s. av. J.-C. ; ils en sont réduits à supposer que ce qui est dû à Bérose est une simple modification de détail : *ad enclima succisum* (Hultsch, s. u. *Gnomon*, P. W. VII, 1501 ; E. Ardaillon, s. u. *Horologium*, Dar.-Sagl. III, 1, 257 b), ou bien une description de l'instrument (H. Diels, *Antike Technik³*, p. 168). Il serait plus séduisant de supposer que l'innovation de Bérose consistait à substituer à la surface primitive du polos, de forme hémisphérique, donc difficile et pénible à réaliser (H. Diels, *l. c.*), une surface cylindrique plus facile à creuser. Elle avait, il est vrai, l'inconvénient de compliquer la division des lignes d'ombre, qui ne pouvaient être divisées en douze parties égales que si la surface réceptrice était sphérique (G. Bilfinger, *o. c.*, p. 28 ; H. Diels, *o. c.*, p. 168, n. 2), mais l'approximation demeurait satisfaisante avec une surface cylindrique ou conique dont l'axe fût parallèle à l'axe du monde (A. Choisy, I, 266 sq.).

Nous, nous risquerons donc, après Choisy, à voir dans *hemicyclium excauatum* une surface réceptrice cylindrique. La figure ci-après montrera que le passage de la sphère au cylindre n'entraînait que des modifications mineures dans le tracé des lignes d'ombre.

2. *ad enclimaque succisum:* Quel que fût, du reste, le profil de cette surface, il est évident que, dans la cavité

primitivement creusée, certaines parties n'étaient jamais parcourues par l'ombre du gnomon (en hachures sur la figure). De là vint très vite l'idée de les supprimer : la taille de la surface réceptrice, réduite ainsi au minimum nécessaire, était plus rapide (H. Diels, *o. c.* p. 168), et la consultation du cadran s'en trouvait facilitée. Comme il n'était plus nécessaire de se pencher vers l'intérieur de la cavité pour lire l'heure, on pouvait placer l'instrument à hauteur d'homme et apercevoir de loin l'ombre du gnomon (A. Rehm, s. u. *Horologium,* P. W. VIII,

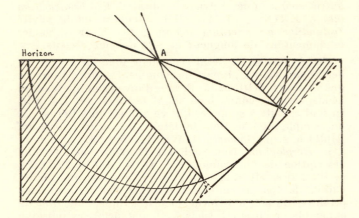

2424). C'est cette modification qu'exprime *ad enclima succisum,* littéralement « coupé en dessous (allusion à la partie hachurée de gauche, la plus volumineuse et la plus gênante) suivant l'inclinaison de l'axe du monde (= la latitude) ». Cette coupe était en effet parallèle aux lignes solsticiales et équinoxiales, qui faisaient avec le plan horizontal un angle égal à 90° - α (lat. du lieu ; cf. fig. comment. IX, 7, 2).

3. *scaphen siue hemisphaerium :* Plus que le nom grec de σκάφη, qui désigne tout objet creusé dans un bloc (auge, pétrin, baignoire, vase, canot...), le mot *hemisphaerium,* emprunt au grec classique rarement attesté en latin avant l'époque chrétienne (1 ex. douteux de Naevius, un de Varron, un de Vitruve, un de Pomponius Méla), dissipe toute incertitude sur la forme du cadran

auquel il s'applique. Il s'agit d'un instrument dont la cavité est hémisphérique. C'est là une des formes les plus anciennes qu'ait imaginées la gnomonique ; la σκάφη n'est certainement pas autre chose que le πόλος hérité, selon Hérodote (II, 109), des Babyloniens, et qui constitua longtemps l'instrument fondamental des astronomes grecs (A. Rehm, *o. c.* 2419 ; P. Tannery, *Pour l'histoire de la science hellène*[2], p. 85 sqq.).

Il s'agit d'un hémisphère creusé dans un cube de pierre (*saxeum uas in hemisphaerii speciem cauata ambitione curuatum*, dit Macrobe, *Somn. Scip.* I, 20, 26), ou, plus tard, coulé dans le bronze (*scaphia dicuntur rotunda ex aere uasa*, Martianus Capella, VI, 597), et dont la cavité est tournée vers le zénith, de manière que la face supérieure du cube représente le plan de l'horizon. A l'intérieur de l'hémisphère, un style ou gnomon (Macrobe, *Somn. Scip.* II, 7, 15) fixé de préférence au point du rebord situé vers le nord, pour qu'il recouvre le moins possible son ombre (A. Rehm, *o. c.* 2422), est disposé de telle manière que son extrémité coïncide avec le centre de l'hémisphère. Un tel dispositif n'est en somme qu'une image renversée de la sphère céleste, et le trajet décrit par l'ombre de la pointe du gnomon est semblable, quoique inversé, à celui que le soleil parcourt dans le ciel du lever au coucher (*Hoc est autem... huiusmodi uasis officium, ut tanto tempore a priore eius extremitate ad alteram usque stili umbra percurrat, quanto sol medietatem caeli ab ortu in occasum, unius scilicet hemisphaerii conuersione metitur*, Macrobe, *Somn. Scip.* I, 20, 27). Dès lors, il suffit de diviser en douze parties égales n'importe laquelle des lignes d'ombre de l'hémisphère pour obtenir la division horaire du jour correspondant. En pratique, on se contentait de trois lignes fondamentales, celle des équinoxes (τροπὴ ἰσημερινή) et celles des solstices (τροπαὶ χειμερινή et θερινή), qu'on divisait ainsi en douze ; les points obtenus étaient reliés chacun à chacun et l'on obtenait ainsi les lignes horaires proprement dites (cf. figure p. suiv.).

Un tel instrument pouvait servir, non seulement à donner les heures, mais à effectuer des opérations plus compliquées, notamment la mesure du diamètre apparent du soleil (idée attribuée à Aristarque, cf. E. Ardaillon,

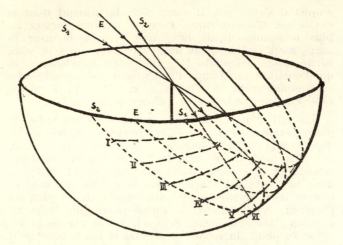

s. u. *Horologium*, Dar.-Sagl. III, 1, 257 b ; on lira la description de l'opération dans Macrobe, *l. c.*).

L'archéologie n'a pas permis de retrouver un grand nombre d'exemplaires qui répondent exactement à la description donnée plus haut, d'après Macrobe notamment. On cite seulement :

— Le cadran de Cannstatt (C.I.L. XIII, 6444), exemplaire réduit et brisé en plusieurs morceaux (Schlieben, Ann. d. Ver. f. Nass. Altert., XX, 327, Pl. 13, fig. VIII a). Il est mentionné dans A. Rehm (*o. c.* 2424), et W. Kubitschek (*Grundriss...* p. 193), décrit dans H. Diels (*Ant. Technik*[3], p. 165).

— Le double cadran de Pergame (A. Rehm, Ath. Mitt., 1911, 251 ; Naturw. Wochenschrift, N.F. XIV, n. 43, p. 675 ; M.D.A.I.A., XL, 1921, p. 111) est différent, car il a deux gnomons (voir description et figure dans A. Rehm, P.W. VIII, 2424 ; W. Kubitschek, *o. c.*, p. 189 et 194, avec bibliogr. ; H. Diels, *o. c.* p. 165 sqq. ; fig. 51 et pl. X = figure ci-après).

— Pour la scaphe de Berlin n⁰ 1049, cf. comment. *arachne.*

Cette rareté ne doit pas surprendre ; car la plupart des cadrans construits sur ce principe n'étaient pas

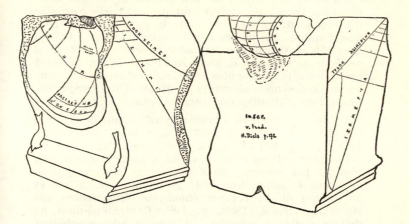

Cadran d'Andronicos Cyrrhestes (d'après I.G.XII, 5, 891; H.Diels, o.c., pl.XIII).

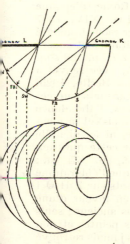

loge double de Pergame (d'après
H.Diels, ò.c. p.166, fig.51)

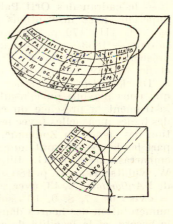

Cadran des Orti Palombara (d'après I.G. XIV, 1307
et H.Diels, o.c. p.169, fig.52).

exactement semblables au schéma théorique que nous
en avons tracé : ils étaient amputés, *ad enclima succisa*
(cf. comment. *ad loc.*), de toute la partie d'hémisphère
que l'ombre du gnomon n'atteignait jamais. Et les
exemples ainsi tronqués (cf. notre figure de la p. 242, ou
celles de A. Rehm, *l. c.*, et de A. Choisy, IV, pl. 76) sont
précisément le type le plus abondamment représenté dans
les trouvailles archéologiques (A. Rehm, *l. c.* ; Marquardt,
Manuel des Antiquités romaines, Vie privée, II, p. 456 sq.).

Faute de pouvoir en fournir une liste et une description
complètes (A. Rehm en 1913, *l. c.*, et W. Kubitschek en
1928, *o. c.*, p. 191 et 201, n. 2, déplorent l'absence d'un
corpus des cadrans conservés, qui, à notre connaissance,
n'existe pas encore), nous renverrons aux indications
anciennes et sommaires de E. Ardaillon (*o. c.*, 259 a) et
au travail de F. Kenner (*Römische Sonnenuhren aus
Aquileia*, Vienne, 1880, p. 1-8). Contentons-nous de
donner quelques précisions et renvois bibliographiques
pour trois exemplaires particulièrement connus et bien
conservés :

— le cadran des Orti Palombara à Rome, d'époque
impériale, avec inscriptions grecques (I.G. XIV, 1307
= C.I.G. III, 6179, p. 870 sqq. ; ce dernier recueil, malgré
sa date — 1853 — contient une étude détaillée et encore
précieuse de l'instrument). Cf. H. Diels, *o. c.*, p. 168 sqq.
et fig. 52 ; W. Kubitschek, *o. c.*, p. 197, avec renvoi à
J. Drecker, *Die Theorie der Sonnenuhren*, Berlin, 1925,
que nous n'avons pu consulter. On remarquera sur cet
instrument la présence du cercle *menaeus*, l'abondance
des lignes mensuelles (avec les noms des mois) et la mention des signes du Zodiaque. Par contre, ni ici ni nulle
part les heures ne sont numérotées. (Sur cette question
embarrassante, cf. G. Bilfinger, *o. c.*, p. 87 sq. ;
W. Kubitschek, *o. c.*, p. 180 — Il semble que l'épigramme
de l'*Anthologie*, X, 43, avec son jeu de mots sur Z H Θ I
= « vis » et « 7, 8, 9, 10 » soit décisive en faveur d'une
numérotation des heures dans les cadrans anciens ; seuls
le hasard, et la fragilité de ces notations peintes et non
gravées, peuvent expliquer qu'on n'en ait jamais retrouvé
trace.)

— le cadran de Pompéi (I.G. XIV, 705) : cf. A. Rehm,
o. c., 2425 ; H. Diels, *o. c.*, p. 170.

— l'horloge d'Andronicos Cyrrhestes à Ténos (I.G.
XII, 5, 891 — avec bibliographie, figures d'ensemble et
partielles) est mentionnée par H. Diels (*o. c.*, p. 171 sqq.
et pl. XIII — cf. fig. ci-jointe) et W. Kubitschek (*o. c.*,
p. 195 sq., avec bibliogr.). C'est un cadran complexe, qui
présente, outre la portion d'hémisphère attendue, que
l'on aperçoit bien sur la figure de gauche, une cavité plus
petite tournée vers le nord (en haut de la figure de droite
— cf. comment. *antiboreum*) ; et, sur ses deux faces
latérales, deux cadrans plans (ce supplément est connu
de Cetius Faventinus, XXIX, qui le prévoit dans l'*hemicyclium : fit etiam in uno horologio duplex elegantiae
subtilitas : nam dextra ac sinistra extrinsecus in lateribus
eius quinae lineae directae notantur...*), l'un pour les heures
du matin, l'autre pour celles du soir — la cavité principale
de l'instrument étant, cela va de soi, orientée face au sud.

4. *Aristarchus Samius :* Sur l'homme et l'œuvre, cf.
comment. IX, 2, 3. S'il est vrai que la *scaphe* n'est autre
chose que le *polos* babylonien, son invention ne peut être
attribuée à Aristarque de Samos (malgré Hultsch, s. u.
Aristarchos, P.W. II, 876), puisque Hérodote (cf. *supra*)
connaît déjà l'instrument et qu'au ive siècle le bateau
d'Hiéron de Syracuse était muni d'un cadran de cette
espèce (A. Rehm, *o. c.*, 2419). Il y a donc lieu de se
demander pourquoi Vitruve cite à propos de la *scaphe*
le nom de l'astronome samien. Outre une erreur pure et
simple, toujours possible, on peut songer à deux explications : ou bien Aristarque a le premier fondé la théorie
scientifique de la *scaphe*, construite empiriquement
jusqu'à lui (H. Diels, *o. c.*, p. 165), ou bien il a apporté
à l'instrument quelque amélioration. E. Ardaillon (*o. c.*,
257 b) suppose qu'il a eu l'idée de le construire en métal
(et non plus en pierre), ce qui permettait de graver des
lignes beaucoup plus fines et précises.

5. *discum in planitia :* De toute évidence, la gnomonique
est née, non pas du *polos*, qui constitue un instrument
déjà complexe, mais de l'observation de l'ombre projetée
par un piquet vertical *(gnomon)* sur une surface plane.
Cependant, une fois abandonné le domaine de l'empirisme
grossier (cf. l'usage, attesté par Aristophane, de préciser
l'heure d'après la longueur de l'ombre du corps humain :
cf. W. Kubitschek, *o. c.*, p. 180 sq.), la construction de

cadrans plans posait de sérieux problèmes de géométrie, et la projection des lignes horaires était fort difficile (on a vu le processus à suivre dans le cas d'une surface réceptrice horizontale, cf. comment. IX, 7, 7) : « il s'agit en somme de tracer sur un plan les intersections obliques de la surface du cône engendré par le regard d'un observateur suivant le soleil dans sa marche diurne. Par suite, les cadrans plans supposent une science assez précise des propriétés des surfaces coniques, et aussi, en dépit du témoignage de Vitruve, est-on porté à penser que les cadrans plans ne furent imaginés qu'après les cadrans coniques » (E. Ardaillon, *o. c.*, 258 a). Le nom de l'inventeur proposé par Vitruve, Aristarque de Samos, est cette fois très vraisemblable (A. Rehm, *o. c.*, 2423).

Du reste, ces cadrans plans (que Vitruve désigne seul sous le nom de *discus*) n'étaient pas forcément horizontaux (sur ceux-ci, cf. *infra* comment. *pelecinum*) : ils « pouvaient être placés diversement par rapport à l'équateur et à l'axe du monde... verticaux ou déclinants » (E. Ardaillon, *l. c.*) : ainsi les cadrans latéraux de l'horloge de Ténos (cf. *supra*), et ceux, déclinants, de la Tour des Vents à Athènes (cf. Vitruve, I, 6, 4 ; et introd. p. LXIII). Les lignes horaires étaient toujours des droites, mais de directions très variables.

6. *arachnen* : Malgré l'extrême rareté en latin de cet emprunt grec (un seul autre ex. seulement, chez Serenus Sammonicus, 957, au sens de « araignée »), les commentateurs s'accordent tous sur le sens du mot dans ce passage : il désigne un instrument pourvu d'un réseau de lignes rappelant l'aspect d'une toile d'araignée (ἀράχνη peut avoir ce sens en grec — Sophocle, *fr.* 269 ; *Anthologie*, XI, 106 — et désigne parfois le réseau de l'astrolabe : nous y reviendrons). Tel est l'avis d'Ardaillon, Choisy, Diels, Ideler, Kauffmann, Kubitschek, Hultsch, Nau, Rehm, Tannery, etc. — et il est confirmé par le fait que Vitruve va parler, un peu plus loin, d'un cadran nommé *conarachne*, où, de toute évidence, le premier terme du composé indique la forme de la surface réceptrice, le second suggère l'apparence du réseau de lignes qu'elle porte.

Mais, ce premier point acquis, les avis divergent complètement sur la forme de la surface réceptrice, et même sur la nature de l'instrument.

Un certain nombre de savants (Ideler, Letronne, cités par F. Nau, *Le traité de l'astrolabe plan de Sévère Sabokt*, Journ. Asiat., IXe série, XIII, 1-2, 1899, p. 61-67 *passim;* Wolf, *Geschichte der Astronomie*, p. 141 ; Schaubach, *Geschichte der griechischen Astronomie bis Eratosthenes*, p. 331 sq. — cités par Kauffmann, s. u. *arachne*, P.W. II, 368) voient dans l'*arachne* un cadran plan. Tel est également l'avis de A. Choisy (I, p. 267 sq.), qui précise : un cadran vertical, et explique que l'aspect du réseau des courbes d'ombre et des lignes horaires évoque bien celui d'une toile d'araignée suspendue à la base du gnomon. A ce compte, l'*arachne* ne serait qu'un perfectionnement ou une variante du *discus in planitia* dont Vitruve vient de citer le nom.

Mais ce *discus in planitia* est évoqué dans une sorte de parenthèse, à propos d'Aristarque de Samos, dont on vient de nous révéler la découverte (?) capitale, celle de la *scaphe*. D'où l'idée que l'*arachne* ne serait autre qu'un cadran hémisphérique dont le réseau de lignes aurait été développé, par l'addition notamment des lignes mensuelles aux lignes d'ombre équinoxiales et solsticiales. C'était, on s'en souvient, le cas du cadran I.G. XIV, 1307. Mais aux tenants de cette hypothèse (Martini et Günther, cités par Kauffmann, *l. c.*, qui ne se prononce pas lui-même ; E. Ardaillon, *o. c.*, 257 b ; A. Rehm, *o. c.*, 2419), le prototype de l'*arachne* paraît être l'exemplaire n° 1049 du Berliner Antiquarium, décrit par H. Diels (*o. c.*, p. 167 sq. ; cf. figure ci-après) et W. Kubitschek (*o. c.*, p. 194, avec bibliogr.). ·

Il existe enfin une troisième hypothèse, beaucoup plus audacieuse, explicitement condamnée par Kauffmann (*o. c.*, 368 — mais cf. *infra*) et Rehm (*o. c.*, 2419), mais acceptée dans son ensemble par Hultsch (s. u. *Eudoxos*, P.W. VI, 944 sq.) : elle est due à F. Nau *(o. c.)* et P. Tannery (*Histoire de l'astronomie*, p. 49, 51 sqq. ; *Pour l'histoire de la science hellène*[2], p. 87 sq. ; *Mémoires scientifiques*, II, p. 251). Leur idée commune est que le terme d'*arachne* s'applique, non à des lignes gravées sur une surface réceptrice, mais à un réseau métallique mobile semblable à celui de l'astrolabe (qui se nomme précisément ἀράχνη ou *aranea*), dont l'*arachne* d'Eudoxe ne serait au fond qu'une variante. Tannery suppose que, à l'intérieur du *polos* hémisphérique, pouvait tourner une sphère

constituée d'un réseau métallique solide, jouant le même
rôle que le gnomon pendant le jour. Il suffit en effet de
supposer que le Zodiaque de cette sphère est divisé en
360°, que l'on connaît pour le jour considéré l'emplacement du soleil (représenté sur le réseau par une petite
étoile) et que l'on observe, au moment où l'on veut savoir
l'heure, la position des constellations zodiacales à l'horizon
est et ouest. Il suffit dès lors de faire tourner la sphère

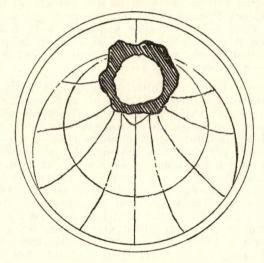

mobile de manière que ces constellations apparaissent
également au bord supérieur du *polos*, et de repérer à
travers le réseau la position du soleil par rapport aux
lignes horaires du *polos* pour trouver les heures de nuit.

L'*arachne* ne serait alors qu'un astrolabe sphérique
(c'est l'avis de Kauffmann, s. u. *Astrolabium*, P.W. II,
1801), et son invention serait due à Eudoxe. Plus tard,
Apollonios aurait imaginé un perfectionnement important
en lui substituant l'astrolabe plan(isphère), où *polos* creux
et sphère armillaire sont remplacés par un disque et
un réseau établis en projection stéréographique. Mais
c'est précisément ce nouvel instrument, dont on sait
qu'Hipparque se servait, que F. Nau prétend reconnaître
dans l'*arachne* de Vitruve. Il aurait donc été inventé
bien avant Ptolémée, et aurait ensuite été construit dans

une version mécanisée dont justement Vitruve nous donne la description sous le nom d'« horloge anaphorique » (IX, 8, 8 sqq. ; v. comment. *ad loc.*). Ce rapprochement, il faut le reconnaître, paraît tout à fait ingénieux.

Toutefois, étant donné le contexte, il nous semble difficile d'admettre que l'*arachne* désigne bien réellement un astrolabe, sphérique ou plan. Car tous les autres instruments énumérés au même paragraphe (sauf peut-être les *uiatoria*, cf. comment. *ad loc.*) paraissent n'être que des variantes de cadrans solaires différenciés seule-ment par la nature de la surface réceptrice *(siqui uelit subiectiones inuenire poterit, dummodo sciat analemmatos descriptiones)*, et ne requérant, pour donner l'heure, aucune manipulation — ce qui ne serait pas le cas de l'*arachne* de Nau et Tannery. En outre, ces instruments complexes donnaient les heures de nuit (c'était là, pour les profanes, leur principal intérêt) : si brouillon qu'ait pu être Vitruve, il est difficile de penser qu'il ait glissé dans une liste de cadrans *solaires* une horloge d'usage semblable à celles qu'il décrira plus loin sous le nom d'*horologia hiberna* (IX, 8, 8)... à moins d'admettre qu'il ne savait pas lui-même comment étaient faits les modèles dont il énumérait les noms (ce qui est exclu au moins dans un cas, celui du *plinthium*, dont il cite l'exemplaire du Cirque Flaminius). Pour toutes ces raisons, nous penche-rons — sans intransigeance — à croire que l'*arachne* est un cadran de forme incertaine, où les lignes d'ombre et les lignes horaires s'entrecroisaient à l'image d'une toile d'araignée.

7. *Eudoxus astrologus... Apollonium :* Sur Eudoxe, cf. comment. IX, 6, 3.

Sur Apollonius de Perge, cf. F. Hultsch, s. u. *Apollonios*, P.W. III, 151-160 ; Brunet-Miéli, *Histoire des sciences...*, p. 417-421 ; G. Loria, *Histoire des sciences mathématiques dans l'Antiquité hellénique*, p. 71-84, ... entre cent.

Contemporain d'Archimède et d'Eratosthène, quoique un peu plus jeune, Apollonius naquit vers 262 et mourut vers 190 av. J.-C. Il travailla à Alexandrie, où l'école d'Euclide était florissante, mais fit aussi des voyages en Asie mineure. Il est surtout connu comme l'auteur d'un grand traité sur les sections coniques (κωνικά) en huit livres (nous avons le texte des quatre premiers, et seule-

ment la version arabe des trois suivants) : ouvrage
fondamental de mathématiques supérieures, sur l'ellipse,
la parabole, l'hyperbole — qui lui doivent jusqu'à leurs
noms. D'autres ouvrages traitaient de divers problèmes
géométriques. Apollonius s'est aussi occupé d'arithmétique (irrationnels) et d'astronomie (stations et rétrogradations des planètes, épicycles, cours de la lune).

Du reste, faute de savoir ce qu'était au juste l'*arachne*,
nous sommes bien empêchés de dire auquel des deux il
convient de préférence d'en attribuer l'invention. Nous
avons vu comment les partisans de l'astrolabe s'arrangent
de la notice vitruvienne : à Eudoxe l'astrolabe sphérique,
à Apollonios l'astrolabe plan. Quant à Bilfinger (*o. c.*,
p. 22), qui voit dans l'*arachne* un simple cadran, il penche
tout de même pour Apollonios, en remarquant que, une
fois Eudoxe écarté, tous les inventeurs nommés par
Vitruve sont d'époque alexandrine, ce qui confirme sa
théorie suivant laquelle le *polos*, à l'origine instrument
d'astronomie, n'aurait été utilisé que tardivement en
gnomonique. Remarquons, moins arbitrairement, qu'il
est paradoxal et sûrement faux (mais où est l'erreur ?)
d'attribuer à Aristarque, comme le fait Vitruve, l'invention du cadran le plus simple, et à Eudoxe, cent ans plus
tôt, celui d'un instrument qui, quelle que fût sa forme,
présentait à coup sûr un réseau complexe de lignes !

8. *plinthium siue lacunar:* Ici encore, la terminologie de
Vitruve est en elle-même trop peu explicite pour exclure
des divergences d'interprétation. A. Rehm (*o. c.*, 2423)
pense que le *plinthium* était analogue au *discus in planitia*,
et fait remarquer ingénieusement que cet instrument,
installé dans un lieu public de vastes dimensions (mais
cf. *infra*, comment. *circo Flaminio*), devait être visible de
loin, donc caractérisé par une surface réceptrice plane et
verticale. A. Choisy, lui (I, p. 267), croit — non sans
hésitation — à une surface horizontale, et traduit par
« cadran plafonnant » — ce qui n'est guère convaincant,
car « plafonnant » suggère une surface horizontale qui
s'étend au-dessus des têtes, donc ne peut porter, sur sa
face inférieure, l'ombre d'un gnomon ! Ebert (s. u.
lacunar, P.W. XII, 375) nous semble mieux interpréter
les deux termes de Vitruve donnés comme synonymes,
l'un grec, l'autre latin, en supposant que la partie principale du cadran devait être un cadre à angles droits.

Πλινθίον signifie en effet tout objet en forme de brique, parallélépipède plein ou creux (Photius, p. 431, 24 τὸ ἐκ ξύλων τετράγωνον πῆγμα, ὅ τινες πλινθίον καλοῦσιν) ; *lacunar* en latin, conformément à son étymologie (*lacuna*, « creux, cavité »), désigne proprement le plafond à caissons. On peut songer, soit à une sorte de parallélépipède dressé sur une de ses faces latérales et ouvert sur le devant, dont le fond, maintenu à l'ombre par les côtés, était parcouru par un rayon de soleil passant à travers une étroite ouverture du bord supérieur (cf. Cetius Faventinus, XXIX : *planitia aequalis subtiliori crassitudine fiat, ut aperta rotunditate digitali facilius solis radius infusus per numeros linearum horas demonstret*), — soit à un parallélépipède semblable, mais dépourvu de sa face supérieure : l'arête des deux côtés latéraux, projetant son ombre sur le fond, pouvait servir de gnomon, l'une le matin, l'autre l'après-midi. Mais ce ne sont là qu'hypothèses...

9. *circo Flaminio :* Fondé en 221 av. J.-C. par C. Flaminius près de l'endroit où la Via Flaminia quittait Rome (Porta Fontinalis au pied du Capitole), ce cirque servait surtout aux *ludi plebeii* et *taurii* (Varron, *L.L.* V, 154 ; Valère-Maxime, I, 7, 4), aux rassemblements populaires (Cicéron, *Att.* I, 14, 1, *Sest.* 33 ; Tite-Live, XXVII, 21, 1, etc.) et lors des triomphes (Tite-Live, XXXIX, 5, 17 ; Plutarque, *Lucull.* XXXVII, 2). Rarement mentionné sous l'Empire (Dion Cassius, LV, 2, 10), il sert surtout à désigner la 9e région d'Auguste. Si bien qu'ici l'expression *in circo Flaminio* est ambiguë : s'agit-il de l'édifice, comme dans les textes cités *supra*, ou du quartier (cf. Sénèque, *Ben.* V, 16, 5 ; Martial, XII, 74, 2 ; C.I.L. VI, 9713) ? La première hypothèse est tout de même plus vraisemblable (cf. H. Blümner, *Römische Privat Altertümer*[3], II, 4, p. 376). Sur tout cela, cf. Pollack, s. u. *circus*, P.W. III, 2580 sq. ; L. Homo, *Lexique de topographie romaine*, s. u.

10. *Scopinas Syracusius :* Personnage tout à fait inconnu. En dehors de ce passage, Vitruve le cite en I, 1, 17 avec d'autres savants connus, Aristarque, Philolaos, Archytas, Apollonius de Perge, Eratosthène et Archimède, *qui multas res organicas, gnomonicas, numero naturalibusque rationibus inuentas atque explicatas posteris reliquerunt*. Et le

P.W. ne lui a même pas, sauf erreur, fait l'honneur de la moindre notice.

11. πρὸς τὰ ἱστορούμενα : Tandis que les cadrans solaires ordinaires n'étaient utilisables qu'à la latitude pour laquelle ils avaient été construits et qui correspondait à une hauteur donnée du soleil lors de l'équinoxe (cf. comment. IX, 7, 1), il existait, si l'on interprète correctement les noms que leur donne Vitruve, des instruments utilisables pour toutes latitudes, ou du moins pour les latitudes les plus importantes du monde antique. Tel était sans doute le cadran πρὸς τὰ ἱστορούμενα (scil. κλίματα ; H. Diels, *o. c.*, p. 187 ; Kubitschek, *o. c.*, p. 202, n. 2). Il devait être susceptible de donner l'heure pour la ville principale de chacune des zones géographiques (cf. Pline, *N.H.* VI, 212 sqq., et comment. IX, 7, 1) : Alexandrie, Rhodes, Athènes, Rome, Marseille, Byzance..., ce qui donnerait à τὰ ἱστορούμενα le sens, fort plausible, de (zones) « auxquelles on a consacré des travaux scientifiques » (plutôt que (lieux) « dont on parle dans l'histoire » comme le supposait Maufras, II, p. 414), donc qui possédaient des observatoires et instituts astronomiques.

Si l'on excepte l'hypothèse tout à fait aberrante de Cesariano, pour qui ce nom ferait allusion aux figures du Zodiaque peintes sur le cadran (Maufras, *l. c.*), l'interprétation qu'on vient de lire pour τὰ ἱστορούμενα réunit l'unanimité des commentateurs (outre Diels et Kubitschek déjà cités : G. Bilfinger, *o. c.*, p. 37 ; A. Rehm, *o. c.*, 2423). Elle s'autorise du reste de découvertes archéologiques :

— le cadran de Rome (H. Diels, *o. c.*, p. 189, fig. 63 — cf. page suiv. ; W. Kubitschek, *o. c.*, p. 202).

— le cadran du Crêt-Châtelard (Général de La Noe, *Cadran solaire antique trouvé au Crêt-Châtelard*, Bull. Soc. Nat. des Antiquaires de France, 1897, 3 ; H. Diels, *o. c.*, p. 191, fig. 64 — cf. page suiv. ; W. Kubitschek, *l. c.*).

L'usage de ces deux instruments ne fait aucun doute, vu les inscriptions qu'ils portent au dos et qui mentionnent toutes les provinces de l'empire. Ils étaient munis d'un gnomon mobile de forme triangulaire ; mais leur théorie et leur mode d'utilisation n'ont pas été clairement élucidés (H. Diels, *o. c.*, p. 190 sq.). Selon W. Kubitschek (*o. c.*, p. 203), deux autres instruments appartiendraient à la

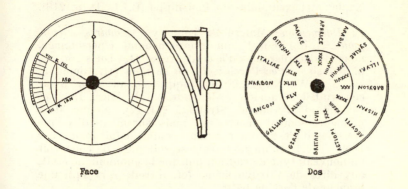

Face   Dos

Cadran de voyage de Rome   (d'après H. Diels, o. c. p. 189, fig. 63)

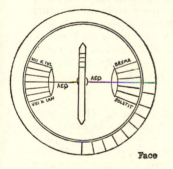

Face   Dos

Cadran du Crêt-Châtelard   (d'après H. Diels, o. c. p. 190, fig. 64)

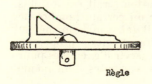

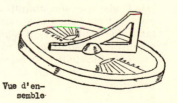

Règle   Vue d'en-
                           semble

même catégorie : un fragment conservé au Musée de Naples et l'exemplaire du Pausilippe (C.I.L. I², p. 218).

12. *Parmenion:* Malgré P. Tannery (*Mémoires scientifiques*, II, p. 128, n. 1), qui déclare inconnu ce personnage, nous l'identifierons, d'accord avec H. Diels (*o. c.*, p. 187 sq.), avec l'architecte de ce nom (H. Riemann, s. u., P.W. XVIII, 2, 1567 sqq.), connu pour avoir construit le Sérapeion d'Alexandrie (Jul. Valer., I, 32) et l'Iasonium d'Abdère (Strabon, XI, 12), à une date malheureusement incertaine, mais sûrement d'époque grecque : il n'est pas surprenant, comme le fait remarquer Diels *(l. c.),* qu'un architecte se soit mêlé de concevoir un nouveau type de cadran, puisque la gnomonique était, aux dires de Vitruve même (cf. introd. p. ix sq.), une branche de l'art de bâtir.

Ce Parménion est en tout cas le seul, parmi les cinq personnages ainsi nommés dont le Pauly-Wissowa fasse mention, à qui l'on puisse raisonnablement imputer cette découverte. En dehors de lui — mais il faudrait alors corriger le texte de Vitruve, ce que rien ne recommande — il n'y aurait guère qu'un certain Parmeniskos (C. Wendel, s. u., P.W. XVIII, 2, 1570 sqq.), grammairien qui vécut aux iie-i[er] s. av. J.-C., dont nous savons qu'il s'occupa aussi d'astronomie (Pline, *N.H.* XVIII, 312 ; Hyginus, *Astr.* II, 2, 13).

13. πρὸς πᾶν κλίμα : En face d'A. Choisy (I, p. 268), qui reconnaît une horloge de ce type dans le *pelecinum* décrit par Cetius Faventinus (cf. comment. *infra, pelecinum*), tout le monde (G. Bilfinger, *o. c.*, p. 37 ; A. Rehm, *o. c.*, 2423 ; H. Diels, *o. c.*, p. 188) s'accorde à penser que le πρὸς πᾶν κλίμα est un cadran tout à fait semblable en son principe au πρὸς τὰ ἱστορούμενα, à ceci près (H. Diels) que son champ d'utilisation serait encore plus étendu : au lieu d'être réglé pour un certain nombre de latitudes seulement, il s'adapterait (cf. son nom même) à toutes. En somme, les exemplaires décrits à propos du modèle précédent pourraient aussi servir d'exemples pour celui-ci : il n'y avait là que deux variantes d'un même principe.

14. *Theodosius:* Est certainement (H. Diels, *l. c.*) le savant cité par Strabon (XII, 566) auquel K. Ziegler a

consacré dans le P.W. (s. u., IIte R., V, 1930-1935) une
copieuse notice dont nous extrayons l'essentiel :

Mathématicien et astronome de Bithynie, contemporain
d'Hipparque ou un peu plus jeune (IIe-Ier s. av. J.-C.),
il avait écrit des traités dont certains sont conservés
(Σφαιρικά en 3 livres sur la géométrie de la sphère ; περὶ
οἰκήσεων sur la répartition des zones géographiques, les
levers et couchers des astres ; περὶ ἡμερῶν καὶ νυκτῶν,
en 2 livres, sur les durées inégales des jours et des nuits
et les problèmes posés par la mesure du temps), d'autres
perdus ('Αστρολογικά ; Διαγραφαὶ οἰκιῶν en 3 livres,
consacré peut-être à l'architecture et ses fondements
mathématiques). Tout ceci témoigne de préoccupations
qui sont tout à fait en accord avec la construction d'un
modèle de cadran solaire. K. Ziegler (*o. c.*, 1934), après
R. Fecht (*De Theodosii uita et scriptis*, Abh. Gött. Ges.
Wiss., phil.-hist. Kl., N.F. XIX, 4, p. 2 et 7), suppose
même que Théodosius avait écrit un petit opuscule sur
cet instrument. Même si cette hypothèse est exacte, il est
fort improbable que Vitruve l'ait consulté : il ne le connaît
que de seconde main, par un traité intermédiaire, de sujet
plus vaste (peut-être Posidonius, qui a vulgarisé le mot
κλίματα, alors que Théodosius employait οἰκήσεις dans
ce sens).

15. *Andrias :* Telle est la leçon unanime des mss, mais le
Pauly-Wissowa ne connaît aucun personnage de ce nom.
D'où probablement la correction *Andreas*, adoptée par
Rose — ce qui d'ailleurs n'avance guère : parmi les
Andreas recensés dans cette encyclopédie, un seul
(M. Wellmann, P.W. I, 2136 sq.) est homme de science ;
seulement, c'est un médecin, attaché à la personne de
Ptolémée IV, mort en 217 av. J.-C., auteur de divers
écrits médicaux, mais dont rien ne nous dit qu'il se soit
occupé de gnomonique. Mieux vaut donc, comme Krohn,
conserver la leçon *Andrias* des mss et déclarer le personnage inconnu.

16. *Patrocles :* C'est le même verdict décevant que pro-
noncent, à son sujet, H. Diels (*o. c.*, p. 179) et
W. Kubitschek (*o. c.*, p. 198). Mais c'est peut-être, cette
fois, aller un peu vite. La *Real-Enzyklopädie* (F. Gisinger,
s. u., P.W. XVIII, 2, 2263-2273) connaît en effet un

Patrokles qui pourrait bien être le nôtre. Haut dignitaire de Séleucos Nicator et d'Antiochus Soter, il vécut dans la deuxième moitié du ive et le premier quart du iiie s. av. J.-C. Il voyagea dans la région de la Caspienne, et il écrivit à ce sujet un traité de géographie utilisé par Eratosthène, et cité par Strabon et Pline qui, croit-on, lui doivent beaucoup. C'était en tout cas un savant fort sérieux, ὁ μάλιστα πιστεύεσθαι δίκαιος (Eratosthène), et de la géographie scientifique à la gnomonique, la distance n'est pas si grande...

17. *pelecinum :* Pour confirmer ou infirmer l'identification que nous venons de proposer, et qui n'a contre elle que la date un peu haute à laquelle vivait ce Patrocles, il serait du plus haut intérêt de savoir ce qu'était son *pelecinum.* Malheureusement, comme dans le cas de l'*arachne* et pour la même raison (désignation qui fait image), la nature du *pelecinum* est fort controversée.

L'étymologie, pourtant, est claire : il s'agit d'un instrument qui évoque le contour d'un fer de hache. Mais de quelle façon ? Par ses lignes horaires sûrement, plutôt que par sa forme (W. Kubitschek, *o. c.,* p. 194, qui exprime l'opinion générale). Mais l'accord n'est point fait pour autant.

On lit chez Cetius Faventinus, dans ce chapitre XXIX inspiré par une autre source que Vitruve, la description détaillée, mais « fort obscure » (A. Rehm, *o. c.,* 2423), d'un cadran que les mss appellent *pelignum*, à partir de quoi les éditeurs restituent *pelecinum.* Cet instrument est constitué de deux dalles de marbre ou de pierre formant dièdre, et surmontées d'un gnomon — l'arête centrale coïncidant avec la sixième heure. Chacune des deux faces portait donc cinq lignes horaires et servait pour une moitié de la journée. Mais — et c'est là le plus étrange — ces lignes sont tracées comme si l'ombre du style se déplaçait d'un mouvement uniforme sur la surface réceptrice. L'instrument était donc fort approximatif (écarts de près d'une heure, dit Choisy, *o. c.,* I, p. 268), et Cetius ne le cache pas : *subtilitas ergo disparis mensurae de spatio horarum exspectanda non est...* En revanche, il était indifférent aux variations de latitude, ce qui suggère à Choisy *(l. c.)* de voir en lui une variante du πρὸς πᾶν κλίμα. De toute façon, les lignes gravées sur l'instrument

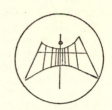

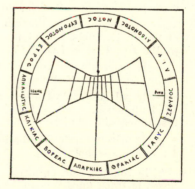

Pelecinum de Délos
(d'après H.Diels, o.c. p.180, fig.58)

Pelecinum de Pompéi
(d'après H.Diels, o.c. p.181, fig.59)

Pelecinum d'Euporus à Aquilée
(d'après A.Rehm, Griech.Windrosen, p.68)

Horloge horizontale de Rome
(d'après H.Diels, o.c., pl.XV, fig.2)

évoquaient vaguement la forme d'une hache (Choisy, *o. c.*, IV, pl. 76, fig. 3-4). A cette conception du *pelecinum* semblent se rallier E. Ardaillon (*o. c.*, 258 ab), qui précise : « cadrans déclinants du S E ou du S W » — et A. Rehm *(l. c.)*, plus prudent : « projections sur des surfaces qui ne sont pas perpendiculaires au cercle méridien ».

Malgré Cetius Faventinus, les plus récents spécialistes de la gnomonique ancienne, H. Diels (*o. c.*, p. 179 sqq.) et W. Kubitschek (*o. c.*, p. 197 sq.), voient dans le *pelecinum* un simple cadran plan horizontal muni d'un gnomon vertical. La construction des courbes d'ombre et des lignes horaires de la surface réceptrice, retrouvée par G. Bilfinger à partir de l'analemme vitruvien (cf. comment. IX, 7, 7), engendre une figure où deux hyperboles de courbure opposée rappellent la forme d'une hache à deux tranchants dont le manche serait représenté par le méridien. Ceci, en tout cas, est particulièrement frappant sur un certain nombre de cadrans horizontaux retrouvés grâce aux fouilles :

— le pelecinum de Délos, le plus ancien (E. Ardaillon, *o. c.*, 260 a, fig. 3888 ; A. Rehm, *o. c.*, 2425 ; H. Diels, *o. c.*, p. 181 et fig. 58 ; W. Kubitschek, *o. c.*, p. 198).

— le pelecinum de Pompéi (G. Bilfinger, *o. c.*, p. 35 et fig. 6 ; H. Diels, *l. c.* et fig. 59 ; W. Kubitschek, *o. c.*, p. 193 sq., 198) = I.G. XIV, 705.

— le pelecinum d'Aquilée (H. Diels, *o. c.*, p. 182 sq. et fig. 60/61 ; W. Kubitschek, *o. c.*, p. 198).

— le pelecinum de Rome (H. Diels, *l. c.* et pl. XV, 2 ; W. Kubitschek, *l. c.*) = I.G. XIV, 1307 (pour ces quatre instruments, v. figures p. 259).

— le pelecinum de Wiesbaden (H. Diels, *l. c.* et pl. XV, 1 ; W. Kubitschek, *l. c.*).

Si la construction empirique de tels instruments était aisée, le tracé mathématique de leurs courbes requérait, on l'a vu, de sérieuses connaissances en géométrie ; mais il ne semble pas impossible de les attribuer au géographe Patrocles.

18. *Dionysodorus :* Ne paraît pas être, malgré Granger (II, p. 255, n. 7), le géographe de Mélos que citent Strabon (XII, 548) et Pline (*N.H.* II, 248) pour ses recherches sur

la dimension de la terre, et qui vécut entre Eratosthène
et Strabon (Hultsch, s.u., P.W. V, 1005 sq.), — mais
plutôt un mathématicien originaire de la région pontique
d'Amisene, μαθηματικὸς ἄξιος μνήμης κατὰ παιδείαν (Strabon,
l. c.), qui écrivit, selon Eutocius (III, 180 sqq. Heib.),
des compléments aux recherches d'Archimède sur les
sections coniques, et un ouvrage περὶ τῆς σπείρας.
Antérieur à Dioclès, il vécut sans doute aux IIe-Ier s. av.
J.-C. (Hultsch, s. u., P.W. V, 1005).

19. *conum :* Quoique, au sens de « cadran solaire », κῶνος
et *conus* soient des hapax, il est évident que l'instrument
ainsi désigné se caractérisait par une surface réceptrice
de forme conique, au lieu de la forme hémisphérique
primitive. Techniquement, c'était plus commode (A. Rehm,
o. c., 2426 ; H. Diels, *o. c.*, p. 174), et, théoriquement,
ce n'était pas moins satisfaisant, à condition que l'axe
du cône dont la concavité reçoit l'ombre du style fût
parallèle à l'axe du monde, que l'extrémité du gnomon
coïncidât exactement avec un point de cet axe, et que
la surface conique fût coupée par un plan parfaitement
horizontal : dès lors, les heures temporaires égales se
traduisaient par des chemins égaux de l'ombre sur la
surface conique (E. Ardaillon, *o. c.*, 258 a, qui cite le
travail fondamental sur les instruments de cette espèce :
G. Rayet, *Les cadrans solaires coniques*, Ann. de Phys.
et Chim., 5e série, VI, 1875 ; A. Choisy, *o. c.*, I, p. 266 sq.).

La figure de la p. 262 montre la différence qui sépare le
polos hémisphérique du cadran conique, pour une latitude
donnée (ici 45°), et pour les trois points de repère chrono-
logiques (solstices et équinoxes). Dans les deux instruments, la longueur des courbes d'ombre (partout semi-
circulaires, du reste) n'est pas la même : le cadran conique
exagère leurs différences de longueur suivant les moments
de l'année, et cela d'autant plus que l'axe du cône est
moins haut (dans le cas des cadrans semi-cylindriques,
au contraire, ces différences se réduisent — cf. comment.
IX, 8, 1 *ad enclimaque succisum* et la fig.). Ceci se traduit
par un tassement des lignes mensuelles entre l'équinoxe
et le solstice d'hiver, tassement bien visible sur certains
exemplaires conservés (cf. comment. *infra, conarachnen*).

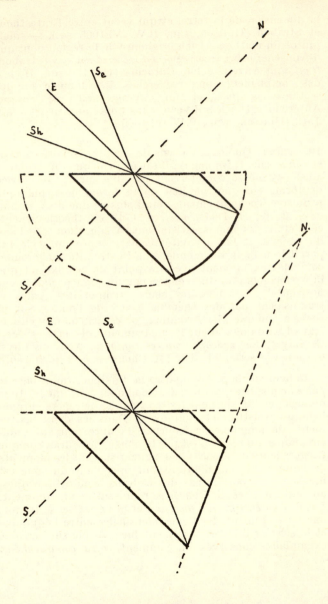

20. *Apollonius:* Malgré la correction arbitraire de Rayet (*o. c.*, p. 60), qui voudrait lire ici *Andronicus* et identifier ce nouveau personnage avec le constructeur du cadran de Ténos (cf. comment. *scaphen siue hemisphaerium*) et de ceux de la Tour des Vents à Athènes (cf. *infra*), on admet en général que cet Apollonius est le mathématicien de Perge (cf. comment. *supra, Apollonium*), bien capable d'avoir étudié et résolu le problème géométrique complexe posé par les *pharetrae* (H. Diels, *o. c.*, p. 174, n. 3).

21. *pharetram:* Ici encore, une analogie formelle a donné, par métaphore, le nom d'un cadran : à n'affirmer que cela, E. Schuppe (s. u. *Pharetra*, P.W. XIX, 1824) ne se compromet guère. D'autres sont plus explicites, et admettent généralement que le « carquois » était un cadran plan disposé verticalement. Mais les avis divergent dans le détail :

— Pour A. Rehm (*o. c.*, 2423, qui renvoie à Rayet, *o. c.*, p. 60), la *pharetra* est une tablette verticale orientée suivant le plan méridien : une face regardait donc l'est, l'autre l'ouest, chacune étant munie de son propre gnomon et ne servant que pour une demi-journée.

— E. Ardaillon (*o. c.*, 258 a) paraît d'avis tout à fait opposé, puisque selon lui ce cadran vertical est « exposé au midi et au nord » (mais cf. *infra, antiboreum*) ; et il explique : les lignes horaires rappellent alors les flèches qui sortent d'un carquois (elles divergent à partir de la base du gnomon), d'où le nom de l'instrument.

— H. Diels, lui (*o. c.*, p. 174), justifie autrement ce nom : l'instrument, dit-il, comportait des surfaces étirées en longueur, et comparables aux parois d'un carquois.

Quoi qu'il en soit, les cadrans plans verticaux partiels ne sont pas inconnus des archéologues, qui les identifient non sans vraisemblance avec la *pharetra* de Vitruve. On cite notamment, de ce type, le cadran de l'Athénien Phaedros, fils de Zoïlos (début du IIIᵉ s. ap. J.-C.), formé de quatre tables en forme de W constituant autant de cadrans partiels. Actuellement au British Museum, il est décrit par Diels (*l. c.;* cf. E. Ardaillon, *o. c.*, 260 a ; W. Kubitschek, *o. c.*, p. 196 sq., avec bibliogr.). On cite aussi — en s'étonnant du silence de Vitruve à leur sujet (cf. I, 6, 4) — les cadrans partiels de la Tour des Vents

à Athènes (A. Rehm, *o. c.*, 2427 ; H. Diels, *o. c.*, p. 172 et
pl. XII ; W. Kubitschek, *o. c.*, p. 195).

22. *conarachnen :* Est une restitution de Marini pour
l'insolite *conarchenen.* Tout le monde (E. Ardaillon, *o. c.*,
258 a ; A. Choisy, I, p. 268 ; A. Rehm, *o. c.*, 2426 ;
H. Diels, *o. c.*, p. 176 sq.) est d'accord, quoique le mot soit
un hapax *utraque lingua*, pour admettre qu'il s'agit
simplement d'un cadran conique sur lequel l'entrecroi-
sement des lignes horaires et des lignes mensuelles figure
une sorte de toile d'araignée (cf. *supra*, *arachnen*).
On connaît en tout cas plusieurs exemplaires de ce type
(voir figures p. 265) :

— le cadran d'Apollonios à Héraclée, le plus ancien
(actuellement au Louvre) : description, d'après Rayet
(*o. c.*, p. 61 sqq., pl. 1), dans H. Diels, *o. c.*, p. 176 sq.,
fig. 55-57 ; cf. E. Ardaillon, *o. c.*, 259 a b ; W. Kubitschek,
o. c., p. 197.

— le cadran du Pirée, étudié minutieusement par
J. Pâris (*Gnomonica I : Un cadran solaire ancien du
Pirée*, Mus. Belge, XVIII, 2, 1914, p. 121-130), à qui nous
empruntons sa figure 1.

— le cadran de Pompéi avec inscription osque :
cf. H. Diels, *o. c.*, p. 175 sq. et pl. XIV ; H. Blümner,
Römische Privat Altertümer[3], p. 376.

— le cadran d'Herculanum = I.G. XIV, 713 (qui en
donne une figure) : cf. H. Diels, *o. c.*, p. 175 et n. 3 ;
W. Kubitschek, *l. c.*

— un cadran de Rome, décrit par Amelung : cf.
H. Diels et W. Kubitschek, *ll. cc.*

— un cadran du Berliner Antiquarium nᵒ 1048 :
H. Diels, *o. c.*, p. 174 sq. et pl. XIV, 1 ; W. Kubitschek,
l. c.

23. *cauatum plinthium :* Le premier mot est très incertain :
tous les mss ont *conatum*, qui paraît inacceptable. Rose,
non sans hésitation, conjecture *conicum*, tandis que
Degering propose *concauatum*. Pourquoi pas *cauatum*,
plus proche du texte des mss ? De toute façon, on comprendra qu'en présence d'un terme aussi peu sûr, on ne
puisse faire aucune conjecture sur la forme de l'instrument
(A. Rehm, *o. c.*, 2426) : tout au plus le rapprochera-t-on

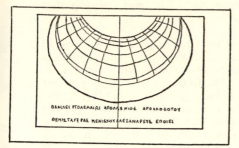

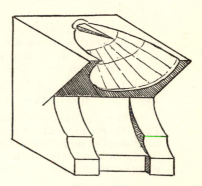

II

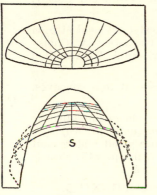

III

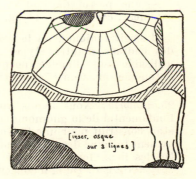

Cadran du Pirée (d'après J. Pâris, **l.c.**)

Cadran d'Apollonios à Héraclée

(d'après H. Diels, **o.c.**

  I. Vue de côté (p.177, fig.57)
  II. Vue de face (p.176, fig.55)
  III. Face postérieure avec l'anti-
     borée (p.177, fig.56)

Ci-contre:　Cadran de Pompéi

(d'après H. Diels, **o.c.**, pl.XIV,
               fig.2)

[inscr. osque
sur 3 lignes]

du *plinthium siue lacunar* cité plus haut, dont il doit constituer une variante.

24. *antiboreum :* Presque tous les cadrans cités jusqu'ici ouvrent leur concavité ou étalent leur plan dans la direction du sud (plus rarement l'est ou l'ouest : cf. *pelecinum, pharetram*). L'antiborée, lui — son nom est clair — est tourné vers le nord (Ardaillon, Choisy, Diels). Conséquence immédiate : il ne peut donner d'ombre qu'entre l'équinoxe de printemps et l'équinoxe d'automne, au moment où le soleil parcourt dans le ciel un arc de circonférence supérieur à 180° ; encore, au voisinage des équinoxes, les ombres produites par le gnomon de cet instrument s'allongent-elles jusqu'à l'infini (A. Choisy, I, p. 267).

La forme de l'antiborée est contestée, et peut-être en effet plusieurs variantes ont-elles coexisté : A. Choisy *(l. c.)* suppose un cadran plan horizontal, E. Ardaillon (*o. c.*, 258 a) un cadran conique.

En fait, les exemplaires conservés sont tous concaves, sphériques ou coniques :

— une partie du double cadran hémisphérique de Pergame est un antiborée (cf. *supra*, comment. *scaphen*), mais disposé de telle sorte que l'heure y soit malgré tout lisible en n'importe quelle saison (cf. fig. p. 245 : c'est le gnomon K qui appartient à l'antiborée).

— une partie du cadran de Ténos (I.G. XII, 5, 891 ; cf. comment. *scaphen*).

— une partie du cadran conique d'Apollonios (cf. comment. *conarachnen* et fig. *ad loc.*).

Il s'agit toujours, on le voit, de dispositifs ajoutés à des cadrans d'autres types : l'antiborée, n'étant pas utilisable toute l'année, ne pouvait être un instrument autonome, mais un simple accessoire.

25. *uiatoria :* Nous avons vu que, malgré le principe fondamental de la gnomonique, suivant lequel un cadran était construit pour une latitude déterminée, les Anciens avaient imaginé des instruments propres à donner l'heure en des lieux fort divers (cf. *supra* πρὸς τὰ ἱστορούμενα, πρὸς πᾶν κλίμα). De là à concevoir des horloges portatives,

maniables, à peine plus volumineuses que nos montres de gousset, il n'y avait qu'un pas, qui a été franchi.

Les textes littéraires sont avares de renseignements sur des objets de ce genre. Seul Julius Capitolinus, racontant (*Pertinax*, VIII) la vente des biens de Commode par son successeur, en 193, mentionne *alia iter metientia horasque monstrantia*, compteurs de vitesse et horloges portatives dont certaines voitures étaient munies. Mais il s'agit plutôt, selon S. Reinach (*Une grande vente à Rome*, R. Arch., 5ᵉ série, XII, 1920, p. 264 sq.), d'horloges à eau que de cadrans, soumis aux caprices du soleil.

Heureusement, l'archéologie nous a restitué un assez grand nombre de ces « montres », et l'on peut — non sans incertitudes — se faire une bonne idée de leur structure. Elles se composent d'un petit disque métallique, de 3,5 à 5 cm de diamètre, dont le bord surélevé est percé d'un petit trou. Lorsque le disque est tenu verticalement dans le plan déterminé par le soleil, un rayon de celui-ci, passant par le trou, tombe sur les graduations dont le disque est muni : celles-ci rayonnent à partir du centre jusqu'aux points de la circonférence que le rayon du soleil atteint aux jours repères de l'année, lorsqu'il passe au méridien (fig. ci-dessous). Pour prendre l'exemple de

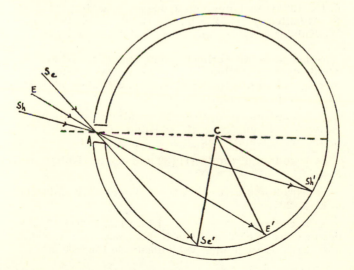

l'équinoxe, le rayon du soleil, qui tombe en E′ à midi, et passe en C au lever et au coucher (l'instrument ne vaut que pour la demi-journée et ne distingue pas le soir du matin), coupe suivant les heures le rayon CE′ en des points que l'analemme permet de construire — une grossière approximation, du reste, semble avoir suffi dans bien des cas. Souvent, une tige de bronze égale au rayon et pivotant autour de C (cf. le cadran de Forbach) permettait de recueillir le rayon solaire et de fixer avec plus de précision son point d'intersection avec le rayon du disque correspondant à l'époque voulue.

En somme, un tel instrument n'est qu'une sorte de sextant rudimentaire, qui donne l'heure par l'unique observation de la hauteur du soleil au-dessus de l'horizon. D'autre part, malgré l'analogie apparente avec le πρὸς τὰ ἱστορούμενα et le πρὸς πᾶν κλίμα évoqués plus haut, il répond mal à son nom de *uiatorium*, car les graduations en sont forcément établies pour une latitude donnée : c'est donc un cadran portatif plus qu'un cadran de voyage.

Les exemplaires conservés ont fait l'objet d'études détaillées : A. Schlieben, Ann. d. Ver. f. Nassauische Altert. Kunde, XXIII, 1891, p. 115 sqq. ; J. Drecker, *Die Theorie der Sonnenuhren*, p. 58-66 ; H. Diels, *o. c.*, p. 185-192 (le seul que nous ayons pu consulter) ; cf. aussi E. Ardaillon, *o. c.*, 258 b ; A. Rehm, *o. c.*, 2423 sq. ; W. Kubitschek, *o. c.*, p. 199 sq. Citons, parmi eux :

— le cadran de Forbach (mont Hiéraple) : 52 mm ⌀ ; décrit dans Ardaillon (*o. c.*, 260 b, fig. 3889), Diels (*o. c.*, p. 185 sq.), Kubitschek (*o. c.*, p. 200, avec bibliogr.). Cf. figure p. suivante.

— le cadran d'Aquilée I, mentionnant Rome et Ravenne (31 mm ⌀) : cf. Ardaillon, *l. c.;* Diels (*o. c.*, p. 186 sq.) ; Kubitschek, *l. c.*

— le cadran d'Aquilée II (39 mm ⌀) : cf. Kubitschek, *l. c.*

— le cadran du Kircheriano de Rome : cf. Kubitschek, *o. c.*, p. 201.

— le cadran de Mayence (C.I.L. XIII, 10.032,27, avec dessin, cotes et bibliogr.) : cf. Kubitschek, *l. c.;* A. Rehm, *o. c.*, 2428. C'est le plus volumineux de tous (68 mm ⌀).

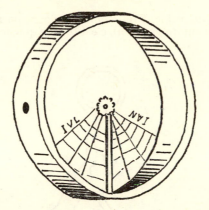

26. *pensilia :* Ils ressemblaient aux *uiatoria* en ceci que, comme leur nom l'indique, on les suspendait verticalement. Mais ils étaient de dimensions supérieures, donc moins maniables, et ils jouaient en somme le rôle de nos pendulettes.

Le plus connu est le « jambon de Portici », curieux instrument trouvé à Herculanum en 1755 (C.I.L. X, 8071, 21). Mentionné dans A. Rehm, *o. c.*, 2428, il est décrit par Schlieben *(o. c.)*, Diels *(o. c.*, p. 191 sq. et fig. 65 — que nous lui empruntons) et Kubitschek (*o. c.*, p. 201 sq., avec abondantes références bibliogr.).

Son fonctionnement ne semble pas parfaitement élucidé, si l'on en juge par les contradictions des spécialistes. Pour Diels, l'instrument est orienté de telle manière que le gnomon (la queue du porc) projette son ombre sur le mois convenable, les lignes verticales indiquant l'heure. Pour Kubitschek, l'instrument est orienté dans le plan méridien, et ce sont les lignes horizontales qui indiquent les heures !

Étant donné en effet la disposition de l'inscription, il paraît plus vraisemblable que les lignes verticales soient celles des mois. Elles sont de longueur variable, les plus longues correspondant à l'époque du solstice d'été (juin/juillet). Toutes sont divisées en six parties, inégales, qui correspondent aux six heures d'une demi-journée, lever et coucher étant représentés par la ligne horizontale supérieure, midi par la ligne sinueuse du bas. Faute d'avoir examiné l'instrument lui-même (la figure ne montre pas l'emplacement du gnomon), c'est tout ce que nous pouvons dire.

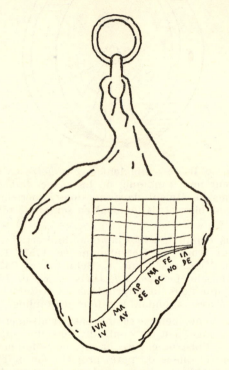

VIII, 2. 27. *primumque a Ctesibio:* L'idée des horloges à eau, attribuée ici par Vitruve à Ctésibius d'Alexandrie, remonterait, si l'on en croit Athénée (IV, 174), à Platon lui-même.

Mais G. Bilfinger (*o. c.*, p. 9 sq.), critiquant ce témoignage, qu'il juge tardif et incertain, remarque à juste titre qu'il met l'accent surtout sur le bruit provoqué (analogie de l'orgue hydraulique). Plutôt que d'une horloge véritable, il s'agissait sans doute d'un écoulement d'eau déclenchant à un moment donné un bruit capable d'éveiller le dormeur : H. Diels (*o. c.*, p. 198 sqq.) en a

tenté une intéressante reconstitution — mais cf. comment.
IX, 8, 5 *bucinae canunt.*

28. *a Ctesibio Alexandrino :* Si la restitution du nom
propre (les mss ont *a Cle(s)bio* ou *ac besbio*) ne fait aucune
difficulté, ni ici ni partout ailleurs dans le *De Architectura*
(cf. Ruffel-Soubiran, A.F.L.T., Pallas IX, p. 19 sq.), on
ne peut en dire autant de la personnalité même du savant,
qui pose aux historiens de la science antique un bien
épineux problème : y a-t-il eu un seul Ctésibius, ou deux ?

Ce problème a son origine dans un passage d'Athénée
(IV, 174 b), qui distingue deux Ctésibius : l'un, mécanicien, aurait vécu sous Ptolémée II (283-247 av. J.-C.) ;
l'autre, barbier à Alexandrie, serait sensiblement plus
tardif (sous Ptolémée VII Évergète II, 145-116 av. J.-C.),
et, toujours selon Athénée, aurait inventé l'orgue hydraulique *(hydraulis).* Cette notice des *Deipnosophistes* a paru
suffisante à bien des érudits — et non des moindres
(Wilamowitz, éd. d'Athénée, *ad loc. ;* Kaibel, éd. d'Athénée, Teubner, 1887-1890 ; W. Schmidt, *Heronis opera*, I,
Introd. X, 1 — XXXVII ; Susemihl, *Gesch. d. griech.
Liter...* I, 527, 63 ; 734, 152 ; 775, 311 ; Philologus, LVII,
p. 318) — pour établir l'existence des deux personnages.
Et ils distinguent leurs rôles respectifs, le mécanicien
ayant inventé l'*hydraulis*, et le barbier l'ayant perfec-
tionnée (Susemihl, *ll. cc.*).

Mais d'une part cette gradation est tout à fait étrangère
au texte d'Athénée. D'autre part, il semble bien invraisemblable qu'il ait existé, à un siècle et demi de distance,
dans la même ville d'Alexandrie, deux mécaniciens du
même nom ayant travaillé sur le même instrument —
d'autant plus que les auteurs postérieurs (Philon de
Byzance, Vitruve, Pline) paraissent n'en connaître qu'un.

Aussi les spécialistes les plus récents (après Christ-
Schmid, *L. G.⁶*, II, 1, p. 283) sont-ils portés à n'admettre
l'existence que d'un seul Ctésibius, le mécanicien du
iiie s. av. J.-C. Et c'est Vitruve, dans ce passage même,
qui fournit l'explication de la méprise d'Athénée : ce
Ctésibius en effet *fuerat Alexandriae natus patre tonsore*,
et avait aménagé un ingénieux dispositif dans la boutique
de son père. De là naquit la tradition trompeuse d'un
Ctésibius barbier... Sur tout cela, cf. P. Tannery, *Athénée
sur Ctésibius et l'hydraulis*, R.E.G., IX, 1896, p. 23-27 ;

Tittel, s. u. *Hydraulis*, P.W. IX, 64-67 ; Orinsky, s. u. *Ktesibios*, P.W. XI, 2074 sq.

La mention *Alexandrino* est confirmée par Philon (IV, 39 ὁ ἐν Ἀλεξανδρείᾳ γεγονώς) et Athénée le mécanicien (p. 29, 9 Wescher ὁ ἐν Ἀλεξανδρείᾳ μηχανικός).

29. *qui et uim spiritus naturalis pneumaticasque res inuenit :* C'est dans des termes à peu près identiques que Pline — le seul auteur latin avec Vitruve qui cite Ctésibius — définit l'activité de l'ingénieur alexandrin : *N.H.* VII, 125 *(Laudatus est) Ctesibius pneumatica ratione et hydraulicis organis repertis.*

On connaît, du reste, quelques-unes de ces découvertes, qui font de Ctésibius le plus grand mécanicien de l'antiquité, après Archimède. Outre l'horloge à eau, dont nous reparlerons, il faut citer la construction d'un ῥυτόν (sonnerie de cor commandée par un dispositif hydraulique), celle de l'orgue hydraulique (cf. C.E. Ruelle, s. u. *Hydraulus*, Dar.-Sagl. III, 1, 312-318, qui présente une excellente étude des textes de Héron, *Pneum.* I, 42, et Vitruve, X, 13, sur cet instrument ; Tittel, *o. c.*, 60-63 et 67-77), la construction d'une machine κατ' ἐξοχήν pour élever l'eau (Vitruve, X, 7 ; cf. H. Diels, *o. c.*, p. 58-66), la pompe à air (Philon, IV, 61), l'ἀερότονον ὄργανον (machine de guerre pour lancer les pierres, cf. Diels, *o. c.*, p. 106), etc. (cf. Orinsky, *o. c.*, 2075 sq. ; Brunet-Miéli, *Hist. des Sc.*, p. 483-487). Toutes ces machines étaient probablement décrites dans des traités (ὑπομνήματα πνευματικά) qu'on lisait encore au temps de Vitruve (cf. X, 7, 5), mais qui ne sont maintenant connus que par les emprunts qu'y ont faits Philon de Byzance, Athénée le mécanicien, Héron et Vitruve.

VIII, 4. 30. *automatopoetasque machinas multaque deliciarum genera :* Ainsi, sans doute, le ῥυτόν cité *supra*. On sait que les ingénieurs alexandrins utilisaient volontiers leurs dons et leurs connaissances pour construire des engins de peu d'intérêt, que Vitruve appelle *deliciae* (X, 7, 5) ou *parerga* (IX, 8, 5, avec liste de ces accessoires : cf. comment. *ad loc.*) : cf. introd. p. xxvi, n. 1.

31. *cauum ex auro perfectum... ut obturentur :* E. Ardaillon (*o. c.*, 262 b), A. Choisy (I, p. 270), Tittel (s. u. *Heron*, P.W. VIII, 1053) et H. Diels (*o. c.*, p. 207) mentionnent

ce détail, et justifient la précaution prise par Ctésibius ainsi que le fait Vitruve. Mais ces raisons nous semblent inexactes ou incomplètes.

D'une part, quelle que soit la matière première dans laquelle on aura creusé l'orifice d'écoulement, elle n'empêchera pas les saletés qu'apporte l'eau de s'accumuler. C'est pourquoi H. Diels *(l. c.)* suppose l'existence d'un dispositif spécial pour purifier celle-ci. Le seul intérêt de l'or et des pierres précieuses est, de ce point de vue, d'être inoxydables (A. Choisy, *l. c.*).

D'autre part, si la pierre précieuse, très dure, garantit un calibre constant, il n'en va pas de même de l'or qui, quoi qu'en dise Vitruve, est un métal relativement mou et sujet à l'usure (cf. l'amincissement des anneaux d'or portés au doigt : Lucrèce, I, 312).

VIII, 5. 32. *aequaliter... influens:* C'est la condition nécessaire de l'horloge à débit constant (cf. introd. p. LVIII) ; mais elle était plus facile à prévoir qu'à réaliser, malgré sa simplicité apparente.

On sait en effet — et les Anciens ne l'ignoraient pas (Héron, *Pneum.* I, 44, 1 ; Frontin, *Aqu.* XXXV — v. éd. P. Grimal, Belles-Lettres, notes compl. 69 et 133) — que le débit dépend de la pression de l'eau, c'est-à-dire de la hauteur de celle-ci au-dessus de l'orifice d'écoulement. Or dans une horloge dont le récipient supérieur se vide peu à peu, la hauteur de l'eau décroît sans cesse, et avec elle la pression et le débit, qui, en se réduisant, va fausser l'instrument (ἀνώμαλος ῥύσις) : cf. Tittel, P.W. VIII, 1053 ; A. Rehm, *ibid.*, 2429. C'est d'ailleurs sur ce principe de la variation de débit causée par la variation de pression qu'est fondé le dispositif régulateur décrit en IX, 8, 11 sqq. (v. comment. *ad loc*).

Dans une horloge à débit uniforme, il faut donc maintenir constant le niveau de l'eau dans le récipient supérieur, ce qu'on peut réaliser de plusieurs façons :

— en alimentant à l'excès ce récipient et en faisant s'écouler l'excédent par un trop-plein, dispositif qui possède en outre l'avantage de ne point agiter l'eau comme on le ferait en rétablissant périodiquement le niveau (A. Choisy, I, p. 270 ; Tittel, *l. c. ;* H. Diels, *o. c.*, p. 205) ;

— en réglant le niveau du récipient supérieur à l'aide

d'un siphon monté sur flotteur (dispositif mentionné par
Diels, *o. c.*, p. 206 n., et décrit par Tittel, *l. c.*, d'après
Héron, *Pneum.* I, 45 Schmidt) ;

— en réglant l'alimentation par un dispositif à flotteur
enfermé (cf. IX, 8, 6 *praeclusiones aquarum*).

Ce problème fondamental résolu, d'une manière ou
d'une autre, il restait d'autres facteurs dont il était plus
malaisé de neutraliser l'influence, ainsi la température :
les Anciens avaient remarqué que l'eau des clepsydres
coulait plus lentement en hiver (Athénée, *Deipn.* II, 42 ;
cf. G. Bilfinger, *o. c.*, p. 42). La physique moderne confirme
que la viscosité d'un liquide décroît très rapidement avec
la température : pour l'eau, elle passe de 10 à 1 entre
0° et 150° (Y. Rocard, *Thermodynamique*, p. 307) —
cf. nos montres modernes, sur lesquelles la température
agit d'une manière inverse (retard en été par suite de la
dilatation du balancier métallique).

33. *scaphium inuersum :* En grec comme en latin, σκαφίον
ou *scaphium* désigne un petit objet creusé et oblong :
récipient quelconque (Vitruve, VIII, 1, 4 ; Lucrèce, VI,
1046), auge ou cuvette (Théophraste, *C.P.* IV, 16, 3), vase
à boire, tasse (Aristophane, *Thesm.* 633 ; Athénée, 142 d ;
Plaute, *St.* 693 ; Cicéron, *Verr.* VI, 17), pot de chambre
(Martial, XI, 11, 6 ; Juvénal, VI, 264), miroir concave
avec lequel les Vestales allumaient le feu sacré (Plutarque,
Num. 9), et cadran solaire concave (= *scaphe*, Martianus
Capella, VI, 597). Il s'agit donc ici, semble-t-il, d'un
flotteur probablement métallique, en forme de dôme
(A. Choisy, I, p. 269), retourné et rempli d'air (A. Rehm,
o. c., 2430).

34. *phellos :* Certains auteurs, cependant, supposent que
le *scaphium* était un flotteur en bois, ou mieux en liège
(G. Bilfinger, *o. c.*, p. 42 ; E. Ardaillon, *o. c.*, 262 b).
De fait, le terme de *phellos*, que Vitruve donne comme
synonyme technique *(ab artificibus... dicitur)* de *scaphium*, désigne en grec (en latin, c'est un hapax) le
chêne-liège (Théophraste, *Hist. plant.* I, 2, 7, etc.), d'où
le liège (Pindare, *Pyth.* II, 146 ; Eschyle, *Choéph.* 506 où
il s'agit des flotteurs qui soutiennent les filets de pêche ;
Platon, *Pol.* 288 e). A. Rehm *(l. c.)* suggère que la
dénomination de *phellos*, justifiée par le matériau dont

on faisait primitivement les flotteurs, a survécu à l'introduction des flotteurs métalliques. Il est tout de même
assez singulier de voir Vitruve — qui savait le grec ! —
confondre ainsi deux procédés tout à fait différents, et
il paraît difficile qu'on ait pu continuer à nommer « liège »
un récipient métallique renversé.

35. *tympanum :* N'apporte guère de précision, dans la
mesure où ce mot désigne tout objet en forme de cylindre,
très aplati : tambour(in) (Hérodote, IV, 76 ; Euripide,
Hel. 1347, etc. ; Catulle, LXIV, 261 ; Lucrèce, II,618 ;
Virgile, *Aen.* IX, 619, etc.) surtout ; roues pleines (Virgile,
G. II, 444) ; et divers sens techniques : « poulies » (Lucrèce,
IV, 903 ?), « roues dentées » (Vitruve, IX, 8, 5), « disques
de piston » (Héron, Philon de Byz. *passim*), etc.

Sur la forme du récipient inférieur, à l'intérieur duquel
s'élève le flotteur, cf. introd. p. LXIV et n. 4.

36. *regula uersatile tympanum... sunt perfecta :* Le texte
des mss, *regula uersatile tympanum denticulis aequalibus
sunt perfecta* est inacceptable, malgré la tentative de
Granger pour le conserver au prix d'un artifice de ponctuation. Rose écrit : *regula uersatili tympano denticulis
aequalibus perfecta*, qui ne satisfait ni pour la paléographie,
ni pour le sens. Krohn, plus ingénieux, propose : *regula,
<iuxta> uersatile tympanum...*, avec un adverbe *iuxta*
dont la chute après *regula* s'expliquerait assez bien
(homéotéleute). Nous supposons, quant à nous, une lacune
due à un saut du même au même, et nous proposons,
par exemple : *regula uersatile tympanum <tangens,
eaque et tympanum> denticulis aequalibus sunt perfecta.*

Le montage, du reste, est facile à imaginer. Le flotteur
est surmonté d'une tige métallique verticale, munie
latéralement de dents qui s'enclenchent dans les engrenages d'une roue dentée : le mouvement vertical du
flotteur est ainsi transformé en mouvement circulaire
(G. Bilfinger, *o. c.*, p. 42 ; A. Choisy, *o. c.*, I, p. 269 ;
A. Rehm, *o. c.*, 2430). H. Diels (*o. c.*, p. 210 et fig. 74
que nous reproduisons à la page suivante) suppose même,
non sans vraisemblance, que par cet artifice les horloges
à eau pouvaient être munies d'un cadran circulaire
parcouru par une aiguille — lointain ancêtre des pendules
modernes.

Mais pareils dispositifs, ainsi du reste que les automates dont il va être question dans un instant, ne sont intelligibles que si les variations de durée des heures sont compensées par une variation du débit : c'est ce que Vitruve n'a pas dit, et peut-être même pas compris (cf. introd. p. LXV sq.).

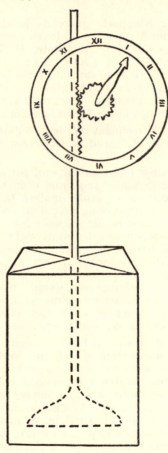

37. *aliae regulae aliaque tympana :* Il était possible en effet d'utiliser la force motrice de l'eau qui s'élève dans le récipient inférieur pour animer divers automates : certaines horloges de grandes dimensions devaient être de véritables machines (A. Rehm, *l. c.; E.* Ardaillon, *o. c.,* 262 b). H. Diels (*o. c.,* p. 210 sq.) montre toutefois qu'une seule tige verticale était nécessaire, à la rigueur : dentée des deux côtés, elle actionnait d'une part la roue du cadran, et de l'autre la roue qui faisait mouvoir les divers automates.

38. *mouentur sigilla :* La construction des automates était l'objet de tous les soins et de toute l'ingéniosité des mécaniciens alexandrins (sur Héron notamment, cf. H. Diels, *o. c.,* p. 62 sqq.). Vitruve lui-même (X, 7, 4) évoque de fort curieux montages dus à Ctésibius. Mais c'est surtout, semble-t-il, à la fin de l'Antiquité que toutes ces *deliciae* font fureur : en 507 ap. J.-C., Cassiodore avait fait construire pour le roi des Burgondes Gundibald deux horloges d'art, un cadran solaire et une horloge à eau. Cette dernière était munie d'automates propres à émerveiller un Barbare *(quod nobis cotidianum, illis uideatur esse miraculum): metalla mugiunt, Diomedes in aere grauius bucinat, aeneus anguis insibilat, aues simulatae fritinniunt, et quae uocem propriam nesciunt habere, dulcedinem probantur emittere cantilenae (Variar. epist.* XLV, 6 Mommsen = *Mon. Germ. Hist. Auct. ant.* XII, 39, 27 — cf. W. Kubitschek, *o. c.,* p. 216 ; toute la lettre est intéressante en ce qui concerne les perfectionnements de la mécanique et de la gnomonique à cette époque).

H. Diels cite encore (*o. c.,* p. 211 sq.) la description arabe d'une horloge dont le modèle remonte à un original grec, peut-être Archimède (E. Wiedemann-P. Hauser, *Uhr des Archimedes und zwei andere Vorrichtungen,* Nova Acta d. kön. Leop. Carol. Akad., CIII, n° 2, Halle, 1918), et qui comprenait un visage humain dont les yeux changeaient de couleur à chaque heure, un bourreau qui à chaque heure tranche la tête d'un prisonnier, des portes qui à chaque heure s'ouvrent pour laisser passer des cavaliers armés qui sautent en selle, des moineaux sur un arbre qui, à la vue de deux serpents, se mettent à piailler (souvenir d'Homère, *Il.* II, 308-332 ?), etc.

On lira également dans H. Diels la reconstitution de l'extraordinaire horloge de Gaza décrite par Procope (*o. c.,* p. 219-227) et la description de certains ensembles

médiévaux (*o. c.*, p. 228-232) — et les automates vitru-
viens apparaîtront bien timides ! Leur date, toutefois,
leur confère un intérêt de premier ordre. Il resterait
seulement à savoir, en l'absence de tout autre témoignage
de haute époque, si ces automates étaient tellement
répandus alors : Vitruve les a-t-il vraiment vus fonctionner, ou en a-t-il puisé la description dans les *commentarii*
de Ctésibius ?

39. *uertuntur metae :* Il ne s'agit pas de la rotation de la
colonne indiquant les heures (cf. comment. IX, 8, 7), mais
de tout autre artifice (A. Rehm, *l. c.*) dont on ne voit
pas bien la fonction (H. Diels, *o. c.*, p. 211). Toutefois,
H. Diels signale, dans l'horloge arabe dont il décrit les
automates (*o. c.*, p. 212), deux colonnes sur lesquelles on
pouvait lire les heures. Ne peut-on, à partir de cette
indication, supposer qu'il s'agit ici de cônes (tel est le
sens de *meta*, cf. *Thes. L.L.*, s. u.) pivotant d'un douzième
de tour à chaque heure, et munis peut-être de graduations
défilant devant un index fixe, comme cela se fait dans
certaines pendules ou cadrans modernes ?

40. *calculi aut oua proiciuntur :* De même que dans les
audiences du tribunal un *apparitor* était chargé de jeter
des boules sur un gong, pour annoncer qu'une heure
venait de s'écouler (Lydus, *De Mag.* II, 16 ; Marquardt-
Mau, *Vie privée...*, II, p. 465, n. 5), de même certains
dispositifs automatiques pouvaient assumer le même
office. Cela remonterait au moins à Aristote, si l'on
assimile, comme le fait P. Moraux (*Le réveille-matin
d'Aristote*, Les Et. Class., XIX, 1951, p. 305-315), l'automate vitruvien avec le montage que Diogène Laërce (V,
16) attribue au Stagyrite : (ἔνιοι δὲ καὶ λέγουσιν) καὶ
ὁπότε κοιμῷτο, σφαῖραν χαλκῆν βάλλεσθαι αὐτῷ εἰς τὴν χεῖρα
λεκάνης ὑποκειμένης, ἵν' ἐκπεσούσης τῆς σφαίρας εἰς τὴν λεκάνην
ὑπὸ τοῦ ψόφου ἐξέγροιτο. Cf. encore l'horloge arabe décrite
par H. Diels (*o. c.*, p. 212), où à chaque heure une
bille s'échappe du bec d'un corbeau pour tomber sur un
gong.

Du reste, l'hodomètre (appareil destiné à mesurer les
distances parcourues en voiture) que décrit Vitruve
(X, 9, 1-4) recourait à un artifice analogue : un disque
horizontal actionné par des engrenages à partir du mouvement de la roue porte des trous uniformément répartis

et tourne sur une plateforme fixe percée d'un trou unique ;
les cailloux tombent un à un lorsque le trou du disque
où ils sont logés se superpose au trou de la plateforme
(A. Choisy, I, p. 274 ; H. Diels, *o. c.*, p. 66 sqq. et fig. 29).
Le mécanisme de l'horloge ne devait pas différer beaucoup
de celui-là.

41. *bucinae canunt:* Depuis Platon, si l'on en croit
Athénée (*Deipn.* IV, 174 ; cf. comment. IX, 8, 2 *primumque a Ctesibio*), on savait produire, à partir d'un
écoulement d'eau, un son quelconque (cf. W. Kubitschek,
o. c., p. 214 sq.). G. Bilfinger (*o. c.*, p. 10) rapproche cet
instrument (νυκτερινὸν ὡρολόγιον) des *horologia nocturna*
dont les chroniques médiévales signalent l'existence, pour
appeler les religieux aux prières nocturnes.

Deux explications, différentes dans leurs modalités,
mais semblables dans leur principe, ont été proposées de
cette horloge de Platon, archétype des trompettes de
Ctésibius.

Selon H. Diels (*o. c.*, p. 198 sqq. et fig. 68), de l'eau
s'accumule peu à peu dans le récipient supérieur. Arrivée
à un certain niveau, par un système de siphon l'eau se
viderait brutalement dans un récipient inférieur herméti-
quement clos, à l'exception d'une étroite embouchure,
reliée par un tube à une flûte ou à un sifflet. Par la chute
brusque de l'eau, l'air serait chassé du caisson clos et
produirait, en passant par le seul orifice qui lui soit
ménagé, un sifflement plus ou moins amplifié par le
dispositif sonore adjacent.

Mais un tel montage ne peut fonctionner qu'une fois,
et il serait donc destiné à réveiller les dormeurs.
J. D. Meerwaldt (*De Trimalchionis, Ctesibii, Platonis
automatis*, Mnem., XLIX, 1921, p. 421-426) s'étonne,
dans ce cas, que l'horloge ne soit pas appelée ἐγερτικόν
ou ἑωθινόν plutôt que νυκτερινόν, et il croit que Platon
avait plutôt conçu une horloge sonnant les heures pendant
la nuit. Elle était, selon lui, constituée par une superpo-
sition de récipients reliés par des siphons et munis d'un
orifice, par où l'air s'échappait brutalement. A chaque
heure — ou toutes les deux heures — l'eau, remplissant
un récipient de plus et tombant d'un récipient à l'autre,
provoquait autant de sifflements (dont on pouvait de

surcroît faire varier les timbres) qu'il y avait de récipients
remplis.

Toutefois, ce dispositif ne peut être exactement celui
auquel Vitruve fait allusion dans notre texte, car celui-ci
précise qu'il ne s'agit que d'un accessoire dans une
horloge où l'eau monte régulièrement, accessoire mû en
outre par engrenages. C'est encore à J. D. Meerwaldt

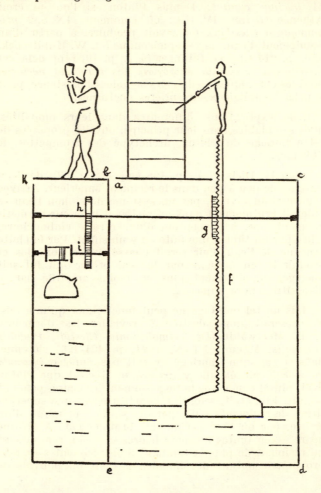

(*o. c.*, p. 420 sq.) que revient le mérite d'une reconstitution ingénieuse du montage vitruvien.

L'élément fondamental en est le *pnigeus*, utilisé dans l'orgue hydraulique (Vitruve, X, 8), sorte de cloche surmontée d'une fente par où l'air s'échappe en sifflant lorsque l'objet s'immerge dans l'eau.

A mesure que l'eau tombe par le trou a dans le récipient b c d e (cf. fig. ci-contre), la tige dentée f qui surmonte le flotteur et commande la figurine montrant les heures fait tourner la roue dentée g, solidaire d'un axe horizontal qui traverse également un deuxième récipient (à gauche sur la fig.) où est monté le dispositif sonore. Le nombre des dents est calculé de telle manière que la 24e partie de la tige (ou la douzième, si l'horloge ne couvre qu'une demi-journée) fasse tourner une fois les roues dentées g et h montées sur le même axe. La roue h, par l'intermédiaire d'un autre engrenage et du tambour i, fait remonter le pnigeus suspendu. Seulement, sur une certaine fraction de sa circonférence, la roue h est dépourvue de dents. Lorsque cette partie lisse arrive au contact de l'engrenage qui soutient le pnigeus, elle crée une sorte de débrayage, et le pnigeus, qui n'est plus soutenu par l'enclenchement des engrenages, tombe dans le récipient sous-jacent, faisant entendre un sifflement qui, transmis par l'ouverture k, paraît provenir du *bucinator* dont l'effigie surmonte la machine. Puis, une fois passée la partie lisse de la roue h, l'enclenchement se fait de nouveau, le pnigeus est lentement retiré de l'eau, où il retombera au prochain tour, une heure après.

Quoi qu'il en soit du détail de cet admirable montage, on connaît par d'autres textes que Vitruve l'existence d'horloges « mugissantes » (J. D. Meerwaldt, *o. c.*, p. 406-410) :

— une épigramme (*Anth. Palat.* VII, 641) d'Antiphilos de Byzance, contemporain d'Auguste, décrit celle de l'ingénieur Athenaios (Ier s. av. J.-C. ?) ;

— plus tard, Lucien (*Hippias*, 8), décrivant une magnifique horloge, mentionne entre autres perfectionnements, ὡρῶν δὲ διττὰς δηλώσεις, τὴν μὲν δι' ὕδατος καὶ μυκήματος, τὴν δὲ δι' ἡλίου.

— en latin, on peut citer : *Aetna* 292 sqq. (cf. notes de Sudhaus et Vessereau *ad loc.*) ; Properce, II, 32, 15 (interprétation discutable ; v. maintenant le récent comment. de P. J. Enk *ad loc.*).

Enfin, dans un passage de Pétrone (*Sat.* XXVI, 9), il est permis, contre l'opinion courante (H. Diels, *o. c.*, p. 226), qui fait du *bucinator* un serviteur, de reconnaître en lui un automate lié à l'horloge.

42. *parerga :* Le mot, très classique en grec (cf. Liddell-Scott, s. u.) au sens de « chose ou affaire secondaire, accessoire » (Sophocle, Euripide, Platon...), ne semble attesté en latin qu'ici et dans un passage de Pline l'Ancien (*N.H.* XXXV, 101), où il prend du reste une acception un peu différente (« ornements superflus », dans le vocabulaire technique de la peinture).

VIII, 6. 43. *parastatica :* Si le terme παραστατικός, ή, όν est employé en grec, il ne l'est jamais, dans les textes conservés, au sens où le latin l'a repris. Bailly et Liddell-Scott lui donnent des significations variées : « qui expose, fait comprendre », « qui exprime ou signifie », « qui excite », « doué de sang-froid », ou, au contraire (!), « qui est hors de soi, insensé » — tout cela dans la prose d'époque romaine. Chez Vitruve et Pline l'Ancien (*N.H.* XXXIII, 52), il est entendu au sens local de « qui se dresse auprès de » (donc synonyme de παραστάς, άδος et de παραστάτης, ου) : soit « pilastre » (Vitruve, V, 1, 6), soit « montant vertical d'une baliste » (X, 10, 2). Un sens figuré chez Végèce (*Vet.* IV, 1) : « os du genou des chevaux ».

Ici, le mot employé en liaison avec *columna*, comme dans d'autres textes latins cités (Pline, *l. c.* ; Vitruve, V, 1, 6), désigne de toute évidence une colonnette qui, au lieu de surmonter l'horloge (disposition la plus couramment admise, cf. Maufras, II, p. 419, fig. 107 ; Granger, II, pl. M ; H. Diels, *o. c.*, p. 206, fig. 71, etc.), s'élève au contraire à son côté.

44. *in diem totum :* Peut s'entendre, soit du nychthemeron tout entier (24 heures : c'est ce que supposent les figures de Maufras, *l. c.*, et de Bilfinger, *o. c.*, p. 41, fig. 8), soit du jour par opposition à la nuit (12 heures : figure de H. Diels, *l. c.*). Le second système avait l'inconvénient d'exiger, au coucher du soleil, qu'on transvasât l'eau du récipient inférieur dans le récipient supérieur.

45. *cuneorum adiectus aut exemptus :* Il s'agit donc d'une horloge à graduations fixes, à automates, dans laquelle la durée inégale des heures suivant les saisons est traduite par une variation du débit. Cela est parfaitement cohérent.

Un procédé tout à fait empirique et primitif, pour faire varier l'écoulement des clepsydres, nous est connu par Énée le Tacticien (*Comm. Poliorc.* 22, 24) : afin que, quelle que fût la longueur de la nuit, les tours de garde fussent équitablement répartis, (χρὴ τῆς κλεψύδρας) κεκηρῶσθαι τὰ ἔσωθεν, καὶ μακροτέρων μὲν γιγνομένων τῶν νυκτῶν ἀφαιρεῖσθαι τοῦ κηροῦ, ἵνα πλέον ὕδωρ χωρῇ, βραχυτέρων δὲ προσπλάσσεσθαι, ἵνα ἔλασσον δέχηται (sur ce passage, corrompu du reste, cf. H. Diels, *o. c.*, p. 195, n. 1). Le dispositif vitruvien est infiniment plus perfectionné, mais sa reconstitution divise encore les spécialistes.

46. *praeclusiones aquarum :* H. Diels (*o. c.*, p. 205 sqq.) va jusqu'à supposer que Vitruve ne décrit pas ici un montage destiné à faire varier le débit de l'eau, mais au contraire un système propre à le maintenir constant quel que soit le niveau du récipient supérieur (cf. sur ce problème, comment. IX, 8, 5 *aequaliter influens*) ; car, dit-il, le système du trop-plein et celui du siphon ont l'inconvénient de gaspiller l'eau, rare dans le Midi et à Alexandrie.

D'où le dispositif suivant, qu'il imagine « d'après les indications fort obscures de Vitruve ».

L'eau arrive par la conduite A, qu'on peut fermer avec le robinet F, dans le récipient régulier BCDE ; et, en E, elle pénètre dans le récipient récepteur KLMN. Si la pression est forte dans la conduite, l'eau de BCDE n'est pas évacuée entièrement par E : elle s'accumule et fait se soulever le flotteur G, en forme de coin à pointe tournée vers le haut. Le flotteur obstrue donc l'arrivée d'eau. Lorsque, en dessous, l'eau s'est écoulée, le flotteur retombe et rouvre l'admission, et ainsi de suite (H. Diels, *o. c.*, p. 207 et fig. 71 — reproduite ci-après).

Dispositif simple et ingénieux, sans doute (il préfigure, avec son flotteur, les carburateurs d'automobile), dont on ne peut a priori refuser la paternité aux habiles mécaniciens d'Alexandrie. Mais cela demeure tout hypothétique, et nous ne sommes plus d'accord avec Diels lorsqu'il affirme (*o. c.*, p. 206 n.) que son montage est

celui qui se rapproche le plus des indications de Vitruve.
Car d'une part, étant donné le contexte, Vitruve décrit
un appareil destiné à faire varier le débit suivant la saison
*(quarum breuitates aut crescentias... in singulis diebus et
mensibus perficere cogit)* ; d'autre part, s'il est facile
d'identifier, dans le schéma de Diels, les deux *metae*,
una solida (le flotteur), *una caua* (la partie supérieure du
réservoir clos), on se demande où est la *regula* qui
commande leur écartement.

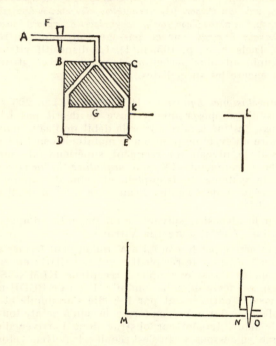

47. *metae fiunt duae...* : Aussi bien n'avons-nous décrit le
montage de Diels qu'à titre documentaire, et pour
compléter le commentaire de IX, 8, 5 *aequaliter influens*
— quoique ledit montage repose sur un contresens.
Et nous faisons nôtre le dispositif qu'après Maufras (II,
p. 416, fig. 108) et Bilfinger (*o. c.*, p. 38), A. Choisy (I,
p. 272 ; IV, pl. 78, 1), approuvé par A. Rehm (*o. c.*,
2430 sq.), a reconstitué :

Le fond du récipient supérieur est percé d'un orifice conique *(meta caua)*, qui peut être plus ou moins complètement fermé par un obturateur également conique *(meta solida)*: c'est le principe des robinets à pointeau. Cet obturateur est relié par une tige verticale à une règle articulée sur un plan horizontal. La règle est maintenue plus ou moins soulevée *(eadem regula laxatio earum aut coartatio efficiat)* par un coin (en noir sur la figure), dont on peut repérer l'emplacement par rapport à des graduations établies empiriquement. Un tel réglage, ingénieux sans doute dans son principe, devait être fort approximatif, et Vitruve ne le cache pas *(cunei saepissime uitia faciunt)*.

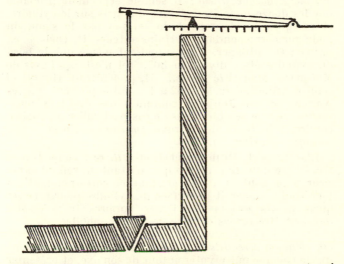

VIII, 7. 48. *in columella horae ex analemmatos...:* Aussi est-il préférable d'adopter l'autre solution — dont le seul inconvénient, passé ici sous silence, est de rendre impossible l'adjonction des automates (cf. comment. IX, 8, 5 *regula uersatile tympanum...*) —, à savoir un débit constant et des graduations écartées d'une façon variable sur la colonnette.

Sur cette colonnette ou cylindre vertical, les heures sont représentées par des courbes plus ou moins voisines de l'horizontale. Leur forme est précisée par la division en

douze parties égales des lignes verticales correspondant
aux solstices, à l'équinoxe, et, accessoirement, à chacun
des mois de l'année *(menstruaeque lineae columella
signentur)*. La verticale la plus courte est évidemment
celle du solstice d'hiver, la plus longue celle du solstice
d'été : l'ensemble des graduations, développé sur un plan,
a la forme que présente la figure de la p. 288 (le bas
du cylindre est en haut). Naturellement, les mêmes durées
se reproduisant à six mois d'intervalle, le demi-diagramme
pouvait suffire. Cf. sur tout cela A. Choisy, I, p. 270 et
IV, pl. 77, 1 ; G. Bilfinger, *o. c.*, p. 40 sq. ; H. Diels, *o. c.*,
p. 207 sq.

49. *menstruaeque lineae:* Il semble cependant probable
que les douze mois étaient tous distincts sur le cylindre,
et marqués sur le rebord de celui-ci par le signe du
Zodiaque correspondant. Certains auteurs (H. Diels, *o. c.*,
p. 208 ; G. Bilfinger, *l. c.*) supposent même que le bord
du cylindre était divisé en 365. Tel n'est pas l'avis de
Marquardt-Mau (*Vie privée...*, II, p. 465 trad. Henry) ni
celui d'Ardaillon (*o. c.*, 262 a b), qui supposent que les
Anciens se sont toujours contentés des divisions mensuelles, ce que semble, dans ce cas particulier au moins,
confirmer le texte de Vitruve *(menstruae lineae... suis
cuiusque mensibus...)*.

D'autre part, Bilfinger et Diels *(ll. cc.)* conjecturent
l'existence d'un fil à plomb qui, partant du rebord supérieur à la hauteur de la graduation correspondant au
jour voulu, longerait la surface du cylindre pour préciser
quels points exacts des lignes horaires transversales
devaient être placés en face de l'index mobile.

50. *columna uersatilis perficiatur:* Tout ceci exigeait donc
que la colonne pût pivoter autour de son axe, et présenter
à l'index, mois par mois ou jour par jour, les lignes
verticales symbolisant la longueur du jour, et divisées
de façon variable. La plupart des commentateurs s'abs-
tiennent de préciser le mode de rotation de la colonne
(Ardaillon, *o. c.*, 262 a ; Rehm, *o. c.*, 2430 ; Choisy, I,
p. 270 ; Diels, *o. c.*, p. 207 ; Kubitschek, *o. c.*, p. 210).
Bilfinger pourtant (*o. c.*, p. 42) suppose qu'elle était mue
par un mécanisme simple qui la faisait tourner sur elle-
même en un an, soit d'un degré par jour à peu près.
Maufras (II, p. 419 sq.) a même tenté de reconstituer ce

mécanisme : il s'agit d'une roue à aubes ou à godets
alimentée par l'eau du récipient inférieur (dans le cas
d'une horloge qui dure 24 heures) : cette roue, que fait
tourner l'eau qu'un siphon déverse sur elle, entraîne une
cascade de pignons démultiplicateurs qui font pivoter la
colonne d'un degré par jour.

Mais il va de soi — et Bilfinger *(l. c.)* l'admet lui-même
— que la rotation pouvait fort bien être effectuée à la
main, chaque jour.

VIII, 8. 51. *fiunt etiam alio genere...:* Avant d'étudier
l'horloge anaphorique, dont le type est tout à fait particulier, il convient de signaler que le modèle attribué par
Vitruve à Ctésibius n'est pas le seul que nous connaissions.
Faute de trouvailles archéologiques, nous sommes
informés par un passage de Galien (περὶ διαγνώσεως καὶ
θεραπείας τῶν ἐν τῇ ἑκάστου ψυχῇ ἁμαρτημάτων, V, 82-87
Kühn). Sur l'instrument qu'il décrit, cf. H. Sauppe,
*Eine Stelle des Claudius Galenus über die Prüfung der
Sonnenuhren und die Herstellung einer Wasseruhr*, Philologus, XXIII, 1866, p. 448-454 ; Marquardt-Mau, *Vie
privée*, II, p. 462 sqq. trad. Henry ; G. Bilfinger, *o. c.*,
p. 40 sqq. ; W. Kubitschek, *o. c.*, p. 206 sq., 209 sq. (avec
bibliogr.). Il s'agit d'un récipient en verre (Sauppe,
Marquardt, Bilfinger ; — Kubitschek, *o. c.*, p. 209, n. 2,
n'en est pas absolument sûr), sur la paroi duquel étaient
gravées les graduations variables correspondant aux
durées inégales des heures, et que remplissait un filet
d'eau de débit constant alimenté par un récipient supérieur. En somme, une horloge de Ctésibius simplifiée, sans
flotteur ni colonnette, où le niveau de l'eau écoulée
permettait immédiatement la lecture de l'heure.

52. *horologia hiberna :* Cette expression, qui rappelle le
horologiorum ad hibernum usum collocationes de IX, 8, 6,
s'oppose, comme l'a bien vu Rehm (Jhh. öst. Arch.
Instit., VI, p. 46, n. 12), au terme *solaria* qui désigne les
cadrans solaires. Les horloges à eau étaient donc conçues
pour donner l'heure par temps couvert (cf. les inscriptions
de cadrans solaires comme *sine sole sileo ; si sol silet sileo*).
On s'est étonné (Bilfinger, *o. c.*, p. 51) que Vitruve n'ait
pas aussi fait allusion à la possibilité d'utiliser les horloges
à eau pendant la nuit. A quoi le même auteur répond,
ingénieusement, que ces horloges n'étaient que rarement

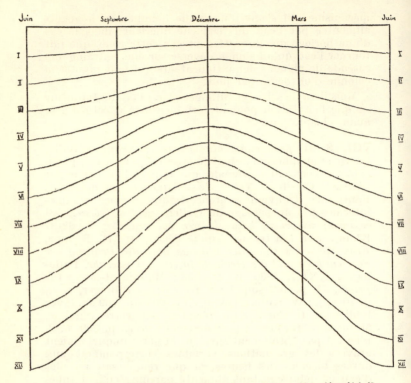

munies d'un dispositif sonore, et que dans l'Antiquité il n'était pas tellement facile d'allumer brusquement, en pleine nuit, une lumière suffisante pour voir l'heure. Soit ; mais, en hiver surtout (et voilà qui explique le terme employé par Vitruve), l'activité humaine se prolongeait sans doute, le soir, bien au-delà du coucher du soleil : et cela seul justifierait l'existence d'*horologia hiberna* marquant aussi les heures de nuit (A. Rehm, *o. c.*, 2428).

Cette exigence posait certains problèmes de construction et de manipulation.

Le plus simple était encore de construire une horloge à débit constant, dont l'écoulement fût suffisamment lent et les réservoirs suffisamment volumineux pour qu'un seul transvasement fût nécessaire au bout de 24 heures. La colonnette indicatrice portait alors 24 lignes horaires (fig. de Bilfinger, *o. c.*, p. 41, fig. 8, ci-dessous), inégalement écartées (sauf aux équinoxes) selon qu'elles étaient de jour ou de nuit. Ainsi, au solstice d'hiver (graduations de gauche), les heures du jour sont courtes, celles de nuit longues. C'est l'inverse au solstice d'été (graduations de droite).

Si au contraire l'horloge n'était prévue que pour 12 heures, il fallait vider le récipient inférieur au coucher du soleil, et faire pivoter la colonnette de 180°, puisque les heures diurnes, pour tel ou tel jour de l'année, ont la même durée que les heures nocturnes à six mois de là : il est facile de voir, sur la figure ci-dessous, la symétrie

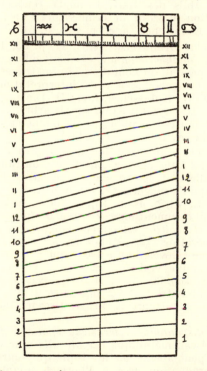

entre chiffres romains de gauche (heures nocturnes décembre) et chiffres arabes de droite (heures diurnes juin), entre chiffres arabes de gauche (heures diurnes décembre) et chiffres romains de droite (heures nocturnes juin). Sur tout cela, cf. G. Bilfinger, *o. c.*, p. 41 sq.

53. *anaphorica:* L'interprétation de ce terme, qui, appliqué à une horloge, est naturellement un hapax *utraque lingua*, a suscité des hypothèses variées.

G. Bilfinger (*o. c.*, p. 44) avait d'abord supposé que l'instrument exigeait une manipulation périodique consistant à remonter (ἀναφέρειν) la chaîne qui, s'enroulant sur un arbre, commandait la rotation du disque principal (cf. comment. *infra, tympanum, aenea mollis catena*). D'où le nom d'« Aufzuguhr » (horloge à remontoir) qu'il proposait. Mais dès 1891, Bilfinger renonçait à cette interprétation au profit du terme vague d'« astronomische Uhr » (W. Kubitschek, *o. c.*, p. 214, n. 5).

M. Schmidt (*Kulturhist. Beitr.*, II, p. 53, 109) fait de l'*horologium anaphoricum* une « Gehängeuhr » (instrument à poids suspendu), du nom de ἀνάφορον (traverse destinée à soutenir le poids). Mais cette interprétation fut jugée irrecevable (W. Kubitschek, *l. c.;* H. Diels, *o. c.*, p. 214, n. 3), car la traverse est ici un simple arbre, et la manière dont il est mu est ce qu'il y a de moins caractéristique dans l'engin (A. Rehm, *o. c.*, 2431).

Reste donc l'interprétation à peu près unanime des modernes : « Aufgangsuhr », horloge montrant les levers (et, naturellement, les couchers) des astres. Elle est due à F. Boll, qui l'a suggérée oralement à A. Rehm (Jhh. öst. Arch. Instit., VI, p. 46, n. 13), et elle se justifie à la fois par le détail que mentionne Vitruve, un *tympanum in quo descriptus et depictus est mundus signiferque circulus*, et le sens général de ἀναφορά chez les astronomes d'époque hellénistique (« lever d'un astre », qui s'oppose à ἀνατολή « lever cosmique vrai » et ἐπιτολή « lever héliaque » — cf. Achilles, *isag.* 39, p. 74 Maass). Ἀναφορικός signifiera donc : « qui montre le lever des astres » (cf. l'Ἀναφορικός d'Hypsiclès, éd. Manitius, Progr. Dresde, 1888).

54. *horae disponuntur... menstrua spatia finientes:* Une sorte de réseau métallique *(ex uirgulis aeneis)* à travers lequel on peut apercevoir le disque qui tourne derrière, sert de graduation fixe à l'horloge anaphorique. Ce réseau se compose :

— d'une part, des 24 lignes horaires, dont le tracé

— non rectiligne (on comprendra pourquoi dans un instant) — part du centre du réseau, de forme circulaire, pour aboutir à la circonférence extérieure.

— d'autre part, de sept cercles concentriques représentant les divers mois à considérer : 1) juin, 2) mai-juillet, 3) avril-août, 4) mars-septembre, 5) février-octobre, 6) janvier-novembre, 7) décembre, en allant du plus petit au plus grand, du centre à la périphérie. Mais les *menstrua spatia* ainsi définis ne sont pas égaux. Car un tel réseau représente la projection stéréographique (utilisée déjà par Hipparque, cf. Synésios, *De dono astrol.* 311 Pet. = Migne, LXVI, 1584, et peut-être de son invention, cf. Tannery, *Recherches...* p. 52 sq.) des sept

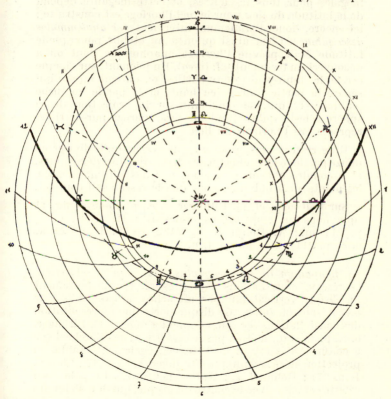

cercles parallèles que le soleil décrit lors de son entrée dans chaque signe. Or un des caractères de la projection stéréographique (utilisée dans les cartes célestes modernes) est que des écarts égaux en latitude céleste se traduisent sur le plan de projection par des écarts inégaux suivant qu'ils sont choisis plus ou moins voisins du pôle nord. En pratique, malgré le processus que paraît recommander Vitruve, les *circuli menstrui* devaient être établis avant les lignes horaires, car celles-ci résultent de la division de ceux-là. En effet, la première opération consiste à diviser chacun des sept cercles en deux parties, correspondant au jour et à la nuit. Ces deux parties, égales pour le cercle n° 4, celui des équinoxes, sont évidemment inégales pour tous les autres, et cette inégalité dépend de la latitude du lieu pour lequel l'horloge est construite : ici encore, donc, l'analemme intervient *(ex analemmatos descriptione)*. C'est ainsi qu'on a pu établir pour quelle latitude était prévue l'horloge anaphorique dont on a découvert un fragment (cf. *infra*). En joignant, sur chaque cercle, les limites des deux parties, on obtient un arc qui sépare la partie diurne (en haut) et la partie nocturne (en bas), et qui, se dessinant sur la projection de la sphère céleste qu'un tambour fera tourner par-derrière, représentera l'horizon du lieu.

Il ne restera plus, pour chaque cercle, qu'à diviser en douze parties égales chacun des deux arcs ainsi déterminés, et à joindre chacun à chacun, par des *uirgulae aeneae*, les points ainsi obtenus, pour que le réseau soit complet.

Sur tout cela, cf. G. Bilfinger, *o. c.*, p. 45-48 et fig. 11 (que nous lui empruntons ci-dessus) ; H. Diels, *o. c.*, p. 214 sq. ; A. Rehm, *o. c.*, 2432 (= W. Kubitschek, *o. c.*, p. 211) ; A. Choisy, I, p. 271.

55. *tympanum in quo descriptus... est mundus:* Derrière ce réseau, nous l'avons déjà suggéré, tourne lentement un disque vertical mû par un arbre horizontal (sur le mécanisme, cf. *infra*). Ce disque porte une représentation des constellations (ce qui, comme l'a montré G. Bilfinger, *o. c.*, p. 45 sqq., n'était pas nécessaire : mais l'archéologie a confirmé l'assertion de Vitruve), également établie en projection stéréographique (Bilfinger, *o. c.*, p. 47 ; Choisy, I, p. 271 ; Rehm, *l. c.* ; Kubitschek, *l. c.*). Le pôle nord céleste coïncide avec le centre du disque, qui doit s'étendre

au moins jusqu'au tropique du Capricorne, point le plus
austral que puisse atteindre le soleil (Rehm et Kubitschek,
ll. cc.). On verra plus loin de quelle manière, fort impré-
cise, étaient figurées les constellations.

56. *signiferque circulus:* Tracée sur le disque au milieu
de celles-ci, la représentation de l'écliptique était, elle, —
on le comprendra plus loin — absolument nécessaire.
En projection stéréographique, l'écliptique est un cercle
excentré par rapport au centre du disque (Choisy, Rehm,
Kubitschek, *ll. cc.; * H. Diels, *o. c.*, p. 215, n. 3 et 217).
Il est tangent extérieurement au cercle mensuel le plus
proche du centre, et intérieurement au cercle le plus
éloigné, cependant qu'il divise le cercle médian (équinoxial) en deux parties égales (l'écliptique est représenté
en pointillé sur la figure de la p. 291 ; cf. la figure
de A. Rehm, Jhh. öst. Arch. Instit., VI, p. 45, fig. 21
= P.W. VIII, 2432 = Kubitschek, *o. c.*, p. 212, fig. 6
= Diels, *o. c.*, p. 218, fig. 75).

57. *descriptioque... alterum minus:* Le texte est ici gravement altéré, et les tentatives de restitution nombreuses.
Un seul point paraît acquis, parce qu'il est garanti par
la géométrie : l'opposition *unum maius, alterum minus*
s'applique aux douze signes du Zodiaque.

En effet, toujours en vertu des propriétés de la projection stéréographique, la division de l'écliptique en douze
parties égales se traduira sur le plan par douze arcs
inégaux, car cette division doit s'effectuer, non à partir
du centre du cercle écliptique, mais à partir du centre
de la figure (marqué PN). L'inégalité qui en résulte est
parfaitement évidente sur la figure de Bilfinger que nous
avons reproduite. Et c'est cela que voulait dire Vitruve
(Bilfinger, *o. c.*, p. 50 ; Choisy, I, p. 271 ; Diels, *o. c.*,
p. 215 ; Rehm, Jhh., VI, p. 47 ; Kubitschek, *o. c.*, p. 214
et n. 1).

Dès lors, comment corriger ?

Dans la première proposition, d'abord, il faut un verbe
qui sera *fit*, mieux attesté que *sit* et plus conforme au
contexte. D'autre part, le *ex* qui précède *XII signorum*
n'est supportable que si on lit ensuite (Rose ; Diels, *o. c.*,
p. 215, n. 2) *figura* au lieu de *figurata*. Mais *figura* a
contre lui son caractère conjectural et la singularité qu'il

entraîne dans l'ordre des mots. Aussi le rejetons-nous au profit de *figurata*, ce qui nous conduit à supprimer *ex*, mot fantôme issu de la rencontre d'une finale en -*e* et du *X* de *XII* qui suit immédiatement, ou encore correction marginale mal insérée pour amender le *et* fautif du *et centro* qui suit. Mais ce *figurata* que nous acceptons, nous ne le laissons pas pour autant sans modification (malgré C. Brakman, *Vitruviana*, Mn., LX, p. 148) : car avec *fit*, ce participe est superflu, voire insolite, alors que, dans la deuxième proposition, il arrange bien des choses. Laissons de côté *cuius* (rapporté à *descriptio*) que A. Rehm (Jhh., VI, p. 46, n. 10) voudrait corriger en *quorum* (scil. *signorum*), et nous arrivons au *ex centro* de *f² p* (nécessaire en face du *et centro* des autres mss, vraiment inacceptable). Bilfinger (*o. c.*, p. 50) et Diels *(l. c.)* ont voulu reconnaître en lui un mot grec : l'un écrit ἐκκέντρως *deformentur*, l'autre *eccentros deformatio* (d'après ἔκκεντρος attesté chez Ptolémée et Cléomède), et tous deux songent à la disposition excentrique du cercle écliptique.

Mais on peut comprendre autrement, et voir dans *ex centro* conservé tel quel l'indication de la manière dont est divisé le cercle écliptique : « à partir du centre (du disque) ». Et l'on pourrait à la rigueur admettre la brachylogie *deformatio ex centro*, raccourci de la langue parlée (cf. Ernout-Thomas, *Synt. lat.* § 217, p. 162 sq.), autorisé ici par l'enclave entre *cuius* et *deformatio :* Vitruve n'écrit-il pas ailleurs (II, 1, 1) *res saepius in usu* (cf. *seruus ab epistulis*, etc.) ? Mais on préférera, au prix d'une transposition minime, faire passer ici le *figurata* qui nous gênait plutôt tout à l'heure, et lire : *cuius figurata ex centro deformatio...*

Une dernière difficulté subsiste : cette relative n'a pas de verbe (d'où la correction *deformatur* adoptée par Rose). Nous pourrions transformer notre *figurata* en *figuratur*. Nous préférons le garder tel quel et ajouter, comme Diels *(l. c.)* un *efficit*. Seulement, au lieu de l'insérer comme lui entre *deformatio* et *unum*, nous le mettrons entre *unum maius* et *alterum minus ;* car c'est là que sa chute s'explique le mieux : l'œil et l'esprit du copiste, frappés par l'expression antithétique, en ont, dans la pensée, puis l'écriture, juxtaposé les deux membres au détriment du mot qui les séparait.

Quoi qu'il en soit du détail, le sens général du passage est clair, et la restitution assurée dans son ensemble.

58. *posteriori autem parti:* La partie mécanique, que Vitruve décrit maintenant, est bien claire et ne pose guère de problèmes. Elle est reconstituée à peu près de la même manière par G. Bilfinger (*o. c.*, p. 44, cf. fig. 9), A. Rehm (*o. c.*, 2431 sq. et fig.), W. Kubitschek (*o. c.*, p. 211). H. Diels (*o. c.*, p. 214 sqq.) en avait même fait une maquette qu'il se proposait de présenter en 1917 à l'Académie de Berlin, mais que les troupes françaises ont détruite en 1918. Il n'en subsiste que des photographies (*o. c.*, pl. XVIII, 1 pour le mécanisme, XVIII, 2 pour le cadran). A la suite de Vitruve et de tous ces auteurs, nous donnons à notre tour (fig. ci-après) une coupe en élévation de l'horloge anaphorique.

VIII, 9. 59. *pondus uersat axem, axis autem tympanum. Cuius tympani uersatio... :* Vitruve omet (cf. introd., p. LXV) une précision essentielle : vu le principe de l'horloge anaphorique, une rotation complète de l'axe, et par conséquent du disque, doit s'effectuer en 24 heures précises, ou, plus exactement, un nychthemeron. Pour obtenir ce résultat, deux solutions sont concevables :

— mesurer le diamètre de l'axe de manière à obtenir cette vitesse de rotation (H. Diels, *o. c.*, p. 217) ;

— utiliser un système d'engrenages conico-hélicoïdaux et de roues dentées pour réduire les x rotations de l'axe en une seule du disque — artifice qui ne dépassait point la compétence des ingénieurs anciens (G. Bilfinger, *o. c.*, p. 54).

60. *maior pars circuli..., ...minor:* G. Bilfinger lui-même, tenté de supprimer *signiferi* pour que *circuli* désignât non l'écliptique, mais un des cercles mensuels, reconnaît à juste titre (*o. c.*, p. 50) que la mention du Zodiaque doit ici encore être conservée, avec la précision, déjà donnée par Vitruve (IX, 8, 8 *unum maius, alterum minus*), sur l'inégalité des signes du Zodiaque entraînée par la projection stéréographique.

De fait, A. Rehm, H. Diels et W. Kubitschek comprennent tous trois que la rotation variable du cercle écliptique (c'est-à-dire son excentricité) a pour conséquence que

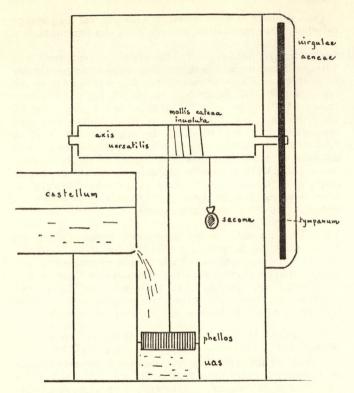

c'est tantôt une plus grande, tantôt une plus petite
section de ce cercle qui, dans les rotations, indique les
heures correspondant aux divers moments de l'année.
Mais tous trois aussi lisent *suas temporibus designet
horarum proprietates*, et ils expliquent : les propriétés
caractéristiques des heures de chaque époque, c'est-à-dire
longues en été, courtes en hiver. Toutefois, *suas* est une
conjecture, fort improbable à cause de la disjonction,
anormale chez Vitruve, *suas... proprietates :* tous les mss
ont *suis*, que nous proposons de garder, rapporté à
temporibus ; suis temporibus horarum proprietates = la
longueur caractéristique des heures aux époques déterminées par l'écliptique (correspondant à ses divisions).

On va voir en effet que, dans l'horloge anaphorique,

c'est la position du point de l'écliptique correspondant au jour où l'on se trouve qui, défilant derrière le réseau métallique des graduations, indique l'heure.

61. *sui cuiusque mensis dierum numeri caua sunt perfecta :* Passons sur la lourdeur et la maladresse de l'expression, qui ont piqué l'ingéniosité des philologues (A. Rehm, Jhh. öst. Arch. Instit., VI, p. 46, propose *numero* au lieu de *numeri ;* G. Bilfinger, *o. c.,* p. 43, aurait volontiers remplacé *perfecta* par *perforata*). Le sens n'en est pas moins très clair : le tracé de ce cercle écliptique est percé d'autant de cavités qu'il y a de jours dans l'année, donc 365 (G. Bilfinger, *o. c.,* p. 49 ; A. Rehm, *o. c.,* 2432 = W. Kubitschek, *o. c.,* p. 211 ; H. Diels, *o. c.,* p. 217) — du moins en théorie. Car cela obligerait à ménager des trous bien petits (H. Diels, *o. c.,* p. 217, n. 1), surtout l'été, où l'espace imparti à chaque signe (cf. fig. p. 291) est plus restreint (A. Rehm, Jhh. öst. Arch. Instit., VI, p. 47, n. 20). Aussi se contentait-on, pratiquement (cf. *infra,* sur l'horloge de Salzbourg), d'un trou pour deux jours, soit 182 pour la circonférence entière. Dans sa maquette, H. Diels *(l. c.)* s'était même limité à 52.

62. *cuius bulla, quae solis imaginem... tenere uidetur :* Ici encore, la syntaxe assez floue (*cuius* renvoie à l'ensemble du dispositif précédemment décrit ; la correction *quibus* de A. Rehm est inutile) ne dissimule pas le sens général. Dans le trou correspondant au jour de l'année où l'on se trouvait, on fixait une sorte de bille, de tête de clou brillante que l'on déplaçait, à la main, de cavité en cavité *(translata ex terebratione in terebrationem),* soit chaque jour, soit un jour sur deux, suivant le nombre des trous ménagés à cet effet.

Cette manipulation posait des problèmes de détail, que A. Rehm notamment (Jhh. öst. Arch. Instit., VI, p. 48 ; cf. H. Diels, *o. c.,* p. 218 sq. n. 2 ; W. Kubitschek, *o. c.,* p. 211, n. 1) s'est soucié de résoudre. Il a fait remarquer d'abord que, vu la présence du réseau métallique devant le disque, le bouton doré ne pouvait être inséré que par-derrière. Et il explique ainsi que, dans l'exemplaire de Salzbourg, le fragment de disque retrouvé porte au verso les noms des mois, pour guider dans cette besogne le gardien de l'horloge. Mais il imagine aussi un autre montage, d'après ce même exemplaire : du centre du cercle écliptique, percé d'un trou, part un rayon métallique terminé par la *bulla*, celle-ci portant au dos un petit ergot capable de se fixer dans la cavité voulue. Cette sorte d'aiguille, en effet, pouvait être utile pour faire repérer la *bulla*, forcément petite, et plus ou moins dissimulée par le réseau des lignes horaires qui, pour demeurer rigide, devait être constitué de fils assez épais.

VIII, 10. 63. *contra* [*centri*] *tympani :* Après Marini, Bilfinger et Rehm (Jhh. öst. Arch. Instit., VI, p. 47, n. 18), nous considérons *centri* comme une dittographie inauthentique de *contra : contra tympani uersationem* est tout à fait satisfaisant, pour la syntaxe et pour le sens.

64. *cotidie cum transfertur... per angustiora spatia :* On lira avec intérêt la longue discussion que G. Bilfinger (*o. c.*, p. 50 sqq.) consacre à ces quelques lignes. Nous lui accorderons, avec — semble-t-il — Rehm, Diels et Kubitschek, que ces *latiora et angustiora spatia* désignent, non pas les longueurs différentes de l'arc diurne suivant les saisons, mais, une fois encore, l'écartement différent des cavités sur l'écliptique et la différence de longueur des arcs correspondant aux douze signes (cf. IX, 8, 8 *unum maius, alterum minus*). Mais Bilfinger fait remarquer que Vitruve paraît établir un rapport de proportionnalité directe entre la longueur des heures suivant les saisons et la longueur de l'arc imparti à chaque signe sur le cercle écliptique. Or, d'après tout ce qui précède, c'est exactement l'inverse : les longues heures d'été correspondent aux signes du Zodiaque que la projection stéréographique rétrécit le plus — et cela parce qu'il n'y a en réalité aucune relation entre les deux faits : la longueur des heures est précisée par la disposition du réseau métallique, non par les divisions de l'écliptique (qui ne sont, si l'on veut, qu'un gnomon mobile). Pour essayer de retrouver malgré tout la proportionnalité en question, G. Bilfinger imagine une horloge anaphorique modifiée, inversée, où seules se liraient les heures diurnes, et où les arcs du Zodiaque les plus étendus correspondraient aux heures les plus longues. Mais cela oblige aussi à faire permuter tropique du Cancer et tropique du Capricorne, et il devient dès lors impossible de représenter la projection de la sphère céleste sur le disque. Aussi renoncera-t-on à suivre Bilfinger jusque-là (l'archéologie,

d'ailleurs, lui donnera tort, cf. *infra*), et préférera-t-on, avec A. Rehm (Jhh. öst. Arch. Instit., VI, p. 49), admettre que, une fois de plus, Vitruve méconnaît le principe de l'horloge anaphorique lorsqu'il établit, dans une belle antithèse, ce fallacieux rapport entre la longueur des heures et celle des dodécatémories.

65. *imagines efficit horarum et dierum:* Un instrument aussi complexe que l'horloge anaphorique ne servait pas seulement à donner les heures, de jour comme de nuit. Il réalisait une véritable figuration plane des mouvements célestes (A. Choisy, I, p. 271 ; G. Bilfinger, *o. c.*, p. 49) : il montrait le déplacement journalier (rotation du disque) et annuel (déplacement rétrograde de la *bulla* le long de l'écliptique) du soleil, la différence entre le jour sidéral et le jour solaire (lorsque le disque a fait 366 tours, la *bulla* n'en a fait que 365), les concepts de longitude et de déclinaison du soleil... Enfin, grâce à la ligne d'horizon matérialisée dans le réseau métallique et aux constellations figurées sur le disque tournant, l'horloge anaphorique — et on se rappelle que cela lui a valu son nom — donnait les levers et les couchers des astres, indications particulièrement précieuses, puisque les parapegmes (cf. IX, 6, 3) et les calendriers des travaux agricoles se fondent sur elles en grande partie.

Il faut enfin signaler une parenté évidente (A. Rehm, *o. c.*, 2433 ; H. Diels, *o. c.*, p. 218) entre l'horloge anaphorique et l'astrolabe plan, celle-là n'étant, pour F. Nau (cf. comment. IX, 8, 1 *arachnen*), qu'une version mécanisée de celui-ci, dont on attribue l'invention à Hipparque (Kauffmann, s. u. *astrolabium*, P.W. II, 1801). Les deux instruments ont en gros une structure semblable : au réseau des lignes horaires de l'horloge correspond la *mater astrolabii* (disque portant les sept cercles parallèles, l'horizon et les lignes horaires) ; au *tympanum* de l'horloge répond le *rete astrolabii* (représentation du ciel étoilé, du Zodiaque et de ses douze divisions). Sur les différences de détail et l'utilisation de l'astrolabe, cf. G. Bilfinger, *o. c.*, p. 53 sq.

Jusqu'aux premières années du xxe siècle, cette reconstitution de l'horloge anaphorique, pressentie par Perrault et précisée par Bilfinger, n'a été que très vraisemblable, sans plus. Une heureuse découverte archéologique, dont l'interprétation est due à A. Rehm, nous garantit maintenant son exactitude, en même temps qu'elle atteste la diffusion, dans tout l'empire romain, d'instruments de ce type.

Il s'agit d'un fragment de disque en bronze (description plus détaillée ci-dessous), découvert près de Salzbourg (antique *Iuuauum*) en 1901. Décrit pour la première fois par E. Maass (*Salzburger Bronzetafel mit Sternbildern*, Jhh. öst. Arch. Instit., V, 1902, p. 196 sq. et pl. V — reproduite par H. Diels, *o. c.*, pl. XVII), complété par O. B(enndorf) (*ibid.*, VI, 1903, p. 32-35), il a été expliqué par E. Weiss et A. Rehm (*Zur Salzburger Bronzescheibe mit Sternbildern*, *ibid.*, p. 35-41 et 41-49) ; cf. encore H. Diels, *o. c.*, p. 213 sqq., 216 sqq. ; W. Kubitschek, *o. c.*, p. 210 sq., 213.

Ce fragment, qui appartenait à un disque de bronze de 1,20 m de diamètre environ, et de 2 mm d'épaisseur, mesure 0,50 × 0,40 × 0,42 m. Sur l'un des côtés, la cassure a suivi une rangée de petits trous disposés circulairement, dans lesquels on reconnaît sans peine les *caua* dont Vitruve nous dit que l'écliptique est jalonné. Il en reste ici 52 nettement discernables, ce qui, vu la portion du cercle qu'ils représentent, nous assure qu'ils étaient au nombre de 182, soit un pour deux jours (cf. comment. IX, 8, 9 *sui cuiusque mensis...*). Les deux autres côtés coïncident grossièrement avec des rayons du cercle écliptique : ils convergent au centre de celui-ci, où était ménagé un trou (sur son rôle probable, cf. comment. IX, 8, 9 *cuius bulla*). Enfin, l'un d'eux est échancré par le contour d'un trou beaucoup plus gros, qui, étant donné son emplacement excentrique par rapport au cercle écliptique, représente le centre du disque entier.

Diverses inscriptions et figures surchargent cette tablette : au verso, les noms de certains mois, avec les signes correspondants (sur leur rôle, cf. comment. IX, 8, 9, *cuius bulla*) ; au recto, la figuration « mythique » de quelques constellations : Poissons, Bélier et Taureau le long du Zodiaque ; au-dessus, le Triangle, Andromède, Persée, le Cocher (avec les Chevreaux).

Cf. pour tout cela les figures de la p. 301.

A. Rehm (Jhh. öst. Arch. Instit., VI, p. 42 sqq.) note que le tracé de l'écliptique et des constellations n'est pas tout à fait exact, et il explique par quelle faute du

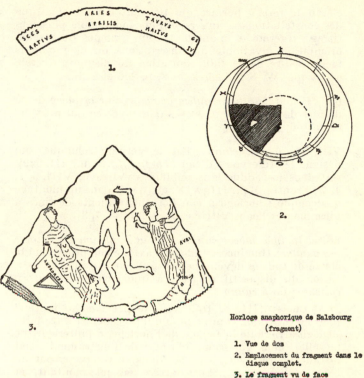

Horloge anaphorique de Salzbourg
(fragment)

1. Vue de dos
2. Emplacement du fragment dans le disque complet.
3. Le fragment vu de face

(d'après les figures de A. Rehm, Jhh. öst. Arch. Instit., V & VI, ll. cc.)

graveur. L'instrument — sans doute une horloge publique installée sur une tour ou au-dessus de la porte principale de la ville — n'en était pas moins fort imposant et fort précieux. Et l'on ne soulignera jamais assez combien est remarquable la concordance entre ce qui nous en reste et la notice de Vitruve (cf. introd. p. LXIX).

D'autant plus que l'archéologie nous a livré au moins un autre modèle d'horloge anaphorique : l'horloge de Grand (Le Cagnot), C.I.L. XIII, 5955, dont le montage est différent (cf. Mommsen, C.I.L. *ad loc.*, avec fig. ; A. Rehm, *Neue Beiträge zur Kenntnis der antiken Wasser-uhren*, München, Sitz. ber., 1920, n. 17). Il semble que dans cet instrument, plus petit que celui de Salzbourg, c'était le réseau horaire qui tournait devant le disque des constellations — inversion plus commode à plusieurs titres : légèreté et maniabilité plus grandes du réseau, orientation invariable des inscriptions du disque, plus faciles à lire de ce fait, limitation du disque au cercle écliptique (W. Kubitschek, *o. c.*, p. 206 et 213).

66. *de administratione autem aquae...* : Sur la place de ce dernier développement, et ses liens avec ce qui précède, cf. introd. p. lxvi sq.

VIII, 11. 67. *castellum* : Est le terme technique qui désigne les réservoirs d'eau (*Thes. L.L.*, s. u., III, 529), soit dans les adductions publiques (Vitruve, VIII, 6, 1, 4, 7 ; Frontin, *Aqu.* III, XIX, etc.), soit dans un montage quelconque : horloge à eau (ici), instruments destinés à faire monter l'eau (Vitruve, X, 4, 3 et 4 ; 7, 3).

68. *et in imo habeat cauum. Ad id... affixum sit ex aere tympanum* : Une incertitude syntaxique compromet ici la clarté de tout le développement, et par suite la reconstitution du dispositif décrit : à quoi renvoie *ad id*? à *castellum* ou à *cauum*?

A. Choisy (III, p. 162) n'hésite pas : *ad id* reprend pour lui *castellum*, comme *in id* qui précède. Et il traduit : « Qu'en arrière de la façade de l'horloge, à l'intérieur (de la salle) (nous gloserions plutôt : de l'instrument), soit installé un réservoir. Et que, dans ce réservoir, par un tuyau (alimentaire), l'eau arrive en jet montant, et qu'elle ait son orifice (d'admission) dans le fond. Et qu'à ce réservoir soit fixé latéralement un tambour d'airain... »

Avec cette interprétation, le dispositif de réglage est situé sur l'un des côtés du réservoir « émetteur » : c'est bien ce que suppose A. Choisy lui-même (IV, pl. 78, fig. 3 ; cf. I, p. 273), et, avec lui, G. Bilfinger (*o. c.*, p. 38 sq.), A. Rehm (*o. c.*, 2431), H. Diels (*o. c.*, p. 209), W. Kubitschek (*o. c.*, p. 210), c'est-à-dire à peu près tous les spécialistes.

Malgré leur autorité, nous n'hésiterons pas à nous séparer d'eux sur ce point, pour suivre de plus près, à ce qu'il nous semble, le texte de Vitruve.

A Choisy d'abord nous ferons observer qu'il est peu vraisemblable de donner à *cauum* le sens d'« orifice

d'arrivée de l'eau », alors que le mot désignait plus haut
(IX, 8, 4) l'orifice d'écoulement. D'autre part, on ne voit
pas du tout pourquoi ce type de régulation aurait exigé
que l'admission se fît à la base *(in imo)* du réservoir
supérieur, alors que c'est au contraire l'emplacement
normal de l'orifice d'écoulement.

A Choisy encore et à Diels, nous objecterons que leurs
figures (cf. p. suiv.) prennent avec le texte vitruvien
des libertés excessives. Dans Vitruve, deux *foramina* sont
mentionnés : l'un fixe (8, 11), *per quod ex castello in id
(tympanum) aqua influat,* met par conséquent en com-
munication le réservoir et le dispositif de réglage ; l'autre
(8, 12), sur le petit tambour mobile, laisse l'eau s'écouler
dans le récipient inférieur où s'élève le flotteur. Or Diels
et Choisy ont escamoté le premier : pour eux, les deux
tambours ne communiquent pas par un simple trou avec
le réservoir supérieur, mais ils ont en commun avec ce
dernier, dont ils ferment un des côtés, toute leur surface.
Au fond, il n'y a pas chez eux deux *tympana*, mais un seul

Pour toutes ces raisons, il nous paraît que dans la
phrase de Vitruve *ad id* renvoie non à *castellum,* mais à
cauum (qui est neutre ici comme en IX, 8, 5 *per id cauum,*
et 8, 9 *caua sunt perfecta*). Le réservoir supérieur est donc
percé à sa base d'un *cauum* auquel s'ajuste le *foramen I :*
ainsi communiquent le réservoir supérieur et le dispositif
de réglage — autonome et non incorporé — constitué
par les deux tambours emboîtés. C'est bien ainsi que
comprenait Maufras (II, p. 367) : « Au bas de ce réservoir
se trouvera un conduit, dont le bout sera fixé à un tambour
de cuivre également percé pour recevoir l'eau qui y
communique du réservoir. »

69. *epitonium :* Sur la forme du mot, maintenant assurée,
cf. R. Cagnat, *Epitonium ou Epistomium?* R. Ph.,

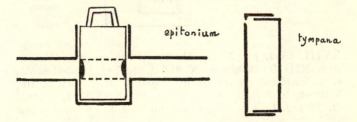

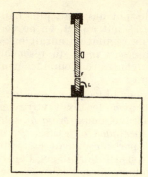

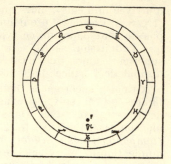

Montage de H. Diels (l.c.), profil et face

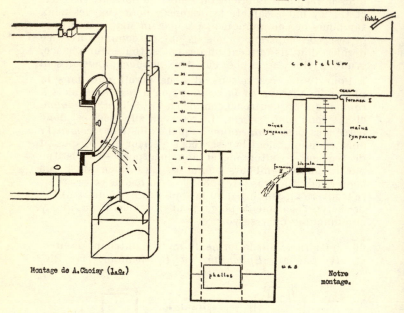

Montage de A. Choisy (l.c.)

Notre montage.

XVIII, 1894, p. 170 sq. Il est attesté en grec (Héron, *Aut.* XIII, 5 ; Athénée, X, 456 d, etc. ; cf. Liddell-Scott, s. u. ἐπιτόνιον) et en latin (Varron, *R.R.* III, 5, 16 ; Vitruve, X, 8, 3, 5, 11 ; Sénèque, *Ep.* LXXXVI, 6, etc. ; cf. *Thes. L.L.*, s. u. *epitonium*) au sens de « robinet ». Sur

la nature de l'objet, cf. Puchstein, s. u. *Epistomion*, P.W.
VI, 203 ; E. Saglio, s. u. *Epistomium*, Dar.-Sagl. II, 711.
Il s'agit proprement de la clef cylindrique percée de part
en part, dont la rotation permet de couper ou de laisser
passer l'eau. L'archéologie nous en a conservé quelques
spécimens en bronze. Du reste, la comparaison que fait
Vitruve entre ces instruments et les deux tambours ne
s'applique qu'à la forme circulaire ou cylindrique des
deux pièces emboîtées et à leur frottement doux — non
pas au réglage du débit, très différent ici et là.

70. *arte leniterque uersetur :* Passons sur le contresens de
Choisy (III, p. 162), qui traduit *arte* par « artificielle-
ment », et soulignons simplement, après Diels (*o. c.*,
p. 210, n. 1), que l'ajustage des deux tambours posait
de sérieux problèmes techniques, si l'on voulait assurer
à la fois, comme c'était théoriquement nécessaire, rotation
aisée et étanchéité absolue des joints.

VIII, 12. 71. *lingula :* Ici et plus bas, les mss hésitent sur
la forme du mot, que la plupart écrivent *ligula*. La
confusion entre deux termes d'origine différente *(ligula*,
« cuiller » vient de *lingo* « lécher » ; *lingula* est un diminutif
de *lingua :* cf. Ernout-Meillet, *Dict. étym.*[4], s. u. *lingo* et
lingua), mais que rapprochait, outre leur quasi-homo-
nymie, une certaine parenté de sens, est ancienne : elle
fournit le prétexte d'une épigramme de Martial (XIV,
120). Dans notre texte, pourtant, *lingula* s'impose au sens
technique de « aiguille, index ».

72. *dirigat :* Emploi intransitif (« pointer vers ») particulièrement fréquent chez les *agrimensores* (cf. *Thes. L.L.*,
s. u., V, 1250) ; il appartient donc sans doute à la langue
technique, mais ne lui est pas réservé : quelques exemples
chez Lucrèce (VI, 823), Tite-Live (XXXVII, 23. 9 et 10),
Sénèque (*Ep.* LIII, 1) et Tacite (*H.* IV, 58) attestent sa
diffusion, qui ne fera que croître en latin tardif.

73. *in eo orbiculo temperatum sit foramen :* Il faut ajouter,
pour que le montage soit parfaitement clair, que ce trou,
par lequel l'eau va s'écouler dans le récipient inférieur
(cf. comment. *infra*), doit être ménagé au voisinage immédiat de l'aiguille dont Vitruve vient de faire mention ; en
tout cas, sur la droite qui joint le centre du tambour

tournant à l'extrémité de l'aiguille, de telle manière que celle-ci situe exactement la position du trou par rapport aux graduations devant laquelle elle se déplace.

74. *quia in tympanum aqua influit per id... :* Nous sommes surpris qu'aucun des éditeurs modernes de Vitruve n'ait, que nous sachions, élevé de doutes sur l'authenticité de cette causale. Car enfin, nous l'avons montré plus haut (comment. IX, 8, 11 *habeat cauum...*), le dispositif en question comporte deux trous, l'un d'admission, relié par conséquent au réservoir supérieur *(ad id autem adfixum sit ex aere tympanum habens foramen, per quod ex castello in id aqua influat)* ; l'autre, de hauteur variable, laissant s'écouler l'eau dans le récipient inférieur (cf. IX, 8, 13 *celeriter per orbiculi foramen id extrudit ad uas*). Or, de toute évidence, le *foramen* ménagé au voisinage de l'aiguille est le second, et la précision que le texte donne à son propos : *in tympanum aqua influit per id et seruat administrationem* (entendez : « l'admission de l'eau du réservoir supérieur dans les tambours ») ne saurait en aucune façon lui convenir. Elle convient au contraire fort bien au premier, qui fait communiquer *castellum* et *tympanum*, et que Vitruve avait expliqué : *per quod ex castello in id aqua influat.* On voit immédiatement la parenté des expressions : *per quod ex castello in id aqua influat/quia in tympanum aqua influit per id;* et cette ressemblance fournit, selon nous, la clef du mystère. Il y a eu confusion entre les deux trous, désignés tous deux par le même terme de *foramen*, dont, dans les tambours, l'un assure l'entrée, l'autre la sortie de l'eau. Mais il est peu probable que cette confusion soit imputable à Vitruve. Nous l'attribuerions plutôt à un lecteur qui, se représentant mal un montage assez complexe, a cru que *foramen* désignait toujours le même trou, et a jugé bon d'éclairer à sa manière le développement de Vitruve en glosant le *inque eo orbiculo temperatum sit foramen* à l'aide d'une causale dont il empruntait presque textuellement les termes à la relative *per quod... influat*, par laquelle l'auteur, quelques lignes plus haut, expliquait le rôle du premier *foramen*. C'est cette glose, *quia... administrationem*, passée dans le texte à un moment quelconque, que nous proposons de rejeter.

75. *ad dextram spectantis Librae,* **ad sinistram** *Arietis* *signum :* Sur l'inutilité de cette précision, et la longueur excessive du développement qui va suivre, cf. introd. p. LXII.

VIII, 13. 76. *aquae currentis uehemens pondus :* Sur cette variation du débit en fonction de la pression, cf. comment. IX, 8, 5 *aequaliter influens.* Signalons au passage le curieux lapsus de A. Rehm (*o. c.,* 2431), qui place le trou en haut pour les jours les plus courts, en bas pour les jours les plus longs ! C'est évidemment l'inverse, et Vitruve l'explique fort bien : plus le trou est bas, plus est grande la hauteur d'eau au-dessus de lui, donc la pression, donc le débit ; le récipient inférieur est ainsi rapidement rempli, ce qui convient pour les jours les plus courts.

77. *cotidiana uersatione :* Ce n'était pas un dispositif mécanique, encore qu'on pût à la rigueur en imaginer un : le réglage quotidien se faisait tout simplement à la main.

78. *minoris tympani :* Sur l'accident de texte qui a abouti à la leçon fautive *maioris tympani* de tous nos mss, cf. Ruffel-Soubiran, A.F.L.T., Pallas IX, p. 29.

VIII, 14. 79. *foramen <men>ses tympani uersationibus peragens :* Le texte unanime des mss, *foramen seu tympani,* est inacceptable. Rose conjecture *se,* suivi par Krohn et Granger. Mais *perago* fait attendre plutôt un objet extérieur qu'un réfléchi : *cursum,* par exemple (cf. IX, 1, 14 *circinationem*), ou encore *signa* (cf. Ovide, *Met.* XIII, 618 *cum sol duodena peregit Signa*), qui conviendrait parfaitement ici, et qu'on pourrait essayer de restituer à partir de *seu.* Pourtant, nous lui préférons *<men>ses,* de sens fort voisin, et bien plus satisfaisant pour la paléographie (rencontre *-men men-* provoquant la chute de l'une des deux syllabes).

80. *efficit horas in Cancri signo solstitiales :* Il était relativement facile, en faisant varier par tâtonnement le niveau de l'eau dans le récipient supérieur, de trouver les deux hauteurs extrêmes entre lesquelles le trou devait se déplacer, de telle manière que la différence de débit entre ces deux positions fût en rapport exact avec la différence de longueur des heures au solstice d'hiver et au solstice d'été. Mais si l'horloge était exacte pour ces deux moments de l'année, elle ne l'était pas absolument

pour tous les jours intermédiaires. A. Choisy (I, p. 273 et IV, pl. 78, fig. 5) a dressé les deux courbes dont le principe de l'instrument suppose l'identité, à savoir le débit de l'eau pour chacune des positions du trou, d'une part, et d'autre part la longueur des heures pour chaque jour ; et il a montré qu'elles ne coïncidaient pas exactement, sauf à leurs extrémités : l'écart maximum se situe aux équinoxes. Si ingénieux donc qu'ait été le principe de cette horloge, il n'était pas fondé en toute rigueur, mais reposait sur une simple approximation.

On ignore du reste à qui est due l'idée de faire servir la variation de pression de l'eau à une régulation du débit (H. Diels, *o. c.*, p. 208, semble l'attribuer à Ctésibius, ce que Vitruve ne précise aucunement). On ne sait pas non plus si ce dispositif était très répandu (nous n'en avons conservé aucun vestige), ni même si, mis à part le caractère empirique de son principe, il pouvait pratiquement donner de bons résultats : G. Bilfinger (*o. c.*, p. 39) en doute sérieusement ; H. Diels (*o. c.*, p. 210) au contraire l'admet.

VIII, 15. 81. *apertissime :* Est la leçon du seul *W* en face du *aptissime* de tous les autres mss. Mais sans connaître le Vaticanus, Krohn avait déjà corrigé — à juste titre. Car *aptissime* serait un hapax vitruvien (H. Nohl, *Index Vitruvianus,* s. u.) ; et d'autre part, plusieurs passages, notamment à la fin des livres III et VI, présentent la même formule qu'ici, mais avec un *apertissime* correctement transmis : III, 5, 15 *quam apertissime potui... scripsi ;* VI, 8, 10 *quam apertissime potui perscripsi ;* cf. encore V, 4, 1 *quam apertissime... interpretabor ;* X, 6, 4 *quam apertissime potui perscripta sunt.* Avec un auteur aussi peu soucieux de varier sa formule, on peut admettre, en IX, 8, 15 aussi, *quam apertissime potui perscripsi,* la faute *aptissime* s'expliquant évidemment par l'abréviation *apt-.*

82. *restat nunc de machinationibus... :* Témoigne du souci de marquer aussi nettement que possible les articulations de l'ouvrage, annoncées dès le livre I : *partes ipsius architecturae sunt tres, aedificatio, gnomonice, machinatio* (cf. introd. p. IX).

INDEX NOMINVM ET RERVM

INDEX NOMINVM ET RERVM

(Les chiffres renvoient aux chapitres et paragraphes du texte.
Les noms propres sont en capitales).

ACHEVÉ D'IMPRIMER
EN FÉVRIER 1969
SUR LES PRESSES
DE
L'IMPRIMERIE A. BONTEMPS
LIMOGES (FRANCE)

———————

DÉPÔT LÉGAL : 1er TRIMESTRE 1969
IMPR. N. 26012, ÉDIT. 1500